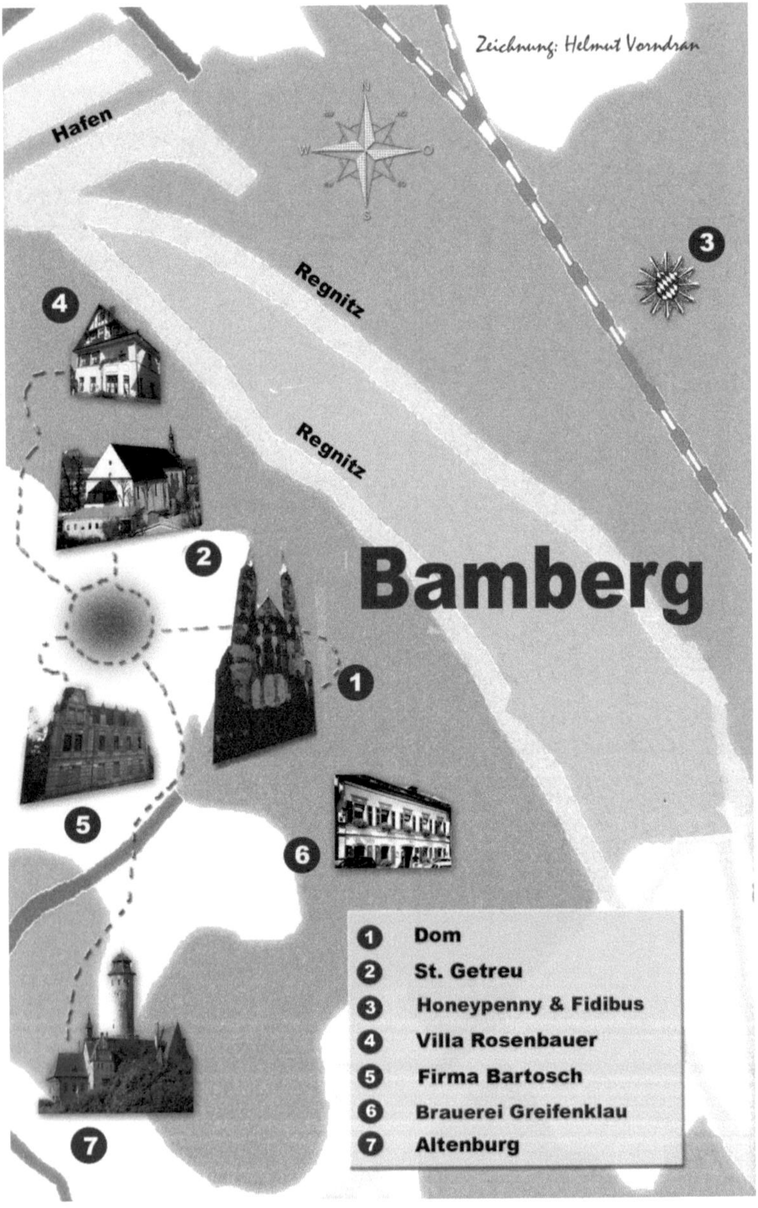
Zeichnung: Helmut Vorndran
Hafen
N
O
S
W
Regnitz
Regnitz
Bamberg
1
2
3
4
5
6
7
1 Dom
2 St. Getreu
3 Honeypenny & Fidibus
4 Villa Rosenbauer
5 Firma Bartosch
6 Brauerei Greifenklau
7 Altenburg

Hessen
Thüringen
Döhlau
Teuschnitz
Ostheim / Rhön
Hohen -
schwesendorf
Coburg
Mürsbach
Veitsberg
Franken
Leimershof
Hassfurt
Sandhof
Bamberg
Memmelsdorf
Erlangen
Nürnberg
Neuendettelsau
Baden
Würtemberg
Bayern
N
W
O
S
Tornadosichtungen
Zeichnung : Helmut Vorndran

Helmut Vorndran, geboren 1961 in Bad Neustadt/Saale, lebt mehrere Leben: als Kabarettist, Unternehmer und Buchautor. Als überzeugter Franke hat er seinen Lebensmittelpunkt ins oberfränkische Bamberger Land verlegt und arbeitet als freier Autor unter anderem für Antenne Bayern und das Bayerische Fernsehen. www.helmutvorndran.de

Dieses Buch ist ein Roman. Handlungen und Personen sind frei erfunden. Ähnlichkeiten mit lebenden oder toten Personen sind rein zufällig.

HELMUT VORNDRAN

Blutfeuer

FRANKEN KRIMI

Aus dem Fränkischen übersetzt
von Helmut Vorndran

emons:

Bibliografische Information der Deutschen Nationalbibliothek
Die Deutsche Nationalbibliothek verzeichnet diese Publikation in der Deutschen Nationalbibliografie; detaillierte bibliografische Daten sind im Internet über http://dnb.d-nb.de abrufbar.

Cäcilienstraße 48, 50667 Köln
info@emons-verlag.de

Umschlagzeichnung: Heribert Stragholz
Umschlaggestaltung: Tobias Doetsch
Druck und Bindung: Prime Rate Kft., Budapest
Printed in Hungary 2025
Erstausgabe 2010
ISBN 978-3-89705-728-9
Franken Krimi
Originalausgabe

Die stillsten Worte sind es,
welche den Sturm bringen.
Friedrich Nietzsche

Für Hildegard Vorndran

Gehet ein durch diese enge Pforte.
Denn die Pforte ist weit, und der Weg ist breit, der zur
Verdammnis führt, und ihrer sind viele, die darauf wandeln.
Darum werden ihre Plagen auf einen Tag kommen.
Tod, Leid und Hunger, mit Feuer werden sie verbrannt werden.
Der Herr wird dich schlagen mit bösen Krankheiten und
Gebrechen, dass du nicht kannst geheilt werden, von den
Fußsohlen an bis auf den Scheitel.
Dein Trotz und deines Herzens Hochmut hat dich betrogen,
weil du in Felsenklüften wohnst und hohe Gebirge innehast.
Wenn du denn gleich dein Nest so hoch machtest wie der Adler,
dennoch will ich dich von dort herunterstürzen.
Und ein starker Engel wird aufheben
einen großen Stein wie einen Mühlstein,
wird ihn ins Meer werfen und zu euch sprechen.
Also wird mit einem Sturm verworfen die große Stadt Babylon
und nicht mehr gefunden werden.
Das Licht der Gerechten brennt fröhlich,
aber die Leuchte der Gottlosen wird auslöschen.
(Altes Testament)

Besuchszeit

Das ehemalige Benediktinerkloster St. Getreu lag eingebettet im diffusen Dämmerlicht der Außenlaternen hoch über Bamberg und ertrug diesen Sommer so gut es ging. Die Nacht war klar an diesem Dienstag, Anfang Juli, und obwohl es schon auf drei Uhr morgens zuging, hatte die schwüle Luft immer noch sechsundzwanzig Grad. Die schmale Sichel des Mondes beleuchtete nur schwach die Nacht des heißesten Tages, den Bamberg je gesehen hatte. Es hatte schon Sommer in der Domstadt gegeben, da wäre es jedem recht gewesen, wenn die Temperatur wenigstens ab und zu auch nur die Zwanziggradmarke übertroffen hätte.

Doch diese Zeiten waren nun offensichtlich vorbei. Die Vorboten der globalen Klimaveränderung hatten Deutschland erfasst und seit vielen Wochen mit einem subtropischen Klima beglückt. Wobei das Glücksempfinden sich in Grenzen hielt. Speziell der südliche Teil der Republik steuerte langsam, aber sicher auf ungeahnte Katastrophenszenarien zu. Es hatte bereits etliche Hitzetote gegeben, täglich hörte man von ausgebrochenen Waldbränden, und das Wasser wurde in manchen Gegenden Deutschlands allmählich knapp. Vor allem in den neuen Bundesländern und Nordbayern drohte bei über vierzig Grad im Schatten – und das wochenlang – eine Dürre ungekannten Ausmaßes. Die Wasserwerke vieler Städte hatten bereits mit drastischen Rationierungsplänen begonnen, da sich erst in einer knappen Woche ein Ende der außergewöhnlichen Hitzeperiode in Form einer Kaltfront abzuzeichnen schien.

Das Hoch »Erasmus« hatte sich wie zäher Sirup über Mitteleuropa ergossen und machte keinerlei Anstalten, einen längst fälligen Ortswechsel vorzunehmen. Im Gegenteil. Die Meteorologen befürchteten für die nächsten Tage ein weiteres Ansteigen der Temperaturen auf fast fünfundvierzig Grad im nordbayerischen Raum und warnten vor immer ernsteren gesundheitlichen Schäden für die Bevölkerung durch Hitze und Ozon.

Der gemeine Bamberger versuchte die missliche Temperaturkonstellation durch intensivierten Kellerbesuch zu bekämpfen. Zur Freude der Wirte und des Bierpreises. Diese Vorgehensweise war seit Generationen in Franken Tradition. Wenn Schwierigkeiten jedweder Art den Lebensalltag erschwerten, wurden diese mit dem einen oder anderen zusätzlichen Seidla bekämpft. Die Probleme waren dann zwar immer noch da, aber sie machten einem nicht mehr so viel aus. Doch langsam kam es zu Zuständen, die in Bamberg gern schon mal zu einer Revolte des Bürgertums geführt hatten: Das Bier wurde knapp. Das Brauwasser für die Brauereien wurde inzwischen rationiert, da die Tiefbrunnen der Trinkwasserversorgung an der Leistungsgrenze pumpten. Wenn Bier in Bayern nicht als Grundnahrungsmittel gelten würde, hätte man die Produktion schon längst einstellen müssen. Sein Auto waschen, Rasen sprengen oder Felder bewässern durfte man schon länger nicht mehr, aber kein Politiker im Bamberger Landkreis würde ein Brauverbot verhängen, da hätte er auch gleich seinen eigenen Hartz-IV-Antrag ausfüllen können. Wenn er denn seine fatale Entscheidung überhaupt überlebt hätte. Zu einer Wahl brauchte er jedenfalls in ganz Franken nicht mehr antreten.

Nichtsdestotrotz begannen die Bamberger allmählich zu begreifen, dass es demnächst womöglich ein Leben ohne Bier geben würde. Nicht auszudenken, aber wahrscheinlich bald harte Realität, wenn man nicht mit Hamsterkäufen vorgesorgt hatte. Oder um es frei nach Rilke auszudrücken: »Wer jetzt ohne Bier ist, wird es lange bleiben.«

Mit dem Biernotstand hatte die globale Erderwärmung also auch die robustesten Bamberger Gemüter erreicht. Ohne Bier war es endgültig zu heiß.

Auch das Klinikum St. Getreu hatte den Kampf mit dem Wettergott aufgenommen und versuchte die Patienten so gut es ging bei vertretbaren Temperaturen unterzubringen. Speziell das Seniorenheim im Altbau war ein schwieriger Fall, da die dortige Klimaanlage auf derartig anormale Temperaturen in keiner Weise vorbereitet war. Tagsüber wurden die Altenheimbewohner deshalb auf andere Gebäudeteile verteilt, die bereits in den Genuss modernster Klimatisierungstechniken gekommen waren. Die ehemalige Nervenheilanstalt Bambergs war jahrelang umgebaut und renoviert worden. Das Ergebnis war ein hochmodernes Fachklinikum. Vorbei die Zeiten, als St. Getreu automatisch mit dem Begriff »Irrenanstalt« in Verbindung gebracht worden war. Jetzt gab es neue

Anbauten ans alte Klostergebäude, ausgestattet mit modernster Technik. In diese Gebäudeteile verfrachtete man nun tagsüber die Insassen des Seniorenheims. Allerdings musste man damit leben, dass plötzlich in der Chirurgie ein verwirrt blickender, älterer Herr mit Stock auftauchte und dem genervten Anästhesisten im heikelsten Moment der Operation ein Gespräch über die Beetbepflanzung im Eingangsbereich des Klostergartens aufs Ohr drücken wollte.

Da half dann nur eine höfliche OP-Schwester oder auch mal sanfte Gewalt, wenn der entrüstete Stockbesitzer ob der verfehlten Gestaltung der Klinikflora anfing, handgreiflich zu werden. Und das konnte eine ziemlich heftige Angelegenheit werden. Die Senioren von St. Getreu waren für ihr Alter überraschend fit und rabiat unterwegs.

Doch jetzt war alles ruhig, und sogar aus dem Seniorentrakt war kein Laut zu hören. Teilweise waren hier jetzt, in der etwas kühleren Nacht, die Fenster geöffnet worden, um die Klimaanlage etwas zu entlasten. Das Klinikum St. Getreu schlief seinen erschöpften Schlaf.

Vor einem gekippten Fenster im ersten Stock des Altbaus stand ein Mann. Schwarz gekleidet, mit grauem, akkurat geschnittenem Vollbart und einem kleinen, ebenfalls schwarzen Rucksack auf dem Rücken. Er sah an der Fassade des Klinikums entlang und betrachtete ruhig und genau die einzelnen Stockwerke. Dann drehte er sich um, und sein Blick wanderte noch einmal durch den Garten des Innenhofs, bis er wieder auf dem Fenster vor ihm ruhte. Dass der Mann die mühsam, erst nach Verhandlungen mit den Seniorenheimbewohnern bewilligten, gepflanzten Astern zertreten hatte, störte ihn nicht im Geringsten. Er hatte genug gesehen. Alles war, wie es sein sollte. Kein Grund, noch länger zu warten.

Aus der Beintasche seines schwarzen Overalls zog er einen Schraubendreher mit kurzem, gummiertem Schaft hervor. Er brauchte nur wenige Sekunden, um das Fenster aus der gekippten Stellung zu hebeln und komplett aus dem Rahmen zu entfernen, dann legte er es flach auf den Rasen der Gartenanlage und schaute sich noch einmal um. Alles blieb ruhig. Die Alarmanlage der Klinik war an den geöffneten Fenstern sowieso ausgeschaltet, daher war es nicht einmal nötig gewesen, sie zu deaktivieren.

Ohne sich mit weiteren Gedanken aufzuhalten, trat er dicht an das Gebäude heran, griff mit beiden Händen in den nun fensterlosen Rahmen, zog sich hoch und stieg leise ins Innere. Der Gang, in dem er sich nun befand, war stockdunkel, aber er brauchte kein Licht. Die Aufteilung des Stockwerkes hatte sich in seine Gehirnwindungen eingebrannt, sodass er nun zielsicher auf eine ganz bestimmte Abteilung zusteuerte. Es war immer noch nichts und niemand zu hören, jedoch konnte er das erschöpfte Atmen der Senioren in ihren Betten regelrecht fühlen.

Als er an einer speziell mit einem elektronischen Nummernschloss gesicherten Tür angelangt war, hielt er inne. Routiniert und ohne nachzudenken, tippte er die sechsstellige Geheimzahl ein, und die Sicherheitstür aus Spezialglas öffnete sich bereitwillig mit einem leisen Klacken. Schnell schlüpfte er hindurch und schloss die Tür wieder leise.

Vor ihm lag ein Gang mit fünf Zimmern, u-förmig angeordnet und mit einem verglasten Rondell an der rechten Eingangsseite, in dem normalerweise die Nachtschwester der Sonderabteilung ihren Dienst zu schieben pflegte. Vorsichtig schlich er an der Wand entlang und spähte um die Ecke. Dann richtete er sich auf und ging, ohne dem Rondell weitere Beachtung zu schenken, an selbigem vorbei. Die Nachtschwester, die schlafend vor dem Computerbildschirm auf ihrem Schreibtisch zusammengesunken war, würdigte er mit keinem Blick. Alles war so, wie man es ihm angekündigt hatte.

Kurz blieb er stehen, blickte noch einmal in den Gang der kleinen Abteilung, die vor ihm lag, und holte dann sein Handy heraus. Prüfend überflog er zum letzten Mal den Text der SMS, die er heute bekommen hatte. Dann schaltete er das Telefon aus, steckte es zurück in die Tasche seines schwarzen Overalls und begann mit seiner sorgfältig vorbereiteten Arbeit.

Der unbekannte Bärtige kniete sich in die Mitte des Ganges, setzte seinen Rucksack ab und öffnete ihn. Seine dunkel behandschuhten Hände nahmen ein rundes, metallfarbenes Behältnis heraus, das ungefähr die Größe einer Cola-Dose hatte, aber ungleich schwerer war. Außerdem war auf dem Kopf der *Cola-Dose* ein kompliziert aussehender Mechanismus angebracht, der von dem Fremden mit äußerster Vorsicht behandelt wurde. Dann ging der Mann zur Tür mit der Nummer 1 und öffnete sie behutsam. Im Zimmer war das angestrengt keuchende Schnarchen eines alten Mannes zu hören.

Der schwarz gekleidete Fremde glitt leise durch den Raum und schloss das geöffnete Fenster, bevor er durch das kleine Zimmer zurückging, bis er in der Mitte des Raumes stand. Dort ließ er sich nieder und stellte den Metallbehälter vorsichtig auf den Boden. An dessen Seite befand sich ein roter Knopf mit einem Schutzbügel aus Edelstahl. Der Fremde entfernte Letzteren mit der linken Hand und drückte mit der rechten den Knopf in die Dose hinein, auf dessen Oberfläche ein stilisierter Totenkopf eingraviert war. Ein leises Klicken ertönte.

In der Dose hatte sich offensichtlich etwas geöffnet. Er spürte sofort, wie sie sich zu erwärmen begann. Jetzt hatte er die Prozedur fast beendet und lächelte befriedigt. Mit einer schnellen Bewegung und ohne zu zögern zog seine rechte Hand den schwarzen Stift aus dem Mechanismus am Kopf der Dose, und sogleich konnte er ein leises Zischen hören. Er stand auf und verließ schleunigst den Raum. Als er die Tür hinter sich schloss, lächelte er abermals.

Dann, wieder in der Mitte des Ganges niederkniend, holte er den nächsten Metallbehälter aus seinem schwarzen Rucksack.

Josef Schwaller lag in seinem Bett im Seniorentrakt von St. Getreu und schlief. Der alte Mann ruhte wie immer auf dem Rücken, den Mund hatte er weit geöffnet. Durch sein eigenes Schnarchen war er früher oft mitten in der Nacht aufgewacht, doch jetzt war er durch die anhaltende Schwüle so erschöpft, dass ihn selbst eine Armada von großkalibrigen Weckern nicht aus dem Schlaf gerissen hätte. Im Traum arbeitete Josef Schwaller gerade noch einmal sein Tagwerk auf. Er schlenderte durch den Garten von St. Getreu, überprüfte die Anpflanzungen der Beete und genoss den Schatten der Bäume. Dann sah er sich, empört den schweren Gehstock schwingend, in einem Operationssaal stehen und in mehrere verständnislose Ärztegesichter blicken, die mit angelegtem Mundschutz und blutigem Operationsbesteck seine heftigen Tiraden gegen die Bepflanzungspolitik der Klinikleitung ertrugen. Er roch den süßlichen Duft des Narkosemittels, das den Raum erfüllte und nun auch in seine Nase stieg. Ein Schwarzer, nur mit einer Badeshorts und einem Hawaiihemd bekleidet, betrat durch eine Seitentür den OP und lud eine ganze Wagenladung Bananen ab, die allerdings schon ziemlich vergammelt roch. Eine freundliche Schwester, eigenartigerweise mit einer Gasmaske aus dem Ersten Weltkrieg vor dem Gesicht und einer Banane in der Hand, nahm ihn schließlich an die Hand und führte ihn zu einer gepolsterten Liege neben dem blutenden, gerade operierten Patienten. Dankbar ließ er sich auf das bequeme Operationsgestühl niedersinken. Der süßliche Geruch wurde immer stärker, Josef Schwaller hörte ein leises Zischen, und plötzlich spürte er eine gewaltige Müdigkeit in sich aufsteigen. Dann kamen ihm wieder die missratenen Blumenbeete in den Sinn, und er wollte seinen Stock noch einmal zu einem letzten Protest heben, aber er war schon viel zu schwach. Alles morgen, schoss es ihm noch durch die vernebelten Gedanken, dann umfing ihn endgültig eine erleichternde, endlose Dunkelheit.

Vier Monate zuvor

Andreas Voll trat aus dem Hoteleingang nach draußen und atmete einmal tief durch. Es war Mitte Februar, und die mallorquinische Sonne erwärmte die Luft der Insel bereits auf achtundzwanzig Grad. Selbst für Mallorca war das außergewöhnlich. Die berühmte Mandelbaumblüte war auch schon vorbei, einen ganzen Monat früher als gewohnt. Um diese Jahreszeit konnte man ansonsten bestenfalls mit achtzehn Grad im Schatten rechnen, und dann hatte man schon sehr viel Glück. Also nichts wie raus, dachte er, und den Tag genießen.

Als er gestern Morgen um drei Uhr mit seinen Freunden in Bamberg in Richtung Frankenschnellweg losgefahren war, hatte das Thermometer gerade einmal plus drei Grad gezeigt. Am Nürnberger Airport wurde ihnen dann freudig mitgeteilt, dass auf Mallorca mit fast siebenundzwanzig Grad sommerliche Temperaturen herrschten. Daraufhin saßen sie alle mit dem Hochgefühl eines unerwartet warmen Urlaubs im Flieger. Etwas Besseres konnte ihnen gar nicht passieren. Alle hatten den grauslichen, endlosen deutschen Winter satt. Wenn es wenigstens geschneit hätte! Aber keine Spur! Frau Holle hatte es vorgezogen, statt Federkissen lieber ihre Gießkanne über Franken zu entleeren. Drei Monate Dreckswetter mit Hochwasser, grauem Himmel und schlecht gelaunten Mitmenschen. Nichts wie weg hier, war die allgemeine und bei Andreas Voll die besondere Stimmungslage gewesen. Er bog gerade um die Ecke des Hotels, um sich zu seinen startbereiten Freunden zu gesellen.

Er hatte etwas länger im Bad vor dem Spiegel gestanden, um sein malträtiertes Gesicht zu pflegen. Offensichtlich ohne großen Erfolg. Es war voller ekelhafter Schnakenstiche. Aber so war das halt bei ihm. Seit frühester Kindheit musste er mit dieser Anziehungskraft auf Stechmücken leben. Schrecklich. Gegen den Juckreiz halfen auch keine kosmetischen Maßnahmen, das wusste er. Jetzt musste er sich schon wieder kratzen.

»Na, schau an, unner Streuselkuchen ist a scho da!«, rief Detlev, sein bester Freund aus Hirschaid, als er ihn erblickte. »Vielleicht solltest a weng Puderzucker draufstreua und a bissla Sahne auf die Ohrn, damit mer dich besser verkaafen könna?« Detlev frotzelte weiter, und der Rest der Mannschaft kugelte sich vor Lachen.

Verdammte Idioten, dachte Andreas Voll und setzte seinen Helm auf, während er sich weiter im Gesicht kratzte. Das Jucken war einfach nicht abzustellen. Die werden sich noch wundern, grollte er im Stillen und hielt die Sonnenbrille gegen das Licht, um durch die dunklen Gläser eventuellen Schmutz erkennen zu können. Eigentlich eine bloße Übersprunghandlung in solch einer gesichtstechnisch peinlichen Situation. Brillen zu putzen täuschte geistige Konzentration vor, sodass man nicht auf dämliche Bemerkungen antworten musste. Trotzdem wunderte er sich. Hatte er die orangefarbenen Wechselgläser statt der dunklen in seine Sonnenbrille gesteckt? Er konnte sich gar nicht erinnern, sie mitgenommen zu haben. Er öffnete das rechte Auge, das er zum besseren Sehen im Gegenlicht zusammengekniffen hatte, und blickte sich um. Alles war plötzlich in ein grelles orangefarbenes Licht getaucht. Auch ohne Brille.

»He, Andi«, meinte sein Kumpel Detlev besorgt, »was issn los mit deina Augn? Bist du krank, oder was? Du glotzt ja wie a Maikäfer?«

Andreas schaute seinen Freund verwundert an, dann wieder die Umgebung. Alles war knallorange und wurde immer farbintensiver. Dann spürte er eine grenzenlose Übelkeit in sich aufsteigen. Kälte überkam ihn, der Helm fiel aus seinen starr gewordenen Fingern, und es wurde ihm schwarz vor den Augen.

Seine Freunde mussten hilflos zusehen, wie Andreas Voll auf der Straße, die vor ihrem Hotel in Alcudia vorbeiführte, vor Schmerzen stöhnend zusammenbrach und sein Körper von wilden Krämpfen geschüttelt fast zehn Sekunden lang zuckte. Dann blieb er in gekrümmter Haltung auf der Seite mit abgewandtem Gesicht liegen.

Detlev eilte sofort zu ihm und rüttelte ihn an der Schulter. »Hei, Andi, was is los? So scheiße war der Kaffee heud früh doch gar ned ...« Er drehte seinen Freund zu sich herum, und ein eiskalter Schauer lief ihm den Rücken hinunter.

Andreas Voll starrte ihn aus leblosen, aufgeplatzten Augäpfeln an. Aus den leeren Höhlen floss kein Blut, sondern ein dünner Faden orangeroter Flüssigkeit, die sich der Schwerkraft folgend bereits über die ganze linke Gesichtshälfte verteilt hatte. Das Gesicht war zu einer Fratze erstarrt, der Körper so steif, als habe man ihn in einer norwegischen Fischfabrik schockgefrostet.

Detlev Jucht sprang entsetzt auf. Ohne den Blick vom Gesicht seines langjährigen Freundes lassen zu können, rief er laut: »Geht nei zur Rezeption! Ruft die Sanis und die Polizei!«

Dann schaffte er es endlich, seinen Kopf zu den anderen zu wenden, die wie versteinert dastanden und fassungslos auf die bizarre Szene blickten, die sich ihnen bot.

»Verdammt noch amal, schnell!«, rief Detlev Jucht verzweifelt. Erst jetzt setzten sich alle in Bewegung und rannten zum Hoteleingang.

Doch Detlev, der sich neben den verkrümmt daliegenden Andreas Voll auf den warmen Teer setzte, ahnte bereits, dass jedes Leben aus dem Körper seines Freundes gewichen war.

*

Riemenschneider trottete mit dem Stoffteil im Maul zu ihrem Ausgangspunkt zurück. Mit leicht angewidertem Gesichtsausdruck legte sie es auf den großen Stapel und leckte sich anschließend erst mal lange und ausgiebig über die Lippen, um den unangenehmen Geschmack zu beseitigen. Dann setzte sie sich auf ihren rosa Hosenboden und blickte zufrieden und gespannt zu den beiden Männern, die vor ihr auf zwei Stühlen hockten. Erwartungsvoll sah sie von einem zum anderen. Bis jetzt war alles kinderleicht gewesen. Wann kamen denn die schweren Aufgaben?

»Sie hat sogar deine Unterhose gefunden«, sagte Haderlein mit einer Mischung aus Stolz und Ungläubigkeit. »Wo hattest du sie denn versteckt?«, fragte er seinen Kollegen, ohne den Blick von Riemenschneider zu lassen.

»Ich hatte sie zwischen die Zigarren von Fidibus gesteckt, in der Hoffnung, der Tabakgeruch würde Riemenschneider verwirren. Keine Ahnung, wie sie die Tür zu seinem Büro aufgekriegt hat«, erwiderte Kommissar Bernd »Lagerfeld« Schmitt, so genannt wegen seiner Vorliebe für einen dünnen Pferdeschwanz sowie für exzentrische Kleidung, die er mit dem berühmten Modepapst teilte, und spielte dabei nachdenklich mit seiner modischen Sonnenbrille herum.

»Ich glaube, die Tür war für Riemenschneider das geringere Problem«, meinte Kriminalhauptkommissar Franz Haderlein. »Eher schon der strenge Geruch deiner Unterleibsbekleidung. Ich meine, immerhin ist Riemenschneider ein Mädchen, und du weißt ja, wie Frauen …«

»Na, hör mal!«, entrüstete sich Lagerfeld. »Riemenschneider ist ein Schwein! Zwar noch ein kleines, aber trotzdem ein Schwein. Du wirst mir doch nicht erzählen wollen, dass ein Schwein bei einer Unterhose, sei sie so lange getragen, wie sie mag, unangenehme Empfindungen …«

Haderlein unterbrach den jungen Kollegen, indem er seine Hand auf dessen Mund legte, und deutete stumm auf Riemenschneider. Das kleine Ferkel war aufgesprungen, beide Ohren hingen an den Seiten schlaff hinunter. Im Gegensatz dazu stand das ansonsten geringelte Schwänzchen steil nach oben, und ihre Augen blickten Kommissar Bernd Schmitt mit einem Ausdruck der allergrößten Empörung an. Riemenschneider war offensichtlich überhaupt nicht mit der Definition von weiblicher Schweineferkelhygiene einverstanden, die Lagerfeld soeben abgesondert hatte. Um es noch präziser auszudrücken: Riemenschneider war echt sauer.

Lagerfeld kam dieser Gesichtsausdruck sogleich seltsam bekannt vor. Hatte er diesen Blick nicht auch erst neulich an seiner Freundin zu sehen bekommen, als er die Krokodillederstiefel nach getaner Polizeiarbeit auf dem gemeinschaftlichen Bett sitzend von seinen Füßen entfernt hatte? Auf jeden Fall wusste er sofort, was zu tun war.

»Entschuldigung! Wird nicht wieder vorkommen!«, rief er genervt Richtung Riemenschneiderin und hob beide Hände in einer hilflosen Geste.

Haderlein musste sich anstrengen, sich das Lachen zu verkneifen. »Jetzt sei nicht beleidigt, Bernd. Frauen sind halt so. Die schleppen nicht gern drei Tage benutzte Unterhosen zwischen den Zähnen durch die Gegend. Ich weiß auch nicht, warum sich das so verhält«, fügte er noch spöttisch hinzu.

Riemenschneider warf ihrem Herrchen einen dankbaren und zugleich erleichterten Blick zu. Mit ihrem Kommissar war sie, was die Sauberkeitsansprüche betraf, außerordentlich zufrieden. Da gab es unter den Menschen noch ganz andere Kaliber. Regelrechte Schweine!

Mit diesen Gedanken warf sie sicherheitshalber noch einen bösen Blick Richtung Lagerfeld, der auch gleich schuldbewusst die Augen gen Boden senkte. Dann legte sie sich flach auf den Boden und das rosa Köpfchen auf die Vorderfüße. Ihr Arbeitstag schien für heute offensichtlich beendet zu sein. Die Lust auf weitere Unterhosen war ihr sowieso vergangen.

»Sie hat tatsächlich alles gefunden«, murmelte Haderlein immer noch ungläubig. Dabei betrachtete er nachdenklich den Haufen verschiedenartiger Utensilien, die Riemenschneider neben sich aufgestapelt hatte. Die Dinge, die sie finden sollte, hatten sie auf einer kompletten Etage der Bamberger Polizeidirektion versteckt. Weil es tagsüber so heiß war, hatten sie sich zu einer freiwilligen Nachtschicht entschlossen. Außerdem war es bestimmt besser, wenn ihr Chef Fidibus nichts von der nächtlichen *Schweinerei* mitbekam. So richtig wusste der nämlich noch immer nicht, was er mit der Riemenschneiderin anfangen sollte, obwohl sie ja inzwischen fest zum Inventar der Bamberger Kripo gehörte. Riemenschneider war das

Geschenk seiner Kollegen zu einem kürzlich begangenen Dienstjubiläum gewesen und bereits fest in die Dienstgemeinschaft der Bamberger Kripo integriert. Sozusagen ein klassischer Fall von gelungener multikultureller Einbürgerung.

Und sie war eine wirklich gute Ermittlerin. Vom Strumpf bis zu diversen Büroartikeln und Süßigkeiten hatten die beiden Kommissare alles versteckt. Die unmöglichsten Ecken, Löcher und Kanten hatten sie mit Gegenständen bestückt, um das kleine Ferkel zu verwirren, aber es hatte nichts genutzt. Riemenschneider hatte alles gefunden. Sogar Lagerfelds Unterhose.

»Komm, Bernd, wir müssen jetzt ins Bett und wenigstens ein paar Stunden schlafen«, meinte Haderlein zu seinem Kollegen und streckte sich. »Draußen wird's bald hell, und unsere sportlichen Mädels müssen wir auch noch verabschieden.«

Mit diesen Worten packten die drei Ermittler/-innen ihre Siebensachen, Riemenschneider kam an die Leine, und gemeinsam verließen sie müde die Bamberger Polizeidirektion.

Der bärtige Fremde hatte seine Prozedur in vier der fünf Zimmer *erledigt,* und nirgendwo war er auf Schwierigkeiten gestoßen. Die Altenheimbewohner lagen im Tiefschlaf. Für sie würde es kein Erwachen mehr geben, dachte der Mann und öffnete die Tür zum fünften und letzten Zimmer. Gerade als er die Dose wie zuvor auf den Boden gestellt und den roten Knopf gedrückt hatte, hörte er ein Geräusch. Ein sanftes Rascheln, als ob eine Bettdecke zurückgeschlagen würde. Dann sah er, wie sich zwei nackte, geschwollene Beine direkt neben ihm aus einem Bett schwangen und auf den Boden stellten. Eine alte Frau mit schlohweißem, leicht gelocktem Haar saß auf der Bettkante und starrte ihn an. Langsam näherten sich seine Finger dem Metallstift am Kopf der Dose. Sie waren nur noch wenige Millimeter entfernt, als eine heisere alte, doch kräftige Frauenstimme ertönte.

»So, des isses etzerd also. Die Kisten sin da.«

Der schwarz gekleidete Fremde war einen Moment lang verwirrt. Dann fasste er sich, lächelte und nickte freundlich.

»Die Kisten, genau, die Kisten. Die von den Amerikanern«, fuhr die alte Frau fort, während sie den Fremden mit ihren wässrigen Augen fixierte. Seine Hand näherte sich wieder dem Metallstift.

»Des sind bloß die Amis«, konnte man aus dem Mund der alten Dame hören. »Wechen dena krieg ich die Kisten da nimmer nei. Überall Soldaten. Da drüben steht scho widder aaner und nimmt mer den ganzen Platz weg. Diese ausländischen Soldaten, des is des Lästiche an so am Krieg. Wie ist die Parole?« Sie deutete aufgeregt in die hintere Ecke des Zimmers und fuchtelte mit ihrem Arm in dieselbe Richtung. Der Fremde schaute sich kurz im Zimmer um. Natürlich gab es hier keine Kisten und keine Amerikaner. Und Soldaten schon gleich gar nicht.

Er schüttelte leicht genervt den Kopf. Alles halb so wild, man hatte ihn ja vorgewarnt. Er wusste, wie man die Frau beruhigen konnte. Man hatte ihn genau instruiert. »Parole Schabeso?«, sagte er und wartete.

Die angesprochene alte Frau blickte ihn strahlend an. »Schabeso, jawoll! Endlich gibt's a Schabeso bei dera Hitz! Alle ham dermaßen aan Durscht! Her mit die ganzen Kästen!«, rief sie euphorisch und begann dann sofort leise und in sich gekehrt eine Melodie zu summen. Auf ihr Gesicht hatte sich ein versonnenes Lächeln gelegt, ihr Blick schien in weite Ferne gerichtet.

Der Fremde berührte sie kurz mit der Hand, aber die alte Dame war wohl bereits, eine Melodie summend, wieder in ihrer eigenen, sehr speziellen Welt gelandet. Auch gut. Er bückte sich und zog schnell den Splint aus dem Dosenkopf. Er konnte das ihm wohlbekannte Zischen hören, ein weißlicher Nebel drang aus dem geöffneten Ventil und breitete sich, über den Boden kriechend, zügig im ganzen Zimmer aus. An der Wand staute sich das Gas und begann nach oben zu steigen. Schnell verließ er das Zimmer, ohne die alte Frau noch eines Blickes zu würdigen. Als er die neongrüne Schrift auf der Wand im Flur sah, musste er fast laut loslachen. Was für eine dämliche Idee. Aber für Humor war keine Zeit. Er verließ die Station auf dem gleichen Weg, auf dem er gekommen war. Als er durch den leeren Rahmen nach draußen gesprungen war, befestigte er das Fenster wieder in seinem Scharnier in gekippter Stellung. Er glättete notdürftig das frisch angesäte Beet, das er niedergetreten hatte, und verschwand danach so lautlos, wie er gekommen war. Zwei Minuten später schien es, als wäre der schwarz gekleidete Fremde nie hier gewesen.

Die alte Frau wandte den Kopf, als der Mann die Tür zugezogen hatte. Während sie eine altbekannte Weise weitersummte, wackelte sie schwerfällig, aber ohne zu zögern, zu dem zischenden Objekt in der Raummitte. Lächelnd watete sie durch die geschlossene Dunstdecke, die sich schon circa fünfzig Zentimeter hoch auf dem Fußboden des Zimmers ausgebreitet hatte. Genau über der Dose, die weiterhin wie ein kleiner Vulkan vor sich hin rauchte, zog sie ihre Unterhose hinunter und begann genüsslich ihre Blase auf das Gerät zu entleeren. Nach wenigen Sekunden zuckte ein kleiner blauer Blitz aus dem Kopf des Behälters, und das Zischen erstarb. Die alte Frau ging zielsicher und weitersummend zum Fenster und öffnete es. Langsam begann der Rauch dem Luftzug folgend Richtung Fenster zu ziehen und schwallte in die erhitzte Atmosphäre des Gartens hinaus, wo er sich in biochemisches Wohlgefallen auflöste.

»Feuer, Rauch, Krieg«, brummelte sie leicht protestierend vor sich hin. Dann lächelte sie versonnen in Richtung Mond, der durch das Fenster hereinschien. »Die Pfadfinder sind allzeit bereit!«, rief sie laut, warf ihre Arme Richtung Zimmerdecke in die Höhe und lachte kurz auf. Dann musste sie heftig husten und blickte die Dose giftig an. Anschließend begann sie wieder die gleiche monotone Melodie zu summen und begab sich langsam zurück zu ihrem Bett. Als sie die Bettdecke über sich gezogen hatte, erstarb binnen weniger Minuten die Melodie, und die alte Frau schlief mit einem äußerst zufriedenen Gesichtsausdruck ein.

»Wie seht ihr denn aus?«, fragte Manuela Rast ihren Kriminalhauptkommissar und schüttelte entsetzt den Kopf. »Habt ihr die Nacht durchgemacht, oder wie?« Ungläubig starrte sie die beiden an.

»Ihr konntet wohl nicht abwarten, bis wir weg sind, was?«, mischte sich nun auch Ute von Heesen ein, die gerade noch die Befestigungen der beiden voll gefederten Mountainbikes auf dem Heckträger ihres Autos nachgezurrt hatte. Kopfschüttelnd schaute sie sich die drei offensichtlich übernächtigten Figuren an, die mit schweren Augenlidern vor ihr standen.

»Was war los, Riemenschneider? Hast du etwa als weibliche Aufsichtsperson versagt, Mädchen? Oder womöglich auch noch mit gelumpt?« Sie ging in die Knie und hob mit dem Zeigefinger der rechten Hand Riemenschneiders kleine rosa Schnauze an. Dabei bemerkte sie, dass auch das Schweinchen den einen oder anderen dunklen Schatten unter den Augen hatte. »Du also auch«, knurrte sie frustriert.

»Also, ihr Herren der Ringe«, meinte Manuela Rast mit bissigem Unterton in der Stimme, »dann schießt mal los.«

»Wir warten ...«, fügte Ute von Heesen genauso bestimmt hinzu.

Die Aufforderungen hörten sich eher wie Drohungen an. Kriminalhauptkommissar Haderlein öffnete bereits den Mund, um die Situation mit ein paar einfachen Worten zu erklären, aber sein in solchen Situationen *hochbegabter* Kollege Lagerfeld kam ihm zuvor – und zwar mit der allerdümmsten Floskel, die man in einem solch intergeschlechtlich heiklen Moment hervorkramen konnte.

»Ah, es ist nicht so, wie ihr denkt«, bemerkte er wichtig und voller Inbrunst. »Ich kann alles erklären.« Dabei ruckelte er nervös an seiner Sonnenbrille. Haderlein konnte durch die dunklen Gläser sehen, wie sein Blick ob der sich verschärfenden Situation von der einen zur anderen Inquisitorin hetzte.

Aus den Augen der beiden Kommissarfrauen schossen kalte Blitze, die sich tief und unbarmherzig in Lagerfelds Brillengläser brannten.

Haderlein bedeckte sein Gesicht mit beiden Händen und sah sich schon, zusammen mit seinem fettnäpfigen Kollegen, im tiefsten Feuer der Beziehungshölle schmoren.

»Wir, äh, waren im Büro ... die ganze Zeit ... allein«, kam es unbeholfen aus Lagerfelds Kehle.

Haderlein wurde bald wahnsinnig. Bei den beiden Mädels sah er bereits große, dunkle, gewitterschwangere Wolken über den Köpfen schweben. War sein Kollege noch bei Trost? Lagerfeld hatte es offensichtlich wieder einmal geschafft, selbst mit der simpelsten Wahrheit allergrößtes Misstrauen bei der Weiblichkeit zu säen.

»Aha, im Büro«, tröpfelte es wie Eisregen aus dem Mund von Lagerfelds blonder Freundin Ute von Heesen. »Nachtarbeit sozusagen. Und wie heißt das weibliche Wesen, das so lange bearbeitet wurde, hm?«

»Ich, äh ...«, hob Kommissar Bernd Schmitt wieder an, doch sein älterer Vorgesetzter kam ihm endlich zu Hilfe.

»Bernd, halt die Klappe!«, rief Haderlein ungehalten. »Schluss mit dem Blödsinn. Wir waren tatsächlich bis gerade eben im Büro«, bemerkte er ungeduldig. »Gestern hatten wir eigentlich nur einen kurzen Test mit Riemenschneider nach Dienstschluss vor, aber der hat sich etwas hingezogen. Wegen Riemenschneider.« Dabei blickte er Manuela fest in die Augen.

»Und das ist die Wahrheit!«, rief Lagerfeld noch schnell, doch Haderlein hob drohend den Finger, bis der nur drei Zentimeter vor Lagerfelds Nase schwebte. Mit frustrierter Miene setzte sich Bernd Schmitt alias Lagerfeld auf die Motorhaube des MINI Cabriolets und beschloss, bis auf Weiteres das Reden einzustellen. Er wollte nur noch ins Bett. Und zwar allein.

Manuela Rast blickte kurz und prüfend ihrem Kommissar ins Gesicht, dann bückte sie sich zur Riemenschneiderin hinunter und hob nun ihrerseits mit skeptischem Blick den Kopf des Ferkels an.

»Stimmt das, haben die beiden Spinner einen Test mit dir gemacht?«, fragte sie das kleine Schwein ungläubig.

Riemenschneiders Schwänzchen begann bejahend zu wackeln.

»Wir wollten wissen, wie gut ihre Nase wirklich ist, und haben sie Sachen suchen lassen«, bemerkte Haderlein erklärend von der Seite.

»Und lass mich raten«, fragte Manuela Rast bereits wieder lächelnd, »du hast ihn bestanden? Du hast alles gefunden, was die Kriminalpolizei vor dir versteckt hat, oder?«

Riemenschneiders Ohren stellten sich zustimmend auf, und sie begann stolz zu grunzen. Außerdem beeilte sie sich, mit ihrer rosa Zunge Manuela Rasts Gesicht zu befeuchten.

»Auch die Unterhosen von Kommissar Lagerfeld?«, fragte Ute von Heesen sicherheitshalber. Nicht, dass sie diesen Gedanken ernsthaft in Erwägung gezogen hätte, aber bei ihrem etikettefreien Typen konnte man ja nie wissen. Die Reaktion von Riemenschneider war ernüchternd.

Schlagartig stellte das kleine Schwein das Lecken ein, die Ohren fielen wie nasse Badetücher nach unten, und der rosa Schwanz verzog sich unter die Hinterbeinchen. Der angewiderte Gesichtsausdruck des Ferkels sprach Bände. Dafür war's dann aber auch endlich vorbei mit der miesen Stimmung.

Alle brachen in schallendes Gelächter aus, und der Beziehungsfrieden war wiederhergestellt. Einzig der schmollende Lagerfeld bekam von seiner Ute noch schnell einen missbilligenden Klaps auf den Hinterkopf.

Dann, nach Klärung der kurzzeitigen Schlechtwetterlage, folgte die lange und intensive Abschiedszeremonie, in die schlussendlich auch Riemenschneider mit einbezogen wurde.

»Pass bloß auf die beiden Figuren auf, solange wir weg sind«, sagte Ute von Heesen noch schnell zu ihr, bevor sie das kleine rosa Ding wieder auf den Boden stellte, dann verschwanden die zwei durchtrainierten Kommissarfrauen in ihrem knallroten MINI und fuhren in Richtung Oberstdorf zu ihrer lange geplanten Alpenüberquerung mit dem Mountainbike. Zwei Kriminalisten und ein minderjähriges Schwein sahen das vollbepackte Auto in der Ferne entschwinden.

»Tja«, sagte Haderlein, »zwei Wochen sturmfreie Bude. Endlich mal frauenfreie Zeit.«

Lagerfeld lachte, dann sahen sich beide an und wussten, dass sie die Kratzbürsten eigentlich schon jetzt vermissten.

Lagerfeld verabschiedete sich, Haderlein nahm Riemenschneider auf seinen Arm, sagte fürsorglich: »Jetzt geht's ins Bett, Süße«, und zusammen machten sie sich endgültig auf den Heimweg in die Judenstraße 4.

*

Die Gefahr Sturm lässt sich wie folgt zusammenfassen:
Gemessen an der Häufigkeit von Schadensereignissen, an der Gesamtfläche der betroffenen Gebiete und an der Höhe der Schäden, sind Stürme die weltweit bedeutendste Naturgefahr.
Als große Sturmkatastrophen gelten jene, welche die Selbsthilfefähigkeiten der betroffenen Regionen deutlich übersteigen und überregionale oder internationale Hilfe nötig machen.
Noch steht der endgültige wissenschaftliche Nachweis dafur aus, dass sich das Windklima in Europa verändert. Doch Indizien weisen darauf hin.
Die Sturmgefahr wird in Zukunft zunehmen.

(Ernst Rauch, Wetterkatastrophen und Klimawandel, Münchener Rück)

Die Wolkenformationen hatten wahrlich bedrohliche Ausmaße angenommen. Stavros schaute besorgt in den Himmel, dann zu seinem Vater, der immer drängender auf ihn einredete.

»Das sieht nicht gut aus, Sohn«, sagte er mit deutlich warnendem Unterton in der Stimme. »Zeit zu verschwinden.«

»Aber wir haben doch noch nicht einmal angefangen«, versuchte Stavros schwach einen letzten Protest und nestelte unschlüssig an seinem Fischernetz. Doch auch sein Blick verriet Unsicherheit ob der sich drastisch verschlechternden Wetterlage.

»Das mag sein«, erwiderte sein bald siebzigjähriger Vater und blickte noch einmal über das Mittelmeer Richtung der kretischen Küste. Seine grauen Augen musterten wieder den Horizont, und wieder gefiel ihm überhaupt nicht, was er da am Himmel des östlichen Mittelmeeres erblickte. Eigentlich war von besagtem Himmel auch nicht mehr viel zu sehen. In der dunstigen, schwülheißen Luft hatten sich rings um den kleinen Fischkutter der Familie dunkle Wolkentürme gebildet. Nur direkt über ihnen schien die Welt noch in Ordnung zu sein. Durch eine kreisförmige Lücke zwischen den rapide anwachsenden Gewitterwolken grüßte die Sonne und brannte ihre heißen, frühmorgendlichen Strahlen unbarmherzig auf das Boot hinunter. Doch diese Lücke wurde zusehends kleiner, und es war wohl nur noch eine Frage der Zeit, bis die Wolken den Sonnenstrahlen ihren Weg auf die Erde endgültig versperren würden.

Nicht, dass auch nur ein Mensch im gesamten Mittelmeerraum der Sonne hinterhertrauern würde. Ganz und gar nicht. So einen Sommer hatte bisher niemand erlebt. Eine unglaubliche Hitze hatte die Länder von Gibraltar bis zur türkischen Küste im Griff. Seit Monaten wollte es nicht mehr regnen. Sämtliche Anrainerstaaten litten unter massiven Wasserproblemen und kämpften mit Tausenden von hitzebedingten Todesfällen. Die Wassertemperatur der Adria hatte zweiunddreißig Grad erreicht, bei Side in der Türkei lag sie bereits darüber.

An den italienischen Küsten war das Baden schlichtweg unmöglich geworden, da man der Algenplage nicht mehr Herr wurde und ein undurchdringlicher, ekliger grüner Teppich an die ansonsten so beliebten Touristenstrände angedockt hatte. Um die Mittagszeit befand sich von Málaga bis Nikosia niemand mehr im Freien.

Es war einfach nicht mehr auszuhalten. Bei siebenundvierzig Grad im Schatten dösten die Menschen nur noch an einem halbwegs kühlen Platz vor sich hin und schalteten die Klimaanlage auf die höchste Stufe, so sie denn eine besaßen.

Stavros und sein Vater waren an dem Tag bereits vor Sonnenaufgang aufgebrochen, um der Mittagsglut zu entgehen. Trotzdem: So wie es aussah, war es wohl besser, gleich wieder umzukehren. Stavros wusste, wann es an der Zeit war, auf seinen Vater zu hören. Dieser fand Fische, wo kein Echolot etwas anzeigte, er wusste, wann es regnen würde und wann nicht, und er hatte einen siebten Sinn für Stürme und sonstige Gefahren des Meeres. Wenn Angelos Chalkidikis zum Umkehren riet, war es ganz bestimmt besser, seinem Rat zu folgen. Also warf sein Sohn den Motor des alten Fischkutters an, wendete in einem engen Halbkreis und nahm Kurs auf das heimatliche Kreta. Auch über ihnen verkroch sich nun die Sonne hinter den aufbegehrenden dunklen Wolkentürmen, die immer schneller in den Himmel wuchsen. Ein leichter Wind begann zu wehen.

Drei Monate zuvor

Was war das nur für ein wunderschöner Frühling am Comer See! Ein außergewöhnlich milder März in Norditalien. Die Natur war ihrer Zeit weit voraus und erging sich in fröhlichem Blühen. Die Wärme lockte bereits die ersten Sommertriebe der Flora ans Licht.

Achim Königer saß auf der Veranda seiner Villa im schönen Örtchen Laglio, nur einen luftigen Kilometer vom bombastischen Palazzo George Clooneys entfernt, konnte sich aber über die klimatischen Umstände in keiner Weise freuen. Erstens gab es bei solch warmen Temperaturen auch die ersten lästigen Stechmücken, die auf ihn reagierten wie ein Alkoholiker auf hochprozentigen Rum, und zweitens kreisten seine Gedanken bereits seit Wochen um sein abruptes Abtreten als Bankmanager. Das schnelle, unrühmliche Ende eines bemerkenswerten Aufstiegs. In einer kleinen Filiale der Bamberger Sparkasse hatte er seine beeindruckende berufliche Laufbahn begonnen, die schließlich in der Vorstandsetage der Hypovereinsbank in München endete. Über die Jahre arbeitete er sich Ebene für Ebene nach oben, hatte zum Schluss das Ziel, an die Spitze zu kommen, fast erreicht. Er, der kleine Bamberger Junge, wäre fast Vorstandsvorsitzender des größten bayerischen Finanzinstitutes geworden. Auch wenn die Bank nun eigentlich eine italienische war. Sogar die Villa am Comer See hatte er sich gekauft, um seine Verbundenheit mit der italienischen *Mutter* zu demonstrieren. Er hatte alles getan, um seine Karriere in diesem Bankhaus zu fördern. Wirklich alles. Aber auch alles hatte eben nichts genutzt. Wegen eines lächerlichen Betrugsverdachtes hatte er gehen müssen. Natürlich waren die Anschuldigungen wahr gewesen. Natürlich hatte er versucht, seine Bonuszahlungen in Zeiten der globalen Finanzkrise zu sichern. Aber das taten doch alle, vor allem die Investmentbanker, welche die ganze Scheiße erst angerührt hatten. Alle wollten ihre Schäfchen ins Trockene bringen. Aber ausgerechnet ihn hatten sie erwischt. Er musste als Bauernopfer für die anderen herhalten. Im finalen internen Personalgespräch war ihm mitgeteilt worden, dass er zu fanatisch in seinem Charakter und in seinem fachlichen Verhalten gewesen sei. Eine absolute Farce!

Wütend trat Achim Königer die klassisch römische Vasennachbildung vom Balkon der Veranda. In hohem Bogen machte diese sich auf ihren Weg, den ihr die Schwerkraft vorschrieb, und zersprang laut scheppernd neben dem Pool auf den Natursteinfliesen.

»Scheiße!«, rief er ihr noch spontan erregt hinterher. Seine Frau schaute schon gar nicht mehr nach, was los war. In seinen cholerischen Anfällen hatte er bereits fast alle Blumenbehältnisse des sündhaft teuren Anwesens zerschmissen, zerschlagen oder im Pool versenkt. Und seine Gattin würde wohl auch bald verschwinden. Da war er sich sicher. Er war zwar inzwischen sehr wohlhabend, eigentlich reich, aber er war auch extrem ehrgeizig und ergo unzufrieden mit der karrieretechnischen Gesamtsituation – mit sich als Mensch sowieso. Er war kein Ehemann mehr, stattdessen musste er sich eingestehen, dass er einfach nur noch ein unausstehliches Arschloch war. Und mit diesem selbstzerfleischenden Gedanken nahm er die letzte Vase der ehemals zehn und warf sie in Richtung der orangefarbenen Sonne. Er stutzte und nahm verwundert die Sonnenbrille ab. Was war denn jetzt los? Orange? Alles um ihn herum war in ein orangefarbenes Licht getaucht. Ihm wurde plötzlich kalt. Etwa ein Herzanfall? Er wäre nicht der erste Manager, den so eine Attacke heimsuchen würde. Oh Gott, wo war hier bloß der nächste Arzt? Panik erfasste ihn. Er wollte von der Veranda flüchten, doch die urplötzliche Übelkeit ließ ihn auf die Knie sinken. Sein Körper begann, sich abnorm zu verkrampfen, und er litt Höllenqualen. Er versuchte, um Hilfe zu rufen, doch seiner Kehle entrang sich nur ein verzweifeltes Röcheln. Dann wurde es schlagartig dunkel um ihn. Achim Königer kippte nach vorn, seine Stirn schlug auf den Steinfliesen auf, und er war bereits tot, als eine orangefarbene Flüssigkeit aus seinen geplatzten Augäpfeln auf die römischen Fliesen zu tropfen begann.

*

Ein lauter Pfiff ertönte. »Na, Mädels, braucht ihr vielleicht Begleitung? Wenn ja, wir sind im McDonald's in Greding!« Der Mann warf einen bedeutungsvollen Handkuss aus dem geöffneten Beifahrerfenster, und die silberfarbene Limousine mit dem schwäbischen Stern zog davon. Natürlich nicht, ohne sich noch einmal durch Betätigen der Warnblinkanlage auf ewig ins Gedächtnis der beiden *einsamen Frauen* gebrannt zu haben. Zumindest gingen die beiden selbstbewussten Fahrzeuglenker davon aus. Es war ja klar: Mit einem solchen Wagen war man einfach unwiderstehlich.

Ute von Heesen nickte wissend mit dem Kopf, während Manuela Rast einen weiteren fetten Strich auf ihren Notizblock machte – neben den siebzehn anderen, die sie bereits darauf gezogen hatte.

»Ich glaube, du hattest recht, Ute«, meinte sie resigniert, ohne auch nur aufzublicken. »Das war jetzt schon die achtzehnte Anmache, und wir sind noch nicht einmal an Ingolstadt vorbei!« Sie blickte sich um und sah durch die Speichen der Mountainbikes bereits von hinten die nächsten Strahlemänner heranrasen, die ihnen heftigst zuwinkten und Fleißarbeit an der Lichthupe verrichteten.

Sie drehte sich um und malte einen weiteren Strich mit ihrem Bleistift auf das flatternde Papier. »Meine Prognose von lediglich fünfunddreißig Anträgen bis Oberstdorf wird sich wohl nicht ganz halten lassen«, meinte sie seufzend. »Aber jetzt fahr zu, ich glaube, die Jünglinge da hinter uns wollen auf der Standspur überholen.« Kopfschüttelnd schaute sie über den Rand ihrer großen Brigitte-Bardot-Sonnenbrille zu ihrer Fahrerin. Beide brachen in lautes Lachen aus, und Ute von Heesen gab Gas.

Kommissar Haderlein hatte sein schläfriges Haupt gerade auf sein wohlverdientes Kopfkissen gebettet und die Augen geschlossen, als es an der Tür klingelte. Er konnte es nicht glauben. War es sein einsames Schicksal, immer dann aus dem Bett geholt zu werden, wenn er gerade dabei war, ein Schlafdefizit auszugleichen? Einen Moment lang überlegte er, sich tot zu stellen, aber schließlich war er Kommissar bei der Kriminalpolizei und damit ein Vorbild für die Menschheit. Er musste also aufstehen, und wenn er noch so müde war. Schon aus Imagegründen. Vielleicht war es ja auch nur die Post. Er öffnete die Tür. Es war nicht die Post.

Stattdessen stand sein dunkelhäutiger Technikexperte aus der Dienststelle, Kommissar Cesar Huppendorfer, vor ihm. »Wie sehn denn Sie aus, Chef?«, bemerkte dieser verwirrt. »Ham Sie, äh, gesoffen, oder wie? Und die Riemenschneiderin schaut ja genauso verbraucht aus«, lachte er erstaunt.

Aber Haderlein war nicht nach lächerlichen Belanglosigkeiten bezüglich seines Erscheinungsbildes zumute. Ihm stand der Sinn eher nach Tiefschlaf mit süßen Träumereien. Er konnte mit viel Ungemach umgehen, mit Verbrechern, zickigen Lebensgefährtinnen, nervenden Vorgesetzten oder schlechtem Wetter, was er aber hasste wie der Teufel das Weihwasser, das war ein unausgeschlafener Haderlein. Ohne ein Mindestquantum an Nachtruhe war er kein Mensch mehr, sondern nur noch eine tickende Zeitbombe, ein soziologischer Taliban.

»Was gibt's denn, Huppendorfer?«, fragte er unwirsch. »Ich wollte gerade ein paar Stunden an der Matratze horchen und bei der Hitze dann vielleicht nach Zapfendorf ins Schwimmbad. Was meinst du, Riemenschneider, wir zwei wieder zusammen auf der großen Rutsche?«, fragte er das kleine Schwein rhetorisch, das ihn ausgesprochen zustimmend anwedelte.

Huppendorfer gaffte ihn und dann Riemenschneider mit offenem Mund an. »Die Zapfendorfer lassen echt Schweine ins Schwimmbad? Und auf die große Rutsche?« Ein überdimensionales Fragezeichen leuchtete in Kommissar Huppendorfers ungläubigem, verschwitztem Gesicht auf.

»Das war ein Witz!« Haderlein konnte es nicht glauben. Diese Franken waren ja so was von leichtgläubig. Aber irgendwie interessierte ihn das im Moment genauso brennend wie der berühmte umfallende Reissack in China. »Mensch, Huppendorfer, sagen Sie Ihren Spruch auf, und dann lassen Sie mich bitte schlafen, ja?« Mit gerädertem, aber hoffnungsvollem Blick wartete Haderlein ungeduldig auf das Anliegen seines Untergebenen. Dessen *Spruch* gefiel ihm allerdings überhaupt nicht, bedeutete er doch das Aus für jegliche Schlafprojekte in der allernächsten Zeit.

»Damit wird es nix werden, Chef«, vermeldete Huppendorfer denn auch prompt. »Auf St. Getreu sind leider ein paar Rentner vom Leben in den Tod befördert worden. Da hat sich jemand ziemlich große Mühe gegeben. Ich war selbst auch noch nicht oben, ich soll bloß Sie und den Lagerfeld aus dem Bett holen. Anweisung von Fidibus.« Damit schloss er seinen Vortrag und schaute seinen Chef abwartend an.

»Ja, und wo steckt Lagerfeld?«, wollte Haderlein ungeduldig wissen.

»Da macht keiner auf«, sagte Huppendorfer und zuckte hilflos mit den Schultern. »Der hört net. Kolleche Lagerfeld ratzt anscheinend wie ein Doder, keine Chance. Außerdem is alles abgschlossen bei dem seiner Bude.«

Das ist also die nächste Generation der Bamberger Polizei, dachte Kriminalhauptkommissar Haderlein. Der eine ist naiv wie ein Geranientopf, und der andere drückt sich durch komatösen Tiefschlaf vom Dienst. Wo sollte das bloß noch alles hinführen? Aber es half ja nichts. Dann mussten eben er als alter Knochen und Riemenschneider den Fall allein lösen. War ja irgendwie auch klar gewesen.

»Hat Fidibus eigentlich inzwischen kurze Hosen erlaubt? Wir kriegen heute bestimmt wieder vierzig Grad im Schatten«, fragte Haderlein Huppendorfer hoffnungsfroh, doch der schüttelte nur mit stoischer Miene den Kopf.

»Sie wissen doch, wie überkorrekt der Fidibus is«, erklärte er. »›Wie man sich kleidet, so macht man Leute‹ oder so ähnlich hat er erst heute früh wieder gemeint.«

Nun musste Haderlein doch lachen, während er notgedrungen eine dünne braune Stoffhose überstreifte. Was wäre sein Dienststellenleiter Robert »Fidibus« Suckfüll ohne seine chronische Verstümmelungssucht an der deutschen Sprache.

»Na dann«, sagte er zu Riemenschneider, »bist du heute die Einzige, die unten und oben ohne ermitteln darf.« Zur Abwechslung verstand Riemenschneider kein Wort und schaute ihren Kommissar nur ratlos an. Die beiden *Ermittlerkollegen* machten sich mit Huppendorfer auf den Weg ins Klinikum St. Getreu.

*

Es ist zu konstatieren, dass in den letzten Jahrzehnten in einzelnen Regionen der Welt eine Veränderung des Windklimas hin zu einer höheren Sturmgefährdung zu beobachten war. Neben der quantitativen Zunahme der Sturmexponierung in Gebieten, die bereits als gefährdet bekannt sind, liefern außergewöhnliche meteorologische Ereignisse weitere Indizien für Änderungsprozesse in der Atmosphäre.

(Ernst Rauch, Wetterkatastrophen und Klimawandel, Münchener Rück)

Das Boot der Familie Chalkidikis hatte gerade im kleinen Heimathafen Sefalin an der kretischen Westküste festgemacht, als die ersten Blitze durch die aufgeladene Atmosphäre zuckten. Auf das Geheiß seines Vaters hin verzichtete Stavros darauf, das Boot zu entladen. Stattdessen rannten die beiden Fischer den gepflasterten Weg hinauf zu der kahlen Anhöhe, auf der ihr Haus und das ihrer Nachbarn standen. Sie hatten kaum die Haustür hinter sich geschlossen, als der Sturm begann. Dann wurde es finster wie in der tiefsten Nacht. Dunkles Donnergrollen von urgewaltiger Lautstärke bebte gegen die einfachen Fensterläden der Häuser in dem kleinen Dorf. Mit brutaler Gewalt zerrte der Sturm am Häuschen der Fischerfamilie, die sich verängstigt in der Mitte der Stube versammelt hatte. Selbst der alte Angelos hatte so etwas in seinem Leben noch nicht erlebt. Er schaute zu seinem Sohn, der sich mit seiner Frau und den Kindern um den großen Tisch drängte. Seine

Schwiegertochter blickte starr zur Decke und hatte angefangen zu beten.

Auf einmal krachte es fürchterlich. Durch die Schlitze der Fensterläden konnten sie sehen, wie das Nebenhaus im hellen Schein eines Blitzes erleuchtet wurde und sofort in Flammen aufging. Die Kinder schrien auf und suchten panisch Schutz in den Armen ihrer Mutter, die krampfhaft weiterhin ihren Rosenkranz laut herunterbetete. Mit jeder Minute nahm der Sturm an Heftigkeit zu, und das Haus ächzte vernehmlich im Gebälk. Durch das Pfeifen des Windes hindurch hörten sie irgendwann, wie der brennende Dachstuhl des Nachbarhauses kapitulierte und krachend in sich zusammenstürzte. Emilia Chalkidikis hörte auf zu beten und fing an zu schreien. Als wäre der Schrei dem Wettergott aufgefallen, wurde das Heulen der Sturmgewalten plötzlich schwächer. Ohne Vorwarnung ließ der heftige Wind nach.

Dann konnte man auf dem Dach ein leises Klopfen hören, das immer schneller, umfassender und immer lauter wurde. Als ob jemand aus großer Höhe eine Schiffsladung Eisenkugeln herunterwerfen würde und diese nun, eine nach der anderen, auf die Dächer des Dorfes fiel. Dann schlug etwas Schweres direkt über ihnen ein. Stavros sah seinen Vater entsetzt an, dann blickten alle nach oben zur Zimmerdecke. Nur der alte Fischer reagierte, während die ersten Dachziegel zersplitterten.

»Unter den Tisch!«, rief Angelos Chalkidikis geistesgegenwärtig, und sofort folgten alle seinem unmissverständlichen Befehl. Die Geräuschkulisse im Haus wurde immer unerträglicher. Als die jüngste Tochter ihren Kopf hilfesuchend in die Arme ihres Vaters gelegt hatte, der nun wie sie unter der Tischplatte aus schwerem Olivenholz kauerte, zerbarsten die alten Tonziegel des Hauses über ihnen in einem gewaltigen Trommelfeuer.

»Heilige Jungfrau Maria!«, schrie die Mutter auf, und ein Hagelkorn, groß wie ein Handball, durchschlug die Lehmdecke und zerstob mit einem unheimlichen, trockenen Geräusch auf dem steinernen Küchenboden. Dann brach in Sefalin endgültig die Hölle los.

*

Kriminalhauptkommissar Haderlein stieg aus dem Dienstfahrzeug und nahm Riemenschneider an die Leine. Zusammen mit Huppendorfer gingen sie zum neuen modernen Haupteingang des Klinikums St. Getreu, wo sie bereits erwartet wurden. Huppendorfer musste wie meistens noch seinen Ausweis vorzeigen, Haderlein und Riemenschneider dagegen waren hinlänglich bekannt. Wobei »bekannt« wohl ein reichlich untertriebenes Adjektiv für den Status des Duos war. Riemenschneiders Konterfei allein zierte mit Sicherheit mindestens ein Mal im Monat die Titelseite eines Printproduktes in Oberfranken. Überall in Bambergs Läden, wo die beiden auftauchten, gab es Streicheleinheiten für das kleine Ferkel und eine kostenlose Leckerei gleich hinterher. Riemenschneider war der mit Abstand bekannteste Promi in der Stadt. Und nicht nur dort. Wenn man einem Bamberger ein Bild mit Riemenschneider darauf und dem Papst daneben gezeigt hätte, tja, vermutlich hätte der verwunderte Bamberger Bürger nur gefragt, wer denn der nette weißhaarige Mann neben Riemenschneider sei. Das kleine Schwein war demzufolge eine regelrechte Türöffnerin in allen Lebenslagen. Und Futter musste Haderlein schon lange nicht mehr für sie besorgen. Im Gegenteil: Riemenschneider hatte durch die ständige kulinarische Zuwendung der Bamberger sogar leicht zugenommen, was sie bereits selbst unangenehm berührt im Spiegel des Hausflures bemerkt hatte. Schließlich war sie noch ledig und musste auf ihre Figur achten. Einmal verheiratet war das dann etwas anderes, auch bei Schweinen. Aber noch war sie Single. Langsam wurde es Zeit für eine Diät, hatte sie selbstkritisch festgestellt.

Derartig ästhetische Feinheiten waren dem Leiter des Klinikums St. Getreu Peter Waldmüller völlig fremd. Er sah nur eines auf sich zukommen: ein Tier. Also ein unhygienisches Lebewesen, welches in einer ärztlichen Anstalt absolut nichts verloren hatte. Schon gar nicht, wenn es sich um ein rosa Bakterienmutterschiff namens Riemenschneider handelte. Doch Haderlein machte keinerlei Anstalten, stehen zu bleiben.

»Äh, Sie wollen doch nicht etwa mit Ihrem Schwein in meine Klinik, Herr Kommissar?«, fragte Waldmüller Haderlein mit einem protestierenden Ton in der Stimme und musterte Riemenschneider misstrauisch von oben bis unten.

»Kriminalhauptkommissar Haderlein«, knurrte Haderlein kurz angebunden, »und ich habe Sie auch sehr gern, Herr …?« Dabei blickte er dem Klinikleiter in die Augen, als wolle er ihn gleich einmal für einen Monat in Schutzhaft nehmen. Der Angemaulte war sichtlich erschrocken.

»Oh, verzeihen Sie, Herr Kriminalhauptkommissar!«, rief er. »Ich wollte nicht unhöflich erscheinen. Waldmüller Peter, Klinikleitung«. Dabei wischte er sich den Schweiß von der Stirn, welcher aber mitnichten von der sich bereits wieder im Anstieg befindenen Lufttemperatur herrührte, sondern von der Konfrontation mit dem Kriminalhauptkommissar. Haderlein beschloss, hier erst mal für Klarheit bezüglich der Kompetenzen und des weiteren Vorgehens zu sorgen.

»Gut, Herr Arzt«, tönte er barsch, »wie man mir mitteilte, gab es hier in Ihrem Haus mehrere Todesfälle mit eindeutiger Fremdeinwirkung. Das heißt, ab jetzt leite ich hier die Ermittlungen und Sie von mir aus Ihre Klinik. Aber auch Letzteres«, fuhr er in schneidendem Ton fort, »bis auf Weiteres nur von Haderleins Gnaden. Und wen oder was ich hier mit hineinnehme, um ein Verbrechen aufzuklären, geht Sie im Moment eine eitrige Mullbinde an. Haben wir uns verstanden, Sie Waldmeister? Jetzt zeigen Sie mir bitte den Tatort, hier draußen wird es nämlich langsam zu warm!« Mit diesem fundamentalen Statement stolzierte er am Leiter des Klinikums vorbei, Riemenschneider an der Leine und Huppendorfer im Schlepptau. Dr. Waldmüller blieb nur ein verblüffter, offen stehender Mund.

»Der Herr Kommissar ist etwas übermüdet, und Ärzte mag er sowieso gar nicht.« Schulterzuckend drehte sich Huppendorfer um und eilte seinem Chef hinterher.

Als sich die schwere Tür aus Sicherheitsglas hinter ihnen schloss und das Nummernschloss einrastete, kam auch schon der Leiter der Spurensicherung Heribert Ruckdeschl auf Haderlein zu.

»Was ist hier los, Ruckdeschl?«, fragte Haderlein kurz und knapp und schaute sich in dem kleinen Gebäudetrakt um. Entlang des kurzen Ganges gab es fünf Zimmer, deren Türen allesamt geöffnet waren. In allen – bis auf einem – waren die weiß gekleideten Mitarbeiter der Spurensicherung zugange. Es herrschte ein reges

Treiben auf dem Gang. Aus einem Zimmer wurde gerade ein schwarzer Plastiksack herausgetragen, in dem sich offensichtlich eine Leiche befand. Ruckdeschl bedeutete Haderlein und Co., ihm zu folgen, und die Kommissare betraten das erste Zimmer auf der linken Seite. In seiner Mitte stand eine Dose auf dem Boden, um die mit weißer Kreide ein Kreis gezogen war. Auf dem Bett an der linken Wand lag ein alter Mann mit offenem Mund auf dem Rücken. Offensichtlich tot. Seine rechte Hand hielt so krampfhaft einen schweren Gehstock umklammert, dass dieser senkrecht nach oben ragte.

»Ist das ein Rentnerständer, oder wie?«, fragte Haderlein trocken und deutete auf die erigierte Gehhilfe.

»Wie bitte? Äh, wir haben das Zimmer für Sie in dem Zustand belassen, in dem wir es vorgefunden haben«, erläuterte Ruckdeschl die Situation, ohne auf Haderleins Flapsigkeiten einzugehen. »Das Ganze gibt's dann noch drei Mal in ähnlicher Menagerie, nur eben ohne erigierten Stock.«

»Und was ist das?«, fragte Huppendorfer neugierig und deutete auf die ominöse Metalldose. »Auch ein Rentnerutensil?« Er rümpfte die Nase. Es roch irgendwie nach verfaulter Banane, aber vielleicht bildete er sich das auch nur ein. In dieser schwülen Hitze vermoderte ja dauernd irgendetwas.

»Wir wissen es nicht«, gab Ruckdeschl die ehrliche Antwort, »aber in jedem der betroffenen Zimmer haben wir eine solche Dose gefunden und daneben einen toten Patienten. Wir vermuten, dass in den Behältnissen etwas war, was die armen Menschen hier umgebracht hat. Gas wahrscheinlich. Alle, bis auf die alte Dame in Zimmer 5.«

»Wie bitte?«, mischte sich jetzt auch Haderlein wieder in das Gespräch ein. »Es gibt eine Überlebende? Wo ist die Frau? Ist sie vernehmungsfähig?« Der Hauptkommissar war freudig erregt. Das war doch endlich mal eine Nachricht, mit der man arbeiten konnte. Warum hatte man ihm das nicht schon früher gesagt?

»Die Frau an sich ist sehr wohl vernehmungsfähig, Herr Kriminalhauptkommissar«, ertönte eine Stimme vom Eingang des Zimmers. »Ich bezweifle allerdings, dass Ihnen der Umstand etwas nützen wird.« Dr. Waldmüller stand in der Zimmertür und wirkte äußerst dienstbeflissen. »Wenn mir die Herren bitte folgen möchten.« Mit der Attitüde eines eilfertigen Dienstboten ging er voraus an dem gläsernen Rondell vorbei, in dem eine heulende Nachtschwester saß und anscheinend gerade einem Polizisten ihre Aussage zu Protokoll gab. Dann verschwand Dr. Waldmüller flugs im ersten Zimmer auf der rechten Seite, auf dessen Zimmertür groß die Nummer 5 prangte. Haderlein und Huppendorfer folgten ihm und fanden in besagtem Zimmer im Prinzip die gleiche Szenerie wie in den anderen vor. Nur mit zwei feinen Unterschieden: Die Leiche in diesem Zimmer lebte noch, und um die Dose herum hatte sich eine mittelgroße Pfütze gebildet. Die alte Frau, die auf dem Bett saß und vor sich hin summte, schaute sie mit großen Augen an, und Dr. Waldmüller bedeutete ihnen, näher zu kommen.

»Hallo, Frau Kleinhenz!«, rief der Arzt mit erhobener Stimme der weißhaarigen alten Dame auf dem Bett zu. »Ich habe Besuch für Sie mitgebracht, Frau Kleinhenz. Die Herren möchten Sie etwas fragen. Bitte schön«, sagte Dr. Waldmüller dann zu den Kommissaren, machte eine einladende Geste Richtung Bett und rollte bedeutungsvoll mit den Augen. »Versuchen Sie Ihr Glück. Aber hegen Sie keine allzu große Hoffnung.« Er machte eine wissende Geste mit dem Kopf und trat zur Seite, um Haderlein vorbeizulassen. Die alte Frau Kleinhenz sah den Kommissar mit großen Augen nicht unfreundlich und durchaus erwartungsvoll an.

»Guten Tag, Frau Kleinhenz«, begann Haderlein seine Honneurs, als er sich auf den Stuhl neben dem Bett gesetzt hatte. »Ich bin Kommissar Haderlein von der Bamberger Polizei und möchte Ihnen ein paar Fragen stellen. Haben Sie gerade etwas Zeit?« Er sprach betont laut, um sicherzugehen, dass ihn die alte Frau auch verstand.

Hildegard Kleinhenz lächelte das Lächeln des absoluten Verstehens und nickte mit neugierigem Blick. Na also, dachte sich Haderlein. War ja gar nicht so schwer. Was dieser Waldmüller nur hatte! Typisch Arzt. Immer erst mal vom Schlimmsten ausgehen. Er blickte sich noch einmal nach Huppendorfer um, aber der hatte sich schon seinen Notizblock gegriffen und war schreibbereit. Riemenschneider saß am Fußende des Bettes und harrte mit aufgestellten Ohren der Dinge, die da kommen sollten.

»Frau Kleinhenz«, fuhr Haderlein nun wieder laut mit seiner Befragung fort, »Frau Kleinhenz, haben Sie heute Nacht irgendetwas Verdächtiges bemerkt? Personen vielleicht, die Ihnen fremd waren, oder wissen Sie, wer diese Dose dort in Ihr Zimmer gestellt hat?« Alle im Raum schauten die alte Frau erwartungsvoll an. Hildegard Kleinhenz deutete auf Haderlein und fing dann tatsächlich an, mit kräftiger Stimme zu ihm zu sprechen.

»Die Polizei?«

Haderlein nickte erwartungsvoll.

»Na, das ist aber gut«, plauderte Frau Kleinhenz munter drauflos. »Die haben heute Nacht nämlich versucht, uns zu überfallen.«

»Ja? Wer denn, Frau Kleinhenz?«, fragte Haderlein sofort gespannt nach.

»Na, die Italiener«, dozierte die alte Dame mit erhobenem Zeigefinger.

Jetzt wird's spannend, dachte sich Haderlein und spitzte die Ohren.

»Die Italiener vom anderen Zeltlager stellen immer ihre Kisten bei mir rein, und dann ist hier alles voll. Und das sind große Kisten. Unten tropft es raus, aber keiner tut was dagegen. Und das alles wegen der andauernden Schießerei auf der Straße. Das ist ganz schlecht, vor allem, wenn man Nachtwache hat. Ich mag nämlich keine Amerikaner, die legen sich immer zu mir ins Bett. Aber das ist halt so, wenn man den Krieg verloren hat.«

Haderlein blickte fragend zu Huppendorfer, aber der blickte nur hilflos zurück, und auch Riemenschneider hatte den Kopf skeptisch schief gelegt. Doch der Hauptkommissar war nicht bereit, so schnell aufzugeben. Vielleicht hatte er ja auch nur etwas missverstanden. Doch bevor er eine weitere Frage formulieren konnte, machte Oma Kleinhenz mit ihrer Verlautbarung schon weiter.

»Das Essen ist auch gleich fertig, Frau Kehlmann«, fuhr sie freudig fort und schaute Haderlein dabei tief in die Augen. »Ich weiß, es ist gerade Währungsreform, aber ich hab was organisiert. Wir sind doch vom Lande. Kommt her, Kinder!«, rief sie laut zur gegenüberliegenden Wand, und alle im Raum drehten sich um. Nichts und niemand war dort zu sehen. »Das macht ja nichts, dass das Benzin rationiert ist, Alwin«, sprach sie weiter auf Haderlein ein, dem es langsam dämmerte, was hier los war. »Allzeit bereit!«, rief Oma Kleinhenz laut in die versammelte Runde. »Und jetzt holt mir den Braten aus der Röhre.« Damit deutete sie mit einer schwungvollen Geste auf Riemenschneider. »Schnell, das Besteck, bevor die Russen kommen. Die klauen sogar die Kartoffeln! Aber für uns wird es schon reichen. Wissen Sie«, sie sah den ratlosen Haderlein tief an, »wissen Sie, es kommen ja auch immer weniger aus der Ewigkeit zurück.« Sie blieb noch einen Moment in aufrechter Haltung auf dem Bett sitzen, dann sackte sie von einem Moment auf den anderen in sich zusammen und summte monoton und leise eine Melodie vor sich hin. Haderlein blickte Dr. Waldmüller ratlos an, während der *Braten* Riemenschneider indisponiert so weit nach draußen schlich, wie es die Leine zuließ.

»Das ist so, Herr Haderlein«, versuchte Dr. Waldmüller zu erklären, »Frau Kleinhenz leidet unter schwerer Demenz. Wie übrigens alle Patienten hier auf dieser Station. Da ist eine kontrollierte Kommunikation mit ihnen nicht mehr möglich, Herr Kriminalhauptkommissar. Selbst wenn Frau Kleinhenz etwas von den Vorkommnissen dieser Nacht mitbekommen hat, wird sie sich mit an Sicherheit grenzender Wahrscheinlichkeit nicht mehr daran erinnern können. Und wenn doch, äußert sie sich dazu garantiert genau in dem Moment, in dem niemand im Zimmer ist. Außerdem werden Sie den Unterschied zu ihren sonstigen Erzählungen schwerlich feststellen können.«

Haderlein nickte enttäuscht. Es wäre auch zu schön gewesen. Dann musste er die Sache eben konventionell angehen. »Sagen Sie, Herr Doktor, warum hat Frau Kleinhenz eigentlich überlebt? In ihrem Zimmer steht doch auch eine von diesen mysteriösen Dosen, sie müsste doch genauso tot sein wie die anderen, oder etwa nicht?«

»Das kann ich erklären«, mischte sich nun Ruckdeschl in die Unterhaltung ein, die er bis hierhin schweigend verfolgt hatte. »Die gute Frau hat auf die Dose gepinkelt. Der Urin hat wohl den elektrischen Mechanismus außer Kraft gesetzt.«

Haderlein war erschüttert. »Draufgepinkelt? Warum hat sie denn das getan, um Himmels willen?«

»Vielleicht dachte sie, es sei ein Lagerfeuer oder etwas Ähnliches aus ihrer Jugendzeit. Demenzkranke leben gern in der Welt ihrer Kindheit. Nun, aber das kann Ihnen niemand auf dieser Welt mit letzter Sicherheit erklären. Und Frau Kleinhenz wohl am allerwenigsten«, sagte Waldmüller mit entschuldigendem Gesichtsausdruck.

»Was auch immer ihr in diesem Moment durch den Kopf gegangen ist und sie bewogen hat, das zu tun, es hat ihr das Leben gerettet.« Haderlein seufzte.

»Aber uns wird es nicht viel helfen«, meinte Huppendorfer. »Wir haben eine Zeugin mit der Gerichtstauglichkeit von nem Kanarienvogel.«

»Also bitte, Huppendorfer!«, empörte sich Ruckdeschl. »Ein bisschen mehr Respekt vor dem Alter. Irgendwann werden Sie womöglich auch mal in so einem Bett liegen und dummes Zeug faseln.« Strafend erhob er den Zeigefinger wie ein Dorfschullehrer.

Dann drehte sich Haderlein um, weil ihm jemand auf die Schulter tippte.

»Kommen Sie mal mit. Ich muss Ihnen noch etwas Wichtiges zeigen«, sagte Ruckdeschl, und Haderlein sah sofort, was er meinte. Wenn man durch die geöffnete Zimmertür auf die gegenüberliegende Wand im Flur hinausschaute, konnte man die gesprayte Schrift in neongrüner Leuchtfarbe nicht übersehen. Auf beigem Wandputz stand dort groß und deutlich »RB«.

Das Graffiti machte die Sachlage noch undurchsichtiger, überlegte Haderlein. Wo war der Zusammenhang von diesem merkwürdigen Gekrakel zu den vier toten, demenzkranken Rentnern? Er wandte sich erneut an Dr. Waldmüller. »Warum ist die Abteilung eigentlich mit einer solch massiven Absicherung an Türen und Fenstern ausgestattet? Dafür muss es doch einen Grund geben«, erkundigte sich Haderlein nachdenklich.

»Nun, genau genommen wurde in der Abteilung ein neues Mittel gegen Demenz getestet. Der Langzeitversuch wurde aber wieder eingestellt, da das Mittel offensichtlich nicht …«

Dr. Waldmüller unterbrach seine Erklärungen, weil Huppendorfer Haderlein angestupst hatte und auf Riemenschneider zeigte. Die hatte gerade ausgiebig an einer der Dosen gerochen, die noch in den Zimmern standen, und zerrte nun vehement an der Leine. Haderlein legte den Finger auf den Mund und bedeutete den anderen mit einer stillen Geste, ihm und Riemenschneider zu folgen. Das kleine Ferkel zog wie ein Berserker Richtung Ausgang. Den Rüssel nur wenige Millimeter über dem Boden schnupperte es sich vorwärts. Als es an der Glastür mit dem Zahlenschloss angekommen war, grunzte es laut und vernehmlich und blickte sein Herrchen auffordernd an.

»Weiß man denn schon, wie der Täter hereingekommen ist?«, fragte Haderlein schnell Ruckdeschl, der sofort den Kopf schüttelte.

»Nein, das ist allen ein absolutes Rätsel«, steuerte Dr. Waldmüller bei. »Die Fenster im Trakt sind vergittert, und die einzige Zugangstür hier ist mit einem hochmodernen Zahlenschloss gesichert. Die Nummer kennen nur drei Personen. Ich, Dr. Rosenbauer und die Nachtschwester, die da vorn rumheult. Dr. Rosenbauer war nicht da, ich habe geschlafen, und Schwester Heike muss man irgendwie Schlafmittel verabreicht haben. Davon abgesehen finden sich nirgendwo Spuren von Gewalt oder Einbruch. Ziemlich rätselhaft alles.«

»Aufmachen«, sagte Haderlein zu Dr. Waldmüller und zeigte auf die Glastür. Der Mediziner tat wie geheißen. Seine Körpersprache war eindeutig: Bloß keinen Widerspruch mehr gegenüber der Staatsmacht leisten. Kaum war die Tür geöffnet, zog die Riemenschneiderin die versammelte Mannschaft den langen Gang entlang, bis sie am Ende des Flurs an einem gekippten Fenster stehen blieb. Dort stemmte sie ihre Vorderfüße gegen die Wand, blickte auf das geschlossene Fenster und grunzte. Sofort öffnete Haderlein das Fenster, sah hinaus – und sogleich auch den Grund für Riemenschneiders Aufregung.

»Die Spurensicherung sofort unter dieses Fenster«, befahl er. »Die Blumen sind zertreten, und der Boden wurde erst kürzlich provisorisch geglättet. Sie sind hier reingekommen.« Sofort setzte sich die Spusi in Bewegung, um den Hergang des Einbruchs genauer zu ergründen.

»Gut gemacht, Mädchen«, flirtete Haderlein stolz mit seinem Ferkel. »Sehr gut sogar.« Wieder einmal war er perplex ob des überaus feinen Riechorgans seines kleinen Schweins. Er winkte Huppendorfer herbei. »Huppendorfer, diese Abteilung wird dichtgemacht. Frau Kleinhenz bleibt auf ihrem Zimmer und kriegt eine Doppelwache vor die Tür gesetzt. Und zwar so lange, bis wir diesen Fall gelöst haben, verstanden?«

Doch der Kommissar wollte die Anordnung nicht ohne nachzufragen akzeptieren. »Aber warum der ganze Aufstand, Chef? Die Frau redet doch nur Schwachsinn. Aus der werden wir nie im Leben etwas Sinnvolles rauskriegen.«

Haderlein rieb sich mit Daumen und Zeigefinger die Nasenwurzel. Wenn er nicht ausgeschlafen war, hatte er einen verdammt kurzen Geduldsfaden. »Huppendorfer«, verfiel er ins förmlich Belehrende, »diese Frau ist die einzige Zeugin, und jemand hat versucht, sie umzubringen. Wir wollen doch nicht, dass dieser Jemand einen zweiten Versuch startet und womöglich dann Erfolg hat, Herr Kommissar, oder?« Sein Kollege nickte etwas erschrocken. »Außerdem ist es noch nicht ausgemacht, dass diese Frau ausschließlich Unsinn redet, Huppendorfer. Auch in solchen Krankheitsbildern gibt es lichte Momente. Man muss den Patienten einfach nur lange genug zuhören. Das wäre doch was für unseren Computerspezialisten, oder nicht?« Mit diesen Worten funkelte er seinen jungen dunkelhäutigen Kommissar an.

Der wusste gleich, was die Stunde geschlagen hatte, und tat wortlos wie verlangt, dann nahm er sich vor, einen gewissen Kollegen Haderlein bis auf Weiteres nur noch mit Samthandschuhen anzufassen.

*

Als der rote MINI in Oberstdorf um die Ecke bog und an der Heini-Klopfer-Skiflugschanze einparkte, war die restliche Mannschaft der Alpenüberquerung bereits versammelt. Die vier Männer glaubten ihren Augen nicht zu trauen, als sie sahen, was da gerade dem roten Cabrio entstieg.

»Na, die sehen nicht so aus, als ob man ihnen den Berg hinaufhelfen müsste«, meinte Eddi Schorn zu seinem Freund Klaus Kulpa. Der nickte anerkennend, während er weiter sein Eis löffelte.

»Dena würd ich am liebsten aach aus irgendwas heraushelfen!«, bemerkte Ronald Wolf unmissverständlich. Dann lachte er laut auf und haute seine klodeckelgroße Hand mit einem Klatschen auf die schmächtige Rückenpartie von Sigismund Ludwig. Die Brille von Letzerem flog in weitem Bogen davon, und der schmächtige und immer gut angezogene Lehrer musste erst einmal nach Luft japsen.

Doch Ronald Wolf lag es fern, sich zu entschuldigen. Er hatte nur Augen für die beiden sich nähernden Schönheiten, die sich offensichtlich mit ihm auf eine Tour über die Alpen begeben wollten. Welch unerwartetes Glück! Er reckte seinen großen, muskulösen Körper, dann öffnete er unauffällig die obersten Knöpfe seines mintgrünen, eng anliegenden Sporthemdes, damit man seine gebräunte Brustpartie und die teure Goldkette besser sehen konnte. »Sakramich, was für Weiber!«, konnten ihn die anderen sinnieren hören. In Gedanken hatte er bereits die ersten Übernachtungsphantasien gestartet, während Sigismund Ludwig noch mit zusammengekniffenem Mund seine Brille putzte. Manuela Rast und Ute von Heesen betrachteten amüsiert die Szenerie, während der Leiter der Firma Crossalps lächelnd auf sie zukam.

»Ihr müsst Ute und Manuela sein, richtig? Ich bin Frank, Frank Jessentaler, euer Guide für den Ritt über die Berge.«

»Alles klar, ich bin Ute, wir hatten telefoniert«, lächelte Ute von Heesen zurück und reichte ihm die Hand. »Das ist meine Freundin Manuela.«

»Sehr schön, dass ihr da seid. Damit sind wir vollzählig. Wir werden jetzt noch ein gründliches Briefing dort drüben in dem Hotel machen, dort könnt ihr euch noch schnell erfrischen, und in zwei Stunden geht's dann auch schon los. Okay?«

»Okay, Käpt'n«, erwiderte Manuela Rast lakonisch. »Bloß weg von befahrenen Straßen und auf in die einsame Bergwelt.«

Frank Jessentaler schaute fragend zu Ute von Heesen, aber die winkte nur lachend ab und begrüßte die anderen Teilnehmer. Im Großen und Ganzen sehen die ja schon ganz nett aus, dachte Manuela Rast, nur dieser große Blonde schaut uns an, als wollte er uns zum Nachtisch verspeisen.

Als sie zum Briefing der Tour im Frühstücksraum des Hotels eintrafen, bekamen sie erst mal einen schrillen Pfiff zu hören, und Ronald Wolf erhob sich großspurig, um ihnen die Stühle vor dem Tisch zurechtzurücken. »Der volle Service für die zwaa Ladys. Bitt schön, die Damen«, jodelte es zwischen seinen makellos weißen Zähnen hervor, während er aufgeregt einen Kaugummi zwischen denselben zerknetete.

Manuela blickte Ute unauffällig von der Seite an, dachte: Nicht schon wieder!, dann schloss sie die Augen.

»Der is aus Fürth«, kam es aus dem Mund von Sigismund Ludwig. Ronald Wolf wurde rot, und alle lachten, als wenn mit der Bemerkung des Lehrers alles erklärt wäre.

Manuela Rast blickte verständnislos in die erheiterten Männergesichter. »Und was, bitte, ist so schrecklich an Fürth?«, bat sie um geistige Erhellung.

Sigismund Ludwig versuchte sich mit einer bissigen Erklärung, die zweifelsohne von einem gewissen Zynismus dem Goldkettenträger gegenüber gespeist war. Er schien ihn schon länger zu kennen. »Na ja«, meinte er mit mitleidigem Blick auf Ronald Wolf, »das ist halt so: Wer aus Fürth kommt, dem gefällt's überall.«

Ute von Heesen schaute grinsend zu Manuela Rast und dann spöttisch auf den mürrisch dreinblickenden Superathleten, dem es offensichtlich vorerst die Sprache verschlagen hatte.

Keiner der anderen wagte es, Heiterkeitssymptome zu zeigen, doch Ronald Wolf war auch so schon auf hundertachtzig. Mühsam unterdrückte er einen Wutausbruch und zischte ein »Der Fürther wird's euch schon noch zeigen!« in die Runde, dann setzte er sich zornesbebend auf seinen Stuhl.

»Nun, da wir uns alle angefreundet haben, können wir ja den Zeitplan unserer Tour besprechen«, begann Klaus Jessentaler geschäftig das Briefing und entfaltete eine Landkarte auf dem Tisch. »Ich denke, es wird Zeit, sich mit den nächsten Tagen zu beschäftigen. Zuallererst zum Wetter. Das Hoch ›Erasmus‹ scheint die nächsten Tage über stabil zu bleiben«, las er von seinen Aufzeichnungen ab. »Vom Atlantik zieht Ende der Woche eine Kaltfront heran, und im Mittelmeer gibt's heftige Gewittertätigkeiten. Nach Auskunft der Wetterfrösche aber alles erst mal kein Grund zur Beunruhigung.« Er blickte vielsagend in die Runde, bevor er lächelnd sagte: »Soll heißen, wir kriegen für den Anfang ein Traumwetter in den Alpen, und ihr werdet die zehntausend Höhenmeter wohl oder übel tatsächlich fahren müssen. Ich gehe davon aus, dass alle fit sind?«

»Ich schon!«, parierte Ronald Wolf. »Bei annera hier is des net so sicher.« Erneut machte die Rückenpartie seines Kumpels Sigismund Ludwig Bekanntschaft mit der rechten Pranke. »Ich bin fit«, tönte Wolf weiter, »und zwar in jeder Beziehung!« Dabei fixierte er Ute von Heesen.

»Schön«, meinte diese lakonisch, »dann kannst du ja gleich mal unsere Pedalen putzen.« Allgemeines Gelächter war die Antwort, und die angespannte Stimmung löste sich. Erste Fragen zur Strecke wurden an den Tourleiter gerichtet, und fünf Minuten später hatten alle den kleinen Fürther Zwischenfall vergessen.

*

In Palermo las Giorgio Amadi vom italienischen Wetterdienst die neuesten Zahlen auf seinem Bildschirm. Entweder waren das Fehlleistungen eines sündteuren Wetterbeobachtungssatelliten im All, oder aber es wurde Zeit, Konsequenzen zu ziehen. Konsequenzen, die sich da nannten: Alarm. Doch Giorgio Amadi war ein vorsichtiger Mensch. Schließlich war das hier ein beamtenähnliches Beschäftigungsverhältnis. Und ein Beamter hasste nichts mehr, als Fehler zu machen. Fehler, die ihm womöglich auch noch nachzuweisen waren. Dieser Umstand war undenkbar, schlimmer noch als Hunger oder Pestilenz. Also rief Giorgio Amadi in der Zentrale in Rom an, um sich rückzuversichern. Vielleicht hatte die unsägliche Hitze ja auch nur ein paar Schaltkreise des Rechenzentrums in den Computerwahnsinn getrieben.

»Toni Sanfillipo, staatlicher Wetterdienst«, meldete sich ein Mann am anderen Ende der Leitung.

»Toni, ich bin's, Giorgio aus Palermo. Ich wollte nur mal kurz nachfragen, ob ihr auch diese tropische Depression bei Kreta auf dem Schirm habt, oder ob ich allein unter Halluzinationen leide. Ich glaube, da braut sich was Größeres zusammen.«

Von Toni war ein Schnaufen zu hören. »Mensch, Giorgio, du schiebst wieder Panik, oder? Ich hab gerade die nächste halbe Stunde Pause. Könnt ihr keinen Sturm mehr erkennen, wenn ihr ihn seht?« Toni Sanfilippo ging gewichtsmäßig stark auf die Zweizentnermarke zu und erhob sich nur ungern aus seinem Stuhl. Die diesjährige Hitze war nicht gerade ein Bewegungsanimator für einen Menschen seiner Gewichtsklasse, und seine Pausen waren ihm sowieso heilig. Der unselbstständige Bürokratenarsch aus Palermo ging ihm schon seit Längerem gewaltig auf den Seier mit seinen ständigen Rückfragen. Auf den hatte er jetzt wirklich keine Lust. »Egal, was ihr da auf dem Schirm habt, Giorgio, ihr regelt das allein«, blaffte er seinen sizilianischen Kollegen an. »Ich kann dir nicht andauernd das Händchen halten. Du hast doch das Gleiche studiert wie ich, oder? Meteorologie! Entweder ist das ein Sturm, oder es ist keiner. Aber eins kann ich dir mit Sicherheit sagen: Selbst der schlimmste Sturm ist nichts im Vergleich zu dem Ärger, den du bekommst, wenn du in dieser Woche auch nur noch ein einziges Mal wegen irgendwelcher Banalitäten anrufst! Hast du mich verstanden, Giorgio? Außerdem fragt ihr da unten doch sowieso bei jedem Scheiß die Mafia! Vielleicht kann dir ja dein Don weiterhelfen!« Er knallte den Hörer hin und wischte sich die Tropfen aus dem Gesicht, die er soeben durch seinen Anschiss ausgeschwitzt hatte. Er hatte die Nase voll. Erst die Gehaltskürzung durch die Regierung und dann noch dieser unselbstständige Halbaffe aus Palermo. Toni Sanfilippo beschloss, sehr italienisch zu reagieren. Er würde seine Mittagspause auf den Rest des Arbeitstages ausdehnen und eine gut klimatisierte Weinbar mit seiner Anwesenheit beehren. Ihm war nach einem schattigen Plätzchen am Campo di Fiori. Dort würde er in seinem Lieblingsweinlokal, der »Enotequa«, die Statue des ketzerischen Mönchs Giordano Kuno betrachten und *due Rossi buoni* zu sich nehmen, und zwar langsam. *Arrivederci*, Giorgio, dachte er erleichtert, während er die Tür hinter sich schloss.

Der Leiter des kleinen Wetterdienstes in Sizilien schaute verblüfft auf seinen Telefonhörer, bevor er ihn verärgert auf den Apparat legte. Auch gut, dachte er. Mehr als fragen konnte er nicht. Also würde er die ganze Sache noch eine Weile beobachten und dann tun, was er tun musste. Und wenn sich alles im Nachhinein als Computerfehler herausstellte, bitte, dann sollten sie eben den Rechner entlassen. Aber nicht ihn. Er würde seine Hände in Unschuld waschen. Erneut studierte er ungläubig die Wetterdaten von Kreta und wandte sich dann erst einmal den nördlichen Regionen Italiens zu.

*

Frank Jessentaler scannte noch einmal seine Truppe. Alle waren fahrbereit. Auch die beiden Mädels aus Bamberg mit ihren nagelneuen

Bikes aus feinstem Carbon, mit denen sie schon erste neidische Blicke der männlichen Beifahrerschaft geerntet hatten.

»Dürft ihr mit so teuren Rädern überhaupt schon fahren, Ladys?«, meldete sich Ronald Wolf gleich beim ersten Anblick der teuren Bikes und feixte beifallheischend. »Frau am Steuer, das wird teuer, hahaha! Hoffentlich habt ihr für die Räder ne Vollkasko, haha! Und ›Stevens Fluent‹, was soll des überhaupt heißen? Des is doch kei Name für a Mountainbike, oder? Des klingt doch eher wie a Gesäßcreme.« Ronald Wolf, der breit über dem Oberrohr seiner neongrünen Mountainbike-Sonderanfertigung stand, schmiss sich vor Lachen über seine eigenen Witze weg. Dass sich außer ihm niemand mit amüsierte, störte ihn nicht wirklich.

»Für uns ist das Beste gerade gut genug«, stellte Manuela Rast sicherheitshalber klar.

»Deswegen würden wir dich, Ronald, wenn du unser Fahrrad wärst, sofort für die Abwrackprämie anmelden«, fügte Ute von Heesen hinzu. »Und zwar zusammen mit deinem wasabigrünen Drahtesel.«

»Oder anders ausgedrückt«, ergänzte Manuela Rast schnell und halblaut zu ihrer Freundin, »wenn der mein Hund wäre, würde ich ihn einschläfern lassen.«

So beiläufig wie möglich lächelten beide Richtung Ronalds Sonnenbrille hinüber und schwangen sich dann auf ihre Räder. Goldkettchen-Wolf knabberte noch immer an der Syntax des soeben nur bruchstückhaft Gehörten. Abwrackprämie? Einschläfern lassen? Konnte es sein, dass die beiden Hühner ihn verarschen wollten? Das würden die doch nicht im Ernst wagen? Er grübelte noch immer intensiv darüber und vor allem über eine angemessene coole Antwort nach, als alle anderen bereits im Sattel saßen und sich Richtung Schrofenpass, Ziel St. Anton, in Bewegung setzten.

»He, Ronald, aufwachen!«, rief Frank Jessentaler ungeduldig und beobachtete kopfschüttelnd, wie der Angesprochene wie aus tiefem Schlaf hochschreckte, überstürzt in die Pedale klickte und den anderen verdattert und eilig hinterherstürmte. Schließlich gehörte er, Ronald Wolf, überallhin, nur nicht ans Ende des Fahrerfeldes.

*

Giorgio Amadi schwitzte, doch seine Transpiration steigerte sich noch um ein Vielfaches, als er auf den Ausdruck des Computers blickte. Soeben hatte sein Rechner die neuesten Daten vom Satelliten empfangen und ausgewertet. Das, was Giorgio da sah, ließ ihm den Schweiß in Strömen ausbrechen. Die riesige Gewitterzelle hatte sich in wenigen Stunden bereits verdoppelt und lag nun über halb Kreta und über einer riesigen, sich westlich davon befindenden Fläche des Mittelmeeres. Das betroffene Gebiet hatte bereits einen Durchmesser von über dreihundert Kilometern. Der Luftdruck im Kern der Depression war auf unter achthundertfünfzig Hektopascal gefallen und damit auf den niedrigsten Wert, den Giorgio jemals bei einem Tief im Mittelmeer gesehen hatte. Noch stärker beunruhigte ihn jedoch die Zeitrafferaufnahme, die er sich in den letzten zehn Minuten wieder und wieder auf dem Bildschirm angeschaut hatte. Giorgio Amadi konnte nicht aus seiner Haut. Er wollte und konnte das nicht allein entscheiden.

»Luca, komm doch mal her und schau dir das an!«, rief er hektisch seinem neuen Kollegen zu, der ihm, frisch von der Uni, seit einem Monat zur Seite stand. »Was meinst du dazu, Luca? Vielleicht kennst du ja so etwas noch aus deinem Studium?«, meinte er halb spöttisch, halb besorgt.

Luca Brentone betrachtete stirnrunzelnd das farbige Bild auf dem Monitor, dann überflog er die Daten. Als ihm Giorgio anschließend die Zeitrafferaufnahme der letzten Stunden zeigte, wich Luca Brentone intuitiv einen Schritt zurück und wurde blass. »Aber das kann doch nicht sein!«, rief er erschrocken aus und blickte hilflos zu seinem weit erfahreneren Kollegen. Oder war das Ganze vielleicht nur ein Test? Der Gedanke verflog so blitzschnell, wie er gekommen war, als Luca Brentone in das bitterernste Gesicht von Giorgio Amadi blickte.

Der wandte sich genau wie Luca noch ein letztes Mal der Zeitrafferaufnahme zu, aber es blieb dabei: Die riesige, tiefdruckgeladene Wolkenmasse bei Kreta hatte angefangen sich gegen den Uhrzeigersinn zu drehen. In der Mitte des sich abzeichnenden Wirbels konnte man bereits schemenhaft ein rundes, dunkles Zentrum erkennen.

Tropische Wirbelstürme im Mittelmeer – noch dazu im Winterhalbjahr – sollte es nach gängigem Verständnis der Entstehungsprozesse von solchen Ereignissen eigentlich nicht geben. Dennoch bildete sich am 14. Januar 1995 im südlichen Mittelmeer ein Wolkenwirbel, der die typischen Merkmale eines Atlantikhurrikans aufwies. Wolkenstruktur, Kerndruck und maximale Windgeschwindigkeiten entsprachen durchaus einem Sturm der Saffir-Simpson-Kategorie 1.

Im März 2004 bildete sich vor der brasilianischen Küste ein Sturmsystem, das in seinem weiteren Verlauf wesentliche Merkmale eines tropischen Hurrikans zeigte und sich schließlich zu einem voll ausgeprägten Wirbelsturm der Saffir-Simpson-Kategorie 1 verstärkte. Bis dahin stufte man auch diese Region aufgrund der niedrigeren Temperaturen im Südatlantik als hurrikanfrei ein.

(Ernst Rauch, Wetterkatastrophen und Klimawandel, Münchener Rück)

»Das ist ein Hurrikan, oder nicht?«, fragte Luca Brentone seinen Kollegen, obwohl er die Antwort schon kannte. Die meteorologische Situation konnte eindeutiger nicht sein. »Aber ein Hurrikan im Mittelmeer? Das gab's doch noch nie!«

»Irgendwann ist immer das erste Mal«, erwiderte sein Vorgesetzter nüchtern. »Außerdem stimmt das so nicht, aber das erzähl ich dir ein anderes Mal.« Giorgio Amadi begann zügig, die wichtigsten Daten in eine E-Mail zu tippen.

»Was machst du jetzt?«, fragte ihn sein Neukollege immer noch verunsichert.

Doch Giorgio Amadi hörte nur noch halb hin. Er tat, was er schon zwei Stunden zuvor hätte tun sollen. Er verfasste eine Unwetterwarnung für das westliche Mittelmeer. Adressaten waren die Wetterdienste in aller Welt. »Das ist ein tropischer Sturm mit mittleren Windgeschwindigkeiten von bereits hundertzwanzig Stundenkilometern, Tendenz steigend«, erklärte er nüchtern. »Das Sturmsystem bewegt sich momentan mit circa neunzig Stundenkilometern in westliche Richtung. Bei den aktuellen Scherwinden wird der Sturm sich weiter verstärken und meiner Meinung nach diese Richtung einschlagen.« Er drehte den Monitor nach rechts in

Lucas Richtung, sodass der den voraussichtlichen, nach Norden gebogenen Zugbahnverlauf am Bildschirm erkennen konnte. »Der Sturm wird sich auf seiner Bahn weiter aufladen und zum Hurrikan mutieren, Landfall circa in drei Tagen bei Genua mit geschätzter Stärke zwei bis drei«, erläuterte er trocken. »Auf seinem Weg wird er auch über uns hinwegziehen. Besonders schlimm wird es womöglich Catania erwischen. Die Stadt liegt dem Ungeheuer genau im Weg.«

Luca Brentone blickte Giorgio mit dem Ausdruck absoluter Ungläubigkeit an. »Ein Hurrikan über Catania? Aber dann säuft die Stadt doch ab?«, meinte der jüngere Meteorologe voller Entsetzen. »Bist du dir ganz sicher, dass du das nach Rom melden willst?«

»Nein, bin ich eben nicht«, flüsterte Giorgio. »Aber die Zahlen und Berechnungen für einen Hurrikan mache ich nun eben auch zum ersten Mal. Aber klar, wenn das alles nicht stimmt, dann bin ich in ein paar Tagen der König der Idioten und arbeitslos.« Er wischte sich den frischen Schweiß von der Stirn. Dann drehte er sich zu seinem Kollegen und sagte mit aufgesetzter Heiterkeit: »Aber ich habe auch eine gute Nachricht, junger Freund. Da es für das Mittelmeer keine Namenstabelle für Hurrikans gibt und wir nun die Ersten sind, die einen entdeckt haben, dürfen wir ihn selbst taufen, mein lieber Neumeteorologe.« Er rieb sich theatralisch die Hände, legte seine beiden Arme väterlich auf die Schulter seines Untergebenen und schaute dabei tief und bedeutungsvoll in dessen Augen.

Luca Brentone bekam es mit der Angst zu tun. Was hatte sein Chef vor?

Mit hochdramatischer Stimme fuhr Amadi wie ein Oberlehrer dozierend fort: »Wir brauchen einen wirklich angemessenen Namen für dieses fürchterliche, aber auch epochale Ereignis.«

Luca Brentone versuchte, sich aus Giorgios schweißnassem Griff herauszuwinden, aber vergeblich.

»Einen Namen, der die besondere Bedeutung dieses ungewöhnlichen und grausamen Naturphänomens angemessen widerspiegelt. Einen Namen, der womöglich auf ewig mit dem Untergang Catanias verbunden sein wird.« Giorgio Amadi näherte sein verschwitztes Gesicht der Nase von Luca Brentone noch einige Zentimeter.

»Ich denke, mit ›Luca‹ haben wir eine ganz hervorragende Benennung gefunden, nicht wahr, mein Lieber? Du wirst berühmt werden, Kleiner. Ungefähr so berühmt wie die Pocken oder die Schweinegrippe.« Dann ließ er ihn endlich los, drückte die Sendetaste des E-Mail-Programms, und die Nachricht vom Hurrikan »Luca« machte sich auf den Weg um die Welt. Sein Namensgeber sank fassungslos auf seinen Bürostuhl, während sein älterer Kollege sich zurücklehnte und in ein lautes, schrilles Lachen ausbrach.

Yellowstone

»Noch eine letzte Frage, Dr. Waldmüller«, sagte Kommissar Haderlein zum Leiter der Klinik St. Getreu, während er Riemenschneider im Arm hielt und zwischen den Ohren kraulte. »Was für Versuche waren das noch einmal, die mit den Alten in dieser Sonderabteilung gemacht wurden?«

Der Arzt verzog das Gesicht und hob die Arme beschwichtigend in die Höhe. »Also, wenn Sie glauben, dass wir arme Demenzkranke für Experimente missbraucht haben, Herr Kommissar, dann muss ich Sie enttäuschen. Es war eine offiziell mit dem Bundesamt für Arzneimittelsicherheit abgeglichene klinische Studie, die alle Vorprüfungen widerspruchsfrei bestanden hat. Die Einverständniserklärungen der Patienten beziehungsweise des jeweiligen Vormunds, soweit eine Entmündigung vorlag, haben wir damals natürlich auch eingeholt.«

Dr. Waldmüller blies die Luft durch die Nase nach draußen. Die Abhandlung hatte er nun schon allen möglichen Bedenkenträgern gegenüber des Öfteren herunterbeten müssen. Was diverse politische Spinner natürlich trotzdem nicht davon abhielt, derartige Forschung als Teufelszeug zu verdammen.

»Aha«, nahm Haderlein die Belehrungen zur Kenntnis. »Hat sie denn etwas gebracht, Ihre Studie? Ich meine, konnte man Fortschritte im Heilungsprozess feststellen?«

Waldmüller machte einen reichlich unentschlossenen Gesichtsausdruck. »Wenn Sie mich fragen, Herr Kommissar, nein, obwohl bei den Patienten bezüglich ihres körperlichen Allgemeinzustandes erhebliche Verbesserungen sichtbar waren. Die sind hier plötzlich herumgerannt wie Zwanzigjährige, aber was die Demenz anbelangt, konnte ich persönlich keine positiven Veränderungen feststellen. Wenn Sie Genaueres wissen wollen, müssen Sie sich an Dr. Rosenbauer wenden, er leitet das Projekt ›Yellowstone‹.« Waldmüller wirkte enttäuscht, selbst nicht mehr darüber zu wissen.

»Und was war das für ein Medikament? Und wieso ›Yellowstone‹? Ist das nicht ein sehr merkwürdiger Name für eine medizinische Studie? Klingt eher wie eine Geheimdienstoperation von James

Bond«, ließ Haderlein nicht locker. »In welcher Form gibt es das, wie häufig wird es verabreicht, wer ist der Hersteller et cetera pp.?«

Wortlos griff Dr. Waldmüller in die linke Tasche seines weißen Arztkittels und holte ein durchsichtiges, etwa fünf Zentimeter hohes Plexiglasröhrchen hervor. »Hier, Herr Kommissar!«, rief er mit einem schiefen Grinsen, während er das Röhrchen mit einem leichten Schwung in Haderleins Richtung warf. »Wir haben die kleinen Dinger wegen ihres Aussehens ›Yellowstone‹ genannt. Der pharmazeutische Name würde den meisten sowieso nichts sagen. So, ich muss wieder an die Arbeit. Den Rest erfahren Sie von Dr. Rosenbauer, aber der ist erst übermorgen wieder da. Hat Urlaub. Außerdem wird's mir hier draußen gerade entschieden zu warm.« Sprach's und entschwand in die Tiefen des klimatisierten Eingangsbereiches.

Haderlein hatte das durchsichtige Röhrchen mit der freien linken Hand gefangen und hielt es nun nachdenklich in die glühende Mittagssonne. Er konnte etwa zehn ovale Tabletten erkennen, die eine kräftige zitronengelbe Farbe aufwiesen. Er steckte das Medikament weg, bevor sich Riemenschneider noch daran zu schaffen machen konnte, denn sie hatte die interessanten Pillen schon gewittert.

»Schluss für heute, Mädchen«, sprach Haderlein entschlossen und entriegelte per Fernbedienung seinen grünen Fiat Multipla. »Ich kann mich sowieso nicht mehr konzentrieren. Befragungen, Verhaftungen und sonstigen Zeitvertreib verschieben wir auf später. Wir wenden jetzt am besten die Lagerfeld-Methode an und schlafen ein paar Stunden.«

Er startete den Motor und fuhr am Kloster Michaelsberg vorbei den Berg hinunter. Flüchtig musste er an den dramatischen letzten Fall denken, der ihn erst vor Kurzem zu dem Kloster geführt hatte.

Zu Hause angekommen, schaltete er Telefon, Handy und Türglocke aus und legte sich erleichtert auf sein Futonbett.

Er lächelte noch kurz seinem kleinen Ferkel zu, welches es sich ebenso dankbar auf seinem Schlafteppich neben der Tür bequem gemacht hatte, und wenige Minuten später waren die Bewohner der Judenstraße 4 nicht mehr unter den Ansprechbaren.

*

Die siebenköpfige Mountainbikertruppe hatte bereits mehrere Hundert Höhenmeter von Oberstdorf aus das Rappenalptal hinauf hinter sich gebracht. Schon nach der Hälfte der Strecke hatte sich Frank Jessentaler genötigt gefühlt, disziplinarisch einzugreifen und wilde Leistungswettbewerbe zwischen den männlichen Teilnehmern zu unterbinden. Für ihn als langjährigen Mountainbikeguide war das nichts Neues. Kaum waren Frauen im Spiel, gingen die Ruhe und entspannte Freude auf die zu bezwingenden Berge hoffnungslos im tiefen See des ausgeschütteten Testosterons unter. Plötzlich traten selbst bei hochintelligenten Menschen archaische Verhaltensweisen auf, und männliches Imponiergehabe und plötzlicher Leistungsstress bestimmten die ganze Veranstaltung. Auch heute hatte er einschreiten und die beiden Hengste Wolf und Ludwig nach mehreren ausufernden Antritten am Berg zurückpfeifen müssen. Wolf konnte es anscheinend nicht verknusen, wenn sich ein anderer Geschlechtsgenosse auch nur eine Reifenbreite vor ihm befand. Also musste Frank Jessentaler als Organisationschef und Gruppenführer wohl oder übel ein Machtwort sprechen. Seit nunmehr einer Stunde führte er selbst wie ein Safetycar bei der Formel 1 die Gruppe nach oben. Endlich kam die Alm in Sicht, an der er wie üblich die erste Rast eingeplant hatte. Er bedeutete allen, abzusteigen und sich einen Platz auf den rohen Bänken des ausgesetzten Felsvorsprunges zu suchen. Die Alm bescherte ihnen einen wundervollen Blick auf das tief unter ihnen liegende Oberstdorf und seine umliegenden Nachbargemeinden.

Der Ort war ein beliebter Startpunkt für Alpenüberquerungen. Eigentlich war das alpine Abenteuer sogar von einem Oberstdorfer erfunden worden, der nun dort ein äußerst erfolgreiches Fahrradgeschäft betrieb. Oberstdorf selbst verdankte seine ausgesprochen schöne landschaftliche Lage am Ende eines tief eingeschnittenen Tals der Allgäuer Alpen der Iller, die im Ortsbereich entsprang. Die Häuser im Ortskern waren nicht gar so alt wie der Fluss, waren sie doch Mitte des 19. Jahrhunderts nach einem fürchterlichen Großbrand alle neu aufgebaut worden. Das Bergpanorama vom mehrfachen Übernachtungsmillionär Oberstdorf aus war unvergleichlich. Umrahmt von Nebelhorn, Söllereck oder Fellhorn hatte aber auch der Ort selbst mit einigen Superlativen aufzuwarten. Deutschlands erste Skiflugschanze war ebenso hier zu finden wie Deutschlands größte Kabinenbahn oder der längste Schlepplift der Bundesrepublik das Söllereck hinauf. Lauter Sachen zum touristischen Angeben.

Diese und andere Gründe hatten den gebürtigen Schweinfurter Frank Jessentaler bewogen, seine Geschäftsidee genau hier in die Tat umzusetzen. In Oberstdorf und im angrenzenden Kleinwalsertal bot er allen Mountainbikern, die wollten und dafür auch zahlten, Tageausflüge oder komplett organisierte Mehrtagestouren an. Inzwischen war er der Alpenpapst in der Szene: Niemand sonst hatte bisher so viele Menschen mit dem Rad über die Alpen gebracht. Was er während der Tour an Regeln vorgab, war anerkannt und Gesetz. Kraft seiner Erfahrung hatte er es bisher auch immer geschafft, glückliche und vor allem unverletzte Gäste wieder auf die Heimreise zu schicken. Dafür war bisweilen eine gewisse Durchsetzungsfreudigkeit unabdinglich, und ihm schwante, dass es bei dieser Gruppe nicht anders sein würde. Aber jetzt wurde erst einmal gegessen, damit jeder seinen Blutzuckerspiegel wieder hochfahren konnte. Auch diese Truppe würde er schon in den Griff kriegen, dachte er, während er im Stillen seine Teilnehmer begutachtete. Die beiden Mädels wirkten austrainiert und auch sonst einigermaßen souverän. Eddi Schorn und Klaus Kulpa sahen nicht ganz so fit aus und hielten sich bereits heute konsequent am Ende des kleinen Feldes auf, was ihnen aber nicht viel auszumachen schien. Für männliche Verhältnisse waren sie psychisch gesehen wohl einigermaßen auf der sicheren Seite, dachte Frank Jessentaler und grinste in sich hinein.

Größere Sorgen machte er sich um das seltsame Pärchen Ronald Wolf und Sigismund Ludwig. Sie waren zusammen angereist und hatten sich ihm als Freunde vorgestellt, doch verhalten hatten sich die beiden bisher wie zwei Gladiatoren im Circus Maximus seinerzeit in Rom. Ronald Wolf war bis in die letzte Körperfaser durch Krafttraining geformt und zeigte das auch, wo und wie er nur konnte. Zudem schien er extrovertiert veranlagt zu sein und drückte dies vorrangig durch eine äußerst undezente Farbwahl seiner textilen Utensilien sowie durch Redebeiträge von nicht gerade ausgesuchter Zurückhaltung aus. Frank Jessentaler hatte zudem den Eindruck, dass der liebe Ronald vom

Intellekt her eher dem Tiefflug zuneigte und sich auch keinerlei Mühe gab, etwaige Defizite zu kaschieren. Seine Grundbedürfnisse waren wohl am besten mit Nahrungsaufnahme beschrieben und ansonsten sexueller Natur. Letzteres schien er genauso wie die Alpenüberquerung eher von der leistungsorientierten Seite aus zu betrachten.

Sigismund Ludwigs Persönlichkeit war das genaue Gegenteil. Seine hohe Denkerstirn, die von gekräuselten schwarzen Haaren eingerahmt wurde, drückte wohl aus, was er als zentralen Punkt seines Daseins hier auf Erden ansah: Grübeln. Er wirkte nicht gerade schwächlich, war aber im Vergleich zu seinem Freund Ronald Wolf eher schmächtig und unterproportioniert. Niemand hätte ihm zugetraut, mit der körperlichen Leistungsfähigkeit seines grellen Kumpels konkurrieren zu können. Erstaunlicherweise – und zur Verblüffung aller – tat er dies aber trotzdem.

Irgendwie verband die beiden wohl so eine Art Hassliebe. Der Prolet und der Professor, dachte Frank Jessentaler und schmunzelte ein weiteres Mal. Na, das versprach ja eine sehr interessante Tour zu werden. Er lächelte, als er sah, wie Ronald Wolf gerade seine zahlreichen Tätowierungen präsentierte und die beiden Mitfahrerinnen mit Erklärungen über deren Herkunft überschwemmte. Außerdem hatte er schon den ganzen Tag verzweifelt herauszufinden versucht, was Wasabi für ein Stoff war und ob er sich mit ihm vergleichen lassen wollte. Bisher hatte ihn keiner der Gruppe in die Geschichte vom scharfen grünen japanischen Meerrettich eingeweiht, der gerade in Deutschlands Küchen in war. Stattdessen wurde Wolf mit seiner Unkenntnis aufgezogen und hatte damit gleich am ersten Tag seinen Spitznamen weg.

»Ei, Ute, du bist echt eine scharfe Nummer«, war Wasabi gerade wieder am Graben. Ute von Heesen tat so, als ob sie gar nicht zuhörte, doch Ronald Wolf plapperte schon weiter: »Du siehst der Mandy ziemlich ähnlich.«

Obwohl Ute von Heesen nur mit einem Ohr hinhörte, fragte sie halbherzig nach: »Mandy? Was für eine Mandy?«

Wasabi freute sich, endlich Interesse für sich und seine Geschichten bei der großen Blondine geweckt zu haben. Nicht ohne Stolz fuhr er fort. »Die Mandy, die war eine geile Braut. Das war meine Erstbesteigung, hahaha. Aber jetzt …«, er fixierte Ute von

Heesen, die sich umgedreht hatte, weil sie glaubte, sich verhört zu haben, »aber jetzt, jetzt auf zu neuen Höhen, wenn du verstehst, was ich meine.« Er wackelte bedeutungsvoll mit den Augenbrauen, schob seine Sonnenbrille nach unten und schmachtete herzerweichend und seiner Meinung nach unwiderstehlich.

Manuela Rast sprang auf, um ihrer Freundin zu Hilfe zu eilen. Sie hatte verstanden, was er meinte, genauso wie all die anderen, die hier im Kreis saßen. Eine gewittrige Stimmung legte sich über die Runde. »Ach, schau an, ein bekennendes Arschloch.« Manuela Rast hatte die Nase voll von frauenfeindlichen Idioten, die ihren Schwanz als Kompass benutzten. Sie wirkte ganz so, als wolle sie den lieben Wasabi gleich mit ihrem Helm erschlagen. Auch Ute von Heesen war aufgesprungen.

Es war definitiv an der Zeit weiterzufahren, sonst würde der arme Ronald Wasabi Wolf noch einen vorzeitigen Unfalltod bei der ersten Pause erleiden. Frank Jessentaler stand auf und begab sich zu seinen Teilnehmern, um wieder Ruhe in die Gruppe zu bringen und dann alles Weitere des heutigen Tages zu besprechen.

*

Der Sturm hatte sich gelegt, und auch der fürchterliche Hagelschauer war nun wohl seines Treibens müde. So schnell, wie die Naturgewalten gekommen waren, so schnell zogen sie sich nun zurück. Es windete zwar immer noch, und auch der Regen fiel noch leicht aus den sich auflockernden Wolken, aber verglichen mit den letzten Stunden war die jetzige Wetterlage nur noch ein lächerlicher Klacks. Als der alte Angelos schließlich den Eindruck hatte, das Gröbste sei überstanden, bedeutete er seiner Familie, unter dem schutzbringenden Tisch hervorzukommen. Als alle standen, blickten sie als Erstes nach oben und konnten nicht glauben, was sie da sahen: Durch die völlig durchlöcherte Lehmdecke ihres Hauses leuchtete der blaue Himmel, und die sich immer intensiver durchsetzende Sonne fing an, durch die Lücken der Decke hindurch das viele Wasser auf dem Fußboden zu verdampfen. Als die Familie gesammelt vor die Tür trat, verschlug es allen Mitgliedern die Sprache. Entsetzt betrachteten sie die sich ihnen bietende Szenerie. Das Dach ihres Hauses war verschwunden, genauso wie die einfache Hafenanlage, die Boote und der Rest des Fischerdorfes Sefalin. Vom idyllischen Ort an der Westküste Kretas war nur noch ein rauchender Trümmerhaufen übrig, durch den nun zahlreiche schmutzige Bäche dem aufgewühlten Meer entgegenstrebten. Ein Bild wie nach einem Erdbeben. Überall liefen Menschen umher und suchten Angehörige zwischen den zerstörten Häusern. Die Mühe konnte man sich beim Nachbarn der Familie Chalkidikis traurigerweise sparen. Aus dem Schutt des nebenstehenden Hauses sah der alte Angelos den nackten Fuß des einzigen Bewohners in merkwürdig verdrehter Stellung herausragen.

Eine Strafe Gottes, dachte Angelos, während er seine zitternde Familie in die Arme nahm und der riesigen schwarzen Wetterfront hinterherblickte, die von Kreta aus nach Westen zog.

*

Endlich Urlaub. Schluss mit der Ermittlerei und den undankbaren Kriminalgehilfen. Haderlein hatte gerade in seinem Korbstuhl Platz genommen, saß entspannt mit einem Cocktail in der Hand an einem tropischen Strand und betrachtete unter seiner überhängenden Lieblingspalme hervor die zahlreichen Badenixen, die sich in ihrer ziemlich dürftigen Kleidung durch sein Gesichtsfeld bewegten. Versonnen schlürfte er das wohltuend kalte Getränk, genoss das Gewackel von diversen sekundären Geschlechtsmerkmalen der vorbeischlendernden Weiblichkeit und ließ seinen Gedanken freien Lauf. Endlich ausspannen, dachte er, endlich dieser verdammten Hitze den Rücken kehren, endlich keine rätselhaften Leichen mehr, endlich die …

Unvermittelt kitzelte ihn etwas an der Nase, und jemand rüttelte ihn plötzlich und unsanft an der Schulter.

»He, Franz, döff ich dich amal kurz unterbrechen?«

Der gerüttelte Hauptkommissar wachte notgedrungen auf, öffnete blinzelnd und verstört die Augen und blickte in das Gesicht seines Kollegen Bernd Lagerfeld Schmitt.

Lagerfeld hatte sich tief über ihn gebeugt. Sein Pferdeschwanz hing ihm über die Schulter und Haderlein ins Gesicht, die große dunkle Sonnenbrille hatte er auf die Stirn geschoben, aus seinem

Konterfei sprach wachsende Ungeduld. »Komm etzerd, Franz, genuch gebennd. Der Chef will wissen, was mit denna Doden auf St. Gedreu is, und ich waas vo nix. Was issn da oben los? Hobb, erzähl.«

Haderlein brauchte einige Sekunden, um sich zusammenzusortieren. Er schaute auf seine Armbanduhr und konnte es nicht glauben. Er hatte gerade mal eine Stunde geschlafen! Verzweifelt schloss er die Augen und ließ seinen Kopf zurück aufs Kissen plumpsen. Na gut, dann eben nicht. Wenn ihn seine Umwelt unausgeschlafen ertragen wollte, dann bitte. Aber das konnte böse enden, das war wohl hoffentlich allen klar.

»Wieso hörst denn du dei Klingel eichentlich net? Ich hab über dei Glofenster eisteigen gemusst, weil ich dei Tür net aufmachen gekonnt hab«, versuchte Lagerfeld sein eigentlich unbefugtes Eindringen auf Fränkisch zu rechtfertigen.

Haderlein sprang blitzartig aus dem Bett, die Zudecke flog in weitem Schwung Richtung Wand. »Ach so, einsteigen hast du gemusst. Das hätte ich wohl besser auch machen sollen, als ich heute früh vor deiner Tür stand und ein gewisser Lagerfeld alles verrammelt hatte. Hatten wir uns außerdem nicht auf das hochdeutsche Idiom im Dienst geeinigt, Kollege?«, rief er bissig, während Kommissar Bernd Schmitt erschrocken einen Satz zurück machte. Dabei rutschte ihm seine Sonnenbrille wieder ins Gesicht, und er verfehlte mit seinen Krokodillederstiefeln Riemenschneider nur um Haaresbreite. Haderlein stand ausschließlich mit seiner Unterhose bekleidet vor ihm und gab den Racheengel aus einem Weltuntergangsepos.

Lagerfeld war sauer. War doch nicht sein Problem, wenn Haderlein ihn nicht wach bekommmen hatte. »He, hör amal, Kolleche, so geht des fei net«, versuchte er den Zwergenaufstand, aber Haderlein spielte nicht mit.

»Wenn du mich schon nicht schlafen lässt und unbedingt arbeiten willst, bitte, tu dir keinen Zwang an. Greif dir die Riemenschneiderin und geh schon mal auf die Dienststelle. Sag Honeypenny, ich brauche heute verdammt viel Kaffee und unbedingt ihre Honigbrote, sonst geht gar nichts. Verstanden? Ich mach mich nur kurz frisch und komm dann nach. Die Sache mit St. Getreu erklär ich dir später. Und jetzt, Herr Klofenstereinbruchskommissar …«, er fixierte seinen jungen Kollegen unmissverständlich, »… Abflug!«

Lagerfeld war gelinde gesagt überrascht. So hatte er seinen Chef noch nie erlebt. Der zugegebenermaßen ungewöhnliche Stil und Umgang, den er, Lagerfeld, für gewöhnlich an den Tag legte, hatte Haderlein doch sonst nicht so in Rage versetzt. Irgendwie musste Haderleins Reaktion wohl doch etwas mit den unausgeschlafenen Verhältnissen zu tun haben. »Sehr wohl, Bwana. Bin schon unterwegs, Sahib«, nörgelte Bernd Schmitt, tat aber umgehend wie geheißen. Mit einem wütenden Vorgesetzten war schließlich nicht zu spaßen. Als die Haustür hinter ihm und dem Ferkel in seinem Arm ins Schloss fiel, stand ein genauso unausgeschlafener wie angefressener Haderlein bereits unter der kalten Dusche und versuchte, sich irgendwie mit dem Tag anzufreunden.

Zwei Monate vorher

Die Schülermannschaft des FC Strullendorf hatte noch zehn Minuten zu spielen. Allerdings lag sie knapp mit 0:1 hinten und zwar gegen die Mannschaft des AC Bibione. Am Spielfeldrand des Fußballfeldes der kleinen Mittelmeerstadt in der Nähe von Venedig standen dicht gedrängt die Eltern der sechsjährigen Kicker und schrien sich die Seele aus dem Leib. Fast hatte es den Eindruck, als sollten die Kleinen den verpassten Olympiasieg der Eltern in Stellvertretung nachholen. Je weiter sich die Uhr dem Spielende näherte, umso lauter wurde die hysterische Geräuschkulisse. Und da das Spielfeld nicht weit von der Strandbar des nahe liegenden Campingplatzes angelegt worden war, hatten sich noch zusätzliche teutonische Badegäste zum brüllenden Volk hinzugesellt. Schließlich war das ja hier ein Länderspiel.

Lothar Schmittwolf, der Trainer der deutschen Minikicker, war außer sich. Als zweiter Vorsitzender des FC Strullendorf, Planer und Organisator des Trainingscamps an der Adria, vor allem aber als Vater des hoffnungsvollen Spielführers Benni Schmittwolf wollte er nicht wahrhaben, dass sein Sohn und sicherer zukünftiger Nationalspieler mit seiner Mannschaft hier womöglich als Verlierer vom Platz ging. Zwar rannte Benni alle anderen in Grund und

Boden, aber die kleinen Italiener hatten nun mal das einzige Tor geschossen und stellten sich seit fünfzehn Minuten hinten rein. Und wenn Italiener was konnten, das wusste Lothar Schmittwolf, dann verteidigen.

Zudem zeigte seine Mannschaft erste Ermüdungserscheinungen. Alle, bis auf seinen Sohn. »Los jetzt, Benni, du musst des jetzt allaans rumreißen. Die annera könna nimmer! Hopp, geh ab und schwaaß des Ding jetzerd neis Dor nei!«, brüllte Vater und Trainer Schmittwolf mit sich bereits überschlagender Stimme. Sein Sohn, ein offensichtliches Fußballtalent, rackerte sich brav weiter auf dem Platz ab, während vor dessen Tor ganze Mannschaftsteile der Strullendorfer Abwehr ausgewechselt und auf der Ersatzbank notdürftig mit Gummibärchen aufgepäppelt werden mussten.

»Noch zwaa Minuddn, Benni, los auf, etzerd!«, brüllte Lothar Schmittwolf wutentbrannt über das Feld. Dann, als ob das Schicksal ihn endlich erhört hatte, tat sich für seinen Sohn die ersehnte Lücke auf. Elegant dribbelte Benni Schmittwolf nahe der Strafraumgrenze an seinen Gegenspielern vorbei, als wären sie einbetonierte Slalomstangen. Der letzte Gegenspieler, der am Elfmeterpunkt auf ihn wartete, versuchte, ihn zu foulen, und erntete vom Trainer der Strullendorfer Schülermannschaft prompt eine wüste Eruption des Protestes. Doch Benni war auch für den Abwehrchef der Italiener zu schnell. Er umspielte ihn elegant und sah sich urplötzlich nur noch wenige Meter vor dem italienischen Tor einem verzweifelt fuchtelnden dicklichen Torwart mit Brille gegenüber.

»Schieß, Benni, schieß!«, brüllte sein Vater völlig außer sich, sodass sich die Umstehenden die Ohren mit beiden Händen zuhalten mussten, um keine Haarrisse im Trommelfell zu riskieren. Auch die anderen Eltern hatten den Fußballplatz am Strand von Bibione mit ihrem Geschrei felsenfest im Griff. Alle warteten darauf, dass Benni in letzter Minute das erlösende Tor schoss.

Er musste den Ball nur noch rechts unten über die Linie schieben, und es würde Verlängerung geben. Ein Kinderspiel, im wahrsten Sinne des Wortes. Und dann war sowieso klar, wer gewann.

Aber Benni Schmittwolf schoss nicht. Benni Schmittwolf wurde plötzlich langsamer. Er blieb einfach stehen, als würde ihn alles elterliche Geschrei dieser Welt nichts mehr angehen, schaute mit einem merkwürdig andächtigen Blick um sich und fiel dann von einem Moment auf den anderen auf die Knie. Der Ball blieb Zentimeter vor der Torlinie liegen, aber niemand beachtete ihn mehr.

Lothar Schmittwolf wurde kreidebleich, riss sich von den umstehenden Zuschauern los und hastete zu seinem Sohn auf den Platz. »Benni!«, schrie er, während er rannte, was seine Beine hergaben. Er erreichte seinen kleinen Sohn, als der vornüber auf den Rasen kippte. »Benni, was ist denn los, verdammt?«, rief sein Vater verzweifelt und schüttelte ihn in der Hoffnung, es wäre nur ein Schwächeanfall.

»Papa, mir ist so kalt, Papa«, konnte er seinen Sohn noch mit schwacher Stimme hören, dann verkrampfte sich dessen Körper, und die Umstehenden konnten sehen, wie die Augen des Sechsjährigen aufplatzten und eine orangefarbene Flüssigkeit aus ihnen herausspritzte.

Mit einem hilflosen Schrei riss Lothar Schmittwolf seinen Sohn an sich und rief: »Einen Arzt, verdammt noch mal, einen Arzt!«

Während die Ersten davonliefen, um nach einem Doktor zu suchen, blickte Lothar Schmittwolf seinem Sohn schluchzend ins Gesicht und wusste instinktiv, dass jegliche Hilfe zu spät kommen würde. Unter den Umstehenden war geschockte Stille eingekehrt. Direkt neben dem Vater mit dem sterbenden Kind in seinen Armen brach eine Frau ohnmächtig zusammen.

*

Der Schrofenpass war überquert, und alle saßen hochkonzentriert auf ihren Rädern. Das Stück nach St. Anton hinunter war relativ steil und nicht ohne Tücken. Manuela Rast und Ute von Heesen genossen die Abfahrt, die genau ihrem technischen Leistungsstand entsprach. Genau das war einer der Gründe, sich diesem wunderschönen Sport hinzugeben. Das Bike folgte willig den Lenkbefehlen seiner Herrin, und ein inneres Hochgefühl begann sich bei den beiden Fahrerinnen einzustellen.

Mit Können und Mut war der anspruchsvolle Trail durchaus zu meistern, aber vielen Alpenüberquerern fehlte beides, was dann zu äußerst kunstvollen Abgängen über den einen oder anderen Lenker führte. Viele, die sich auf das Abenteuer des Mountainbikens in den Alpen einließen, meinten wohl auch, dass ein Hightechbike mit vierzehn Zentimeter Federweg vorn und hinten einen gesunden Menschenverstand und die Fähigkeit des vorausschauenden Fahrens ersetzen könnte. Frank Jessentaler hatte schon oft genug Erfahrungen mit solchen Rittern der unerwarteten Flugbereitschaft gemacht und zog es seitdem vor, bei solchen Abfahrten das Feld anzuführen, damit niemand auf dumme Gedanken kam. Sollte sich dennoch jemand danebenbenehmen, hatte derjenige meistens am Ende der Etappe etliche Blessuren zu beklagen und einen teuren Hüttenabend vor sich. Regelverletzungen schlugen mit mindestens einer Runde alkoholischer Getränke zu Buche. Und Mountainbiker konnten nach einer Tagestour verdammt viel trinken. Das war auch bei diesem Unternehmen allen klar.

Allen, bis auf Ronald Wolf. Ronald Wasabi Wolf hielt nichts von Regeln, die er nicht selbst aufgestellt hatte. Aus seiner Sicht machte es keinen Sinn, ein halbes Jahr für eine Alpentour zu trainieren, das Outfit und die Ausrüstung penibel zu stylen, um dann im Rentnertempo diesen lächerlichen Anfängerpfad hinunterzuschleichen. Schließlich hatte er schon bei ganz anderen Schwierigkeitsgraden seine Gegner versenkt. Bei der erstbesten Gelegenheit, als der steile Pfad eine Idee breiter wurde, ließ Ronald Wolf die Griffe seiner hydraulischen Scheibenbremse los und schoss überlegen lächelnd an der restlichen Truppe vorbei. Frank Jessentaler bemerkte das Manöver erst, als es schon zu spät war. Bikerkollege Ronald staubte an seiner linken Seite vorbei und machte sich sogleich daran, eine Wandergruppe, auf die sie gerade aufgefahren waren, mitzuverspeisen.

»Ronald, nicht!«, konnte der Leiter der Tour ihm noch hinterherrufen, aber Wasabi-Wolf war schon dabei, die verschreckten Rentner auf der Außenseite der Kurve direkt am Berghang in einer selbst erzeugten Wolke aus Dreck und Kies zu überholen. Man hörte nur, wie die Scheibenbremsen seines Mountainbikes ein gequältes Kreischen von sich gaben und die Letzten der Wandergruppe erschrocken aufschrien, dann hörte man nichts mehr. Frank Jessentaler hob die Hand und bedeutete allen anzuhalten. Seufzend legten sie ihre Räder in die Wiese, während Frank um die Kurve ging, um nach dem Rechten zu sehen. Ute von Heesen und

Manuela Rast begannen derweil vorsorglich die Erste-Hilfe-Beutel herauszukramen.

*

Alle Wetterstationen weltweit hatten sich inzwischen auf den Hurrikan »Luca« gestürzt und berichteten in Dauersendungen von dem sensationellen Ereignis. Experten wurden verhört, Prognosen erstellt und die Einschaltquoten in schwindelerregende Höhen getrieben. Summa summarum waren sich alle Experten einig, dass der Hurrikan in den nächsten Stunden Sizilien erreichen würde und dort üble Verwüstungen drohten. Besonders die Einwohner von Catania waren in heller Aufregung, da große Teile der alten Hafenstadt in einer Senke lagen. Seit Menschengedenken hatten Stürme keine Chance gegen die Hochwassermauern am Hafen gehabt, aber ein Hurrikan war eine völlig neue Herausforderung. Die meisten Catanier zogen es vor, die Stadt Richtung Hinterland zu verlassen, was bei der gefürchteten Ordnungsliebe des Süditalieners zu einem heillosen Verkehrschaos und zahlreichen Unfällen und Staus auf den Ausfallstraßen führte. Während sich die ersten Vorboten des Hurrikans in Form grauschwarzer Wolken vom östlichen Horizont her näherten, machten sich überall auf Sizilien die eilig eingeflogenen Fernsehteams daran, an strategisch wichtigen Punkten ihre Satellitenschüsseln aufzubauen und sich auf sensationelle Bilder vorzubereiten.

Die Wetterfrösche aus Neapel, die als Erste die Meldung über den Hurrikan herausgegeben hatten, gaben Reportern aus aller Welt seit Stunden Interviews. Giorgio Amadi musste Dutzenden von Journalisten jede einzelne Phase seiner Laufbahn, ja seines bisherigen Lebens schildern und war inzwischen ein weltweit gefragter Experte zum Thema Stürme.

Jenseits aller journalistischen Bemühungen, einen Hurrikan in Europa möglichst gewinnbringend zu vermarkten, steuerte Medienstar »Luca« unterdessen mit immer größer werdenden Windgeschwindigkeiten auf Sizilien zu.

*

Als Lagerfeld die Dienststelle betrat, waren alle Schreibtische leer. Als er sich verwundert umblickte, sah er die ganze Mannschaft in dem Glaspalast versammelt, den sein Dienststellenleiter Robert Fidibus Suckfüll sein Büro nannte. Als er sich dazugesellte, bemerkte er, dass alle vor einem kleinen Fernseher saßen, der in der Ecke neben dem Schreibtisch seines Chefs aufgebaut war. Fidibus selbst hockte mit gewichtiger Miene ebenfalls dabei und drehte aufgeregt eine seiner teuren Trockenzigarren zwischen den Fingern. Als Lagerfeld mit Riemenschneider im Arm über die Köpfe hinwegschaute, konnte er allerdings nicht viel erkennen, da seine Kollegen so dicht an der Mattscheibe klebten. Er konnte nur die Stimme eines Fernsehreporters vernehmen, welcher in dramatischem Tonfall von irgendwelchen katastrophalen Stunden berichtete, die jetzt bevorstünden.

»Was gibt's denn da so Interessantes?«, fragte Lagerfeld in die Runde.

Sein Chef drehte sich zu ihm um und sagte mit leicht abwesendem Blick: »Kollege Schmitt, heute beginnt eine neue Zeitrechnung. Die Menstruation frisst ihre Kinder.« Er horchte dem soeben Gesagten noch einen Moment in der Ahnung nach, dass mit dem einen oder anderen Substantiv nicht alles abschließend geklärt war, dann deutete er mit der angebröselten Spitze seiner Zigarre Richtung Bildschirm und fuhr mit bedeutungsschwangerer Stimme fort. »Das ist ein vom Menschen geschaffenes Zeichen. Ein Fingerzeig der Natur für die unbelehrbare Menschheit.« Seufzend legte er seine Stirn in Falten und wandte sich wieder der sizilianischen Berichterstattung zu.

Kriminalkommissar Bernd Schmitt konnte nicht glauben, was er da sah. »Ein Fingerzeig? Das sieht mir ja eher wie der Wink mit dem berüchtigten Zaunpfahl aus. Weiß man denn schon etwas über die Zugbahn des Sturms?«, fragte er, während er Riemenschneider auf dem Boden des Büros absetzte.

»Heute wird er über Sizilien ziehen und in zwei Tagen bei Genua auf Land treffen. Anschließend wird er über die Alpen zu uns gelangen, allerdings in stark abgeschwächter Form«, meinte Marina Hoffmann, die gute Seele der Dienststelle, die aufgrund ihrer Affinität zur Imkerei von jedem nur Honeypenny genannt wurde.

Lagerfeld verging jeglicher Gedanke an irgendwelche Honigbrote. Vielmehr fuhr ihm der Schrecken in die Glieder. »Über die Alpen? In zwei Tagen? Verdammt!«, presste er hervor und schaute Marina Hoffmann mit sorgenvollem Blick an.

Sie wusste sofort, warum sich der Kriminalkommissar plötzlich solche Gedanken machte. Manuela und Ute waren gerade auf ihrem Alpencross Richtung Schweiz unterwegs. Noch bevor sie sich irgendwie zu seinen Befürchtungen äußern konnte, öffnete sich die Eingangstür zur Dienststelle, und ein frisch geduschter, aber nichtsdestotrotz griesgrämig blickender Kriminalhauptkommissar Haderlein polterte herein.

»Was ist denn hier los?«, brummte er etwas irritiert in die Runde, als er die Versammlung in Fidibus' Büro bemerkte. »Ist heute Fernsehstunde mit Preisrätsel, oder was?« Er knurrte unausgeschlafen in Richtung Honeypenny, doch Lagerfeld kam ihr mit einer Antwort zuvor.

»Du wirst es nicht glauben, aber es gibt einen leibhaftigen Hurrikan über dem Mittelmeer. In ein paar Stunden zieht er über Sizilien«, berichtete Lagerfeld.

»Ja, und?«, fragte Haderlein immer noch knurrig. »War doch klar, dass das irgendwann mal passiert. Heiß genug dazu isses ja inzwischen.« Dabei wischte er sich den Schweiß von der Stirn, der sich in der schwülen Luft draußen schon wieder gebildet hatte. »Dann wird die Mafia dort unten wenigstens gleich mit von der Insel gespült«, meinte er mit sarkastischem Unterton. Als er jedoch den besorgten Blick seines jungen Kollegen bemerkte, schaute er ihn fragend an.

»Der Sturm zieht weiter nach Norden, Franz«, meinte Lagerfeld mit belegter Stimme. »In zwei Tagen wird er mit über zweihundert Stundenkilometern die Alpen überqueren.«

Es dauerte nur wenige Sekunden, bis Franz Haderlein begriffen hatte. »Manuela!«, kam es tonlos über seine Lippen.

Lagerfeld nickte. »Wir müssen versuchen, die Mädels heute noch irgendwie zu erreichen. Immerhin haben wir noch zwei Tage Zeit, und die sind ja nicht blöd, die zwei, die werden bei dem Sturm schon nicht im Freien übernachten.«

»Haha, im Freien übernachten!«, tönte eine Stimme hinter ihnen, und die beiden Kriminalisten fuhren herum. »Da machen

Sie sich mal keine Sorgen, meine Herren. Bis dieser Hurrikan in Bamberg ist, ist der schon zu einem kleinen Lüftchen mutiert. Da können Sie beruhigt wieder draußen schlafen. Haben wir als Kinder oft gemacht!« Fidibus strahlte und legte Haderlein und Lagerfeld in väterlicher Geste jeweils eine Hand auf die Schulter. »Wer Kinder sät, wird Stürme ernten«, dozierte er mit erhobener Zigarre, dann hielt er inne, führte die Zigarre vors Gesicht und betrachtete grüblerisch seine Handinnenfläche. »Äh, Kinder sät, Würmer ernten?«, sprach er dann mehr zu sich selbst, als zur um ihn herum versammelten Büroöffentlichkeit und heftete seinen Blick unbewegt auf die Zigarrenspitze, die nun nur noch wenige Zentimeter vor seiner Nasenspitze in der Luft schwebte. »Na, ich habe als Kind jedenfalls draußen immer geschlafen wie ein tiefer Stein«, faselte er noch halblaut, ohne den Blick wieder seinem Umfeld zuzuwenden. Noch bevor irgendwer etwas sagen oder ihn gar berichtigen konnte, machte Fidibus auf dem Absatz kehrt und entschwand in leicht gebückter Haltung in sein inzwischen wieder von den Mitarbeitern verlassenes Büro, in dem er sich sofort in bedeutsame Akten vertiefte, die sich auf seinem Tisch stapelten.

»Irgendwie ist ihm seine Vaterschaft nicht gut bekommen«, meinte Honeypenny und verzog stirnrunzelnd das Gesicht. »Und das mit dem Sturm wirft ihn jetzt so richtig aus der Bahn. Er war ja vorher schon keine Leuchte als Poet, aber so schlimm war es noch nie.« Sie schüttelte etwas hilflos den Kopf, griff nach der Leine von Riemenschneider und begab sich zurück zu ihrem Schreibtisch. Dem kleinen Schwein verkündete sie lächelnd: »Komm, Süße, es gibt Apfel!« Sie begann sofort, denselbigen zu schälen, was bei der Riemenschneiderin allergrößte Zufriedenheit auslöste. Apfel war immer noch das allerbeste Mittel gegen schalen Unterhosengeschmack.

»Warum wächst sie eigentlich nicht?«, überlegte Lagerfeld laut.

»Wie bitte?« Haderlein war noch ganz in Gedanken versunken, weil er darüber nachgrübelte, wie er seine Manuela am schnellsten erreichen konnte. Er hatte es bereits mehrmals auf ihrem Handy versucht, aber vergeblich. Wahrscheinlich war der Empfang einfach zu schlecht.

»Werden Schweine denn noch größer als Riemenschneider?«,

fragte er abwesend und bedeutete Honeypenny, indem er Richtung Kaffeeautomat zeigte, dass er eine XXL-Portion Koffein benötigte.

»Unser Großstadtkommissar, der Landökonom schlechthin«, lachte Lagerfeld. »Natürlich werden Schweine größer. Riemenschneider ist jetzt schon fast ein Jahr alt und dürfte eigentlich längst nicht mehr unter Honeypennys Schreibtisch passen. Stattdessen bleibt sie, wie sie ist, und wächst keinen Zentimeter, zumindest nicht in die Höhe.«

Für seine letzte Bemerkung erntete Lagerfeld sofort einen vernichtenden Blick von dem Apfelstücke kauenden kleinen Schwein.

»Das ist zwar niedlich«, fuhr Lagerfeld ungerührt fort, »aber nicht normal.« Er setzte eine besserwisserische Miene auf. Schließlich kam es nicht oft vor, dass er mehr wusste als sein älterer Vorgesetzter.

Aber Haderlein hörte gar nicht mehr richtig hin. Er war zu unausgeschlafen, und es gingen ihm auch zu viele Sachen durch den Kopf. Stürme, Manuela, Rentnerleichen und eine außerhäusliche Hitze sondergleichen. Da hatte er keine Zeit für Schweinereien. Andererseits hatte Lagerfeld mit seiner Bemerkung doch etwas in ihm ausgelöst. Einen Gedanken, der in einem Plan mündete, den er schon seit Längerem mit sich herumtrug. Am besten, er erledigte das gleich, sonst würde sich der Gedanke wieder auf Wanderschaft begeben und nicht mehr zurückkommen. So eine Idee war meist ein unsteter Geselle. »Honeypenny, verbinden Sie mich doch mal gleich mit der Polizeihundeschule in Neuendettelsau«, rief er ihr zu, während er sich Honig und Milch in den Kaffee schüttete und mit dem Umrühren begann.

»Und was ist jetzt mit Riemenschneiders Wachstumsfrage?«, erkundigte sich Lagerfeld mürrisch bei Haderlein. Er hasste es, ignoriert zu werden. Vor allem dann, wenn es seiner Meinung nach etwas Wichtiges war, was er da geäußert hatte.

Haderlein schaute kurz auf, war aber nicht wirklich an der Lösung des Problems interessiert. »Ja, äh, keine Ahnung«, meinte er. »Riemenschneider wird schon wissen, was sie tut«, schob er noch abwesend hinterher und goss erneut Milch in seinen Kaffee.

Lagerfeld beschloss, die Frage in einem passenderen Moment wieder aufzuwerfen. Er ahnte, dass da etwas nicht stimmen konnte, aber jetzt waren wohl nicht der Tag und die Stunde, um Franz damit zu behelligen.

»Die Hundeschule ist dran«, rief Honeypenny quer durch das Büro, und Haderlein griff sogleich nach dem Hörer.

Lagerfeld quittierte das soeben Gehörte mit einem heftigen Schütteln des Kopfes. Was zum Teufel wollte Franz Haderlein von der Polizeihundeschule? Es wurde wirklich Zeit, dass sich der Mann mal wieder ausschlief.

Haderlein notierte sich in Stichpunkten die Informationen, die er vom Leiter der Hundeschule erhielt, und legte dann dankend auf.

»Was ist eigentlich in St. Getreu los?«, fragte Lagerfeld, um das Gespräch endlich in eine fachliche, vor allem aber andere Richtung zu lenken.

»St. Getreu?« Haderlein schaute ihn an, als solle er einem Schwachsinnigen das Einmaleins erklären. Erst nach ein paar Sekunden wurde ihm klar, dass Lagerfeld ja noch keine Ahnung hatte. Er war ja mit Huppendorfer in der Klinik gewesen, während Lagerfeld friedlich geschlummert hatte. Bei der Vorstellung pumpte Adrenalin durch seine Adern, und ein kleiner Rachegedanke flatterte durch sein Gemüt, setzte sich auf eine Gehirnwindung und rieb sich hämisch die Hände.

Sehr fein, da konnte er doch das Nützliche gleich mit dem Revanchistischen verbinden, dachte Haderlein. Er erklärte Lagerfeld kurz und knapp die bisherige Sachlage – bis auf den kleinen und nicht unwichtigen Umstand der schweren Demenz von Hildegard Kleinhenz. »Das heißt«, schloss er seinen Kurzvortrag, »dass du jetzt noch mal St. Getreu besuchst und die einzige Überlebende, diese Frau Kleinhenz, befragst. Und lass nicht locker, ich will Ergebnisse, Bernd«, schärfte er ihm ein, während Lagerfeld alles widerwillig notierte. »Wenn du noch etwas wissen willst, frag Huppendorfer, der ist noch mit der Spusi oben und kennt sich aus.«

Lagerfeld starrte an die Wand, dann zu Haderlein. Hitze hin, unausgeschlafen her, der Ton des Hauptkommissars an diesem Tag gefiel ihm nicht. Ihm war die schwüle Luft genauso zuwider, auch wenn es das ideale Wetter für sein Cabrio war, aber so würde er nicht mit sich umspringen lassen. Nicht hier im Büro, vor aller Augen. »Hör amal, Franz«, begann er bewusst in fränkischem Dialekt, da er wusste, dass Haderlein den überhaupt nicht leiden konnte. »Du hast einen Ton drauf, da graust's der kalten Sau. Ich bin hier net dei Leibeigener oder Sklave. Und wenn dir mei Sprache net passt, dann lern se halt, du Südpreuß! Aber mit dem Zusammenreißen, da hat's der Herr Haderlein wohl net so, oder? Dazu bräuchert's nämlich a weng a Disziplin, Herr Aschauer!« Mit dieser Anspielung auf Haderleins oberbayrische Herkunft schloss er seinen ersten Angriff.

Für einen Moment war Haderlein sprachlos, während sich der Rest des Büros hochinteressiert um die beiden Kommissare versammelte. Selbst Fidibus hatte seinen Glaspalast wieder verlassen, um zu sehen, was da draußen vor sich ging.

Die Verblüffung Haderleins war jedoch nur von kurzer Dauer. Dann kochte der unausgeschlafene Zorn in ihm hoch. Was bildete sich dieser Jungspund eigentlich ein? »Bernd Schmitt«, redete er Lagerfeld nun betont förmlich an, »du verlangst von mir Disziplin? Ausgerechnet du? Du armseliger Sklave deiner Zigarettensucht?« Haderleins Augen blitzten. Er kannte den wunden Punkt seines Gegners und bohrte jetzt genüsslich darin herum. »Da fordert jemand von mir Disziplin, der selbst ein Äußeres pflegt wie aus einem billigen Musketierfilm? Der ein Auto fährt, als wäre es in einem Puff groß geworden?«

Haderlein redete sich immer mehr in Rage, und die Umstehenden sahen genüsslich zu. Honeypenny machte bereits heimlich eine Videoaufnahme mit dem Handy, als Bernd Schmitt Lagerfeld verbal zurückschlug. Das mit den Zigaretten sei ja wohl wirklich eine ganz miese Nummer!

»Und wer lebt denn jetzt hier scho seit Jahrzehnten in Bamberch und kann noch kein einziges fränkisches Wort? Wie ignorant muss mer denn da sei, hä? Geh doch ham in dei oberbayrische Heimat!«

»Bravo!«, kam es lautstark von links, und jemand klatschte in die Hände. Haderlein fuhr herum und blickte Honeypenny ins Handy. »Da hat der Bernd schon irgendwie recht«, konnte Haderlein von ihr hören. Außerdem sah er aus dem Augenwinkel, wie der ein oder andere Umstehende zustimmend nickte.

Als er sich wieder umdrehte, blickte Lagerfeld ihn triumphierend an. Haderlein ballte seine Hände zu Fäusten und stapfte wutentbrannt auf seinen Kollegen zu. Als ihre Nasen sich fast berührten, zischte er mit mühsam unterdrückter Wut: »So, ich soll also Fränkisch lernen? Gut, nichts leichter als das. Ich werde jedenfalls eher Fränkisch gelernt haben, als du mit dem Rauchen aufhören kannst, du willenloses Bamberger Räucherstäbchen!«, belferte er.

Lagerfeld wurde blass. Ob der gelungenen Retourkutsche Haderleins wurde nun lautstark Beifall von den Umstehenden bekundet. Lagerfeld, normalerweise die Ruhe in Person, hatte seinen normalen Erregungsdurchschnitt nun weit überschritten, und keine Sucht der Welt hätte ihn jetzt dazu bewogen, sich geschlagen zu geben. So nicht, Bruder der Sonne! Willenlos, Räucherstäbchen! Pah, das wäre ja gelacht! »Okay! Okay! Ab heute werde ich bis zum Ende der Ermittlungen in dieser Rentnersache keine Zigarette mehr anrühren«, knurrte er zurück. »Und wenn doch, zahle ich freiwillig hundert Euro in die Gemeinschaftskasse im Büro.«

»Für jede Zigarette?«, fragte Haderlein sicherheitshalber nach.

Lagerfeld nickte wild entschlossen.

Die Umstehenden johlten, selbst Fidibus konnte sich ein erstauntes Grinsen nicht verkneifen, und Haderlein zog überrascht die Augenbrauen hoch.

»Für jede Zigarette?«, äffte Lagerfeld Haderlein nach. »Aber dafür, mein lieber Vorgesetzter, dafür wird ab heute Fränkisch gelernt. Und wenn du des dann net kannst, wovon ich ausgehe, mein lieber Chef, dann zahlst du mir die Zigaretten fürs ganze nächste Jahr. Abgemacht?« Lagerfeld strahlte Haderlein mit dem Ausdruck absoluter Siegesgewissheit an. »Na, was ist, Feigling?«, frotzelte er noch hinterher.

Unter großem Beifall der versammelten Büromannschaft trat Haderlein mit grimmiger Miene auf Lagerfeld zu und schlug ein. Die Kollegen waren außer sich, allseits wurden Fotos von diesem geschichtsträchtigen Moment geschossen.

Dann kam der Chef der Dienststelle, Robert Fidibus Suckfüll, auf die beiden Wettkandidaten zu. »So, meine Herren«, konnte das umstehende Polizeivolk von seinem schmunzelnden Herrn und Meister vernehmen, »so, meine Herren, dann wollen wir das mal auf eine amtliche Ebene heben. Frau Hoffmann, Sie werden sogleich ein Schriftstück aufsetzen, das umgehend von den beiden Herren zu unterzeichnen ist. Danach kommt es dann sofort zu mir in den Tresor.« Fidibus blickte väterlich von einem zum anderen. »Tja, und wenn der St.-Getreu-Fall hoffentlich zeitnah in Form eines verhafteten Schuldigen gelöst ist, dann werden wir ja sehen, wer hier willenlos und charakterschwach ist, meine Herren.« Lächelnd blickte er die beiden Streithähne an, während er seine nicht angezündete Havanna zwischen Daumen und Zeigefinger hin und her rollte. Haderlein und Lagerfeld standen sich indes noch immer wie zwei unversöhnliche germanische Schwertkämpfer gegenüber.

»Da haben wir wohl etwas unüberlegt gehandelt, was, Kollege Haderlein und Kollege Schmitt?«, fuhr Fidibus stichelnd fort, während Honeypenny bereits eilig den Text in ihren Computer tippte. »Das könnte teuer für Sie werden, Haderlein. Ich hoffe, da ist Ihnen kein Missglück passiert.«

Synchron drehten sich die Köpfe der beiden Kontrahenten zu Fidibus um. Mit einem leicht verwirrten Stirnrunzeln fragte Lagerfeld: »Ein Missglück?«

»Was ist das denn?«, fragte nun auch ein misstrauischer Haderlein.

»Na, meine Herren«, wunderte sich der Leiter der Dienststelle, »ein Missglück eben … eine Verkettung anderer Umstände, wenn Ihnen das etwas sagt, ein Ungeschick eben.«

Haderlein blickte Fidibus undefinierbar an und sagte: »Ich glaube, es ist besser, ich gehe jetzt wieder an die Arbeit.« Sprach's und machte sich auf den Weg zu seinem Schreibtisch.

»Sehr löblich, mein lieber Haderlein«, freute sich Suckfüll und blickte zu Lagerfeld. »Und wir, mein lieber Kollege Schmitt, wollen wir uns nicht auch wieder auf Verbrecherjagd begeben? Der Feind sündigt nicht, wenn Sie verstehen, was ich meine.« Lagerfeld glotzte ihn an. Fidibus wurde ein wenig ungeduldig und klatschte in die Hände. »Aufwachen, Herr Kollege, der frühe Vogel fängt den, den, na den …« Er schnippte nervös mit den Fingern.

»… den Wurm«, half ihm Honeypenny aus der Patsche.

»Bin schon weg«, sagte Lagerfeld zu Fidibus, bevor dieser noch mehr in Sachen deutscher Sprichwörter unternehmen konnte, und machte sich umgehend auf die Socken. Er war froh, dem übellaunigen Haderlein für eine Weile entkommen zu können. Außerdem musste er über diesen plötzlichen Vertragsabschluss erst mal in Ruhe nachdenken. Konnte es sein, dass er soeben ernsthaft behauptet hatte, mit dem Rauchen aufzuhören?

Haderlein war zwar weniger verunsichert, aber dafür immer noch geladen. Aber was half's. Schließlich gab es einen neuen Fall zu lösen.

Kaum war die Tür hinter Lagerfeld zugefallen, griff er zum Telefonhörer und wählte die Nummer, hinter die er in seinem Notizbuch seit Jahren einen kleinen Totenkopf gemalt hatte. Dieser war nicht etwa durch das Berufsbild des Telefonnummernbesitzers inspiriert worden, wie man hätte vermuten können, sondern stellte das persönliche Verhältnis zwischen ihm und diesem Mann ziemlich treffend dar. Eigentlich müsste ich noch eine kleine Giftspritze dazuzeichnen, dachte Haderlein, während er darauf wartete, dass endlich der Telefonhörer abgenommen wurde.

»Siebenstädter, Gerichtsmedizin Erlangen«, meldete sich am anderen Ende der Leitung eine näselnde Stimme, bei der Haderlein irgendwie immer Schüttelfrost bekam. Sie hatte auf ihn den gleichen Effekt, wie wenn er mit dem Fingernagel an einer vergipsten Wand entlangkratzte. So eine Art psychosomatische Allergie seines Egos gegen das pathologische Gegenüber.

Er holte tief Luft und meldete sich möglichst freundlich mit seinem Namen. »Kriminalhauptkommissar Haderlein, Herr Professor, wie geht es Ihnen?«, flötete er und versuchte dabei so fröhlich zu klingen, wie es nur ging. Es entstand eine kleine Pause, die es immer gab, wenn Haderlein bei Siebenstädter anrief. In diesen Sekunden kam dem Hauptkommissar zumeist der Vergleich des Rechtsmediziners mit einem englischen Schlachtschiff von Königin Victoria in den Sinn, welches während seiner Begrüßungsworte die Zeit nutzte, um die Luken von den Schießscharten zu räumen und das Schiff klar zum verbalen Gefecht zu machen.

»Unser oberfränkischer Kriminalist meldet sich mal wieder, welch freudige Überraschung«, vernahm Haderlein die vor Spott triefende Stimme des Pathologen. »Lassen Sie mich raten, Herr Kommissar, Sie möchten von mir eine Erklärung für diese vier toten Senilen, die hier säuberlich aufgereiht auf meinen Tischen liegen und meine übrige Arbeit aufhalten. Richtig?«

Haderlein versuchte, ruhig zu bleiben. Gut, es war heiß, er war müde, und er hatte nicht viel Zeit, aber er würde Ruhe bewahren. »Wenn Sie es in Ihrer unbeschreiblich pietätvollen Art so ausdrücken wollen, Herr Siebenstädter, ja, in der Tat. Falls Ihnen Erkenntnisse über die Ursache des Todes dieser armen Menschen vorliegen, dürfen Sie mir diese gern und sofort weiterreichen.« Eigentlich wollte er gar nicht so geschwollen wie der Chef der Erlanger Gerichtsmedizin daherreden, musste aber sofort feststellen, dass er sich hier auf einem Terrain befand, auf dem er sich nicht halb so gut wie dieser auskannte.

»Der Begriff ›arm‹ trifft nicht so ganz den Kern der Sache, mein lieber Kommissar«, spöttelte Siebenstädter sogleich. »Jeder dieser Abgelebten ist wahrscheinlich ein wohlhabenderer Rentner gewesen, als wir beiden Rentenempfänger zusammen in – sagen wir fünfundzwanzig – Jahren sein werden.«

»Siebenstädter, bitte …«, machte Haderlein einen verzweifelten Versuch, ihn zu unterbrechen.

Doch der Rechtsmediziner hatte sich nun auf das Schwadronieren eingelassen und lief gerade erst richtig warm. »Ich würde sogar sagen, dass diese verkalkten Blutegel am Körper des Gemeinwohls, während sie hier wie eine Thrombose die Ader meines Arbeitsflusses verstopfen, durch den durch ihren Tod verursachten Arbeitsaufwand die Allgemeinheit mehr Geld kosten werden, als wir arbeitende Bevölkerung später an Pensionsleistung erhalten werden. Und ich im Speziellen, wenn ich das hinzufügen darf.«

Haderlein versuchte gar nicht mehr, den Arzt zu unterbrechen, sondern konzentrierte sich auf seine aufkeimenden Kopfschmerzen. Was sollte der Quatsch? Hatte Siebenstädter plötzlich eine Krise wegen seines bevorstehenden fünfundfünfzigsten Geburtstages? Wahrscheinlich lag es daran. Der Mann war voller umgestürzter Bäume, die in seiner Psyche quer herumlagen. Metaphorisch gesehen.

»Ehrlich gesagt«, fuhr Siebenstädter fort und verfiel dabei in den Ton eines wahlkampfredenschwingenden Lokalpolitikers, »ehrlich gesagt sollte man für solche Fälle eine intelligentere Lösung finden. Eine Entlastungsstrategie für die Rentenkassensanierung. Altersheime, ha, die sind doch viel zu kostenintensiv! Da braucht es konsequente, radikale Neuerungen.«

»Siebenstädter, ich habe keine –«, startete Haderlein einen letzten Versuch im Guten. Jedoch, es blieb bei diesem.

»Zum Beispiel sollte man statt teurer Unterbringung in Heimen diese Tattergreise gleich mit einem Stuhl auf ihren zukünftigen Grabstein stellen«, argumentierte Siebenstädter fleißig weiter. »Dort könnten sie dann kostengünstig warten, bis alles vorbei ist.«

Haderlein schlug seinen Kopf mehrmals stumm und verzweifelt auf die blank geputzte Oberfläche seines Schreibtisches. Alle in der Dienststelle drehten sich erschrocken zu ihm um. Selbst Fidibus hob seinen schwergewichtigen Blick aus den Akten und versuchte zu eruieren, was die Geräusche in der Außenwelt bedeuten mochten, die da gedämpft durch das Glas zu ihm hereindrangen. Haderlein, etwas erschrocken über sich selbst, lächelte sicherheitshalber beschwichtigend in die Runde. Den kurzen Moment der Unaufmerksamkeit nutzte Siebenstädter sofort, um seine Argumentationsreihe, die er selbst durchaus überzeugend fand, fortzuführen.

»Es wäre ja möglich, die Alten auf ihrem Stein über einen mobilen Sozialdienst zu versorgen, Essen auf Gräbern sozusagen.« Der Mediziner schickte ein selbstzufriedenes, heiseres Lachen hinterher. Weiter kam er nicht mehr.

Haderlein hatte genug. »Siebenstädter, Sie sagen mir jetzt auf der Stelle, was Sie wissen, oder ich schicke Ihnen keinen mobilen Sozialdienst, sondern ein unsoziales Sprengkommando vorbei, das Ihren ganzen morbiden Schuppen in die Luft jagt! Haben Sie mich verstanden, Sie Medizinmann von eigenen Gnaden? Mir reicht's! Ich habe keine Lust mehr, mir Ihren Schmarrn anzuhören!«

Auf der anderen Seite der Leitung war tatsächlich Stille eingekehrt. Hatte das Schlachtschiff etwa beigedreht, die Luken geschlossen und Kurs auf den Hafen der Vernunft genommen?

»Sie sollten sich doch einmal psychisch überprüfen lassen, Herr Kommissar«, tönte es dann vom Leiter der Gerichtsmedizin ungerührt und lakonisch an Haderleins Ohr. »Ihre cholerischen Eskapaden bringen Sie noch mal aufs, äh, Verzeihung, *ins* Grab, Herr Kriminalrat. Das wird einmal böse mit Ihnen enden, wenn Sie nicht aufpassen und weiter solch unschön gealterte Leichen bei mir parken. Versuchen Sie es lieber mal mit jungen, schönen Wesen,

Haderlein, die mit gesunder rosa Haut und einer Lebenshalbwertszeit, die sich noch nach mehr als Monaten bemessen lässt. Wäre das nicht was zur Abwechslung?«

Haderlein musste sich beherrschen, nicht zu explodieren. »Ich werd's versuchen, Siebenstädter, ich arbeite daran. Aber Sie, Sie wird man irgendwann einmal in einer Reihe mit Hitler, Stalin und Goebbels nennen.«

»Das ist ein sehr heikler Vergleich«, bemerkte Siebenstädter kühl.

»Das stimmt«, knurrte Haderlein, »nicht jeder möchte in einem Atemzug mit Ihnen genannt werden.« Es entstand eine kleine Pause am anderen Ende der Leitung. »Aber jetzt die Fakten!« Haderlein hatte einen Ton an sich, der bei jedem anderen Gesprächspartner die Hölle hätte zufrieren lassen. Aber was interessierte einen Pathologen die Hölle? Er arbeitete schließlich in deren Vorzimmer.

»Nun, ich bemerke an Ihrer feinsinnigen Bemerkung, dass Sie die Toten höher schätzen als die Lebenden, Haderlein. Auch wenn diese bisweilen nicht so gesprächig sind, Herr Kommissar«, meinte Siebenstädter resigniert. »Aber gerade unfreiwillige Leichen sind manchmal überraschend mitteilsam.«

»Mitteilsam?«, knurrte Haderlein fragend und gab sich vorsichtig der Hoffnung auf Informationen hin.

Siebenstädter hielt einen kurzen Moment inne, und Haderlein konnte ihn lächeln hören. »Die Paradebeispiele für unsere überalterte Gesellschaft, die da vor mir liegen, sagen mir: ›Wir starben eines unnatürlichen Todes, Herr Siebenstädter.‹«, begann er seinen Vortrag.

»Ach was«, stöhnte Haderlein, »sonst noch was Sensationelles?«

Aber der Gerichtsmediziner beachtete ihn nicht und fuhr unverdrossen fort: »Diese Menschen wurden so umgebracht, wie es ihrer Lebensgeschichte als Kriegsgeneration entspricht.«

»Was soll das denn jetzt schon wieder heißen?«, fragte Haderlein immer ungeduldiger, aber jetzt auch gespannt.

»Ganz einfach«, erläuterte ihm Siebenstädter sachlich. »Alle vier wurden klassisch vergast. Die Substanz nennt sich Carbonylchlorid, das Dichlorid der Kohlensäure, besser bekannt als das Kampfgas aus dem Ersten Weltkrieg: Phosgen.«

»Noch nie gehört«, gestand Haderlein. »Was ist das für ein Zeug? Und bitte keine wissenschaftliche Abhandlung, denken Sie an das unsoziale Sprengkommando!«

Siebenstädter sog deutlich hörbar die Luft ein. »Versuchen Sie jetzt auch noch witzig zu werden, Haderlein?«, gab er eloquent zurück. »Lassen Sie das lieber, Sie Pseudohumorist. Tun Sie das, was Sie wirklich können. Da haben Sie ja nicht allzu viel zur Auswahl. Aber«, machte er sogleich weiter, um Haderlein nicht die Chance zur Gegenrede zu geben, »um Ihre naive Frage zu beantworten: Bei Phosgen handelt es sich, wissenschaftlich betrachtet, um ein farbloses Gas, das im Jahr 1812 von einem Engländer namens Davy entdeckt wurde. Phosgen ist extrem giftig. Es war unter anderem für den Großteil der neunzigtausend Gastoten im Ersten Weltkrieg verantwortlich. Es duftet leicht, nun, wie soll ich sagen, nach verfaulter Banane.«

Du lieber Gott, dachte Haderlein etwas erschrocken. Das hatte er doch in St. Getreu in dem Zimmer mit dem erigierten Stock gerochen.

»Phosgen ist nicht gut wasserlöslich und nur giftig, wenn es über die Lunge aufgenommen wird. Dann aber extrem«, machte Siebenstädter ungerührt weiter. »Es dringt bis in die Lungenbläschen vor und zersetzt sich dort zu Kohlenstoffdioxid und Salzsäure. In höheren Dosen wird dadurch der Sauerstoffaustausch in der Lunge verhindert, das Organ zersetzt, und der Mensch ist binnen Sekunden tot. Es gibt kein Gegenmittel – außer die Luft anzuhalten. Praktisch, nicht?«

»Ihren verqueren Zynismus können Sie sich sparen. Wird Phosgen noch hergestellt? Wo kriegt man das Zeug heutzutage her?«, wollte Haderlein umgehend wissen.

»Nun, meinem außerordentlichen Fachwissen zufolge wird Phosgen heute nur noch in der chemischen Großindustrie hergestellt, um damit CDs, Farbstoffe oder Medikamente zu produzieren. Dort wird es aber strengstens bewacht. Da wäre es einfacher, Gold aus Fort Knox zu stehlen, als auch nur ein Milligramm dieses Stoffes zu entwenden.«

»Also ein Kampfgas aus dem Ersten Weltkrieg«, sinnierte Haderlein laut.

»Tja, vielleicht hatte da noch einer eine alte Rechnung mit diesen Veteranen offen«, spekulierte Siebenstädter. »Aber nun, Herr Oberkriminaler, da ich Ihnen den Fall ja faktisch schon gelöst habe, möchte ich Sie noch auf drei weitere Leichen aufmerksam machen, die bei mir herumliegen und mit denen ich nichts anzufangen weiß. Frisch aus Italien und Spanien importiert. Augäpfel aufgeplatzt, orangefarbene Höhlen, das Blut hat eine Farbe und Konsistenz wie Quittengelee. Äußerst interessante und ungewöhnliche Fälle. Vielleicht könnten Sie in Ihrer kriminalistischen Einfalt einmal einen Blick …?«

Aber Haderlein wimmelte ihn ab. »Verschonen Sie mich mit Ihren Horrorgeschichten, Siebenstädter. Italien und Spanien sind ganz knapp nicht mein Zuständigkeitsbereich, verstehen Sie? Aufgeplatzte Augen, orangefarbenes Blut, verarschen kann ich mich auch selbst!«

»Ja, aber vielleicht können Sie –«, versuchte es der Pathologe erneut.

»Nein, Siebenstädter, Sie können *mich*!« Mit diesem verbalen Rettungsschuss legte Haderlein auf und wischte sich erschöpft den Schweiß von der Stirn. Der Tag hatte nicht gut angefangen und drohte permanent schlimmer zu werden.

*

Die Wolken rasen direkt auf mich zu, fliegen über mich hinweg,
und ich stehe wie angewurzelt da.
Plötzlich wirbelt alles wie wild herum.
(Hollingsfield/Nguyen, »Sturmjäger«)

»Luca« hatte die sizilianische Küste erreicht und traf mit unglaublicher Wucht auf die alten Schutzmauern der Hafenanlage von Catania. Der Hurrikan der Stärke zwei drückte das Meer mit immer größer werdender Gewalt gegen das alte Gemäuer, und um sechzehn Uhr siebenundvierzig war es um den Widerstand des überforderten Mauerwerks geschehen. Zuerst lösten sich nur einzelne Steine aus dem Mörtelverbund, dann brachen ganze Schichten, und schließlich kapitulierte der alte Wall in seiner Gänze vor der brutalen Wucht des Wassers, mit dem der Sturm permanent in dessen Flanke drückte. Sofort brach das Meer tsunamiartig über die Altstadt von Catania herein und ergoss sich in die Senke, in der die Stadt lag. Innerhalb von Minuten stand das Meer Hunderte von Metern weit im Zentrum der sizilianischen Metropole, und der Wasserpegel stieg weiter in Windeseile, der Bedeutung des Wortes streng folgend. Als wollten sie die Berghänge hinaufeilen und den Ätna höchstpersönlich zum Verlöschen bringen, wirbelten die Fluten durch die engen Straßen und Gassen. Dazu gesellte sich ein Sammelsurium an waagerecht fliegenden Stadtbeigaben wie etwa Bretter, Ziegel oder auch ganze Hausdächer. »Luca« kannte kein Pardon und zerlegte die Stadt in ihre Einzelteile. Dann hob der Hurrikan alles mit Windgeschwindigkeiten von über hundertsechzig Stundenkilometern in die Luft und warf es den fliehenden Menschenkolonnen hinterher, die immer noch danach trachteten, sich in das Innere der Insel, vorwiegend in die Dörfer an den Hängen des Ätna, zurückzuziehen.

So viele Male hatte der Vulkan Tod und Verderben über Catania gebracht, jetzt hielt ausgerechnet er als letzte Zuflucht her.

In dem kleinen Bergdorf Gravina am Südhang des Ätna hatte sich eine überschaubare Kolonie von Fernsehreportern eingenistet, um das Spektakel auf die Flatscreens der Welt zu übertragen. Doch auch sie musste wie die durchziehenden Karawanen von Flüchtenden sich der gewaltigen Kraft des Sturms geschlagen geben und in ihre gesicherten Unterkünfte oder die nahe liegenden Steinbrüche fliehen. Die Satellitenantenne, die bei diesen dramatischen Verhältnissen geordnete Datensignale durch den Äther hätte schicken können, war noch nicht erfunden. Ganz abgesehen davon bestand Gefahr für Leib und Leben, sodass auch die auf Sizilien versammelte Journaille in ihren behelfsmäßigen Kellerquartieren das tun musste, was alle taten. Warten, bis alles vorüber war. Warten, bis der erste Hurrikan des Mittelmeerraumes sich ausgetobt hatte. Es dauerte viele Stunden, und es war nicht nur der Wind, der der Insel zu schaffen machte.

Nachdem sich der Hurrikan seinen Weg über Sizilien freigeräumt hatte, kam der Regen. Regen? Nein, wohl eher die Sintflut. Diejenigen, die es wagten, aus dem Fenster ihres Hauses zu schau en, konnten nicht einmal die Gebäude auf der anderen Straßenseite erkennen. Der Wirbelsturm entlud seine Wassermassen über der italienischen Insel, wie es die Sizilianer noch nie erlebt hatten. Innerhalb von wenigen Stunden fiel so viel Niederschlag wie sonst in drei Jahren. Bäche wurden zu reißenden Flüssen, Straßen zu Wasserfällen und die Altstadt von Catania zu einem einzigen schmutzig braunen Meer.

Als »Luca« schließlich als abgeschwächter Hurrikan der Kategorie eins abzog, war Sizilien ein einziges Katastrophengebiet. Die Infrastruktur war weggeschwemmt, es gab Hunderte von Verletzten und unzählige Tote. Viele Städte waren weitgehend zerstört, wobei Catania mit Abstand am schwersten getroffen worden war, da die Stadt auf der Ostseite der Insel genau in der Hauptstoßrichtung von »Luca« gelegen hatte. Kein Ausbruch des Ätna hatte jemals so viel Schaden und Leid verursacht wie dieser Hurrikan.

Unterdessen begann »Luca«, sich über dem auf mehr als dreißig Grad klimaerwärmten Wasser des Mittelmeeres erneut aufzuladen und nahm Kurs auf Genua.

*

Manuela Rast tupfte mehr oder weniger vorsichtig Desinfektionssalbe auf die Schürfwunde auf Ronald Wolfs Schulter. Sein Trikot war zerrissen, die rechte Schulter und beide Knie aufgeschürft sowie diverse Teile an seinem Mountainbike verbogen. Auch das teure XTR-Schaltwerk mitsamt dem Schaltauge hatte es erwischt. Der Sattel war aufgerissen, und die Bremsscheibe eierte am Vorderrad fröhlich vor sich hin. Während sich Frank Jessentaler kopfschüttelnd mit der Reparatur des Bikes befasste, lag es an Manuela Rast, den gestürzten Patienten zu versorgen. Sie konnte eine profunde Sanitätsausbildung vorweisen und hatte diese in früheren Jahren auch schon des Öfteren an ihrem Sohn anwenden müssen.

»Aua, nicht so fest!«, beschwerte sich Ronald Wolf und warf der über ihm Knienden einen vorwurfsvollen, aber steinerweichenden Blick zu. Doch da war er an die Richtige geraten.

»Halt bloß die Klappe!«, fauchte sie ihn erbost an. »Wenn ich noch einen Ton von dir höre, kriegst du eine geschallert, du Idiot. Und falls du dich trauen solltest, nach dem Grund zu fragen, gleich noch eine! Du bist so doof, dass du brummst«, ereiferte sie sich und drückte die Mullbinde gleich noch etwas fester auf die Wunde, auch wenn keine Salbe zum Verreiben mehr zu sehen war.

Ronald Wolf verkniff sich tatsächlich den Schmerzensschrei. Nur ein dunkles Stöhnen entrang sich seinen zusammengebissenen Zähnen. »Ich hätt's ja fast gschafft«, stöhnte der Bruchpilot eine Rechtfertigung Richtung Sanitätsfrau. »Aber ich konnt ja net ahnen, dass nach der Kurve noch a Kurve kommt. Und wenn die scheiß Wanderer net gewesen wärn, dann hätt ich ganz bestimmt –«

»Dann hättest du erst recht niemanden gehabt, der dich aus dem Gebüsch da unten gezerrt hätte«, vervollständigte Ute von Heesen seinen Satz, während sie ihn mit finsterem Blick fixierte.

»Ehrlich gesagt hattest du ein Riesenschwein, mein Lieber«, mischte sich nun auch Sigismund Ludwig ein. »Nur etwas weiter geht's ungefähr siebzig Meter kerzengerade in die Tiefe. Das wär's dann gewesen, Wasabi.« Er appellierte an Ronalds Vernunft, doch der zeigte sich trotz Unfall und Schmerz noch immer überraschend beratungsresistent.

»Babberlabab«, widersprach er lautstark. »Bei meiner brillanten Fahrtechnik wär ich doch in so aaner lächerlichen Kurve niemals nausgflogen. Außerdem heiß ich net Wasaaaaaah–« Der Satz endete in einem Aufschrei der schrilleren Sorte.

Ungerührt hatte Manuela Rast ihrem uneinsichtigen Patienten das halbe Fläschchen Desinfektionsmittel über die Schulter laufen lassen.

»Auaaaaa!«, protestierte Ronald Wolf schreiend, während er gleichzeitig verzweifelt versuchte, sich aus dem fürsorglichen Griff zu befreien. Doch Manuela Rast hielt ihn mit ihren geübten Händen so geschickt umklammert, dass an ein Entkommen nicht einmal zu denken war.

Genauso wenig wie an das Mitleid der behandelnden Ärztin.

»Du bist wirklich der Größte«, bemerkte sie bissig und kümmerte sich um seine beiden rasierten, aber jetzt zerschrammten unteren Extremitäten.

»Wenn du noch einmal so eine Nummer abziehst, Wasabi«, mischte sich nun auch Ute von Heesen ein, »dann werden wir, Manuela und ich, uns höchstpersönlich um dein bestes Teil kümmern, das ist ja anscheinend noch völlig unverletzt, oder?«

Ein ungläubiges Lächeln schlich sich auf Ronald Wolfs Gesicht. Konnte es etwa sein, dass er mit diesem irrwitzigen Stunt spontan die Herzen der beiden Schönheiten gewonnen hatte? Ha, dann hatte sich der dämliche Sturz ja doch gelohnt! Klar war es Angeberei und er viel zu schnell gewesen, aber das musste er den beiden Schnecken ja nicht unbedingt auf die Nase binden. Die Schulter tat gleich schon gar nicht mehr so weh, sodass er sich heldenhaft aufsetzen wollte.

»Ja, genau, das wird ein unvergessliches Erlebnis für dich werden«, bemerkte seine Krankenschwester beiläufig. »Zuallererst werden wir den gesamten restlichen Inhalt dieser Flasche hier auf deinem zweifellos begabten und austrainierten Bestäubungsorgan verteilen.«

»Des Weiteren wäre es uns ein ganz besonderes Vergnügen, diese außerordentlich aggressive Flüssigkeit einmassieren zu dürfen, Süßer«, sagte Ute von Heesen.

»Zu zweit, natürlich nur mit säureresistenten Handschuhen«, grinste ihn Manuela von unten an. »Eine wahrlich hocherotische Angelegenheit!«

Ronald Wolf blickte von der Flasche mit der Desinfektionslösung zu Ute von Heesen, dann zu Manuela Rast und dann wieder zurück. An seiner Miene konnten die Umstehenden erkennen, dass sein Gehirn mit heftigen Umwälzungen zu kämpfen hatte. Am Ende des Prozesses war auf seinem Gesicht ein Ausdruck der tiefsten Frustration, Fassungslosigkeit, aber auch der blanken Angst abzulesen.

Von hinten beugte sich zum guten Schluss auch noch Frank Jessentaler, der Ronalds Rad inzwischen notdürftig repariert hatte, über das am Boden zerstörte Häufchen Bikerelend. »Und wenn selbst das nicht hilft, dann werde ich die ganze Angelegenheit noch ein bisschen anfeuern«, sagte er und spielte mit seinem sturmsicheren Feuerzeug.

Ronald Wolfs Augen wurden so groß wie zwei Billardkugeln. Brennendes Desinfektionsmittel auf seinem Johannes? Das war dann doch zu viel. Schnell ließ er die Verletzungen Verletzungen sein und sprang unter dem Gelächter aller auf.

Frank Jessentaler beobachtete, wie er wortlos das zerrissene Trikot wechselte und sich blass und mit verkniffenem Gesicht fahrbereit machte. »Das war's dann«, rief der Tourguide laut. »Das Umerziehungslager ist hiermit beendet, weiter geht's!« Auch alle anderen erhoben sich und packten ihre Siebensachen ein. Der Typ ist so doof wie Bohnenstroh, dachte sich Jessentaler, aber diese Lektion hat hoffentlich selbst er begriffen.

Wenige Minuten später saßen wieder alle auf ihren Sätteln und machten sich auf den Weg Richtung Konstanzer Hütte, ihrem heutigen Nachtlager. Ronald Wolf fuhr an letzter Stelle der Gruppe.

Auf dem Rest der Etappe konnte man vom Ende des Fahrerfeldes recht häufig ein unterdrücktes Stöhnen oder einen leisen Fluch hören, aber seltsamerweise keine verbalen Anzüglichkeiten mehr. Auch Antäuschungen von unerwarteten, brachialen Fahrmanövern gab es nicht mehr zu bestaunen. Nach tausendachthundert Höhenmetern und mit nur kurzer Verspätung erreichte die Gruppe wie geplant am späten Nachmittag die Konstanzer Hütte oberhalb von St. Anton.

*

Lagerfeld ließ sich das Zimmer von Frau Kleinhenz zeigen und beachtete zuerst nicht Huppendorfers merkwürdigen Blick, als er ihm eröffnete, die Zeugin Kleinhenz vernehmen zu wollen. Dann war er ob Huppendorfers Reaktion doch irgendwie irritiert. »Is was, passt dir was nicht, Huppendorfer?«, warf er ihm die schnoddrige Frage hin, als sein Kollege ihn noch immer mit einer Mischung aus Unverständnis und Amüsement anschaute.

»Nö, nö«, gab der sofort unterwürfig zurück. »Die Alte muss nur mal ein richtiger Profi in die Mangel nehmen, dann packt die schon aus, mach du nur, du bist genau der Richtige für den Job.« Damit wandte er sich wieder betont konzentriert seiner momentanen Arbeit zu, der Auswertung des Stationscomputers.

Lagerfeld schüttelte seinen Kopf und klopfte an die Tür, neben der an der Wand ein Schild mit der Aufschrift »Kleinhenz, Hildegard« angebracht war.

»Als rei, wenns kaa Schubkarren is!«, hörte er von innen die fröhliche Stimme einer älteren Frau. Er öffnete die Tür und sah auf dem Bett eine alte Dame mit lockigen schlohweißen Haaren sitzen, die ihn aus hellwachen Augen angrinste.

»Hallo, Frau Kleinhenz, mein Name ist Bernd Schmitt von der Polizei, und ich müsste Ihnen noch ein paar Fragen stellen«, kam er gleich zur Sache und hängte seine unnötigerweise mitgebrachte Jacke über eine Stuhllehne. Er kannte solche Situationen von seiner eigenen Oma damals, als er noch ein kleiner Junge gewesen war. Wenn sie gut drauf war, musste er das gleich ausnutzen. Dann gab's meistens auch Schokolade. Auf die hatte er es zwar jetzt nicht abgesehen, aber vielleicht konnte er gleich –

»Ich will a Schabeso«, sagte die alte Dame und grinste ihn weiterhin äußerst gut gelaunt an.

Schabeso? Auch das noch! Die in Bamberg hergestellte Limonade gab es doch schon seit über dreißig Jahren nicht mehr! Wahrscheinlich wollte die Frau nur etwas zu trinken. »Hören Sie, Frau Kleinhenz, ich kann Ihnen gern eine Zitronen–«

»Ich will a Schabeso«, wiederholte die alte Frau lächelnd.

»Frau Kleinhenz, Schabeso gibt es schon lange nicht mehr«, versuchte es Lagerfeld geduldig, »aber ich kann Ihnen gern eine andere Limonade bringen, die genauso –«

»Ich will a Schabeso«, unterband die gute Frau ungerührt seinen Befragungsplan. Ihre Stirn wies jetzt erste Falten der Ungeduld auf.

Lagerfeld hielt inne und überlegte. So kam er nicht weiter. Er würde der Frau erst mal was zu trinken besorgen. Ihr Wunsch war bei der Hitze in der letzten Zeit ja auch verständlich. »Frau Kleinhenz, ich geh jetzt und hol Ihnen ein anderes –«

»Ich will a Schabeso«, unterbrach ihn Hildegard Kleinhenz mit einem doch jetzt leicht unwirschen Unterton in der Stimme.

Kommissar Lagerfeld erhob sich resigniert und verließ den Raum, um seiner Zeugin ihren Wunsch zu erfüllen. Die gute Frau würde wohl mit einer Fanta vorliebnehmen müssen. Er ging durch die Sicherheitstür auf den Flur zum Getränkeautomaten, warf ein Geldstück ein, holte die Limonade aus dem Auswurfkasten und begab sich zurück zur Wohnstatt von Frau Kleinhenz. Als er durch die Tür trat, bemerkte er aus dem Augenwinkel einen heimlichen Blick von Huppendorfer, der sich aber gleich wieder dienstbeflissen seinem Monitor zuwandte.

Lagerfeld popelte noch mühsam das Etikett von der Flasche, dann trat er mit den Worten »Hier, Ihr Schabeso, Frau Kleinhenz!«

wieder ins Zimmer. Dort blieb er mit offenem Mund stehen. Die alte Dame kniete neben seinem Stuhl, den er sich zum Zwecke des Verhörs an ihr Bett gestellt hatte, und zerbröselte gerade die letzte seiner mitgebrachten Zigaretten auf dem Zimmerboden. Das durfte doch wohl nicht wahr sein! Die Packung war fast voll gewesen, und jetzt befand sie sich als krümeliger Haufen Tabak neben seinem Stuhl.

»Was machen Sie denn da, Frau Kleinhenz?«, fragte er ärgerlich die alte Dame, während er sie mit sanfter Gewalt auf die Seite schob und die Reste seiner HBs zu retten versuchte. Vielleicht konnte man ja noch ein paar Zigaretten daraus drehen, wenn man die Papierschnipsel entfernte. Doch die Zimmerbewohnerin lächelte nur, als sie die Flasche in seiner Hand sah, und nahm ihm die Limonade dankend ab. Zu seiner größten Verblüffung hob sie ihr »Schabeso« jedoch nicht an den Mund, um zu trinken, sondern schüttete den gesamten Inhalt über den Haufen Zigarettentabak, der vor ihr lag. Lagerfeld war entsetzt.

»Da muss immer noch Bier in die Suppe. Über alles diskutier ich ja, aber da drüber net. Ohne Bier is in aaner fränkische Kartoffelsuppe nix los.« Mit einer schwungvollen Bewegung stellte sie die leere Limonadenflasche auf den Boden neben ihrem Bett ab und betrachtete zufrieden das kleine Häufchen aus braunem Matsch, aus dem die überschüssige Limonade Richtung Zimmermitte zu fließen begann. »Wollen Sie auch was, Herr Pfarrer?«, fragte sie Lagerfeld und bedachte ihn mit einem hoffnungsvollen Blick.

Der Kommissar packte Hildegard Kleinhenz an beiden Schultern und drückte sie zurück auf ihr Bett. Alte Dame hin oder her, diese Madame hatte gerade seinen Tagesvorrat an Zigaretten vernichtet. Die hatte sie ja wohl nicht mehr alle! Er würde jetzt so schnell wie möglich dieses zum Misserfolg verdammte Verhör durchziehen und dann auf Zigarettenautomatensuche gehen. Das mit dem Aufhören hatte der zuständige Bereich auf der Rinde seines Großhirns schon längst wieder großzügig gestrichen.

»Frau Kleinhenz«, begann er wieder sehr direkt und ohne Umschweife. »Hier im Krankenhaus sind etliche Menschen ermordet worden, und Sie sind die einzige Zeugin. Der Mörder war hier bei Ihnen im Zimmer, Sie müssen doch irgendetwas gesehen haben!«

Lagerfeld ließ die Frau los und beobachtete, wie sich die Augen von Hildegard Kleinhenz weiteten.

»Ja, das stimmt, natürlich, Sie haben recht«, hörte er sie sagen und griff sich sofort seinen Notizblock. Die Frau schien sich langsam zu erinnern. Endlich ging mal etwas vorwärts. Und Frau Kleinhenz hatte tatsächlich viel zu erzählen.

»Des is schon so, dass da Leute waren. Die waren alle aus dem Untergrund«, erklärte sie eifrig und deutete mit dem rechten Zeigefinger auf den Fußboden, während Lagerfeld seine Sonnenbrille auf die Stirn schob, um schneller mitschreiben zu können. »Aber singen ham die net gekonnt, besonders dieser Gotthilf Fischer net.«

Sogar ein Name, freute sich der Kommissar und notierte fleißig mit, obwohl er meinte, ihn schon irgendwo einmal gehört zu haben.

»Ja, ja, der Gotthilf. Ich hab den gleich erkannt, des war der Chef von dieser unfähigen Bande. Ich erinner mich genau.«

»Können Sie sich auch noch erinnern, wie viele das außer diesem Fischer noch gewesen sind, Frau Kleinhenz?«, fragte Lagerfeld, der eine Spur witterte. Doch sicher war er sich beileibe nicht.

Hildegard Kleinhenz blickte ihm mit dem Ausdruck allergrößter Glückseligkeit ins Gesicht. »Na, die ham doch alle beim Fasching in Bischberg bedient.«

»Sind Sie ganz sicher, Frau Kleinhenz?«, fragte Lagerfeld, während er Wort für Wort mitkritzelte.

»Sie müssen net glauben, dass die Evangelischen kaan Alkohol trinken«, verkündete sie mit großer Überzeugung, und Lagerfeld notierte den Satz in der Vermutung, Frau Kleinhenz wolle ihm etwas auf verschlüsselte Art und Weise mitteilen.

Dann kam sie auf ihn zu und schaute ihm tief in die Augen. »In Bischberg hab ich den Gotthilf des erschte Mal gsehn, da hat der noch net gsungen, da hat der noch die Bierdeckel verkauft, vom Bayerischen Rundfunk.«

»Und der war hier, in Ihrem Zimmer?«, versicherte sich Lagerfeld noch einmal, aber Frau Kleinhenz machte einen absolut sicheren Eindruck, was ihr Gedächtnis anbelangte. Sie schien sich an jede Einzelheit zu erinnern. Jetzt lächelte sie ihn wieder wissend an.

»Alles Italiener waren das, aber ohne Geschenke. Wissen Sie, es kommen ja immer weniger Kisten aus der Ewigkeit zurück.« Dabei blickte sie Bernd Schmitt offen und ehrlich an, der verstehend zurücklächelte.

»Schon klar, Frau Kleinhenz, ich hab schon kapiert.« Kisten aus der Ewigkeit, hier wurde also was geschmuggelt, wahrscheinlich Alkohol oder so. »Gut, Frau Kleinhenz, das reicht fürs Erste. Sie waren wirklich sehr hilfreich«, sagte er, bereute diesen Satz aber schon fast wieder, als sein Blick auf den verklumpten Tabak fiel. »Wenn Ihnen noch etwas einfällt, können Sie sich gern an den Kollegen draußen vor der Tür wenden, ja?«

»Wo is mei Schabeso?«, fragte die alte Dame plötzlich wieder hilflos und setzte sich mit fragendem Gesichtsausdruck auf ihr Bett.

Wortlos und genervt verließ Lagerfeld das Zimmer. Er atmete tief durch, während er seinen Notizblock wegsteckte. Jetzt musste er erst mal herausfinden, was es mit diesem Gotthilf Fischer auf sich hatte. Direkt kriminelle Assoziationen löste der Name nicht gerade bei ihm aus, aber er hatte ihn schon mal gehört, da war er sich sicher. Doch das war ja schnell herauszufinden. Wofür gab es denn das Internet?

Ohne Huppendorfer noch eines Blickes zu würdigen, der sich mit merkwürdig zuckenden Mundwinkeln hinter dem Computer der Nachtschwester verkrochen hatte, ging Lagerfeld in Richtung Ausgang. Hildegard Kleinhenz indes begann wieder leise ihre Melodie zu summen.

Haderlein hatte mehrere Telefonate geführt und nur negative Auskünfte bezüglich des verwendeten Phosgens erhalten. Das Gas wurde tatsächlich streng unter Verschluss gehalten und war schon gar nicht frei verkäuflich. Die Bilder der Sprühdosen hatte Honeypenny nach Nürnberg an das Bombenräumkommando gemailt. Vielleicht wussten die damit etwas anzufangen. Die Nachforschungen über die getöteten Rentner hatte Huppendorfer übernommen. Eventuell schlummerte die Lösung der Tat ja in der militärischen Vergangenheit der Betroffenen? Immerhin war auffällig, dass es sich bei den Getöteten ausschließlich um Männer handelte und die einzige Frau der Abteilung überlebt hatte. Womöglich hatte da einer tatsächlich noch eine Rechnung aus Kriegszeiten offen. Allerdings konnte dieser die Tat unmöglich selbst erledigt haben. Es war eine ziemliche sportliche Übung, durch das Fenster in St. Getreu einzusteigen, das schaffte man mit siebzig plus nicht mehr.

Nachdenklich betrachtete Haderlein die kleine gelbe, ovale Tablette in seiner Hand, die ihm Waldmüller gegeben hatte. »Yellowstone«. Schon ein witziger Name für ein Demenzpräparat. Darüber würde er noch mal mit dem Leiter von St. Getreu sprechen müssen.

Tja. Er blickte auf die Uhr. Noch nicht einmal Mittag, und die Ermittlungen gingen schon ihren Gang. Da konnte man sogar noch Dinge erledigen, die nicht megawichtig waren, aber trotzdem auf der To-do-Liste standen. Prüfend betrachtete er den Grund seiner Kaffeetasse. Eigentlich wäre jetzt eine gute Gelegenheit, um etwas Schlaf nachzuholen, aber Honeypenny hatte ihm wie gewünscht eine ihrer Koffeinbomben verabreicht. Da war an ein Nickerchen nicht zu denken. Also war es an der Zeit, etwas mit der Riemenschneiderin auszuprobieren. Bei der Gelegenheit würde er auch gleich bei Siebenstädter vorbeischauen und ein bisschen Rache üben. Unwillkürlich musste er bei dem Gedanken grinsen. Er verspürte fast schon wieder Lust auf diesen heißen Tag.

»Komm, Riemenschneider, wir haben einen gemeinsamen Nachmittag vor uns!«, rief er. Das kleine Ferkel kam sofort folgsam und neugierig angetrottet. »Honeypenny, Riemenschneider und ich fahren nach Neuendettelsau. Wenn was ist, ich bin auf dem Handy erreichbar. Die Verhöre auf St. Getreu werden morgen fortgesetzt. Und rufen Sie diesen Dr. Waldmüller an, er soll Huppendorfer alle Unterlagen zu dem Yellowstonezeugs geben.« Mit diesen Worten und seinem Ferkel an der Leine verließ Haderlein die Dienststelle und setzte sich mit Riemenschneider in seinen Fiat Multipla.

»So, Kleines«, sprach er zu dem Schwein, das sich im Fußraum des Beifahrersitzes zusammengekauert hatte. »Jetzt werden wir dir mal dein Attest holen.« Er lächelte ihr zu und startete den italienischen Diesel.

*

Nachdem der Hurrikan »Luca« Sardinien gestreift, einen weiten Bogen geschlagen und Korsika mit Wassermassen überschüttet hatte, ging er mit Windgeschwindigkeiten von über zweihundert Stundenkilometern knapp westlich der Hafenstadt Genua an Land. Die italienische Regierung hatte diesmal genug Zeit gehabt, um die Bevölkerung evakuieren zu können. Jetzt waren es nur noch die Reporter aus aller Welt, die den Hauptteil der Menschen im Großraum der Küstenregion ausmachten. Sie wurden Zeugen vom ersten Landfall eines Mittelmeerhurrikans auf das europäische Festland. Von dem Wind, der mit nie gekannter Wucht durch Genua fegte und den Klimawandel ins Hinterland schleuderte. In Genua zerstörte »Luca« vorwiegend die tiefer gelegenen, ärmeren Stadtteile in Hafennähe. Die sechs Meter hohe Flutwelle tötete alle, die das Stadtviertel nicht verlassen konnten oder wollten. Ausnahmslos Schwarze afrikanischer Herkunft. Auch das größte Salzwasseraquarium der Welt wurde gleich mit der ersten Flutwelle komplett zerstört. Trotz ihrer wuchtigen Dimensionen konnten die gepanzerten Becken der Wasserkraft des hereinbrechenden Ozeans nichts entgegensetzen. Über zweihundert Großfische wie Haie oder Kleinwale fanden sich plötzlich im offenen Meer wieder. Aber schlimmer als die Zerstörung durch den heftigen Wind und die Flutwelle war etwas anderes.

Genua war am Berg erbaut worden und damit von hohen Windstärken nicht so stark betroffen wie beispielsweise Catania. Auch das Hinterland war durch den Apennin einigermaßen geschützt. Schlimmer als alle Zerstörungen durch die Windböen waren deshalb erneut die unglaublichen Wassermassen, die »Luca« über dem Mittelmeer aufgesammelt hatte und nun über Norditalien ausschüttete. Von Genua bis Mailand und Turin kamen in nur wenigen Stunden solche Regenmengen herunter wie sonst in einem ganzen Jahr. Norditalien versank bis zum Alpenrand in Überschwemmungen und Schlammfluten, wie es sie zuvor noch nie gegeben hatte. Zwar schwächten sich die Windgeschwindigkeiten relativ schnell wieder ab, doch das Wasser kannte keine Gnade. Sämtliche Flüsse, die gerade noch ausgetrocknete Rinnsale gewesen waren, traten binnen weniger Stunden über die Ufer. Wassermassen spülten alles, was nicht festgemacht war, von den Straßen und Richtung Meer. Vorgewarnt, aber nichtsdestotrotz hilflos musste die betroffene Bevölkerung zusehen, wie die entfesselten Naturgewalten alles zwischen Apennin und Alpenrand in eine braune, brodelnde Suppe verwandelten.

Hunderte von Menschen starben binnen weniger Stunden durch Schlammlawinen, Hochwasser oder einstürzende Häuser.

Den Großteil seiner feuchten Fracht schüttete der Sturm auf die norditalienischen Tiefebenen. Dann, nach Stunden des Wütens im Flachland, traf »Luca« abgeschwächt, aber immer noch mit der Stärke eines Tropensturms auf die sich vor ihm auftürmenden Alpen.

*

Anopheles die Siebte hatte es langsam satt. Ihr war schwindelig, und ihr war schlecht. Zwar war sie robust und widerstandsfähig, aber jetzt wurde es selbst ihr zu viel. Sie sehnte sich an die beschaulichen Flussufer ihrer afrikanischen Heimat zurück. An die kleinen Tümpel und Wasserlachen des Nils, wo sie geboren worden war. Aber wie so viele ihrer Brüder und Schwestern hatte sie keine Chance gegen die gewaltige Kraft gehabt, die sie plötzlich aus ihrer Heimat gesaugt hatte. Zusammen mit vielen kleinen Wüstensandkörnern war sie in einem verwirbelten Dampfbad über das weite Meer getragen worden. Schon mehrmals war sie so hoch in die schwarzen Wolkentürme gezogen worden, dass ihr fast die Luft weggeblieben war. Aber, den ägyptischen Göttern sei Dank, sie wurde jedes Mal auch wieder ausgespuckt, und dann ging es in der gleichen Geschwindigkeit wieder abwärts. Allmählich wurde ihr diese tagelange Achterbahnfahrt zu viel. Sie musste sich schon sehr weit weg von zu Hause befinden, denn nun gesellten sich immer mehr Artgenossen zu ihr in diese riesige, wirbelnde Wolke, deren Sprache sie noch nie zuvor gehört hatte. Wie auch immer: Die Frucht ihres Leibes war reif, und sie musste dringend eine warme Pfütze finden. Lange konnte sie die Eiablage nicht mehr verzögern. Anopheles die Siebte hatte sich mühsam bis zum Rand der Wolke vorgekämpft, um endlich zu erfahren, wo es sie überhaupt hinverschlagen hatte. Sie malte sich das Land, auf das sie bald niedergehen würde, in den schönsten Farben aus. Weit, warm, flach. Ideal, um ein neues Leben zu beginnen. Mit der letzten Kraft ihrer dünnen Hautflügel schaffte sie es für einen Moment, den Dunst der Wolke zu verlassen und einen kurzen Blick auf das vorläufige Ziel ihrer luftigen Fahrt zu erhaschen. Sie erstarrte und wurde sofort wieder in Richtung Sturmmitte gezogen. Was sie gesehen hatte, war ganz und gar nicht flach und warm. So weit ihr Facettenauge reichte, hatten sich Berge aufgetürmt. Riesige Berge, die höchsten davon mit Schnee bedeckt. Am liebsten hätte sie die Augen geschlossen, hätte der allmächtige Schöpfer ihr diese Gabe in die Wiege gelegt. In Ermangelung dessen ließ sie sich willenlos wieder in den wirbelnden Sturm zurückfallen und harrte resigniert der turbulenten Dinge, die da kommen sollten. Das mit der Eiablage würde sich wohl noch eine Weile hinziehen.

*

Franz Haderlein war eigentlich kein ungemütlicher Mensch, er nahm nur seinen Beruf sehr ernst – und zwar vierundzwanzig Stunden am Tag. Allerdings trafen im Moment zwei Heiterkeitsvernichter zusammen, die er überhaupt nicht leiden konnte. Große Hitze und zu wenig Schlaf. Lediglich einer dieser Umstände hätte schon ausgereicht, um einen Franz Haderlein in chronische Übellaunigkeit zu versetzen. Nun aber wurde sein Gemütszustand sogar mit beiden Unglücksfaktoren belastet. Das war selbst für den Kriminalhauptkommissar Neuland. Nach über fünfzig Lebensjahren lernte er sich in dieser Extremsituation noch einmal selbst besser kennen. Und zwar von seiner grantigen Seite. Da ihm allerdings überhaupt nicht gefiel, was er da an und über sich entdecken musste, würde er diesen Nachmittag dazu nutzen, um seine Seele mit einer halbdienstlichen Angelegenheit zu versöhnen. Und am besten gelang so etwas ja, wenn es jemand anderem, den man sowieso nicht leiden konnte, noch mieser ging als einem selbst. Der Streit mit Lagerfeld hing ihm noch nach. Trotzdem: Das mit dem fränkischen Lernauftrag konnte er getrost vergessen. Lagerfeld würde niemals mit dem Rauchen aufhören. Dann versuchte er, seine Manuela auf dem Handy zu erreichen, schließlich wollte er doch wissen, ob die ganze Mountainbikertruppe schon von dem aufziehenden Sturm gehört hatte und Vorbereitungen traf. Aber das Handy war außerhalb eines Empfangsgebietes, also schickte er nur eine SMS. Er würde es später noch einmal versuchen, oder aber Lagerfeld erwischte Ute von Heesen noch vorher.

Er lächelte zu Riemenschneider hinunter, während er den Frankenschnellweg in Erlangen verließ und Richtung Gerichtsmedizin steuerte. Kurz vor dem Parkplatz des Instituts meinte er, ungewöhnliche Geräusche aus dem Motor seines Multipla zu vernehmen. Aber da konnte er sich genauso gut auch irren. Er war schließlich alles andere als ein Mechaniker. Würde schon nicht so schlimm sein. Nächste Woche sollte er den Wagen sicherheitshalber mal in die Werkstatt zum Kundendienst bringen, aber bis dahin würde er schon noch halten. Ein italienisches Automobil mogelte sich immer irgendwie durch. Haderlein legte Riemenschneider an die Leine und ging die Treppe zu Siebenstädters Büro hinauf. Er bedeutete seinem Ferkel, vor der Tür zu warten, und klopfte. Eine genervte Stimme näselte ein »Ja, bitte!« durch die Milchglasscheibe, wobei der Tonfall zu den Worten in krassem Gegenteil stand.

Der Kommissar drückte mit grimmiger Entschlossenheit auf die Klinke und trat ein.

Professor Siebenstädter blickte hinter seinem grauen Metallschreibtisch auf, dann schob er ungläubig seine Lesebrille nach unten und kniff die Augen zusammen. »Die Bamberger Kriminalpolizei!«, stieß er hervor. »Und dann gleich der Kriminalhauptkommissar persönlich, ja, ist es denn zu fassen!«

Haderlein musste sich sehr zusammenreißen, um sich seine tiefe Befriedigung nicht anmerken zu lassen. Herr Professor Siebenstädter war also überrascht! Und noch besser: Er wusste anscheinend nicht, was er zu dem Überraschungsbesuch sagen sollte. Ein kleiner Etappensieg für Haderleins Kriminalistenego. Doch deswegen war er nicht hier. Der Hauptschlag des Feldzuges sollte erst noch folgen.

»Schön haben Sie es hier«, flötete er, so gut er es vermochte, in Richtung Schreibtisch und betrachtete ausführlich Hirschgeweihe, Dachsköpfe und sonstige Jagdtrophäen, die die Wände dieses Bürotraumes in Grau zierten. »Darf ich mich setzen?«, fragte er höflich und nahm, ohne eine Antwort Siebenstädters abzuwarten, auf dem nüchternen Gestühl auf der Gegenseite des Schreibtisches Platz. Dann lächelte er Siebenstädter ins Gesicht. Eine mimische Herkulesaufgabe, aber darauf hatte er sich mental vorbereitet.

Siebenstädter versuchte, das Lächeln zu erwidern, was ihm allerdings nicht so recht gelingen wollte. Lächeln stellte für ihn eine schier übermenschliche Übung dar. Hier in der Gerichtsmedizin hatte das noch nie jemand miterleben dürfen. Wenn Siebenstädter lächelte, dann bestenfalls auf der Jagd direkt nach einem Blattschuss, wenn das Rehkitz blutend vor ihm lag. Diese Erkenntnis über seine mangelnde mimische Ausdrucksfähigkeit musste ihm wohl auch gerade gekommen sein, als er seine sinnlosen Bemühungen, freundlich zu wirken, wieder einstellte. Stattdessen legte er seine Lesebrille auf die Seite, zog die Stirn in tiefe Denkerfalten und lehnte sich mit verschränkten Armen nach vorn. Der Kommissar kam freiwillig in die Höhle des Löwen. Was hatte das wohl zu bedeuten? Ein Friedensangebot oder eine Falle? Aber Fallen stellen war eigentlich nicht Haderleins Art. Dafür war er doch viel zu naiv. Das gehörte schon eher zu seinen eigenen herausragenden Fähigkeiten. Aber was hatte es mit der Fröhlichkeit des Kommissars auf sich? Seine Augen musterten Haderlein weiterhin misstrauisch, dann hielt er es nicht mehr aus. »Was wollen Sie von mir, Haderlein?«, stieß er genervt hervor.

Der Hauptkommissar genoss es, Siebenstädter zappeln zu sehen. Kam ja selten genug vor. Aber er wollte den Zustand nicht zu lange auskosten, immerhin lief alles ganz in seinem Sinne. »Nun, ich wollte mich bei Ihnen entschuldigen, Professor Siebenstädter«, log er ihm mit schuldbewusster Miene ins Gesicht und senkte dann den Blick so, wie er es mehrfach vor dem Spiegel geübt hatte.

Der Gerichtsmediziner konnte nicht glauben, was er da hörte. »Wie bitte? Entschuldigen? Bei mir? Aber wofür denn, bitte?«, fragte er nach, ohne Anstalten zu machen, die Überraschung in seiner Frage zu verbergen.

Haderlein legte nun größte Betroffenheit in seine Stimme. »Für meine nicht angebrachte Ausdrucksweise in unserem Telefonat heute Morgen. Das war nicht in Ordnung, Herr Professor. Und natürlich hatten Sie auch inhaltlich recht. Das war mir alles bis dato nur noch nie so aufgefallen. So wie das, was ich Ihnen mit solch unästhetischen Leichen zumute. Ich bitte Sie hiermit also ausdrücklich um Verzeihung.« Damit und mit einem zutiefst zerknirschten Gesicht streckte er Siebenstädter seine rechte Hand über den Schreibtisch entgegen.

Der Pathologe war megaverblüfft und zugleich irgendwie gerührt. Letzteres war ein Gefühl, das sich nur sehr selten bei ihm einstellte. Die Emotionsregung kam fast nie bei ihm zu Besuch und blieb dann auch nicht lange, sondern verließ ihn gleich wieder, wenn sie merkte, bei wem sie da gelandet war. Doch jetzt war er tatsächlich gerührt, war er sich doch nicht ganz sicher, ob er selbst sich heute Morgen in seiner Wortwahl nicht etwas vergriffen hatte. Aber sei's drum. Er hatte nichts gegen einen Waffenstillstand, vor allem dann, wenn der Gegner sich so willfährig ergab. Haderlein hatte wohl keine Lust mehr auf rhetorische Scharmützel. Wohlweislich musste er erkannt haben, dass er ihm, Professor Siebenstädter, hoffnungslos unterlegen war. Und bei so einer Einsicht konnte man schon mal gnädig sein und mit einer kleinen Geste die Großmut des Überlegenen demonstrieren. Mit einem gönnerhaften, schiefen Lächeln reichte Siebenstädter Haderlein die Hand und schlug ein.

»Ich hätte mich gern noch etwas länger mit Ihnen intellektuell duelliert, Herr Kriminalhauptkommissar, aber Sie haben ja wohl selbst mitgekriegt, dass Sie im Vergleich zu mir fast unbewaffnet sind«, tönte Siebenstädter vergnügt und bemerkte in seiner Selbstzufriedenheit nicht, wie Haderlein für einen kurzen Moment die Fassung verlor, sich aber gleich darauf wieder fing.

Fast wäre er aus dem Stand über den Schreibtisch gehechtet, um diesen arroganten Leichenpapst zu erwürgen. Aber er musste sich zusammenreißen, der eingebildete Truthahn saß ja schon fast in der Falle. »Da haben Sie recht, Herr Professor«, lächelte er ihn aus zusammengepressten Zähnen an. »Und um Wiedergutmachung zu leisten, habe ich mich an Ihre Worte von vorhin erinnert und möchte Ihnen eine kleine Freude bereiten, wenn Sie gestatten.«

Siebenstädters gute Laune steigerte sich ins Unermessliche. Der geschlagene Feind kroch nicht nur vor ihm im Staub, nein, er brachte ihm auch noch Geschenke! Er würde diesen Tag in seinem Kalender dick anstreichen und zur Feier später einen teuren Rotwein entkorken. Natürlich erst, wenn der Kommissar weg war. Der Gerichtsmediziner beliebte nicht zu teilen. Schon gar nicht mit einem vom Stand der Schnüffler. Aber jetzt wollte er erst mal sein Geschenk in Empfang nehmen. »Na, was haben Sie mir denn als Kompensation Ihrer großen Schuld mitgebracht, Haderlein? Da bin ich jetzt aber sehr gespannt.« Und siehe da, er lächelte.

Haderlein fielen fast die Augen aus dem Kopf. Ein Anblick der ganz besonderen Art. Der Leiter der Erlanger Gerichtsmedizin ähnelte mit dem hellen Kittel und seinem grauslichen Lächeln einem weißen Hai, kurz bevor dieser seine gierigen dreieckigen Zähne in ein hilfloses Robbenbaby schlägt. Er ließ Haderlein frösteln. Allerdings war er sich ziemlich sicher, dass das Lächeln in nicht allzu ferner Zukunft wieder das Zeitliche segnen würde.

»Sie wollten doch mal etwas Junges, Zartes begutachten, etwas mit rosa Haut und mit einer noch sehr langen Lebenshalbwertszeit«, sagte er lapidar.

Siebenstädter blickte ihn fragend an, lächelte aber immer noch.

»Etwas Weibliches, Lebendiges ...«, legte Haderlein den Köder aus.

»Fahren Sie nur fort, Herr Kommissar«, lächelte Siebenstädter mit froher Erwartung in der Stimme.

»Nun, ich habe da draußen eine junge, hochbegabte und noch dazu gut aussehende Dame, die für ihre Schulausbildung in Neuendettelsau ein Attest benötigt, eine Komplettuntersuchung sozusagen. Da habe ich mir gedacht, die könnte doch der Kollege Siebenstädter machen ... so zur Abwechslung zu den alten, faltigen Leichen. Sie dürfen doch amtsärztliche Atteste ausstellen, oder?«, fragte Haderlein, die Unschuld in Stimme.

»Ja, natürlich, ich bin ja ein ausgebildeter Allgemeinmediziner, Haderlein. Also abgemacht. Wo soll die Untersuchung des holden Wesens denn stattfinden, wenn ich fragen darf?«, erkundigte sich Siebenstädter schnell. Das Haifischgebiss hatte ganz offensichtlich mit stark einsetzendem Speichelfluss zu kämpfen, bemerkte Haderlein befriedigt.

»Nun, ich denke, Ihr Schreibtisch hier wäre der richtige Ort für die ... Untersuchung ...«

Das Substantiv »Untersuchung« schwebte, kaum ausgesprochen, lasziv und aufreizend langsam durch den Raum, entkleidete sich unterwegs und räkelte sich dann willen- und hüllenlos vor Siebenstädter auf der kühlen grauen Platte seines Schreibtisches.

Dem Gerichtsmediziner fehlten die Worte. Er strahlte Haderlein nur noch an – so freundlich, wie ein weißer Hai eben strahlen kann. Dann hob er schelmisch den rechten Zeigefinger, was wohl so viel heißen sollte wie: »Haderlein, Sie kleiner, versauter Tunichtgut!« Seine Augen allerdings verkündeten eher etwas in der Art wie: »Hoffentlich hat die junge, knusprige Schönheit auch etwas an, was sie schnell wieder ausziehen kann.«

Haderlein spürte, dass nun der richtige Moment gekommen war, und ging wortlos nach draußen. Vor der Tür sprang Riemenschneider auf und schaute ihn erwartungsvoll an. Haderlein hob das kleine Ferkel auf den Arm, kraulte ihm den Hinterkopf und flüsterte ihm leise ins Ohr: »Showtime, Kleines.« Dann betrat er mit Riemenschneider auf dem Arm und einer Unschuldsmiene das Haifischbüro.

*

Sie strampelten gerade die letzten Höhenmeter zur Heidelberger Hütte hinauf, als das Handy von Frank Jessentaler klingelte.

Er bremste und bedeutete den anderen, es ihm gleichzutun. Ohne zu zögern, stieg jeder von seinem Rad. Kein Murren, kein Gemaule, kein Protest. Nicht einmal von Ronald Wolf, der sich gestern Abend auf der Konstanzer Hütte so einiges hatte anhören dürfen. Dazu war die exorbitant hohe Getränkerechnung gekommen, die er hatte blechen dürfen. Dann hatte ihm Frank Jessentaler noch einmal ziemlich deutlich gemacht, dass er bei der Wiederholung einer solchen oder ähnlichen Aktion sofort das Zugticket für den Heimweg buchen konnte. Der Tourguide kannte da keine Gnade. Entweder hielten sich die Teilnehmer an gewisse Regeln, oder es ging schnurstracks nach Hause. Und der liebe Wasabi wäre nicht der Erste gewesen. Heute in der Mittagspause in Ischgl waren ihm von seinen »Schwestern« die Pflaster und Verbände abgenommen worden, damit die Schürfwunden verkrusten konnten. Besonders angenehm war das nicht beim Treten auf das Pedal, zudem behinderte ihn eine ziemliche Prellung an der linken Schulter beim Lenken. Er war froh, dass sein Freund Sigismund Ludwig das Werkzeug, die Trinkflaschen und andere schwere Gepäckstücke übernommen hatte. Interessanterweise fuhr der mit dem Zusatzgewicht genauso schnell weiter wie vorher. Sein Kumpel war offensichtlich in Bestform, während er mittlerweile ums sportliche Überleben kämpfte. Jetzt, gegen Ende der Etappe, litt er unter höllischen Schmerzen und war froh, kurz anhalten zu dürfen.

Frank Jessentaler nestelte sein Handy aus der Seitentasche seines speziellen Alpencross-Rucksackes.

»Was gibt's denn?«, bellte er etwas unwirsch. Er hatte zu Hause extra Anweisung erteilt, ihn nur in absoluten Notfällen anzurufen. Wenn er unterwegs war, war er unterwegs. Sicherheitshalber fragte er noch mal nach, ob er das Gehörte wohl auch richtig verstanden habe, worauf ihm die Neuigkeiten exakt genauso noch einmal mitgeteilt wurden. Er hatte richtig verstanden. Mit ungläubigem, ernstem Gesichtsausdruck steckte er das Handy weg und schien völlig in sich versunken zu sein.

»He, Frank, was ist denn los?«, wollte Ute von Heesen besorgt wissen, während sie ihr STEVENS an einen Felsblock lehnte.

Erschrocken wachte Frank Jessentaler aus seiner Konzentrationsstarre auf und blickte sie verwirrt an. »Setzt euch mal alle hin«, befahl er mit einer fahrigen Handbewegung. Besonders Ronald Wolf nahm die Anweisung mit großer Dankbarkeit zur Kenntnis. Als alle um ihn herum im dünnen Gras neben dem Weg hockten, teilte er ihnen mit, was er soeben erfahren hatte.

»Also, Leute, das ist jetzt kein Witz, sondern bitterer Ernst. Von der Alpensüdseite zieht ein ziemlicher Sturm herüber. Er ist zwar nicht mehr als Hurrikan eingestuft, aber was da auf uns zukommt, reicht immer noch, um uns vom Gipfel zu wehen. Und der Wind ist nicht alles. Es wird ganz schön was an Regen runterkommen. Das heißt für uns: Moränen, unpassierbare Wege, Sturzbäche, Erdrutsche, weggerissene Brücken et cetera pp. Das ist ein echt dickes Ding, was da auf uns zurollt. Wir müssen jetzt entscheiden, wie wir weitermachen. Entweder fahren wir die restlichen dreihundert Höhenmeter durch, verbringen die Nacht auf der Heidelberger Hütte und hoffen, dass das Haus standhält. Dann kann allerdings keiner sagen, ob und wie es auf welchen Wegen morgen weitergeht. Oder wir kehren um, fahren den Weg zurück, den wir gekommen sind, und verbringen die Nacht in Ischgl in einem schönen warmen Hotel. Dann müssten wir morgen, sollten die Wege frei sein, halt wieder hier hoch.« Erwartungsvoll blickte er in die ungläubigen Gesichter der Runde.

»Ein Hurrikan?«, fragte Eddi Schorn und strich sich verwirrt über seine kurzen Haare. »Ich dachte, Hurrikans gibt's nur in der Karibik.«

»Ich bleibe auf gar keinen Fall hier!«, meldete sich Sigismund Ludwig zu Wort. »Bei Sturm warte ich auf gar keinen Fall auf einer Hütte in zweitausendvierhundert Meter Höhe darauf, vom Blitz getroffen zu werden. Ich glaube, ihr wisst gar nicht, was das bedeutet!« Der Lehrer begann sich in Rage zu reden. Eigentlich war er ein ausgesprochen ängstlicher Mensch, und niemand hatte je begriffen, warum er ausgerechnet Mountainbiken zu seinem Hobby auserkoren hatte. Jetzt perlten auf seiner Stirn erste Schweißtropfen, was ein ganzer Tag Biken und tausendzweihundert Höhenmeter nicht geschafft hatten. »Wir fahren auf jeden Fall nach unten und zurück ins Hotel. Da gibt's dicke Mauern, Blitzableiter, Krankenhäuser, Latte macchiato und eine Sauna!« Erschöpft vom eigenen Redeschwall ließ er sich zurück auf seinen Stein sinken und blickte erwartungsvoll in die Runde. Doch ausgerechnet sein Freund fiel ihm in den Rücken.

»Das kannst du völlig vergessen, dass ich da widder nunnerfahr, Sigi. Den ganzen Dach hab ich mich bis da hernaufgequält, und dann soll ich des morche noch amal? Du hast ha dodal den Arsch offen«, stöhnte Ronald Wolf mit schmerzverzerrtem Gesicht.

Sigismund Ludwig starrte ihn verblüfft mit offenem Mund an und wurde kreidebleich. War sein Freund noch bei Sinnen?

Bevor er zur Verteidigung ausholen konnte, meldete sich Manuela Rast zu Wort. »Also, eigentlich sind wir doch fast schon oben. Außerdem sind Berghütten doch für solche Stürme ausgelegt, oder nicht? Wenn wir irgendwo sicher sind, dann doch wohl dort.«

»Genau«, pflichtete ihr Ute von Heesen bei. »Ich hätte das von Ronald abhängig gemacht. Wenn er der Meinung ist, er schafft das krafttechnisch nach oben, dann sollten wir Gesunden uns nach ihm richten. Also die körperlich Gesunden, meine ich.« Damit lächelte sie Wasabi an, der ihr einen bitterbösen Blick zuwarf, sich aber dafür entschied, die Klappe zu halten.

Nicht so jedoch Sigismund Ludwig. Die blanke Panik stand ihm ins Gesicht geschrieben. Erneut sprang er von seinem Stein hoch. »Ja, seid ihr denn völlig irre?«, rief er außer sich. »Da oben sind wir allein in einem Sturm, den die Alpen noch nicht gesehen haben. Das ist total irrsinnig, das müsst ihr doch einsehen!« Verzweifelt irrlichterte sein Blick durch die Runde auf der Suche nach Verbündeten. Doch er fand keine.

»Also, ich glaube auch, dass wir auf der Heidelberger Hütte am sichersten sind«, meldete sich als Letzter Klaus Kulpa zu Wort. »Ich hab mir die Hütte letzte Woche noch im Internet angeschaut. Die gilt als absolut winter- und windfest. Ich wär dafür, das letzte Stück noch zu fahren. Außerdem, Sigi, wozu hast du denn deine ganzen teuren Goretex-Klamotten dabei, wenn du sie nicht auch mal benutzen willst?«

Frank Jessentaler hob beschwichtigend die Hand, bevor Sigismund Ludwig antworten konnte, und stand auf. »Okay, dann machen wir das so«, fasste er die Beschlusslage zusammen. Und zu dem verzweifelten Sigismund gewandt meinte er: »Du kannst natürlich allein abfahren, Sigi, allerdings würde ich mich freuen, wenn die Gruppe zusammenbliebe. Anscheinend hast du Angst vor dem Sturm, aber ich glaube auch, dass wir dort oben so sicher sind wie in Abrahams Schoß.« Während er den Rucksack wieder aufsetzte, sagte er an alle gewandt: »Der Sturm soll irgendwann in den späten Nachmittagsstunden über uns hinwegziehen. Es gibt also keinen Grund zu hetzen, trotzdem darf von mir aus jetzt jeder so schnell fahren, wie er will. Ich werde mit unserem verletzten Wasabi gemütlich hinterhergondeln. Wir treffen uns dann an der Heidelberger Hütte – oder, Sigi?« Er gab ihm einen aufmunternden Klaps auf den Rücken, doch der Lehrer starrte nur auf seine Füße und schwieg. »Dann mal los«, sagte Frank Jessentaler und stieg auf sein Rad.

Plötzlich sprang neben ihm auch Sigismund Ludwig von seinem Stein, griff sich mit verbissenem Gesichtsausdruck sein Bike. Und siehe da, er fuhr bergauf in Richtung Hütte. Mit einer irrwitzigen Frequenz trat er in die Pedale und war innerhalb kürzester Zeit hinter der nächsten Bergkuppe verschwunden.

»Na, da hat's aber einer richtig eilig, oder? Fit isser ja scho, unner Ludwig«, witzelte Eddi Schorn und strich sich wieder über das spärliche Haupthaar. »Also dann, Mädels, schau mer mal, wer als Erschter duschen kann«, witzelte er.

Ute von Heesen lachte. »Okay, ihr beiden, wer zuerst oben ist, bekommt von den anderen den Vortritt beim Duschen.« Sie blinzelte ihrer Freundin zu, und beide griffen sich ihre nagelneuen STEVENS-Räder, die mit ihren weiß-roten Lackierungen in der noch leuchtenden Sonne standen und nur auf ein Rennen zu warten schienen.

»Bitte sehr, die Herren«, sagte Manuela Rast grinsend und mit einer ausladenden Handbewegung. »Alter vor Schönheit. Wir kommen dann nach.« Das ließen sich die beiden Kerle nicht zweimal sagen und fuhren siegessicher los.

Wenige Sekunden später waren auch die beiden Mädels wieder auf der Piste. Bergab würden sie niemals versuchen, es mit den beiden Jungs aufzunehmen, aber bergauf war das eine andere Geschichte. Beide hatten für diese Tour über siebentausend Trainingskilometer auf Mallorca, in der Rhön und im Chiemgau absolviert. Jetzt war der Moment gekommen, einmal an ihre Grenzen zu gehen. Nur zum Spaß und weil die beiden neuen Bikes ja mal ausgetestet werden mussten. Technisch waren die auf dem allerneuesten Stand und wogen trotz Vollfederung unter neun Kilo. Ein Rekordgewicht im Mountainbikesektor. Wäre ja gelacht, wenn alles zusammen nicht für einen Vorsprung reichen würde. Manuela Rast übernahm die Führung. Sie war die Schnellere der beiden, was Ute von Heesen ihr neidlos zugestand. Sie genoss einfach die Fahrt auf dem neuen Rad im Windschatten hinter ihrer Freundin. Sie spürte, wie Manuela allmählich das Tempo anzog. Der Weg war nicht allzu steil und schlängelte sich in sanften Serpentinen durch das weite Tal gleichmäßig der Nachmittagssonne und der Hütte entgegen. Bald hatten sie die beiden Männer eingeholt, die verzweifelt ein paar Hundert Meter lang versuchten, ihrem Tempo zu folgen, bis sie sich laut keuchend ihrem Schicksal ergaben. Die beiden Carbonräder zogen mitsamt ihren Fahrerinnen davon. Es war ein wunderschöner Anstieg, musste sich Ute von Heesen eingestehen, bei dem Manuela unbeirrt ihr hohes Tempo hielt. Nur zweimal schaute sie sich um, um sich zu vergewissern, ob Ute ihr auch folgen konnte. Aber die lächelte sofort zurück, um zu signalisieren, dass alles wunderbar war.

Die voll gefederten Räder glitten über sämtliche Unebenheiten, als wären diese schlichtweg nicht vorhanden. Jedes Loch, jeder Kiesel wurde von der hochmodernen Federung absorbiert. Ein einziger Genusstrail. Nach einer knappen Stunde tauchte die Hütte vor ihnen auf. Sie stellten die Räder am Zaun ab und blickten zurück. Von ihren beiden Herausforderern war nicht die geringste Spur zu entdecken. Die beiden Frauen sahen sich an und lachten. Das war eine richtig geile Auffahrt gewesen. Ute von Heesen deutete nach links, wo man Wasser rauschen hören konnte. »Denkst du auch, was ich denke?«, neckte sie ihre Freundin, die gerade ihren Helm abgesetzt hatte.

»Na, ich glaube schon, Frau von Heesen«, erwiderte diese fröhlich. »Bevor die anderen männlichen Athleten hier eintreffen, sollten wir diesen Bach zur Erfrischung aufsuchen, oder?«

Ute von Heesen legte ebenfalls Helm und Rucksack ab, dann rannten beide kichernd den kleinen Abhang zu dem klaren Gebirgswasser hinunter.

Von einer Holzbank etwas abseits neben einer Viehweide betrachtete Sigismund Ludwig mit versteinerter Miene das Treiben der beiden, bevor er sich seinen Rucksack griff und in der Hütte verschwand. Die zwei waren schnell gewesen, dachte er sich, aber er war bereits seit fünfundzwanzig Minuten hier. Verächtlich lächelnd öffnete er die Tür zur Hüttenstube.

Donnerwetter

Monika Schlagbauer atmete tief durch und erhob sich aus ihrem Sitz. Der Learjet war soeben auf dem gerade erst fertiggestellten und vor einem Monat vom bayerischen Ministerpräsidenten daselbst eingeweihten »Coburg Airport« gelandet. Das Prestigeprojekt der bayerischen Landesregierung hatte sie so manche schlaflose Nacht gekostet. Vom Geld der bayerischen Steuerzahler gar nicht erst zu reden. Aber der Ministerpräsident hatte es so gewollt. Monika Schlagbauer persönlich hätte diesem unangenehmen Volk im Norden Bayerns niemals ein solches Schlüsselprojekt vor die Nase gestellt. In ihren Augen war das gleichbedeutend damit, Perlen vor die Säue zu werfen. Die Landeshauptstadt München war die Region in Bayern, die das kulturelle, wirtschaftliche und vor allem politische Zugpferd bildete. Der Norden des Freistaates war für Monika Schlagbauer nicht wirklich Bayern. Franken, das war eher so etwas wie der Gazastreifen.

Wozu also dieses Megaprojekt in die fränkische Pampa bauen? Für ein paar verlorene Wählerstimmen durch das Rauchverbot? Egal. Immerhin konnte man als CSU-Staatssekretärin und Mitglied der bayerischen Landesregierung jetzt per Flugzeug nach Kloster Banz fliegen.

Sie strich sich ihren Hosenanzug glatt und betrat die Gangway. Ihr Blick schweifte über das Rollfeld hin zur lieblichen Landschaft und den verstreuten Ortschaften, die im Itzgrund lagen. Das war wirklich allertiefste Pampa. Was man nicht alles auf sich nahm, um das berufliche Fortkommen zu beschleunigen!

Sie atmete nochmals tief durch, ordnete ihre blonden Locken und stieg die Stufen zum schwarzen BMW mit Fahrer hinunter, der bereits auf sie wartete.

Bürgermeister Kuno Feiler betrachtete sich ein letztes Mal im Spiegel. Das war also der große Tag. Mürsbach war von heute an der politisch wichtigste Ort in Bayern. Mit großem Brimborium hatte die bayerische Landesregierung das Projekt »Gebietsreform in Bayern« aus der Taufe gehoben. An seiner kleinen Ortschaft sollte sich nun entscheiden, ob es möglich war, die jahrhundertealten Differenzen zwischen den hier ansässigen Volksstämmen auszuräumen und ganze Landstriche zu befrieden. Mürsbach sollte die Speerspitze dieses ambitionierten Unterfangens sein. Seine Hand krampfte sich um den soeben mühsam gebundenen Krawattenknoten, und sein Blick verfinsterte sich. Ausgerechnet Mürsbach. Er konnte sich nicht vorstellen, dass es möglich war, in Bayern eine zerstrittenere Gemeinde zu finden als diesen kleinen Ort, in dem er bald vor der Wiederwahl stand. Eine entzweite Gemeinde, die religionstechnisch zur Diözese Würzburg, politisch aber zum Bamberger Landkreis gehörte. Und ein paar evangelische Nörgler gab's auch noch. Ziemlich schwierig alles.

Aber zum Glück gab es ja jetzt Staatssekretärin Monika Schlagbauer. Die würde das schon richten. Feilers Miene begann sich aufzuhellen. Die Parteikollegin aus der Staatsregierung war schließlich extra für diese Aufgabe abkommandiert worden und hatte ihm persönlich versichert, sich hocherfreut und mit spontaner Begeisterung für diese Aufgabe gemeldet zu haben. Er lächelte. Auch für ihn konnte das Projekt zum Sprungbrett in höhere politische Gefilde werden. Die Zuversicht kehrte zu Bürgermeister Kuno Feiler zurück.

»Helga!«, rief er zufrieden. »Helga, kannst du mal nach meiner Krawatte schauen? Ich hab jetzt die gelb-rosakarierte aus Seide genommen. Passt das so?« Er drehte sich zu seiner Frau um, die gerade seine frisch gebügelte Unterwäsche in den Schlafzimmerschrank räumte.

»Schon, Kuno«, meinte sie beiläufig, während sie sich abmühte, das obere Schrankfach zu erreichen. »Aber nur, wenn du dieses beknackte gestreifte Hemd ausziehst.«

Sofort fuhr Kuno Feiler herum und betrachtete sein Outfit im Spiegel. »Oh, äh, natürlich, Schatz«, stammelte er hektisch, während er verunsichert an seinem Hemdkragen fummelte. »Du weißt ja, ich bin etwas farbenschwach im Rot-Grün-Bereich, Schatz«, gab er noch missmutig von sich und friemelte weiter an der Kragenregion herum.

»Nicht nur in dem Bereich, Kuno«, gab seine Frau zurück. »Hier, ich habe dir etwas Passendes aufs Bett gelegt.« Sprach's und verschwand geschäftig aus dem Zimmer. Resigniert begann der

Bürgermeister von Mürsbach sich zum siebten Mal an diesem Morgen umzukleiden.

*

Ute von Heesen trocknete sich gerade die Haare im Schlafraum der Heidelberger Hütte, als ihr Handy klingelte.

»Ich bin's, Bernd«, meldete sich der Herzallerliebste mit besorgter Stimme.

»Hallo, Süßer!«, freute sich Ute von Heesen über den Anruf ihres Freundes.

»Ich wollte mal nachfragen, wie das werte Befinden auf eurer Strampeltour ist«, fragte Lagerfeld so lässig wie möglich.

»Oh, Manuela und mir geht's so weit ganz gut, was man von dem einen oder anderen männlichen Gruppenmitglied nicht gerade behaupten kann«, meinte sie fröhlich, während sie das Handtuch auf ihr Lager fallen ließ und kurz die Haare ausschüttelte.

»Das ist fein, ich wollte eigentlich auch nur wissen, ob ihr schon von diesem Sturm gehört habt, der heute Nachmittag über die Alpen ziehen soll. Ich hoffe, ihr habt einen sicheren Platz gefunden?«

Ute von Heesen lächelte. Das war ja mal ein gutes Zeichen! Manchmal war sie sich nicht ganz sicher, ob es ihrem leicht schrägen Freund auch wirklich klar war, dass er jetzt eine Lebensgefährtin hatte. Meistens musste sie ihn anrufen, um ihm das klarzumachen, er hielt es nur selten für nötig, sich aus eigenem Antrieb zu melden. Frauen wollten eben immer wissen, wie ihr männlicher Gegenpart so die Zeit verbrachte. Sollte Lagerfeld das etwa langsam mitbekommen haben? Der Anruf war jedenfalls eine außerordentliche Besonderheit im Sozialverhalten ihres Kommissars.

»Keine Sorge, mein Schatz«, flötete Ute zurück. »Auf der Heidelberger Hütte sind wir so sicher wie in Abrahams Schoß. Wenn die nicht hält, fliegen die ganzen Alpen weg.«

Lagerfeld war beruhigt. Das hörte sich ganz gut an, auch wenn er nicht wirklich auf das technische Verständnis von Frauen im Allgemeinen baute, baute er auf das seiner Freundin sehr wohl. Also wollte er nicht weiter die Freuden seiner besseren Hälfte stören, schließlich war sie im Urlaub und sollte sich erholen, auch von ihm. Es blieb also nur noch die Verabschiedung. Der bei Weitem unangenehmste Teil bei einem Telefonat zwischen Ute und Lagerfeld.

»Ja, äh, dann, äh, war's das eigentlich … Ich wollte nur wissen, ob's dir gut geht … ja, dann … hrrgm.« Ein kratziger, fränkischer Kartoffelkloß schien sich in seinem Hals festgesetzt zu haben. »Ja, was wollte ich sagen …?«

Ute von Heesen wartete grinsend darauf, ob Bernd das Wort, auf das sie wartete, über die Lippen bringen würde oder nicht. »Also, Ute, dann mach's mal gut, hrrgm, ich, äh … Du weißt ja, hrrgrrgm, ich, also, du weißt ja, dass ich dich, also … also, also, ich hab mit dem Rauchen aufgehört!«

Wie bitte? Ute von Heesen verschlug es die Sprache. Ihr Bernd hatte mit dem Rauchen aufgehört? Sie war perplex und sprachlos. Bevor sie sich wieder gefangen hatte, hörte sie noch ein: »Na dann, dann … bis in einer Woche, Schatz«, dann wurde aufgelegt, und das Freizeichen ertönte. Ute von Heesen blickte verblüfft und ungläubig auf das Handy. Der Typ war ja noch verklemmter als eine verrostete Kühlschranktür! Mit dem Rauchen aufgehört? Seufzend schüttelte sie den Kopf und stopfte das Handy zurück in die kleine Spezialtasche an ihrem Rucksack. Da würde noch ein ganzer Haufen Arbeit in der Beziehung zu diesem Mann auf sie zukommen. Sie trat ans Fenster der Schlafkammer, die sich im ersten Stock der Hütte befand. Ihr Blick ging nach Süden, wo man in der Ferne schon eine tiefschwarze Wolkenwand erkennen konnte.

Lagerfeld legte sein Handy mit schweißnassen Händen zurück auf den Beifahrersitz, um erst einmal eine Zigarette zu rauchen. Er konnte es einfach nicht. Das war nicht seine Welt, dafür war er nicht geboren. Ute wusste doch, dass er sie liebte, das musste er ihr doch nicht dauernd ins Ohr säuseln. In seiner Aufregung hatte er ihr auch noch diese Wette gebeichtet. War er denn komplett wahnsinnig? Und alles nur wegen der Verabschiederei.

Dieses Süßholzgeraspel machte ihn noch fix und fertig. Zitternd schüttelte er die letzten drei Zigaretten aus der Packung, die er sich nach der Befragung von Frau Kleinhenz gekauft hatte, um nervlich wieder auf Normalnull runterzufahren. Scheiß auf die Wette. Wenn er in die Dienststelle zurückkam, hatten sowieso alle den kleinen Zwischenfall vergessen. Hauptsache, den Mädels ging es gut und sie waren für die Nacht sicher. Offensichtlich musste er sich um sie keine Sorgen machen. Eher schon um sich selbst und sein flatterndes Nervenkostüm. Er brauchte etwas zum Abreagieren. Eine anspruchsvolle Freundin, sinnlose Rentnerleichen, Raucherwetten, ein schlecht gelaunter Chef. Ein zynisches Lächeln breitete sich auf Lagerfelds Gesicht aus, während er den ersten tiefen Zug inhalierte. Er blickte sich um und studierte die vorbeigehenden Personen. Am besten würde er erst einmal jemanden verhaften. Das half immer.

*

»Jonathan, wo bleibt denn des Blut?« Felgenhauer war außer sich. Es war der Jahreshöhepunkt in Mürsbach, und er lag weit hinter seinem Zeitplan zurück. Der Presssack sollte doch schon längst im Wurstkessel köcheln. Einfach undenkbar, dass er ausgerechnet am Tag der Wahl der »Miss Presssack« mit seiner Wurst nicht fertig werden sollte. Und der rote Presssack gehörte nun einmal dazu. Das war schon immer so in Franken. Es gab einen weißen und einen roten Presssack. Das war wie Yin und Yang, wie Dick und Doof, wie Bayern und CSU. Aber sein Metzgergeselle, der die acht Ferkel abstechen und das Blut für den roten beibringen sollte, war plötzlich spurlos verschwunden. Der Meister blickte wutschnaubend auf seine Uhr und beschloss, noch einmal die Tiefen der Metzgerei nach Jonathan zu durchkämmen. Irgendwo musste dieser unfähige Knilch doch zu finden sein! Wütend warf er seine Schürze in die Ecke und stapfte los.

Jonathan war nervös. Die Zeit wurde langsam knapp. Sein Blick schweifte voller Liebe über die acht Spanferkelchen, die sich in dem kleinen Gehege ins Stroh kuschelten. Bei Bauer Nöth, in dessen Stall schon etliche Todeskandidaten aus der Metzgerei Felgenhauer ihr Gnadenbrot fristeten, waren sie sicher. Bis jetzt hatte er es noch immer geschafft, ein entsprechendes Substitut für die armen Viecher zu besorgen. Bei dem Gedanken flog sein Blick wieder zur Kuh Josephina und zum Tierarzt hinüber, der seinen Arm bis zur Schulter in Josephinas Hinterausgang versenkt hatte.

»Es hilft nix«, sagte er mit entschlossenem Blick. »Blutiger Urin ist kein gutes Zeichen. Ich werde wohl die Blase punktieren müssen.« Er zog den Arm aus Josephinas Eingeweiden, der man sogleich die Erleichterung ansehen konnte, dann nahm der Tierarzt eine lange, dicke Nadel aus seinem Instrumentarium und punktierte schnell und zielgenau die Blase der Kuh.

»Na also«, brummelte der Landdoktor zufrieden, als die blutrote Brühe in einem kleinen Strom in den Melkbehälter aus Edelstahl floss.

»Gleich geht's dir wieder besser, altes Mädchen«, sprach Jonathan zu der Kuh und tätschelte ihr beruhigend den Rücken. »Sagen Sie, Doktor, brauchen Sie das Zeug da noch?«, fragte er dann und deutete auf den Edelstahlbehälter, der sich langsam, aber kontinuierlich füllte.

Der Landtierarzt drehte sich um und schaute Jonathan fragend an.

*

Franz Haderlein stellte die Riemenschneiderin auf Siebenstädters Schreibtisch und stellte vor: »Das ist Fräulein Riemenschneider, die jüngste Mitarbeiterin der Polizeidirektion Bamberg. Wenn Sie so freundlich wären, jetzt Ihre Untersuchungen durchzuführen und anschließend das Attest auszustellen?«

Dabei fixierte der Kommissar Siebenstädter mit seinem Blick und harrte der Dinge, die da kommen sollten. Riemenschneider sah verwirrt von einem zum anderen. Sie fühlte sich in ihrer exponierten Stellung zunehmend unbehaglich. Es war wohl besser, sich unauffällig zu benehmen und sich hinzulegen, was sie denn auch flugs tat.

Der Chef der Gerichtsmedizin Erlangen, Eugen Siebenstädter, war zu einer Salzsäule erstarrt. Er, der größte Zyniker des Frankenlandes, war in einen Hinterhalt gelockt worden! Eigentlich war es so offensichtlich gewesen, und er hatte es trotzdem nicht bemerkt. Andererseits gab es andere große Feldherren der Geschichte, denen es ähnlich ergangen war. Also verlor er, Eugen Siebenstädter, mit seiner Armada diese Schlacht, während vor ihm Sir Francis Haderlein mit seinem Schlachtschiff Riemenschneider den

Sieg davontrug und auskostete. Aber gut, er war hart im Austeilen, doch auch fair in der Niederlage.

»*Touché*, Herr Kommissar«, kam es ihm leise und knapp über die Lippen. Ohne ein weiteres Wort zu verlieren, holte er ein Stethoskop und einen Schreibblock heraus. Schweigend untersuchte er unter den erstaunten Augen von Kriminalkommissar Haderlein das kleine Ferkel von oben bis unten. Als er fertig war, legte er sein Instrumentarium auf die Seite und schrieb etwas auf das oberste Blatt seines Blocks. Dann riss er dieses mit einer schnellen Bewegung der linken Hand ab und überreichte es Haderlein.

Dieser nahm ihm den Zettel ab und las den Text sicherheitshalber noch einmal durch.

Die Mitarbeiterin der Polizeidirektion Bamberg »Riemenschneider« wurde von mir eingehend untersucht und für gesund befunden.
Der allgemeine körperliche Zustand ist als ausgezeichnet zu beurteilen, wenn auch leichte Tendenzen zur Adipositas festzustellen sind. Dies dürfte bei Ferkeln dieses Alters jedoch als normal anzusehen sein.
Somit ist die Untersuchte uneingeschränkt für den Polizeidienst tauglich.

Gez. Dr. Eugen Siebenstädter

Haderlein war baff. Das war's? Keine Szene? Nun war es wiederum an ihm, verwirrt zu sein. Er nahm Riemenschneider vom Tisch, streckte Siebenstädter die rechte Hand hin und sagte: »Vielen Dank, Herr Doktor, ich hoffe, wir sehen uns bald wieder, und ganz sicher hören wir uns ja am Telefon.«

Lächelnd und sichtbar entspannt gab ihm Siebenstädter die Hand: »Ja, ganz sicher, Herr Kommissar. Es war mir eine Ehre, Ihnen auf der Planche gegenübergestanden zu haben. Und es wird mir immer wieder ein Vergnügen sein.« Dabei lächelte er weiter sein anerkennendes Lächeln.

Haderlein hatte beschlossen, nicht so einfach die überdimensionale Friedensfahne zu schwenken, und wandte sich mit Riemenschneider auf dem Arm dem Ausgang zu. Als er gerade die Tür öffnen wollte, rief ihm Siebenstädter hinterher: »Moment noch, Herr Kommissar, wie alt ist dieses Schwein eigentlich?«

Haderlein drehte sich um. Misstrauisch antwortete er: »Ein gutes Jahr, warum?« Suchte der Besiegte doch noch einen Grund, das Attest rückgängig zu machen? Aber weit gefehlt. Siebenstädter war wieder ganz Kriminologe.

»Das Schwein ist viel zu klein für sein Alter, es müsste viel größer sein. Ist Ihnen das noch nicht aufgefallen, Haderlein?« Mit langen Schritten und einer Schere, die er sich aus seinem Schreibtisch gegriffen hatte, ging er auf die beiden zu. Bevor irgendjemand noch reagieren konnte, hatte er auch schon ein Büschel kleiner Borsten hinter Riemenschneiders Ohren abgeschnitten und es in seiner Kitteltasche versenkt. »Ich werde das mal überprüfen«, bemerkte er sachlich und öffnete Haderlein die Tür. »Und wenn Sie nichts dagegen haben, Herr Kommissar, dann möchte ich Ihnen schnell noch etwas zeigen.« Damit ging er ihm voraus die Treppe hinunter.

Haderlein schüttelte nur den Kopf und folgte ihm mit Riemenschneider in die Sektionsräumlichkeiten. Sollte doch einer diesen Menschen verstehen, er hatte jedenfalls keine Zeit mehr, sich über Siebenstädters Sozialverhalten Gedanken zu machen. Dieser hielt vor einer abgedeckten Leiche inne und schlug ohne Umschweife das Laken zurück.

Haderlein zuckte unwillkürlich zusammen. Der Anblick des Toten war schauderhaft. Leere, orangefarbene Augenhöhlen blickten zur Decke, der Körper war seltsam verdreht.

»Das Blut des Mannes ist zu einer geleeartigen Masse verkocht. Konsistenz wie Wackelpudding. Die Ursache des Blutbildes ist mir ein absolutes Rätsel. Im Körper des Toten habe ich keinerlei verdächtige Stoffe entdecken können, keine Einstichstellen und auch keinerlei Spuren von Fremdeinwirkung. Ich habe in der Fachpresse nachgelesen, Kollegen befragt, nach ähnlichen Fällen gesucht – nichts. Ich sage das nur ungern, Herr Kommissar, aber an einem Tag wie diesem ist ja sowieso alles egal: Ich habe nicht den geringsten Schimmer, was mit diesem Mann passiert ist. So wie mit den beiden anderen Leichen, die dort drüben liegen. Das Einzige, was ich Ihnen sagen kann, ist, dass alle drei Personen aus Bamberg und Umgebung stammen und der Tod sie im Mittelmeerraum ereilt hat. Zweimal Italien, einmal Mallorca. Ich möchte Sie bitten, Herr Kommissar, sich in einer ruhigen Minute einmal mit den Akten der armen Menschen zu befassen.« Er überreichte Haderlein eine Mappe, der in Siebenstädters Blick tatsächlich so etwas wie stumme Verzweiflung erkennen konnte.

Langsam begann der Kommissar zu begreifen. Daher wehte also der Wind, daher auch der Frust in Siebenstädters Seele. Die große Koryphäe der Erlanger Gerichtsmedizin war hilflos und wusste nicht mehr weiter.

»Wenn Sie mich nun entschuldigen möchten, ich habe noch zu tun«, bemerkte der Pathologe höflich und keineswegs unfreundlich. Dann verließ er den Kommissar.

Haderlein schüttelte noch immer grübelnd den Kopf über Siebenstädter, genauso wie über die Toten, die er gesehen hatte, als er Riemenschneider auf dem Boden des Beifahrersitzes absetzte. Nachdenklich verließ er den Parkplatz der Gerichtsmedizin und lenkte den Multipla Richtung Neuendettelsau.

*

Monika Schlagbauer saß im Fond des Wagens, der auf einsamen Landstraßen in den Itzgrund rollte. Sie dachte über ihre momentane berufliche Situation nach, während die Natur unbeachtet an ihr vorbeizog. Der Itzgrund war ein beschauliches Tal, das sich von Coburg Richtung Süden bis Breitengüssbach hinzog. Nach Bamberg waren es dann nur noch ein paar Kilometer. Früher war es eine ärmliche Gegend mit keinerlei Sehenswürdigkeit gewesen, in der nichts Sensationelles passierte. Das einzig Außergewöhnliche stellten die zahlreichen alten Mühlen und die jährlichen Hochwasser der Itz dar, die den nach ihr benannten Grund sehr schnell in eine geschlossene Seenlandschaft verwandeln konnten. Nicht selten mussten im Herbst oder Frühjahr alle Straßen, die durch die Itzgrunder Wiesen führten, von Breitengüssbach bis Coburg wegen Unpassierbarkeit gesperrt werden.

Das war's dann aber auch schon mit den Außergewöhnlichkeiten. Hier gab es keine Berge, keine richtigen Restaurants und auch keine Allianz Arena. Hier gab es nichts als Einöde und die Aussicht auf einen Sonderplatz im Pferdemist, dachte die Staatssekretärin. Egal, da musste sie jetzt durch. Und je schneller sie die Angelegenheit »Gebietsreform in Mürsbach« hinter sich bringen würde, umso besser. Sie seufzte resigniert und bereitete sich mental auf den bestimmt sensationellen Empfang vor, den ihr der Provinzbürgermeister bereiten würde. Irgendwann würde sie sich hier eine Wohnung suchen müssen, um in der Nähe ihres neuen Wahlkreises einen Erstwohnsitz vorweisen zu können. Vielleicht in Staffelstein oder Lichtenfels? Aber bis dahin würde noch viel Zeit vergehen, noch würde sie nicht in einem dieser Käffer übernachten, sondern in der Zivilisation auf Kloster Banz.

»Frau Merkel, jetzt halten Sie doch mal fest. So wird das nie was!«

Das grüne, vier Meter lange Transparent mit der Aufschrift »Freiheit für Mürsbach« flatterte davon und wurde von einem kurzen Windstoß in die Mitte der Dorfstraße befördert. Dort wurde es sogleich und zielgenau vom Milchlaster aus Zapfendorf überfahren, der ungerührt seine tägliche Tour absolvierte und seinen Frevel nicht bemerkte. Als der Tankwagen um die Ecke verschwunden war, bückte sich Eduard Huttenlocher-Weber zu seinem malträtierten Stoffagitat.

»Das haben Sie jetzt davon, Frau Merkel!«, herrschte er seine Verkäuferin an. »Wie sollen wir das nur wieder sauber kriegen«, maulte er ärgerlich. Eine akkurate Lastwagenreifenspur hatte sich quer über sein mühevoll ausgearbeitetes Transparent gezogen. Das bräunliche Muster roch streng nach Kuhmist, Öl und sonstigem Straßenbelag. Verkäuferin Merkel stand eingeschüchtert neben ihrem Chef und betrachtete verängstigt das Desaster. Eduard Huttenlocher-Weber hob das verdreckte Stück Stoff von der Straße auf und stopfte es ihr in die Arme.

»Dann hängen Sie es halt so auf, in Gottes Namen. Wir haben keine Zeit mehr. Hauptsache, diese Imperialisten aus München merken, was ihnen hier bevorsteht.« Mit diesen schwergewichtigen, sozialistischen Worten drehte er sich um und eilte in seinen Bioladen zurück, während Frau Merkel verzweifelt zu der Fläche über dem Schaufenster hinaufblickte, an der sie das Stück Stoff anbringen sollte.

Bürgermeister Feiler begann sich mit seinem Gemeinderat vor dem Rathaus zu postieren. Schon in wenigen Minuten konnte die Staatssekretärin in Mürsbach eintreffen. Der größte Moment in der Dorfgeschichte, und der war während seiner Amtszeit hochwillkommen. Seit seiner Wahl vor drei Jahren sackten die Umfragewerte bezüglich seiner Person unaufhörlich in den Keller. Dabei hatte er mit seiner Partei »Vereinigter Itzgrund« einen Kantersieg errungen und den amtierenden Würdenträger aus dem Amt gejagt. Dass er diesen Erfolg hauptsächlich seiner Partei, die aus einem Swingerclub in dem netten Ort Poppendorf hervorgegangen war, verdankte, rächte sich jetzt. Nach dem Umzug des Clubs nach Busendorf war der sprachliche Bezug zwischen Inhalt und Wirken zwar immer noch gegeben, aber Bürgermeister Feiler hatte den Club erst kürzlich vorsorglich schließen lassen, da er selbst noch überregional Karriere machen wollte. In dieser katholischen Gegend kam so etwas gar nicht gut an. Auch die ziemlich ein-, zweideutigen Wahlplakate der Partei »Vereinigter Itzgrund« hatte er inzwischen einstampfen lassen. Schließlich war der Vereinigungsgedanke auf den Plakaten in sehr deutlicher Form dargestellt gewesen. Für diese Wahl eine glänzende Idee, überregional allerdings nicht tragbar. Solcherlei Alleingänge hatten ihn bereits zunehmend die Gefolgschaft in den eigenen Reihen gekostet, da kam so eine Gebietsreform mit Staatssekretärin gerade recht, um Sympathiewerte zu stapeln. Aber erst einmal musste er diesen Hühnerhaufen da hinter sich in ein ordentliches Empfangskomitee verwandeln. Aufgeregt versuchte er, seinen überhaupt nicht vereinigten Itzgrund auf der Rathaustreppe zu ordnen.

*

Nachdem Lagerfeld ausgeraucht hatte, beschloss er, an diesem Tag noch etwas Nützliches anzustellen. Draußen war es eh viel zu heiß, da war eine klimatisierte Polizeidirektion für eine Recherchearbeit doch hochgradig geeignet.

Er nahm vor seinem Polizeicomputer Platz und gab bei Google den Namen »Gotthilf Fischer« ein. Und siehe da: Die Suchmaschine suchte, und sie fand. Als Lagerfeld die Ergebnisse scannte, fiel es ihm wie Schuppen aus den Haaren. Jetzt wusste er auch, wieso die Schultern von Huppendorfer so merkwürdig gezuckt hatten, als er St. Getreu verließ. Und Haderlein steckte in diesem Komplott mit drin. Na warte, das würden sie büßen. Alle.

Wütend zerknüllte er die Aufzeichnungen über Frau Kleinhenz' Aussage und warf sie in den Papierkorb seines Schreibtisches. Es war Zeit für Ergebnisse. Vielleicht sollte er sich diesen Dr. Waldmüller einmal näher zur Brust nehmen oder die ganze Belegschaft des Krankenhauses interviewen. Aber eigentlich war das ja Quatsch, Huppendorfer war darauf angesetzt. Das wäre ja doppelte Arbeit.

Lagerfeld überlegte. Beim Betrachten des gesprayten »RB« hatte es bei ihm geklingelt. Die Buchstaben hatte er schon letzte Woche gesehen, und zwar auf den Fahnen dieser Spinner.

Auf dem Veitsberg hatte sich so eine Art Sekte niedergelassen, die die Direktion nach mehreren Anzeigen wegen angeblichen Drogenhandels und Landfriedensbruchs kontrollieren sollte. Allerdings war dabei nichts herausgekommen, es waren halt durchgeknallte Spinner. Aber das Aussehen ihrer Fahnen, das hatte er sich gemerkt. Vielleicht waren die Typen ja doch nicht so harmlos, wie sie taten. Er blickte auf seine Armbanduhr. Eigentlich gleich Dienstschluss, aber das würde er noch schnell erledigen. Auf den Busch klopfen, darin war er gut. Und genau das würde er jetzt tun. Lagerfeld griff nach seiner Sonnenbrille und begab sich zu seinem Honda Cabriolet, das im Hof des Präsidiums parkte. Die Nachrichten warnten zwar vor schweren Gewittern in der Nacht, aber bis dahin wollte er längst wieder daheim sein. Er steuerte das Cabrio auf den Münchner Ring, während sein markanter Zopf im Wind flatterte. Klimakatastrophe hin oder her, bei solchen Temperaturen war man im Cabrio der König der Straße.

*

Jonathan schlich sich mit seiner Edelstahlkanne durch den Hintereingang in die Metzgerei hinüber. Gerade als er glaubte, das gefährliche Abenteuer unbeschadet überstanden zu haben, traf ihn die Stimme seines Herrn und Meisters von hinten. »Wo kommst jetzt du denn her, du fauler Sack, hä?«

Jonathan drehte sich entgeistert um. Felgenhauer stand wutschnaubend vor ihm und hätte ihm todsicher eine gedonnert, hätte er nicht das wertvolle Blut in den Händen gehalten.

»Sieh bloß zu, dass du vor nein Laden kommst, Jonadan. Seid aaner Stunn hab ich jetzerd auf dich geward. Geb des Blud her!«, rief der Metzgermeister erzürnt und riss ihm brutal den Behälter aus den Händen. Dann drängte er seinen zartbesaiteten Gesellen zur Wurstmischmaschine, wo er ohne viel Federlesen den blutroten Inhalt zu dem Fleischteig goss, der sich in der Maschine wälzte. Anschließend drehte sich Felgenhauer zu Jonathan um und redete sich immer mehr in Rage.

»Sach amol, waast denn du net, was mir heud für an Taach ham, du Kaschber! Heut is Miss-Bresssagg-Tach, und du lässt mich da dodal hänga!« Wütend hob er den Edelstahlbehälter über seinen Kopf. »Seh bloß zu, dass du nauskummst, Börschla!«, schrie er außer sich.

Jonathan flüchtete. Im letzten Moment schaffte er es, die Ladentür aufzureißen und mit einem Hechtsprung zu entkommen. Während er unsanft auf dem Bürgersteig landete, sah er über sich den massiven Edelstahlbehälter hinwegfliegen. Dann hörte er Autoreifen quietschen, und es krachte.

*

Es war bereits später Nachmittag, als Haderlein auf dem Gelände der Polizeihundeschule in Neuendettelsau parkte. Er stieg aus, nahm Riemenschneider an die Leine und ging die Treppe hinauf zum Leiter. »Polizeihauptwachtmeister Michael Schuller« prangte auf dem Schild neben der Tür. Während Haderlein klopfte, drang gedämpft das aufgeregte Bellen von Hunden an sein Ohr.

Im Büro hatten sich insgesamt drei Hundeführer versammelt, einer davon Michael Schuller, wie sich herausstellte. Alle blickten neugierig auf, als das seltsame Pärchen eintrat.

»Sie wollen was?« Ausbildungsleiter Schuller konnte nicht glauben, was er aus dem Mund des gestandenen Kriminalisten gehört hatte. »Sie … Sie wollen, dass ich dieses Schwein da zum Polizeihund ausbilde?«

Von den beiden anderen Hundeführern, die im Büro eigentlich nur noch ihren Feierabendkaffee hatten trinken wollen, war Gelächter zu vernehmen. Haderlein machte keine Anstalten, darin einzustimmen, um das Ganze als Witz abzutun, was Michael Schuller eindeutig lieber gewesen wäre. Nein, Haderlein blieb ernst und Schuller gegenüber sehr bestimmt.

»Nicht direkt zum Polizeihund«, versuchte ihn Haderlein zu besänftigen. »Aber Riemenschneider hat die beste Nase, die ich jemals gesehen habe. Außerdem ist sie voll diensttauglich.« Er beugte sich nach vorn, überreichte Schuller das Attest und machte eine beschwichtigende Handbewegung. »Sie soll ja nicht über Mauern springen oder sich in Verbrecherarme verbeißen, sondern nur Sachen oder Menschen aufspüren, das kann sie nämlich wirklich gut. Einen Versuch wäre es doch wert?«

Michael Schuller blickte hilflos auf Siebenstädters Schrieb und dann fragend zu seinen beiden Kollegen, die grinsend an der Bürowand lehnten und mit den Schultern zuckten.

Anschließend fixierte er Riemenschneider, dann Haderlein und rieb sich die Nasenwurzel, während er im Geiste die Bestimmungen für die Spürhundeausbildung durchging. Schließlich lehnte er sich in seinem Bürostuhl zurück. Die Klimaanlage in der Hundeschule war nur geplant, aber noch nicht installiert worden, die Temperatur also dementsprechend. Michael Schuller transpirierte aus verschiedenen Gründen, die nicht alle zwingend mit der erhöhten Luftfeuchtigkeit und der Lufttemperatur in seinem Büro zu tun hatten. Er wischte sich den Schweiß mit einem Ärmel seines Hemdes aus dem Gesicht, bevor er die unterste Schublade seines Schreibtisches öffnete.

»Als Zollschwein vielleicht?«, sinnierte er leise vor sich hin, während er in den Innereien der Schublade wühlte. »Einen Zwetschgenschnaps, Herr Kollege?«

»Aber gern«, erwiderte Haderlein, während ein mühsam lächelnder Ausbilder Schuller wieder hinter dem Schreibtisch auftauchte und eine Flasche plus vier Gläser auf den Tisch stellte. Ganz wohl war ihm in seiner Haut nicht.

»Vielleicht als Zollschwein – dann von mir aus«, wiederholte er nun laut, während er die Gläser füllte. »Nur damit das klar ist: Es gibt knallharte Anforderungen und Regeln hier, auch für selbst ernannte Superschweine. Wenn Ihr Ferkel auch nur einen einzigen Test nicht besteht, fliegt es hochkant raus, verstanden?«

»Kein Problem«, erwiderte Haderlein lächelnd, während er zusammen mit den anderen Kollegen nach den Gläsern griff.

»Auf die Nasen dieser Welt«, toastete Schuller lächelnd, und vier Gläser klirrten, während draußen die Sonne ihren Weg gen Horizont anzutreten begann.

*

Als Monika Schlagbauer das Ortsschild von Mürsbach erkennen konnte, rückte sie ihre Garderobe zurecht. Heute würde nicht mehr viel passieren. Ein alberner Empfang in der Gemeinde, das übliche Höflichkeitsgesülze, die Hände von ein paar Dorfproleten schütteln und dann nichts wie weg in die Fluchtburg Banz. Damit wäre Tag eins dieses unsäglichen Kalendariums auch schon überstanden. Sie konnte bereits das Empfangskomitee auf der Rathaustreppe erkennen. Adrett aufgereiht wie Matrosen auf einem Schulschiff. Ein paar Hübsche waren auch dabei. Immerhin, vielleicht würde der Tag doch nicht so unangenehm werden wie befürchtet. Der Gedanke erwies sich allerdings als eine Nuance zu optimistisch.

Aus dem Augenwinkel sah sie gerade noch, wie eine Tür aufgerissen wurde, sich eine Person auf den Bürgersteig rollte und etwas Glänzendes herangeflogen kam. Dann spürte sie den Schlag am Wagen und hörte ihren Fahrer erschrocken fluchen. Das Auto wurde vorn hochgehoben und sie in das Polster des Rücksitzes gepresst. Urplötzlich war nur noch der fränkische Abendhimmel durch die Frontscheibe zu sehen. Doch der Moment dauerte nur kurz. Von oben senkte sich ein verdreckter Stoff mit der Aufschrift »Freiheit für Mürsbach« auf die Windschutzscheibe, dann wurde es dunkel um Staatssekretärin Monika Schlagbauer.

Der Bürgermeister und der gesamte Gemeinderat eilten sofort zur Unglücksstelle. Der schwarze BMW war genau zwischen Metzgerei und Bioladen auf einem großen Edelstahlbehälter aufgebockt, die Motorhaube des Fahrzeuges ragte schräg nach oben.

Inzwischen hatte die Dorfkapelle mit dem verabredeten Willkommensmarsch begonnen, und der bleiche Chauffeur half einer derangierten Staatssekretärin aus dem Fond. Verzweifelt versuchte Kuno Feiler, zu Monika Schlagbauer durchzudringen, was aber nicht so einfach war. Auf einer Seite der Straße wurde Jonathan von seinem Meister verdroschen, auf der anderen fuchtelte Eduard Huttenlocher-Weber konfus mit drei weiblichen Bediensteten seines Bioladens neben dem Auto herum, während er das Transparent zu entfernen versuchte, was sich aber hartnäckig in den Scheibenwischern verklemmt hatte. Inmitten dieser denkwürdigen Stimmung ertönte das begeisterte Spiel der Blasmusik.

Da er nicht durch die Streithähne hindurchkam, formte der Bürgermeister seine Hände zu einem Trichter und rief der Staatssekretärin so laut er konnte zu, sie solle doch zu ihm kommen. Dabei winkte er heftig. »Herzlich willkommen in Mürsbach!«, brüllte er, worauf Monika Schlagbauer ihm einen hohlen, undefinierbaren Blick zuwarf.

Dann nahm die Staatssekretärin wieder Fassung an und machte mit ihrem Chauffeur im Schlepptau zwei Schritte auf den Bürgermeister zu. Plötzlich zog es ihr die Füße weg, und sie landete, einen halben Salto schlagend und mit ausgebreiteten Armen, mit dem Rücken auf dem Boden. Unter ihr eine rote, streng riechende Flüssigkeit, die aus dem Unfallverursacher ausgelaufen sein musste, daneben ein verstörter Metzgergeselle, der sie ungläubig ansah. Monika Schlagbauer legte ihren Hinterkopf auf den Teer und blickte verzweifelt in den Abendhimmel, während die Dorfkapelle weiterhin fränkische Wirtshauslieder intonierte. In ihr breitete sich eine apokalyptische Vorahnung aus.

*

Die Gruppe um Frank Jessentaler hatte sich in der Heidelberger Hütte zum Abendessen in der Stube versammelt. Viele andere Gäste waren nicht hier oben. Die meisten Wanderer und sonstigen Alpenbesucher hatten es wohl vorgezogen, die stürmische Nacht in einem sicheren Tal zu verbringen. Hier gab es nur noch ein paar Wagemutige oder die, denen für nichts anderes Zeit geblieben war, als wenigstens die Hütte zu erreichen.

Sigismund Ludwig saß schweigend und offenkundig übellaunig etwas abseits der Gruppe am Tisch, während draußen bereits der Wind an Heftigkeit zunahm.

Sein lädierter Freund Ronald Wolf versuchte, ihn aufzuheitern, was ihm aber nicht gelingen wollte. So widmeten sich erst einmal alle ihrem Abendessen, welches im Wesentlichen aus Schinkennudeln und mehr oder weniger Bier bestand. Nur Sigismund Ludwig konsumierte weder das eine noch das andere. Er war damit beschäftigt zu hoffen, dass der Sturm schnell an ihm vorüberzog. Unter dem Tisch krampften sich seine Hände um ein Tischbein, während vor der Hütte bei einer sich verdunkelnden Sonne der Wind immer mehr an Fahrt aufnahm.

*

Der Versammlungsraum der Gemeinde Mürsbach war nüchtern im Gelsenkirchener Barock, nackter Beton aus den siebziger Jahren, gehalten und mit den Konterfeis der Bürgermeister vergangener Jahre geschmückt. In der Regel fand sich der Gemeinderat hier zusammen, um seine Beschlüsse auszufechten. Die jetzige Situation stellte sich allerdings so dar, dass die Mitglieder des Gemeinderates etwas verunsichert an dem einen Ende des Tisches versammelt waren, während am anderen, etwa fünf Meter entfernt, Staatssekretärin Monika Schlagbauer saß, einen Eisbeutel auf den Hinterkopf gepresst, der von ihrem Chauffeur an Ort und Stelle gehalten wurde. Bürgermeister Feiler neben ihr entschuldigte sich in unterwürfiger Haltung in einem fort für die Vorkommnisse, und Dr. Torschuster, seines Zeichens Tierarzt, tastete den Kopf der Politikerin ab. Im Raum begann sich der unangenehme Geruch nach Kühen auszubreiten.

»Also, das ist nur eine leichte Gehirnerschütterung«, stellte der Tierarzt eine professionelle Diagnose, als er die kurze Untersuchung abgeschlossen hatte. »Wenn Sie eine von meinen Kühen wären, würde ich sagen, Sie geben morgen wieder Milch«, lachte er und schlug der Staatssekretärin so aufmunternd auf den Rücken, dass ihr der Eisbeutel ins Gesicht rutschte.

»Sehen Sie, Frau Schlagbauer, alles nur halb so wild, hahaha!«, beeilte sich Kuno Feiler hinterherzuschieben, während die Staatssekretärin ihren Blick auf eine Unebenheit der Tischplatte geheftet hatte und sich optisch an diesem Punkt festzuklammern versuchte.

»Ich will hier weg«, brachte sie halblaut zustande.

»Nun, das wird so schnell leider nicht möglich sein«, erklärte ihr der Chauffeur. »Das Fahrzeug ist irreparabel beschädigt, und der hiesige Landmaschinentechniker von der BayWa hat nur Ersatzteile von Deutz, Fendt und Unimog vorrätig, aber nicht von BMW. Die muss er erst bestellen. Wird wohl mindestens einen Tag in Anspruch nehmen.«

Monika Schlagbauer sah ihn entsetzt an.

»Außerdem brauchen Sie jetzt erst mal etwas Ruhe«, meinte der Tierarzt Dr. Torschuster fürsorglich.

»Na, das ist doch wunderbar!«, rief der Bürgermeister einer spontanen Idee folgend aus. »Dann können Sie ja heute hierbleiben und unserer Preisverleihung als Ehrengast beiwohnen. Das gibt für Sie bestimmt viele Punkte bei den Mürsbacher Bürgern, wenn Sie bei der Wahl dabei sind!«

»Preisverleihung? Was denn für eine Preisverleihung? Was für eine Wahl gibt's denn hier in Mürsbach zu gewinnen?«, fragte Monika Schlagbauer misstrauisch.

»Die Wahl zur Miss Presssack!«, rief Bürgermeister Feiler enthusiastisch.

Es dauerte ungefähr fünf Sekunden, bis das strapazierte Gehirn von Monika Schlagbauer die Information verarbeitet hatte. Nach diesem desaströsen Tag war es nicht mehr zur vollen Rechenleistung fähig. Miss Presssack? Hatte sie richtig gehört? Als sie begriff, fuhr sie zu ihrem Chauffeur herum und zischte ihm mit panischem Blick zu: »Oskar, das Auto muss repariert werden! Und zwar sofort!«

Im Teletext des Bayerischen Fernsehens war auf der Tafel 607 zur selben Zeit folgende Meldung zu lesen:

Der Deutsche Wetterdienst gibt für ganz Nordbayern und das südliche Thüringen eine Unwetterwarnung heraus:
Das mediterrane Sturmtief »Luca« wird im Laufe des Abends die Alpen überqueren und in der Nacht von Süd nach Nord über Bayern hinwegziehen. Es muss mit schweren Sturmböen und Windgeschwindigkeiten in der Spitze von über zweihundert Stundenkilometern gerechnet werden.

Zeitgleich nähert sich von Frankreich eine Kaltfront. Im Kollisionsbereich der beiden Systeme werden schwere Gewitter mit eingelagerten Windhosen und heftige Niederschläge mit über hundertvierzig Litern pro Quadratmeter erwartet.

*

Draußen brach eine viel zu frühe Nacht herein. Die Nachmittagssonne war schon längst verschwunden, graue Sturmwolken tauchten die Berggipfel in eine diffuse Dunkelheit. Der Wind heulte, und die Fensterläden ächzten in ihren Scharnieren. Mit aller Kraft zerrte der Sturm an der Hütte, biss sich aber vorläufig die Zähne an ihr aus. Außer ein paar Zaunlatten und Wäscheständern vor der Hütte konnte er nichts finden, was er losreißen und wegschleudern konnte. Die Bergzuflucht war schweres Wetter gewohnt und trotzte den Naturgewalten, die sie von ihrem Standort wegzubewegen versuchten.

Drinnen war man weniger zuversichtlich. Selbst der Hüttenwirt, der das Haus seit siebenundzwanzig Jahren führte, hatte so ein Unwetter noch nicht erlebt. Das Gebälk stöhnte permanent, und in der Stube musste man die Stimme erheben, um sein eigenes Wort verstehen zu können. Sigismund Ludwig saß kreidebleich am Kopfende des Tisches, und keiner wusste, wie man ihm helfen konnte. Als Ronald Wolf mit seinen Aufmunterungsversuchen nicht weiterkam, wechselte er die Taktik und versuchte, seinem Freund Alkohol einzuflößen. Doch Sigismund Ludwig brachte in seiner Stimmung überhaupt nichts hinunter und ein Bier schon gar nicht. In ihm tobte die blanke Panik. Das Entsetzen ob des tobenden Sturms war ihm ins Gesicht geschrieben.

Dann versuchte es Ronald Wolf mit seinem letzten Mittel. Meistens reagierte sein Freund auf Sticheleien mit wütenden Widerworten, was in dieser Situation vielleicht helfen konnte, ihn aus seiner Lethargie zu reißen. »Du, jetzt langt's mer fei!«, gab Ronald Wolf den Genervten. »Nur dass des amal klar is, wenn du dich etzert net zamreißen tust, dann war des die letzte Dour, die mir zwaa zam gemacht ham, du Pfeife. Du bist ja dermaßen ein Jammerlappen, Mensch, nä! Hopp, etzert drinke mer erscht amal an Schnaps!« Wenn Ronald Wolf beabsichtigt hatte, damit die Schockstarre seines Freundes zu durchbrechen, hatte er sein Ziel erreicht. Allerdings auf völlig andere Art und Weise, als er sich es vorgestellt hatte.

Sigismund Ludwig reagierte nicht mit Ärger oder Wut. Seiner verängstigten und verstörten Seele war nach etwas ganz anderem zumute. Der Lehrer wurde noch eine Spur bleicher und sprang auf. Seine schütteren schwarzen Locken standen von seinem Kopf wie eine Sonnenkorona nach allen Seiten ab.

»Ich muss hier raus«, krächzte er mit heiserer Stimme, und noch ehe ihn jemand aufhalten konnte, hetzte er zur schweren Eingangstür der Hütte und machte sich an ihren eisernen Riegeln zu schaffen.

»Sigi, nicht!«, rief Frank Jessentaler entsetzt und rannte ihm hinterher. Doch er kam zu spät. Der verstörte Sigismund Ludwig hatte gerade den letzten Riegel aufgerissen, öffnete die Tür und stürzte hinaus in die sturmgepeitschte Nacht.

*

Anopheles die Siebte hatte den Rüssel voll. Tagelanges Karussellfliegen und immer niedrigere Temperaturen hatten ihr die Lust am Reisen vergällt. Ihr war schwindlig, sie hatte Hunger, und ihr war arschkalt. Sie musste jetzt dringend rasten und etwas Trinkbares finden, ansonsten war es bald mit ihrem Dasein auf dem Erdenrund vorbei.

Diese und ähnliche Gedanken schwirrten ihr durch den Kopf, als sie plötzlich schemenhaft ein Gebäude in der Wolke vor sich auftauchen sah. Verzweifelt versuchte sie mit ihren kleinen Flügeln eine Richtungsänderung vorzunehmen, doch das war gar nicht nötig, denn »Luca« trieb sie direkt auf das Haus zu. Plötzlich tat sich in dem dunklen Schattenumriss ein hell erleuchtetes Rechteck auf, und Anopheles die Siebte ergriff ihre Chance. Sie spürte etwas Weiches, Warmes und klammerte sich mit aller Kraft daran fest. Es fühlte sich so gut an! Ohne nachzudenken stieß sie ihren Rüssel tief in das weiche Etwas. Blut. Endlich der so dringend benötigte Stoff. Sie nahm ein paar tiefe, lange Züge, dann griff »Luca« wieder mit seinen windigen Fingern nach ihr und riss sie von ihrem so sehnsüchtig gesuchten Wirt fort. Doch Anopheles hatte erst einmal genug. Sie hatte sich zwar nicht den Bauch vollschlagen können, aber es würde bis zum Ende dieses Sturms genügen. Zufrieden ließ sie sich in die Tiefen des Unwetters zurückfallen.

*

Frank Jessentaler griff zu, zog den schluchzenden Sigismund mit aller Kraft zurück in die Hütte und verriegelte mühsam die Tür. Schwer atmend betrachtete er das Häufchen Elend, das da vor ihm auf dem Boden saß. Die anderen standen um sie herum und schwiegen.

Ronald Wolf packte seinen am Boden zerstörten Freund: »Komm, Alter, vergiss den ganzen Scheiß. Wir geh'n jetzt aufs Lager, und du musst dir auch keine blöden Sprüche mehr von mir oder jemand anderem anhören, okay?« Er hob Sigismund hoch und half ihm die Treppe zum Schlaflager hinauf.

Mit bedrückter Miene gingen die anderen an ihren Tisch zurück. Keiner sprach ein Wort, und draußen trieb »Luca« weiter sein wildes Spiel.

*

Pünktlich um neunzehn Uhr wurden die Tore des Saales geöffnet, und die gespannten Dorfbewohner strömten gut gelaunt auf ihre Plätze. Alle waren gekommen. Mitglieder vom Schützenverein, Kegelclub, Feuerwehr, Kartoffelverein und der Soldatenkameradschaft. Die Kapelle stand bereits auf der Bühne und unterhielt die Gäste mit fröhlicher Blasmusik. In der Mitte der Bühne war der Thron: ein schwerer alter Holzstuhl aus Eichenholz, über dem ein großer und frisch gebrühter Presssack aus der Metzgerei Felgenhauer hing. Gleich daneben stand eine durchsichtige Lostrommel.

Alle waren schon sehr gespannt, wer es dieses Jahr werden würde. Allerdings war so ziemlich jedem klar, dass Brunhilde Künzel den Hattrick wohl schaffen und zum dritten Mal die Miss-Presssack-Wahl gewinnen würde. Sie war einfach die hübscheste, netteste und vor allem ledigste Frau im ganzen Dorf. Die Hauptsache an diesem Abend war sowieso, dass die Wahl schnell vonstattenging, damit der Presssack offiziell angeschnitten werden konnte.

Die Würste lagen bereits auf Holzbrettern auf jedem Biertisch im Raum. Sie rochen diesmal zwar etwas strenger als sonst, doch das fiel in der allgemeinen frohen Erwartung niemandem auf. Niemandem, außer der alten Katharina Büchs, von allen nur »die Kaddl« genannt.

Die Kaddl war mit ihren einundneunzig Jahren die älteste Einwohnerin von Mürsbach und noch dazu eine Art Seherin von eigenen Gnaden. Jedenfalls behauptete sie, aus dem Schnitt durch eine Mürsbacher Kartoffel unter anderem lesen zu können, wie die Mürsbacher Welt wohl in der Zukunft aussehen würde. Zumindest mit den Wettervorhersagen für die Sommer lag sie gemeinhin halbwegs richtig. Dass dieser Sommer sehr heiß werden würde, hatte sie zum Beispiel gewusst, trotzdem nahm sie keiner ernster als das Tageshoroskop im »Fränkischen Tag«.

Da saß sie nun also in ihrer blau-schwarzen fränkischen Tracht und roch an dem vor ihr liegenden Presssack, während um sie herum alle in fröhliche Unterhaltungen vertieft waren. Ihre runzelige Stirn verzog sich in ein paar zusätzliche Falten, als sie aufstand und langsam, aber zielstrebig auf Bürgermeister Kuno Feiler zuwackelte. Der war gerade in ein Gespräch mit einem Gemeinderat seiner Partei »Vereinigter Itzgrund« vertieft, als sie ihn von hinten an der Anzugjacke zupfte. Als er sich umdrehte, hatte die alte Kaddl schon beschwörend die Hände erhoben.

»Ja, Frau Büchs, was gibt's denn?«, fragte er höflich, aber nicht wirklich interessiert, während er weiterhin präsidial in den Saal lächelte.

Doch die alte Kaddl kannte ihren Pappenheimer und hatte keine Lust, sich beiläufig abspeisen zu lassen. Sie packte den Bürgermeister am Hemdkragen und zog ihn flugs zu sich auf Augenhöhe herunter. Feiler widerstand dem Reflex, sich zu wehren. Die Frau war zwar alt, aber schließlich eine Wählerstimme. Dann kam die alte Katharina auch gleich zur Sache. »Der Bressack is ned gut, der is bös. Der bringt Unglück. Des riech ich«, knurrte sie ihren Bürgermeister an.

Kuno Feiler traute seinen Ohren nicht. Für so einen pseudoesoterischen Blödsinn hatte er nun wirklich keine Zeit. »Hören Sie, Frau Büchs –«, wollte er sie abwimmeln, aber die alte Kaddl war im Auftrag des Herrn unterwegs.

»Schmeiß ner fort, auf der Stelln! Und die Schwarze aus München gleich mit derzu! Die und der Bressack sin ned gut, des get fei bös aus!« Eindringlich rüttelte sie Kuno Feiler am Revers.

Dem war es jetzt genug. Die vorderen Tischreihen hatten die Szene beobachtet. Von dort war jetzt Gelächter zu hören. Das war nicht zu dulden. Kuno Feiler lachte gern, aber nicht über sich selbst. Schließlich war er der Bürgermeister. Also schob er die alte Frau Büchs langsam, aber konsequent mitsamt ihren Vorahnungen zurück auf ihren Platz. Gerade noch rechtzeitig, denn die lang erwartete Staatssekretärin betrat den Saal.

Monika Schlagbauer kam als Letzte in einem schwarzen Abendkleid und durfte als prominenter Gast logischerweise in der ersten Reihe neben Bürgermeister Feiler Platz nehmen. Das mit der Reparatur des Wagens hatte natürlich nicht geklappt, sodass sie jetzt gute Miene zum bösen Spiel machen musste. Mit einem nicht unerheblichen Parfümaufwand hatte sie es geschafft, den ekelhaften Uringeruch, den der Tierarzt auf sie übertragen hatte, auf ihrem Körper und in ihren Kleidern zu überlagern. Aber kaum hatte sie sich an den Tisch des Bürgermeisters gesetzt, stieg ihr trotz olfaktorischem Duftbollwerk die gleiche undefinierte Note wieder in die Nase. Verwirrt schnupperte sie um sich.

Dann der nächste Stimmungsbremser. Vor ihr auf einem Holzbrett lag eine unförmige Wurst. Hoffentlich musste sie nicht zusätzlich auch noch diesen ekelhaft fettigen Presssack kosten, der direkt neben ihr auf dem Tisch stand. Was soll's, dachte sie dann resigniert. Dieser irrsinnige Tag konnte ja nicht ewig dauern.

Der große Moment des Abends näherte sich. Bürgermeister Kuno Feiler betrat das Podium und bekam feierlich den Briefumschlag vom Dorfkapellmeister überreicht. Der Bürgermeister versuchte einen Gesichtsausdruck wie zur Oscarverleihung aufzusetzen und wartete einen kurzen, bedeutungsschwangeren Moment. Natürlich wusste er, was auf der Karte stand, er hatte sie ja selbst geschrieben. Totenstille breitete sich im Saal aus.

Nur Monika Schlagbauer war mit ihren Gedanken bereits im Bett und überlegte, welche Nachtcreme sie heute auftragen sollte.

»And the winner is …«, tönte es aus dem Mund des Bürgermeisters, während er die Karte aus dem Briefumschlag zog. Ungläubig

blickte er auf den roten Karton in seinen Händen. Dann lächelte er breit und rief mit lange eingeübter Begeisterung: »Monika Schlagbauer!«

Die Staatssekretärin wurde jäh aus ihren kosmetischen Träumen gerissen, als um sie herum im Saal zögerlicher Applaus einsetzte. Man konnte Bemerkungen hören wie: »Die is doch gar ned vo da.«, oder: »Na ja, hässlich is die fei ned.«, bis hin zu: »Ja, is die überhaubd ledich?«

Schließlich wurde das Ergebnis von den Saalgästen akzeptiert, und Monika Schlagbauer wurde noch leicht verdattert auf die Bühne geführt und auf den Thron gesetzt. Lediglich die weiblichen Personen im Saal verstanden die Welt nicht mehr, und die alte Kaddl schüttelte nur den Kopf.

*

Vom Schlaflager, das einen Stock höher lag, erklang ein verzweifelter Schrei. »Sigi! Verdammt noch amal, was is denn los mit dir? Hilfe! Hilfe!«, konnte man Ronald Wolf hören.

Alle am Tisch sprangen in böser Vorahnung von ihren Stühlen und hetzten die Treppe hinauf. Als sie durch die offene Tür traten, bot sich ihnen ein furchteinflößender Anblick. Sigismund Ludwig lag in unnatürlich verkrümmter Haltung auf dem Fußboden des Schlafraumes, seine Brille, in kleine Stücke zerbrochen, in der am weitesten entfernten Ecke. Er wirkte leblos. Aus seinen offenen Augen tropfte eine orangefarbene Flüssigkeit.

Ronald Wolf kniete verzweifelt neben seinem Freund und schrie die anderen förmlich an: »Er hat nur meinen Namen gerufen. Dann hat er ihn noch mal geschrien, seine Brille weggeworfen und ist dann hier vor seinem Bett zusammengebrochen!«

Manuela Rast fasste sich als Erste und fühlte dem am Boden liegenden Sigismund Ludwig den Puls. Nach einer knappen Minute sprach sie das aus, was alle Anwesenden schon befürchtet hatten. »Er ist tot«, sagte sie mit tonloser Stimme und legte den Arm wieder zurück auf den Boden.

»Wir müssen die Bergwacht alarmieren, die Polizei!«, rief Ronald Wolf in wilder Verzweiflung. Er konnte den Tod nicht so einfach akzeptieren.

»Daraus wird nichts werden«, meldete sich der bärtige Hüttenwirt zu Wort. »Bei dem Sturm wird bis mindestens morgen früh kein Handy funktionieren.«

»Und was zum Teufel machen wir jetzt?«, fragte Frank Jessentaler, der zum ersten Mal in seiner Tourguidekarriere nicht mehr weiterwusste. Auch er war völlig geschockt.

Unterdessen traf der Hausherr eine Entscheidung. »Wir werden alles so lassen, wie es ist, und den Schlafraum abschließen, bis morgen irgendwann die Polizei oder die Bergwacht kommt.« Er blickte fragend in die Runde. »Irgendwelche Einwände?«

Alle schüttelten den Kopf. Während sie schweigend die Treppe zur Hüttenstube hinunterschritten, kullerte Manuela Rast eine stille Träne über die Backe. Ute von Heesen nahm sie in den Arm. Ihre gemeinschaftliche Alpenüberquerung hatte ein bitteres und plötzliches Ende gefunden.

*

»Luca« rauschte derweil mit immenser Geschwindigkeit über die Alpen und machte sich auf den Weg Richtung Norden. Innerhalb weniger Stunden hatte er bereits die Hälfte Süddeutschlands überquert und bereitete sich nun darauf vor, mit der von Westen heranrückenden Kaltfront zusammenzutreffen. Auf einer angenommenen Linie Würzburg–Nürnberg würden die beiden Systeme aufeinanderstoßen. Energiegeladene feuchtwarme Luft aus dem Mittelmeer kollidierte mit der Kaltfront vom Atlantik. Die energetischen Gegensätze erzeugten ein äußerst explosives Gemisch in der Atmosphäre, und je weiter die sich verwirbelnden Elemente nach Norden zogen, umso gefährlicher wurde die Situation. Die Windscherung tat ein Übriges, bis das Fass zum Überlaufen gebracht wurde.

*

Während Lagerfeld in Ebensfeld am Main abbog, um den Weg zum Veitsberg hinaufzufahren, blickte er noch einmal nach Bamberg zurück. In der Abendsonne konnte er schon die Wolken der Kaltfront erkennen, die rasch von Westen heranzogen. In seinem

Cabrio hatte er auf Gewitter und Regen nun wirklich keine Lust. Es würde wohl besser sein, sich mit seiner Recherche etwas zu beeilen. Er gab Gas, durchquerte das Örtchen Dittersbrunn und konnte wenige Minuten später seinen Honda auf dem Wanderparkplatz unterhalb der Wallfahrtsstätte auf dem Ansberg abstellen.

Den Rest musste er wohl oder übel laufen, da der Weg für den motorisierten Verkehr gesperrt war. Kurz hinter der Absperrung konnte er schon die Fahnen wehen sehen, die um die größte ringförmige Lindenanlage Europas gehisst waren. Nur mit Mühe erkannte man im Zentrum die bekannte Wallfahrtskirche, die dem heiligen Veit geweiht war.

Als Lagerfeld näher kam, wusste er, dass er sich nicht geirrt hatte. Auf den im aufkommenden Wind flatternden Fahnen konnte er etwas erkennen, das ihn vor ein paar Tagen schon irritiert hatte.

Unter den Fahnen und zwischen den Bäumen saßen oder liefen die sogenannten Jünger der Vereinigung in ihren weiten grauen Gewändern umher und ließen sich von dem heraufziehenden Unwetter in keinster Weise stören.

In der Mitte des Völkchens konnte der Kommissar den Anführer des ganzen Auflaufes ausmachen, den er vor wenigen Tagen interviewt hatte.

Er wollte gerade loslaufen, um sich die Figuren erneut vorzuknöpfen, als ein gewaltiges Krachen ertönte. Lagerfeld fuhr herum und sah über Bamberg eine pechschwarze Wolkenwand, in der bereits die ersten Blitze zuckten.

Zweifelnd blickte er zurück zu seinem Cabrio. Das ging alles viel schneller, als es vom Wetterbericht angekündigt worden war. Das würde knapp werden mit seinem Zeitrahmen. Aber es half nichts. Entschlossen ging er zur Kapelle hinauf.

*

»Was soll ich denn jetzt machen?«, raunte Monika Schlagbauer dem Bürgermeister hilflos zu, während sie professionell in den Saal lächelte.

»Sie müssen den Presssack anschneiden«, zischte ihr der Bürgermeister zwischen grinsenden Zähnen zu.

Unbeholfen griff die Staatssekretärin nach dem großen Küchenmesser und begann umständlich, den großen Presssack anzuschneiden, der ihr von Metzgermeister Felgenhauer auf einem großen Holzbrett serviert wurde.

»Und nun werde ich das Fürstenlos aus der Trommel ziehen!«, deklamierte Bürgermeister Feiler derweil und griff in die Trommel. »*And the winner is* … Kapellmeister Lipsky.«

Kapellmeister Ewald Lipsky errötete, erhob sich und begann unter großem Gejohle, sich verschämt auf die Presssackkönigin zuzubewegen, die es inzwischen geschafft hatte, eine unförmige Scheibe vom Presssack abzuschneiden. Ein ihr wohlbekannter, strenger Geruch stieg ihr von der Schnittstelle in die Nase. Unangenehm berührt betrachtete sie die Wurst auf dem Holzbrett vor sich.

Alle Bürger und Bürgerinnen im Saal hatten es ihr schon gleich getan und ihre Presssackscheiben auf eine Scheibe Bauernbrot gelegt, das jeder nun stolz und in froher Erwartung in die Höhe hielt. Der seltsame Geruch breitete sich im Saal aus, wurde jedoch in der bierseligen Stimmung von niemandem bemerkt.

Bemerkt hatte die Presssackkönigin jedoch Dorfkapellmeister Ewald Lipsky, der nun wie ein verschüchterter Schulbub vor ihr stand und nervös sein Glückslos in der Hand drehte. Seine Augen waren starr auf sie gerichtet und lächelten bedeutungsvoll.

»Und was hat es mit diesem Fürstenlos auf sich?«, fragte sie ratlos den Bürgermeister, während sie naserümpfend zwischen Presssack und Lipsky hin und her blickte.

»Nun«, erklärte ihr Feiler sachlich, während er fröhlich ins Wahlvolk winkte, »der Inhaber des Fürstenloses hat das Recht, die kommende Nacht mit der Presssackkönigin zu verbringen. … Und jetzt aufessen, agschnittn is!«, rief er, und alle Bürger der Gemeinde Mürsbach bissen synchron in ihr Presssackbrot, während Staatssekretärin Monika Schlagbauer das Brotmesser aus der Hand fiel.

Allerdings blieb ihr keine Zeit mehr, über dieses unverhoffte Angebot zur Abendgestaltung nachzudenken, denn die Mürsbacher Feuerwehrsirene drang plötzlich mit einem heulenden Ton lautstark durch die Wirtshauswände. Im gleichen Moment wurde die Saaltür aufgerissen, und der Feuerwehrhauptmann der Rattelsdorfer Wehr, Wompesch, stand atemlos und tropfnass vor der versammelten Gemeinde.

»Los, alle raus hier!«, rief er, während weitere Feuerwehrmänner in den Saal rannten. »Wir haben eine Tornadowarnung, los, sofort alle raus hier! Sofort!«

*

Franz Haderlein war mit Riemenschneider auf dem Rückweg von Neuendettelsau, als er die bekannt merkwürdigen Geräusche im Motorraum seines Fiat Multipla wahrnahm. Außerdem hatte es angefangen zu regnen. Was heißt schon zu regnen, das waren Sintfluten, die auf ihn vom Himmel fielen. Die Scheibenwischer seines Wagens versuchten zwar tapfer, für freie Sicht zu sorgen, mussten sich aber schließlich geschlagen geben. In Hirschaid kapitulierte Haderlein und suchte mit Riemenschneider eine Wirtschaft auf, um dort das Ende des Unwetters abzuwarten. Allein die zehn Meter vom Parkplatz bis in die Wirtsstube des »Krugs« an der Regnitzbrücke hatten ausgereicht, ihn von oben bis unten zu durchnässen. Da hatte es Riemenschneider einfacher. Schütteln im Hausflur reichte, und das Ferkel war wieder trocken. In der Stube bestellte Haderlein erst einmal eine Ochsenbrust für sich und ein paar Kartoffeln für Riemenschneider. Er hatte jetzt Feierabend und würde es hier so lange aushalten, bis das Unwetter vorbei war. Da konnte es draußen toben und stürmen, wie es wollte, irgendwann würde es auch wieder aufhören. Er lächelte der Riemenschneiderin zu, die bereits genüsslich ihre gekochten Kartoffeln kaute, und nahm einen ersten, tiefen Zug Bier. Hauptsache, er kam heute noch irgendwann in sein Bett.

Plötzlich hörte er von draußen ein Krachen. Sämtliche Gäste stürzten zu den Fenstern. Im Licht der Straßenlaternen war nur noch zu erkennen, dass alle möglichen Dinge waagerecht durch die Landschaft befördert wurden. Auch die Ursache des Krachs war sofort erkennbar. Das Behelfsblechdach einer Baustellenbude war vom Sturm hochgehoben worden und steckte nun senkrecht im Anhänger eines geparkten Lastwagens der Baufirma. Der immer stärker werdende Wind wirbelte immer größere Gegenstände die Straße hinunter. Haderlein hoffte, dass sein Wagen halbwegs sicher unter der alten Dorflinde stand und ihn die umherfliegenden Geschosse nicht finden würden. Linden sollst du finden, von Eichen sollst du weichen, hatte seine Mutter immer zu ihm als Kind gesagt. Bisher war das ein guter Tipp gewesen. Seufzend setzte er sich wieder auf seinen Stuhl und aß an seinem Meerrettich. Gerade als er eine Gabel voll Ochsenfleisch zum Mund führen wollte, krachte es wieder. Diesmal ganz in der Nähe.

Haderlein stürzte in böser Vorahnung zum Fenster. Was er sah, ließ ihn alle Schlafenspläne für die nächsten Stunden vergessen. Das riesige Wurzelwerk der alten Dorflinde war aus seinem jahrhundertealten Standort gehebelt worden, und die umgestürzte Krone hatte ihr mächtiges Haupt auf Haderleins fahrbaren Untersatz gebettet. Den Fiat Multipla konnte man allerdings nicht mehr als fahrbar bezeichnen. Das Auto war platt wie eine Marmeladencrêpe.

*

»Das ist die Strafe der Erde«, hörte Lagerfeld eine Stimme neben sich und drehte sich um. Der selbst ernannte Oberprediger der seltsamen Truppe, Daniel Brosst, hatte sich neben ihn gestellt und ließ seinen Blick bedeutungsvoll über das sich nun langsam verdunkelnde Maintal schweifen. »Die Menschheit hat genug gesündigt, das Maß ist voll. Babylon wird untergehen.«

Wie um die nebulöse These zu bekräftigen, krachte ein Blitz aus einer nicht mehr allzu weit entfernten, monströsen Gewitterwolke. Die Wolkenformationen hatten nach unten merkwürdige Blasen ausgebildet, während der Wind jetzt aus verschiedenen Richtungen zu kommen schien. Lagerfeld hatte so etwas noch nie erlebt. Bei der eigenartigen Stimmung durchrieselte ihn ein merkwürdiger Schauer. Immer mehr der Kuttenträger gesellten sich zu ihnen und ließen den Blick Richtung Westen schweifen.

»Seht!«, konnte Lagerfeld Daniel Brosst hören. Dann streckte dieser seinen rechten Arm aus und deutete in die gleiche Richtung, in der sich nur wenige Kilometer entfernt hinter einer Hügelkette der Itzgrund befand. Erst konnte Lagerfeld nichts erkennen, doch dann sah er, wie sich an der Wolkenbasis der sichelförmigen Formation sackartige Ausbuchtungen lösten und regelrecht nach unten fielen.

»Mammatuswolken«, statuierte Daniel Brosst. »Es wird geschehen, heute Nacht.« Er senkte seinen Arm und schaute weiter unverwandt zu den Hügeln hinüber. Lagerfeld kam alles so unwirklich vor, als befände er sich in einer Filmkulisse zu Dreharbeiten des »Herrn der Ringe«. Aber das hier war die Realität. Er konnte alles sehen, fühlen und hören. Wieder krachten Blitze ins Maintal, diesmal schon sehr viel näher. Die Menschen neben ihm stöhnten auf: Aus dem sackartigen Gebilde war ein trichterförmiger Wirbel entstanden, der sich zielstrebig seinen Weg auf die

Erdoberfläche suchte. Dessen Bodenberührung konnte man nicht erkennen, da die Hügel die Sicht auf den unteren Teil des Trichters versperrten, aber Lagerfeld musste nicht alles sehen, um zu begreifen, was sich da abspielte. Auf der anderen Hügelseite hatte sich im Itzgrund ein Tornado gebildet. Ein Tornado, dessen Rüssel stetig größer wurde und sich in Richtung Norden weiterbewegte.

Der Kommissar brauchte einige Zeit, um das, was er gerade gesehen hatte, zu verarbeiten. Bis jetzt kannte er solche Bilder nur aus dem Kino, aber gerade war aus Fiktion knallharte Realität geworden. Also war es endlich so weit, dachte er sich. Hat uns die Klimakatastrophe endgültig erreicht. Alle haben es gewusst, jeder wurde gewarnt, aber erst jetzt werden alle glauben und sehen, dass es zu spät ist.

»Das Ende Babylons«, hörte er Daniel Brosst, und die Gemeinde um ihn herum wiederholte die Worte mit beschwörendem Tonfall.

»Das Ende Babylons.«

Lagerfeld riss sich von der bizarren Szene los und begann zu laufen, so schnell er konnte. Im einsetzenden Regen erreichte er sein Cabrio und sprang mit einem Satz hinter das Lenkrad. Die Befragung hatte Zeit, jetzt galt es, Menschen zu warnen. Hektisch gab er Honeypenny die unglaubliche Nachricht durch und trug ihr auf, alle Gemeinden von Bamberg bis Coburg zu benachrichtigen. Er klappte das Handy zusammen, warf es auf den Beifahrersitz, dann steuerte er mit quietschenden Reifen seinen Honda den Berg hinunter Richtung Itzgrund, dem größer werdenden Rüssel des Tornados hinterher.

Ein leibhaftiger Tornado. Dass er das noch erleben musste. Das konnte doch alles nicht wahr sein. Eigentlich hatte er mehrere Mordfälle zu lösen, und stattdessen durfte er jetzt Rettungsengel spielen. Schnell verdrängte er den Gedanken wieder, da er sich auf seine höllische Fahrweise konzentrieren musste. Als er den Scheitelpunkt der Hügel zum Itzgrund bei Birkach überquerte, hörte er die ersten Sirenen heulen.

*

Monika Schlagbauer war außer sich. So etwas war ihr bisher noch nie passiert. Erst versuchte man, sie auf offener Straße umzubringen und dann, als der Angriff fehlgeschlagen war, in einer archaischen Zeremonie öffentlich zu vergiften. Mit einer fränkischen Lebensmittelbombe. In ihrem ganzen Leben hatte sie keinen so abscheulichen Geschmack im Mund gehabt. Die Dorfbewohner allerdings wohl auch nicht, denn der Festkommerz löste sich bereits nach wenigen Bissen und dem Erscheinen der Feuerwehr in einem wilden Tumult auf. Durch das Chaos von Ekelbekundungen und verunsicherten Gästen hatte sie sich zu dem Seiteneingang vorgearbeitet und die Straße Richtung Gleusdorf erreicht.

Nur ihr Fahrer hatte es geschafft, ihr zu folgen, und versuchte nun verzweifelt, sie im strömenden Regen einzuholen. Rechts und links schossen die Einsatzfahrzeuge von THW und Feuerwehr vorbei. Der ganze Itzgrund war in Blaulicht getaucht und wurde von den Blitzen der Sturmfront erleuchtet. Aber Monika Schlagbauer war so wenig zu einer Richtungsänderung zu bewegen wie eine Horde Büffel bei einer Stampede. Es war einfach zu viel für einen Tag gewesen, selbst für eine hartgesottene CSU-Politikerin. Das hier war nicht das Bayern, das sie kannte. Sie wollte nur noch nach Hause, Richtung Süden, und nichts und niemand würde sie davon abhalten können. Wütend stapfte sie am Sportgelände vorbei, ohne sich um die Rufe ihres Chauffeurs zu scheren. Der hatte seine Dienstherrin fast eingeholt, als ihn ein plötzliches Krachen herumfahren ließ. Direkt hinter ihm war die große Tuba der Blaskapelle im Teer eingeschlagen, und eine circa hundert Meter breite, rotierende Masse bewegte sich von Mürsbach kommend auf ihn zu. Was ihn mithin noch mehr beunruhigte, waren die großen Objekte wie ganze Hausdächer sowie ein schwarzer BMW mit Münchner Kennzeichen, die genau in seine Richtung geflogen kamen.

Einen Moment lang blieb er wie angewurzelt auf der Straße stehen, dann hechtete er, seinem Reflex folgend, in den neben der Straße verlaufenden Graben und kroch in die nasse Betonröhre der Sportplatzeinfahrt, während über ihm ein Riese mit seinen Bauklötzen spielte. Sekunden später zog brüllend und fauchend die schwarze Wand über ihn hinweg. Er rollte sich in der Röhre zusammen und schloss zitternd die Augen.

Es ist ein Remake von Independance Day! Die Winde werden immer stärker, rasen nach Westen in die Zelle und lassen die Stromleitungen über uns aufheulen. Es ist ein beeindruckender Anblick. Mir ist bewusst, dass es sich um einen ziemlich zerstörerischen Wirbelwind handelt, der Teile von Gebäuden reißt und das Land aufwühlt.
(Mike Hollingshead, Eric Nguyen »Sturmjäger«)

Der junge Tornado hatte kurz hinter Breitengüssbach an einem Baggerloch seine Bodenbildung erreicht und zog nun, langsam größer und stärker werdend, Richtung Norden. Sein erstes Opfer war die neu erbaute Halle der größten Rattelsdorfer Landwirtschaft. Bauer Brummer überlebte die Einebnung seiner Maschinenhalle nur um Sekunden, dann wurde er von seinem eigenen herabfallenden Traktor in den Boden gestampft. Gottes Strafe für den alten Geizkragen, wie die Rattelsdorfer später mit wenig Bedauern über das dramatische Ableben urteilen würden. Dann griff sich der Wirbelsturm das Zirkuszelt auf dem Rattelsdorfer Festplatz. Er riss es in Fetzen und verteilte die Einzelteile mit erstaunlicher Gleichmäßigkeit über den Ort. Unerwartet schlug der Rüssel einen Bogen um den Markt Rattelsdorf und wendete sich stattdessen den Wiesen des Itzgrundes zu, als wolle er den Häusern ausweichen. Als die aufgescheuchten Bürger schon zu hoffen wagten, der Wirbelsturm würde sie links liegen lassen, kehrte er noch einmal zurück und schleuderte dreißig Meter hohe Bäume aus dem Auwald in den nahe gelegenen Biergarten der Oberen Mühle. Sekunden später fing es an zu hageln. Taubeneigroße Geschosse prasselten herab. Binnen Sekunden waren der bekannte Biergarten und der angrenzende Kanuverleih nur noch Kleinholz.

So schnell der Spuk gekommen war, so schnell war er auch vorbei. Nach vorübergehender Auflösung bildete sich der Rüssel jedoch kurz vor der kleinen Ortschaft Freudeneck in den Itzwiesen wieder neu. Größer und mächtiger als je zuvor, trotzdem blieben hier alle Bewohner auf wundersame Weise weitgehend unverletzt. Am meisten Glück hatte der Inhaber der Brauerei Fischer. Der Tornado rasierte die nagelneu erbaute Scheune einfach ab und die Westwand des Haupthauses gleich mit dazu. Als der junge Freudenecker Brauer das Licht in seinem Schlafzimmer wegen des Krachs anknipste, sah er sturmgepeitschten Himmel über und die zerstörte Brauerei neben sich. Und zwar durch eine nicht mehr vorhandene Schlafzimmerwand.

Der immer breiter werdende Tornado kümmerte sich nur wenig um die architektonischen Feinheiten seiner Verwüstungen in Freudeneck, stattdessen schickte er sich an, sein Werk Richtung Norden fortzusetzen. In Zaugendorf hatte das Alarmsystem anscheinend nicht so gut funktioniert. Mehrere Menschen wurden in ihren Häusern vom Sturm überrascht und in den eigenen vier Wänden begraben. Und der Sturm hatte noch lange nicht genug.

Vor ihm lag eine Ortschaft, in der sehr viele Menschen bereits aufgeregt durcheinanderliefen, das Beste, was sie in dieser Situation tun konnten. Die Feuerwehr leitete die Bürger gerade in die auf einem kleinen Hügel im Ort erbaute Kirche. Augenscheinlich das Bauwerk in Mürsbach mit der größten statischen Widerstandskraft. Als alle drinnen waren, schloss Feuerwehrhauptmann Wompesch die Tür. Dann saßen die Einwohner still auf ihren Plätzen und warteten auf den Sturm, der da kommen sollte. Der Schock saß tief. Niemand sprach ein Wort, nur die Worte der alten Kaddl hallten düster und beschwörend durch das Kirchenschiff: »Ich hab's euch gsacht. Des is alles bloß wechen dem Bresssack.«

Der inzwischen über hundert Meter breite Wirbelsturm hinterließ eine unerbittliche Schneise der Zerstörung. Der Mürsbacher Ortskern hatte innerhalb von wenigen Minuten aufgehört zu existieren. Nur die Kirche und die Häuser in Richtung Rentweinsdorf den Berg hinauf waren verschont geblieben. Immerhin hatte seine Zerstörungswut den Sturm an Geschwindigkeit verlieren lassen, sodass er etliche Mitbringsel wie Autos, Ziegelsteine oder Inneneinrichtungen in die Freiheit entließ. Außerhalb des Ortes, in den Wiesen des Itzgrundes, tankte er dann erneut Kraft und hob das Sportheim des Fußballplatzes wie ein Puppenhaus in die Höhe.

Monika Schlagbauer bemerkte den Tornado erst, als es zu spät war. Als sie sich entrüstet umdrehte, zerrte der Wirbel bereits an ihrem schwarzen Abendkleid. Ohne einen Laut von sich zu geben, nur mit einem fassungslosen Gesichtsausdruck wurde sie vom Boden gehoben und in den breiten schwarzen Moloch gesogen. Als der Chauffeur zehn Minuten später aus seinem Rohr gekrochen kam, war vom Tornado weit und breit nichts mehr zu sehen, von Staatssekretärin Monika Schlagbauer allerdings auch nicht. Nur die Blaulichter der Hilfskräfte und das abziehende Gewitter erleuchteten eine gespenstische Szenerie.

Lagerfeld hetzte die Bundesstraße 4 mit seinem Honda hinauf, immer den Tornado im Rückspiegel. Die Heimsuchung von Mürsbach wurde gerade im Polizeifunk durchgegeben, in allen Ortschaften von Bamberg bis Coburg war der Teufel los. In heller Panik stürzten die Menschen aus den Häusern, um mit ihren Fahrzeugen zu fliehen. In Kaltenbrunn bog Lagerfeld ab, weil die Autos bereits die Straßen verstopften. Ab Großheirath, ein paar Kilometer vor Coburg, ging dann gar nichts mehr. Die Polizei und die Feuerwehr mussten den Verkehr auf der B4 komplett einstellen. Die Menschenmassen wurden in Keller und sonstige als sicher geltende Schutzräume gebracht, während sich der Tornado unaufhörlich näherte und schließlich in Sichtweite Lagerfelds vorbeizog. Ein absolut unwirkliches und zutiefst erschreckendes Erlebnis. Und er kannte keine Gnade. Historische Ortschaften wie Kaltenbrunn, Untermerzbach oder Rossach wurden durch ihn vollständig oder teilweise dem Erdboden gleichgemacht.

Lagerfeld gingen zahllose Gedanken durch den Kopf. Natürlich hatte auch er schon von Tornados in Deutschland gehört. Aber erstens fühlte sich so ein Naturphänomen im Fernsehen ganz anders an als direkt vor seiner Nase, und zweitens hatte sich wohl niemand, trotz Warnung der Klimaforscher, ein solches Monster mitten in seiner Heimat vorstellen können. Trotz Konferenzen in Kyoto, Kopenhagen und sonstwo interessierte sich die Natur einen Dreck für menschliche Zeitpläne und halbherzige politische Vorgaben. Lagerfeld fröstelte bei der Vorstellung, dass dieser Sommer erst der Anfang von dramatischen Umwälzungen ähnlicher Art sein könnte. Nun gut, aber dieser Tornado war real, folglich hatte er jetzt damit umzugehen. Am Ortseingang und in den Wiesen konnte er eine große Ansammlung von Einsatzkräften des THW erkennen. Er parkte an dem italienischen Restaurant »La Stazione«, welches einmal der alte Bahnhof von Kaltenbrunn gewesen war. Es war von Rettungskräften regelrecht umstellt.

Lagerfeld schaute, auf der Terrasse des italienischen Restaurants stehend, hilflos dem Sturm hinterher. Genau wie anderswo hatte er auch hier in Kaltenbrunn seine Spuren hinterlassen. Das große Treffen von Vespa-Fahrern, das eigentlich hier stattfinden sollte, hatte der Windwirbel plötzlich und drastisch beendet. Überall konnte man die kleinen Roller demoliert und verbogen in den Itzwiesen und dem angrenzenden, wunderschönen Spielplatz liegen sehen. Eine lächerliche Fingerübung für den Wirbelsturm, der sich nun auf sein größtes Ziel zubewegte. Hoffentlich hatten die Residenzler genug Zeit, sich in Sicherheit zu bringen, dachte Lagerfeld. Es sah nicht so aus, als würde der Wirbel vorzeitig in sich zusammenfallen. Das könnte eine schlimme Nacht für das Coburger Land werden. Gerade als Lagerfeld sich wieder in die provisorische Katastrophenzentrale im leer geräumten Restaurant begeben wollte, meldete der Polizeifunk hektisch weitere gesichtete Windhosen in Nordbayern. Lagerfeld stellten sich die Nackenhaare auf.

Bis hierhin hatte es wie durch ein Wunder noch nicht sehr viele Tote gegeben, aber jetzt steuerte der Tornado auf Coburg zu. Eine solche Stadt war in dieser kurzen Zeit nicht zu evakuieren! Das THW hatte eine Karenzzeit von höchstens dreißig Minuten errechnet. Doch bevor irgendjemand die Coburger auch noch über einen offiziellen Fluchtplan informieren konnte, wussten diese schon, was sie zu tun hatten. Die Fachhochschule und die Veste. Lange Schlangen von Menschen, die nur das Allernötigste mitgenommen hatten, zogen die Berge hinauf, um dort Zuflucht zu suchen. Wie im Mittelalter versprach sich der Mensch hinter dicken Mauern Schutz vor der heranziehenden Gefahr. Trotz der latenten Panik lief dank THW und Feuerwehr alles halbwegs geordnet ab. Niemand von den Helfern konnte ja automatisch voraussetzen, dass die Leute auf so einen Fall vorbereitet waren.

Ganz Coburg befand sich bereits auf dem Weg zu den Trutzburgen, als der Tornado unten in der Stadt zu wüten begann. Bis hinauf konnte man das Krachen, Splittern und Malmen der wütenden Urgewalt vernehmen. Den fassungslosen Coburgern bot sich ein Schauspiel wie in einem Science-Fiction-Film, als der dunkle Wirbel quer durch ihre Stadt zog und alles mitriss, was ihm im Weg lag und stand.

Kurz hinter der neu erbauten Autobahn Richtung Erfurt verlor sich der Tornado irgendwann in der Dunkelheit und war nicht mehr zu sehen. Doch niemand traute sich den Berg hinunter. Die Stadt beziehungsweise das, was von ihr noch übrig war, lag in absoluter Dunkelheit. Es hatte sich eine gespenstische Stille ausgebreitet, nur von Süden her waren Blaulichter zu sehen und Sirenen zu hören. Erschüttert starrten die Coburger von der Veste in das schwarze Nichts hinab.

Dietmar Müller schaute beunruhigt in die Nacht, dann sorgenvoll zu den blauen Kastentürmen auf der Wiese gegenüber. Er war bis morgen früh um sechs Uhr der Schichtleiter, und das war noch verdammt lange hin. Er sah, wie sich die Blitze näherten. Auch das Donnergrollen wurde intensiver, und der auffrischende Wind zerzauste mit größer werdender Vehemenz das inzwischen schüttere Haar des Fünfzigjährigen. Seit über zehn Jahren war er bei der Firma Bionade in Ostheim in der Rhön beschäftigt und hatte den ganzen glanzvollen Aufschwung miterlebt. Aus der kleinen insolvenzgefährdeten Firma war ein weltweit operierender, hochprofitabler Getränkekonzern geworden. Und das ganze Rhöner Umland profitierte davon. Überall waren riesige Holunderplantagen entstanden, die mit Abstand beliebteste Geschmacksrichtung, die hier fermentiert wurde. Ein Glücksfall für alle Beteiligten. Bis, ja, bis das Management diese irrsinnige Preiserhöhung durchgesetzt hatte. Trotzdem war der Platz in der Ostheimer Brauerei schon lange viel zu klein, um die immense Anzahl von Getränkekästen irgendwie bewerkstelligen zu können. Also wurden hektarweise die Wiesen gegenüber gepachtet, auf denen nun gestapelte blaue Würfel von locker fünfzehn Meter Kantenlänge herumstanden. Tausende leerer Bionadekästen, gigantische Skulpturen.

Als ein Tropfen auf Dietmar Müllers Schulter landete, blickte er wieder besorgt nach oben. Es folgten noch einer und noch einer. Urplötzlich wurde es für einen kurzen Moment ganz still, und Dietmar Müller überfiel ein kalter Schauer. Irgendetwas Sonderbares lag in der Luft, das konnte er spüren. Dann krachte ein Blitz nur wenige hundert Meter entfernt in einen Baum, und heftiger Wind frischte auf.

Instinktiv wich der Schichtleiter einen Meter zurück unter ein Vordach, von wo aus er aber das Unternehmensareal noch immer gut im Blick hatte.

Von einem Moment auf den anderen begann der Hagel. Tennisballgroß fielen die Körner vom Himmel, und Dietmar Müller zog den Reißverschluss seiner Jacke bis hinauf zum Hals zu. Der Wind wurde immer stärker, und die Hagelkörner flogen im ohrenbetäubenden Lärm nun fast waagerecht von rechts nach links. Aus dem Wiesengrund linker Hand konnte man anhaltendes Krachen hören, Blitze zuckten im Sekundentakt vom Himmel. Dietmar Müller hielt sich an der Dachrinne an der Hausecke fest, als er um die Ecke schaute. Was er sah, ließ ihn das Blut in den Adern gefrieren.

Nur wenige hundert Meter entfernt erblickte er den schrägen, gewaltigen Schlauch eines Tornados in der Wiese. Wie durch ein Blitzlichtgewitter von Fotografen wurde das Ungeheuer vom Unwetter beleuchtet.

Unfähig, sich zu rühren, sah der Braumeister den Wirbelsturm näher kommen. Sein Verstand konnte die Situation so schnell nicht realisieren. Ein Tornado in Ostheim?

Das wirbelnde Naturereignis beschloss, ihm eine gigantische Show zu bieten, die er sein Leben lang nicht vergessen würde. Der Tornado nahm direkten Kurs auf die blauen Bionadekästenskulpturen auf der Wiese und begann sich diese einzuverleiben. Ein Würfel nach dem anderen löste sich in seine Bestandteile auf und wurde eins mit dem Wirbel. Mit seiner neuen Fracht beladen, zog der Tornado nach rechts aus dem Gesichtsfeld des Braumeisters und auf und davon. Noch lange danach, als schon keine Blitze zu sehen und kein Donner mehr zu hören waren, saß Dietmar Müller auf dem Betonboden der überdachten Laderampe und schaute geschockt im Dauerregen auf die vertrockneten, hellen Vierecke der Wiesen, die einmal der Standort der Bionadekästen gewesen waren.

Die Bewohner des Gutes Leimershof, oberhalb der Gemeinde Breitengüssbach, hatten sich in der Reithalle des Gestütes verschanzt. Als sie die Meldung von einem Tornado im Tal in den Nachrichten hörten, hatten sich alle zum Rückzug ins größte Gebäude auf dieser Höhe entschlossen. Doch anscheinend war die Realität nur halb so schlimm. Es kam nur ein kurzer Hagelschauer herunter, und für höchstens fünfzehn Minuten wehte ein zugegebenermaßen heftiger Wind. Dann, nach einer halben Stunde, war alles wieder halbwegs ruhig.

Hartmut Kann, der Hüter der Gebäude, die sich rund um den Golfplatz gruppierten, steckte als Erstes seinen wild frisierten Kopf nach draußen. Erleichtert atmete er auf. Sein kleiner Biergarten war noch da. »Ihr könnt rauskommen, ihr Schisser!«, rief er nach drinnen, und das verschüchterte Volk ließ sich nicht zweimal bitten. Erleichtert begaben sich alle ins Freie. »Glück kabt, Freunde!«, meinte Kann zu der Gruppe. »Des gibt a Runde Rauchbier.«

Der Biergarten hatte den Sturm fast unbeschadet überlebt: Nur ein paar Fahnen waren verschwunden, und die Biergarnituren lagen kreuz und quer. Erleichtert schritt Hartmut Kann mit seinen Helfern in die Mitte des Platzes, um die Tische und Bänke wieder aufzustellen, die vom Mond beschienen wurden. Als der Wirt stehen blieb, liefen alle anderen protestierend von hinten auf ihn auf. Doch Hartmut Kann wusste, dass etwas nicht stimmen konnte. Im Normalfall war es nicht möglich, dass der Mond sie von links oben beschien. Im Normalfall stand dort die Scheune mit den Boxen für die Pferde des Gestüts.

Mit einem klammen Gefühl in der Brust trat er aus dem Biergarten und sah, dass er nichts sah. Das Gestüt war verschwunden. Von den beiden Scheunen waren nur noch die Reste der Grundmauern übrig, von Zäunen und sonstigen Absperrungsanlagen oder Koppeln fehlte jede Spur. Direkt an der Buschreihe zum Ausschank hin waren die Gebäude wie mit einem riesigen Rasenmäher abrasiert worden. Alles verschwunden. Doch was ihn am meisten erschreckte: Auch die Pferde waren nicht mehr da. Das Gestüt auf Gut Leimershof existierte nicht mehr. Der ehemalige Herr der Ställe setzte sich erst einmal auf den Hosenboden.

»Ich glaab, Hartmut«, konnte er von hinten einen trockenen Kommentar hören. »Ich glaab, du drinkst jetzt lieber amal a Bier zu viel als zu wenig.«

Hartmut Kann beschloss nach einigen Sekunden des Begreifens, diesem Ratschlag schleunigst Folge zu leisten.

Und so verloren viele Menschen in dieser Nacht ihr Hab und Gut und nicht wenige ihr Leben. Etliche Tornados und Windhosen hatten das fränkische Land in dieser Nacht fest in ihrem Griff.

In Hohenschwesendorf, noch weit hinter der Stadt Hof, nahe der tschechischen Grenze, vernichtete eine Windhose einen einsamen ehemaligen Holzfällerhof. Von dem alten Anwesen blieb nur noch ein Stück kurz rasierte Wiese übrig. Der darin allein lebende Musiklehrer wurde samt seiner Instrumente und der Katze niemals wiedergesehen.

In Teuschnitz an der thüringischen Landesgrenze wurde das Dach des Jugendhauses am Knock von einem gewaltigen Hagelschauer durchlöchert. Als die Betreuer und Kinder daraufhin in den Keller geflüchtet waren, hob ein Tornado das gesamte Gebäude hoch, zerlegte es in seine Einzelteile und nahm diese, zusammen mit dem Hausmeister, kostenlos nach Thüringen mit.

In Hassfurt wurden die Fahrzeuge zweier Autohäuser von einem Minitornado in nur wenigen Sekunden im wahrsten Sinne des Wortes in alle Winde zerstreut. Im restlichen Franken wurde das nur mäßig bedauert, da Hassfurt gemeinhin und bewiesenermaßen als Heimat der schlechtesten Autofahrer der Welt gilt. Ein paar Audis und VWs weniger waren somit zu verschmerzen.

Bei Schmalkalden, der schönen mittelalterlichen Stadt Südthüringens, wurde eine Herde Schafe plus Schäferhund von Tausenden von Getränkekästen erschlagen, die auf einmal vom Himmel regneten. Nur der Schäfer überlebte knapp, aber schwer verletzt.

Doch kein Tornado richtete in dieser denkwürdigen Nacht mehr Schaden an als derjenige, der sich vom Itzgrund bis an den Rennsteig seine kilometerlange zerstörerische Schneise bahnte. Er forderte noch ein spätes, letztes Todesopfer, dann, tief in der Nacht, irgendwo im Thüringer Wald, löste sich auch dieser Wirbelsturm auf und fiel unvermittelt in sich zusammen.

*

Ein Flussregenpfeifer weiblichen Geschlechts hatte sich an den Gestaden des Flüsschens Effelder nahe Döhlau in Thüringen niedergelassen. Diese Flussregenpfeiferin hatte sich erst im vergangenen Jahr zur Emigration aus dem Fränkischen entschlossen, weil ein sonnenbrillentragender Grobmotoriker mit Krokodillederstiefeln namens Lagerfeld ihr in diesem Sommer die fast fertig ausgebrüteten Eier am Main zertreten hatte. Da hatte es ihr endgültig gereicht. Das war der Tropfen gewesen, der das Fass zum Überlaufen gebracht hatte, und sie hatte beschlossen, die Segel zu streichen und sich in einem friedlicheren Umfeld mit einem halbwegs ertragbaren Idiom niederzulassen. Das kleine Flüsschen kurz hinter der Grenze hatte vielversprechend ausgesehen, und binnen kürzester Zeit hatte sie ein nettes Flussregenpfeifermännchen aus Zella-Mehlis kennengelernt und eine Fünf-Eier-Multikulti-Familie gegründet.

Das war's dann aber auch schon mit den guten Nachrichten. Sie hatte kaum mit dem Brüten begonnen, da ließ sie der Thüringer wegen einer buntfedrigen Schlampe aus Suhl sitzen. Dann hörte es auch noch auf zu regnen, es wurde unerträglich heiß, und das kleine Flüsschen trocknete aus. Eine Katastrophe für brütende Regenpfeifer. Und zu guter Letzt, als größte aller Strafen, dieser schreckliche Dialekt. Wehmütig dachte die Pfeiferin an die im Nachhinein doch nicht ganz so schlechten Tage am Obermain zurück.

Plötzlich aber, in den Stunden ihrer größten Verzweiflung, begann es endlich wieder zu regnen. Seit einer halben Stunde schüttete es ununterbrochen. Schon befand sich wieder genug Wasser im Flussbett. Was für eine wunderbare Wendung der Dinge! Ihre Kinder waren kurz davor zu schlüpfen, und der Regen brachte das lang ersehnte Nahrungsangebot für die kleinen flaumigen Regenpfeiferbabys, die nun bald das Licht dieser schönen Welt erblicken würden.

Plötzlich hörte sie hinter sich ein Rauschen im Wald und das Knacken und Fallen von Bäumen. Starker Wind kam auf. Erschrocken duckte sie sich über ihre Brut, doch der Moment war schnell vorbei. Die Geräusche erstarben so plötzlich, wie sie eingesetzt hatten. Ebenso der Wind. Auch der Regen tröpfelte nach kurzer Zeit nur noch sanft auf den dampfenden Waldboden. Als sie nach oben schaute, schimmerten bereits wieder die ersten Sterne durch die sich verflüchtigende Wolkendecke. Sie erhob sich vorsichtig, blickte sich sicherheitshalber noch einmal um und machte dann ein paar Trippelschritte Richtung Wald, um zu sehen, ob sich schon der ein oder andere Wurm aus dem nassen Boden gewagt hatte. Knackende Äste in der Baumkrone über ihr und ein dumpfes Geräusch ließen die junge Mutter abrupt stehen bleiben. Ihr schwante nichts Gutes. Sie wandte sich um, und die Wahrheit traf sie wie ein Keulenschlag.

Quer über ihrem Gelege lag ein langes schwarzes Etwas, und ein gelblicher Schalenbrei quoll darunter hervor. Das Etwas war eindeutig ein weiblicher Mensch, trug ein schwarzes Ballkleid und roch ziemlich streng nach Kuhstall und fränkischem Presssack. Die Flussregenpfeiferin trippelte näher heran und stupste mit ihrem Schnabel vorsichtig gegen die schwarze Frau, aber vergeblich. Die war hin.

Schließlich gab sie ihre Bemühungen frustriert auf und betrachtete den leblosen Menschen, der da vor ihr lag. Den Gesichtszügen der Toten nach hatte sie kein besonders glückliches Leben geführt. Als das Flussregenpfeiferweibchen im weiteren Verlauf seiner Gedankengänge für sich selbst zum gleichen Schluss kam, schockierte es diese Tatsache zutiefst. So wie diese schwarze Frau, unglücklich, allein in der Fremde und schließlich tot vom Himmel fallend, wollte sie nicht enden. Außerdem musste sie ja irgendwann auch einmal mit der Brüterei zu Potte kommen. Wenn sie nicht bald einmal ein paar lebende Küken zustande brachte, würde es im Alter mit ihren Rentenbezügen aber mal richtig dünn aussehen.

Umgehend erhob sie sich in die nebligen Lüfte und flog schnurstracks zurück Richtung Süden. Sie wollte nach Hause an den Main und noch einmal von vorn anfangen. Es half nichts, man musste eben kompromissbereit bleiben. Gut, die fränkischen Männer waren nicht besonders feinfühlig und tranken auch ziemlich viel Bier, aber sie blieben wenigstens da.

Der Fluch der Anopheles

In den frühen Morgenstunden traf ein völlig übermüdeter Haderlein in einem Taxi mit Riemenschneider im Gepäck in der Dienststelle ein. Die letzte fürchterliche Nacht hatte er auf dem Fußboden der Hirschaider Wirtschaft verbracht, genau wie viele andere Leidensgenossen auch. Als der Sturm in den Mitternachtsstunden abgezogen war, war auf den Straßen draußen der Teufel los gewesen. Überall Polizei, Sanitäter und Notärzte. Alles, was sich ein Blinklicht aufs Autodach setzen konnte, war unterwegs gewesen. Entweder, um die Verkehrswege frei zu räumen oder um sich um Verletzte, Eingeklemmte und Verschüttete zu kümmern. Haderleins Multipla war nur noch Schrott und bereits im Abwrackprämienhimmel, den konnte er vergessen. Als Lagerfeld endlich ans Handy ging, erfuhr er von ihm das ungefähre Schadensausmaß dieser Nacht. Sein Kollege saß gerade in Coburg fest und versuchte den Bewohnern zu helfen, ihre Stadt aufzuräumen. Der gewaltige Tornado hatte dort eine Schneise der Verwüstung nur knapp am Stadtkern vorbei gezogen. Der Bahnhof war als fast einziges Gebäude in der Zugbahn stehen geblieben. Verschwunden waren dagegen Teile des Güterbahnhofs und der »Brücken Adolf« mitsamt seiner Birnen und Äpfel. Weite Teile der Häuser entlang der Ortsumgehung Richtung Autobahn glichen einem Trümmerfeld. Die historische Innenstadt lag voller Sperrmüll und Wrackteile. Richtig übel erwischt hatte es die Bertelsdorfer Höhe. Der komplette Jungbaumbestand, der für die Coburger Erstgeborenen angelegt worden war – verschwunden. Auch der ältere, nette grauhaarige Gärtner in seinem grünen Kittel hatte die kleinen Bäume nicht beschützen können und war mit seinen Zöglingen auf die tödliche Reise gegangen. Komplett vernichtet war die Turnhalle der HUK. Circa ein Drittel des gläsernen Versicherungspalastes war einfach wegrasiert und das dahinter liegende Landratsamt in Minutenfrist komplett eingeebnet worden. Aldi, Edeka und Sagasser, alles verschwunden. Nur der Burger King hatte Glück gehabt. Auf Sichtweite war der Tornado an den erschrockenen Gästen vorbeigezogen. Auch hier hatte es nur kurz geregnet, danach folgten Trümmer über Trümmer.

Wie viele Tote es gegeben hatte, war noch nicht abzusehen, doch womöglich war Coburg noch einmal glimpflich davongekommen, was die Opfer unter der Bevölkerung anbelangte. Trotzdem sah es in der Innenstadt fürchterlich aus. Lediglich die Bereiche auf den Höhen der Veste und des Fachhochschulgeländes, wohin sich die meisten Coburger geflüchtet hatten, waren von dem Wirbelsturm komplett verschont geblieben. Tausende von Menschen waren plötzlich obdachlos, und das nicht nur in Coburg, sondern in ganz Ober- und Unterfranken.

Im Moment half Lagerfeld dabei, die Trümmer von dem Rathausvorplatz zu räumen und auf die allgemeine Ordnung zu achten. Verhaften hatte er leider Gottes auch bereits jemanden müssen. Es war kein Plünderer und eigentlich auch kein Krimineller, wobei die Meinungen da mitunter schon auseinandergingen. Mitten in dem ganzen Chaos, als jeder damit beschäftigt war, die eigene Haut zu retten oder zu sehen, was von seinem Heim an traurigen Resten noch übrig geblieben war, gab es immer noch Menschen, die sich selbst von einem Tornado, der Feuerwehr, dem THW und wahrscheinlich sogar von UNO-Blauhelmtruppen nicht von ihren abstrusen Gewohnheiten abhalten lassen wollten.

Ein in Coburg wohlbekannter Spinner nervte mit lautem Ghettoblaster und kreischender Stimme die Rettungskräfte in der Innenstadt während der Aufräumarbeiten so gewaltig, dass Lagerfeld alle Hände voll zu tun hatte, ihm das Leben zu retten. Er konnte gerade noch verhindern, dass ein Lichtenfelser Feuerwehrmann, dem die innerstädtische Coburger Abhärtung fehlte, mit seiner Feuerwehraxt den Sänger in zwei lautlose Teile spaltete. Trotzdem: Genug war genug. Kurzerhand nahm Lagerfeld den Verrückten in Schutzhaft und sperrte ihn in ein halbwegs schalldichtes Chemieklosett des provisorischen Helferlagers am Coburger Marktplatz. Dort konnte der oberfränkische Troubadix erst einmal keinen akustischen Schaden anrichten.

Anschließend konnte Lagerfeld sich wieder um die Hilfskräfte kümmern. Er hatte hier wirklich alle Hände voll tun, Haderlein musste schon selbst sehen, wie er aus Hirschaid wegkam.

Der Kriminalhauptkommissar hatte erst um fünf Uhr früh Honeypenny in der Dienststelle erreichen können, aber an einen polizeilichen Abholservice war nicht zu denken gewesen. Alle Polizeikräfte waren in Oberfranken unterwegs und die Autobahn und Landstraßen weitestgehend unpassierbar. Etwas später hatte er einen ebenfalls übermüdeten Taxifahrer gefunden, der ihn über etliche Geheim- und Promillewege zurück nach Bamberg brachte. Als er die Dienststelle betrat, herrschte dort ein einziges Chaos. Die kompletten Bamberger Polizeikräfte waren damit beschäftigt, die organisatorischen Folgen der Naturkatastrophe zu bewerkstelligen. Fidibus war am Rotieren, und die Aufklärung von Tötungsdelikten war auf der Prioritätenliste ganz nach hinten gerückt.

Haderlein, der eigentlich nur noch schlafen wollte, übergab Riemenschneider an Honeypenny und reihte sich in die wuselnde Organisation des Katastrophenbewältigungsteams ein. Mehrere gemeldete Tornados oder Windhosen hatten in ganz Nordbayern heftigste Verwüstungen und ein Chaos sondergleichen hinterlassen. Es würde Tage dauern, wieder eine halbwegs geordnete Struktur in das Leben der Menschen hier zu bringen. Bald musste Haderlein einsehen, dass er in der Dienststelle nicht wirklich helfen konnte. Er war ja sowieso eher ein Mann der Tat. Er musste raus hier. Der Hauptkommissar kämpfte sich zu Huppendorfer durch, der den Fuhrpark der Direktion mit den beschlagnahmten Wagen unter sich hatte, und rief ihm ins Ohr: »Ich brauche einen fahrbaren Untersatz. Und wenn's geht, keinen tiefergelegten Discorenner, mit dem ich an jedem herumliegenden Ast hängen bleibe.«

Huppendorfer nickte stumm und überlegte kurz. Dann wühlte er sich zum Brett neben der Eingangstür durch, an dem die Schlüssel der Beschlagnahmten hingen. Er nahm einen herunter und drückte ihn Haderlein in die Hand. »Der graue Landrover von diesem Russentypen letztes Jahr. Den wollte sowieso keiner haben. Ist aber fahrbereit und vollgetankt. Allrad. Mit dem kommt man eigentlich überall durch!« Rief's und machte sich auf den langen Weg zurück zu seinem Schreibtisch.

*

Anopheles die Siebte konnte es nicht glauben. Sie lag auf dem Boden. Kein Windwirbel mehr weit und breit, der sie in rasender Fahrt Hunderte von Kilometer über hohe Berge verfrachtete. Das ganze Theater hatte zum Ende hin noch in einem heftigen Gewitter kulminiert, aber jetzt war endlich Schluss. Die Sonne ging auf, und sie war am Rand einer kleinen Ortschaft an einem beschaulichen See gelandet. Es war leidlich warm und vor allem feucht. Perfekt. Als Erstes würde sie einmal ihre Eier in diesen kleinen See legen. Die waren überreif, und sie war wirklich froh, sie endlich loszuwerden. Danach würde sie sich ein paar Tage von ihrer wilden Fahrt erholen. Zum Glück hatte sie noch genug Blut im Leib, um die nächste Zeit satt zu überbrücken.

Ohne weiteres Zögern legte sie ihre Brut im Uferbereich des kleinen Sees ab und heftete sich danach aufrecht und erschöpft an ein Schilfrohr. Und zwar an der sonnenzugewandten Seite. Sie würde jetzt erst einmal das Licht, die Helligkeit genießen. Danach würde man sehen. Ruhe kehrte in ihren malträtierten Insektenkörper ein, und sie hätte genüsslich die Augen geschlossen, wäre ihr das möglich gewesen.

*

Haderlein steuerte den Landrover hinaus in die Bamberger Wirklichkeit. Zu seinem erleichterten Erstaunen war die Stadt einigermaßen glimpflich davongekommen. Die Schäden reduzierten sich im Wesentlichen auf runtergeflogene Ziegel und Baumbruch. Lediglich im Industriegebiet war das Dach vom Obi-Baumarkt vom Wind weggerissen worden und steckte nun wie ein Mahnmal direkt neben dem nagelneuen Eingangsportal der Landesgartenschau im Pflaster. Ein Monument für den Klimawandel in Franken. Schlimmeres gab es eigentlich nicht zu vermelden. Bamberg hatte richtiges Glück gehabt. Coburg hatte es dagegen richtig übel erwischt und die enormen Schäden fütterten gerade die morgendlichen Nachrichtensender. In diesem Moment meldete sich Haderleins Handy.

Manuela war am anderen Ende und informierte ihn kurz und knapp darüber, dass sie sich mit Ute von Heesen bereits wieder auf der Heimreise befand. »Einer unserer Mitfahrer ist ums Leben gekommen«, brachte sie mühsam beherrscht über die Lippen. Die genaueren Einzelheiten wollte sie ihm am Abend erzählen, wenn sie wieder zu Hause war. Er solle sich keine Sorgen machen, ihnen ginge es gut. Sie waren nur etwas deprimiert.

Der Kommissar schüttelte den Kopf. Mein Gott, heute kam aber auch alles zusammen. Na, Hauptsache, den beiden war nichts passiert. Haderlein stellte den Freelander an einem Café gegenüber des Obi-Parkplatzes ab und beschloss, einen sehr starken Espresso zu trinken. Irgendwie musste er ja wach werden. Alles Weitere würde sich finden. Bei dem Tohuwabohu der letzten Nacht würde es noch Tage dauern, bis er wieder seiner normalen Polizeiarbeit nachgehen konnte.

Er kaufte sich den »Fränkischen Tag«, ohne sich der ernsthaften Hoffnung hinzugeben, dass dieser ausnahmsweise einmal etwas Aktuelles brachte. Von den Tornados stand natürlich nichts drin, das war ja wieder einmal nach Redaktionsschluss passiert. Aber für den »Fränkischen Tag« passierte eigentlich alles nach Redaktionsschluss. Also blätterte er eher lustlos durch die Seiten, bis er auf den Frankenteil stieß. Fast wäre ihm der Kaffee aus der Hand gefallen. Da war Siebenstädter abgebildet! Fast in voller Leibesgröße. Ein halbseitiger Bericht über die Gerichtsmedizin in Erlangen und seinen berühmten Vorsteher, außerdem wurde etwas von den merkwürdigen Leichen geschrieben, an denen sich der Professor gerade die Zähne ausbiss. Aber auch das würde dieser schräge Mediziner irgendwann in den Griff kriegen.

Haderlein legte die Zeitung auf die Seite und dachte einen kurzen Moment über das letzte Zusammentreffen mit dem Pathologen nach. Noch einmal musste er über Siebenstädters göttliches Gesicht schmunzeln, als er ihm Riemenschneider auf den Tisch gestellt hatte.

Apropos, er schnappte sich das Handy und meldete sich bei Honeypenny, um zu fragen, wo seine Hilfe gebraucht wurde. Die gute Seele der Direktion konnte ihm so etliches erzählen. Es wartete Arbeit *en masse* auf ihn. Allerdings keine, für die ein Kriminologe normalerweise ausgebildet wurde, aber so war das halt bei Naturkatastrophen. Also gut, dann eben noch ein schlafloser Tag. Seufzend setzte sich der Kriminalhauptkommissar wieder in den Landrover. Aber heute Abend würde er früh und endgültig ins Bett gehen. Und noch dazu mit der Frau seines Herzens neben sich. Er drückte den Startknopf des Freelanders.

*

Dar Raum war in schmucklosem Weiß gestrichen und fensterlos. An der Stirnseite befand sich eine Metalltür, das Zimmer wurde von indirekten, kalten Tageslichtlampen erhellt. Leise konnte man das Geräusch einer Klimaanlage erahnen. Wortlos warf der Mann den »Fränkischen Tag« auf den ovalen Glastisch. Auf der Frankenseite prangte das Konterfei von Professor Siebenstädter. Der Bericht war mit gelbem Leuchtstift markiert.

»Es ist so weit«, sprach der Mann emotionslos in die Runde der Frauen und Männer, die am Tisch saßen. »Rosenbauer hatte doch recht. Wir haben die ersten Toten, und wir können darauf wetten, dass es nicht die letzten bleiben. Also, was werden wir tun?« Auffordernd sah er von einem zum anderen. Jeder senkte den Kopf. Nur am anderen Ende des Tisches hielt jemand seinem Blick stand.

»Ich werde mich darum kümmern«, sagte der bärtige Mann und stand auf.

»Was heißt das, darum kümmern?«, fragte eine junge Frau, der die Panik ins Gesicht geschrieben stand. »Wir sind hier doch total sicher. Niemand wird uns je finden. Da sollten Sie nichts Unüberlegtes tun! Es gab schon genug Tote, oder etwa nicht?« Ihre Stimme zitterte.

»Das braucht Sie überhaupt nicht zu interessieren«, erwiderte der Bärtige emotionslos. »Was ich nicht weiß, macht mich nicht heiß, Mädchen. Aber wenn wir nichts tun, dann fliegt die ganze Sache irgendwann auf, und wir werden im Knast enden. Lebenslang. Ende der Geschichte. Und zwar für alle Anwesenden.« Er blickte in die Runde.

»Gut, ich vertraue Ihnen«, riss der Mann am Kopfende des Tisches das Gespräch wieder an sich. Die gut aussehende Frau, die die ganze Zeit schweigend neben ihm gestanden hatte, nickte zustimmend. »Die Alten haben offensichtlich nicht gereicht. Die Indizien müssen verschwinden.« Er fixierte den Bärtigen. »Alle«, fügte er noch hinzu. Aber der Nachdruck war unnötig. Er hatte schon verstanden. Unmerklich lächelnd und mit geschmeidigen Schritten verließ der Bärtige den Raum durch die Metalltür.

*

Theresa Rosenbauer war gerade dabei, ihr Brot auszuwickeln, als sie sah, wie ihr jemand vom Eingang des Schulhofes zuwinkte. Als sie ihn erkannte, lächelte sie und lief sofort zu dem großen Wagen, der mit laufendem Motor am Eingang stand.

»Was ist los?«, fragte sie fröhlich und blickte aus wachen, intelligenten Augen in das Gesicht, das ihr so bekannt war. Ihr Gegenüber beugte sich ebenfalls lächelnd zu ihr herunter und strich der sechsjährigen Erstklässlerin über den Kopf.

»Die Schule ist für heute aus«, sagte die erwachsene Person. »Steig ein, wir fahren nach Hause.« Jemand öffnete die Tür der Limousine, Theresa Rosenbauer hob ihr rosa Kleidchen mit Barbieaufdruck in die Höhe und sprang begeistert auf den Rücksitz. Keine Schule war immer gut. Außerdem hätte es ja sowieso bald wieder hitzefrei gegeben, auch wenn es nach dem Gewitter in der Nacht gar nicht mehr so heiß war. Bestimmt würde sie heute wieder etwas mit ihren Eltern unternehmen. Entweder ins Schwimmbad oder Eis essen gehen oder beides. Ihr Herz hüpfte bereits in froher Erwartung der unerwarteten Tagesüberraschung. Die Person, die sie abgeholt hatte, blickte sich noch einmal unauffällig um und setzte sich auf den Fahrersitz. Die Tür schloss sich, und der schwarze Wagen verließ unbemerkt mit Theresa Rosenbauer das Schulgelände.

*

Dr. Christian Rosenbauer saß deprimiert auf einem weißen Ledersofa. Das Haus, in dem sich das edle Möbelstück befand, lag am Fuße des Abtsberges in Bamberg und trug die Hausnummer 1. Durch die Jugendstilfenster drohte bereits wieder die Sonne unbarmherzig ihre aufheizende Wirkung zu entfalten, sodass die elektrischen Rollos des voll automatisierten Hauses bald wieder ihre gnädigen Schattenkünste unter Beweis stellen mussten. Doch dafür hatte Dr. Christian Rosenbauer im Moment keinen Sinn. Er war zu sehr mit sich und vor allem mit seiner Frau beschäftigt, die vor ihm auf dem Teppich kniete, seine Hände in die ihren gelegt hatte und ihm von unten intensiv in die Augen blickte. Sie versuchte, die tiefe Hoffnungslosigkeit zu vertreiben, die sich darin breitgemacht hatte.

»Du musst es so akzeptieren, wie es ist«, fing sie von Neuem an mit ihren Überzeugungsversuchen. »Diese Welt ist nun mal so. Niemand lebt ohne Risiko, und jeder ist für sein eigenes Handeln verantwortlich. Du bist ein genialer junger Wissenschaftler. Du wirst dir doch nicht selbst deine Zukunft, die der Firma und die unserer Familie kaputt machen. Ich bitte dich, Christian, du musst jetzt einen klaren Kopf bewahren und die Realitäten akzeptieren. Bitte! Du kannst niemanden wieder lebendig machen.« Mit dem letzten Wort umfasste sie den Kopf ihres Mannes mit beiden Händen und schüttelte ihn, als ob sie einen bösen Geist austreiben wollte. Doch Christian Rosenbauer zeigte keinerlei Zeichen eines Sinneswandels. Mit müdem Blick und resignierter Körperhaltung entledigte er sich der Hände seiner Frau.

»Es tut mir leid, Gerlinde«, sagte er mit Tränen in den Augen und ohne sie anzusehen. »Ich kann die Schuld nicht auf mich nehmen. Ich hätte es verhindern können und müssen. Es tut mir leid.« Unter den fassungslosen Blicken seiner Frau legte er den Artikel des »FT« zur Seite, den er bereits den ganzen Morgen angestarrt hatte, und griff zum Telefonhörer. Er tat, was er schon längst hätte tun sollen. Er würde die Behörden informieren, egal, was seine Familie dann von ihm dachte. Doch als er wählen wollte, war kein Freizeichen zu hören. Verwirrt blickte er auf den stummen Telefonapparat, dann bemerkte er, dass auch die roten Kontrolldioden der automatischen Fensterrollos erloschen waren. Das Radio aus der Küche war ebenso nicht mehr zu hören. Bleich legte er das Mobilteil des Telefons zurück auf die Ladestation, die diesen Zweck nun nicht mehr erfüllen konnte. Verzweifelt blickte er zu seiner Frau, und Tränen rannen aus seinen Augenwinkeln.

»Sie kommen«, hauchte er tonlos in die Leere des Wohnzimmers, während seine Frau ihn verwirrt betrachtete. Sekunden später betraten mehrere schwarz gekleidete Gestalten den Raum.

Die Hausherrin fuhr erschrocken herum. »Was soll das? Wer sind Sie?«, fragte Gerlinde Rosenbauer entrüstet und streckte sich.

»Ihr Mann weiß, wer wir sind«, antwortete der Mann, der nun ganz rechts im Raum an der Wand stand und scheinbar teilnahmslos durch das Fenster in den Vorgarten mit den alten Obstbäumen blickte.

»Und er weiß auch, warum wir hier sind«, fuhr er kalt lächelnd fort.

»Verschwinden Sie aus meinem Haus!«, rief Gerlinde Rosenbauer mit unsicherer Stimme.

»Das werden wir auch, gute Frau«, sagte der bärtige Anführer der Männer, »aber zuerst müssen wir noch etwas mit Ihrem Mann klären.« Er ging Richtung Sofa, zog ein pralles DIN-A4-Kuvert und einen Aktenordner aus seinem schwarzen Rucksack und legte beides vor Christian Rosenbauer auf den gläsernen Couchtisch. »Es fehlt nur noch eine kleine, unwichtige Unterschrift auf dem Dokument in diesem Umschlag«, flüsterte der Mann ihm halblaut und in leicht gebückter Haltung zu. »Nur diese Unterschrift, dann sind Sie ein sorgenfreier, vor allem aber lebendiger Mann, Doktor Rosenbauer. Machen Sie es allen Beteiligten nicht noch schwerer, als es eh schon ist.« Der Mann richtete sich wieder auf und trat einen Schritt zurück.

Dr. Christian Rosenbauer blickte trotzig zu ihm und dann zu seiner Frau, die hilflos in der Ecke stand und die Hände vor das Gesicht geschlagen hatte. In ihm tobte ein Kampf, den er schon vor langer Zeit verloren hatte. Er konnte einfach nicht gegen sein Gewissen handeln.

»Sie sind ein Schwein, das war mir von Anfang an klar. Aber wenn Sie glauben, ich würde mich in denselben Sumpf wie Sie begeben, dann haben Sie sich getäuscht. Sie wissen, dass ich das nicht tun kann«, erklärte er entschlossen. »Sie vergeuden hier nur Ihre Zeit.«

»Ich an Ihrer Stelle würde nichts Unüberlegtes tun, sonst werden womöglich weitere unschuldige Menschen sterben, Herr Doktor Rosenbauer«, sagte der bärtige Mann nun kühl, holte eine Handfeuerwaffe aus seiner Jacke hervor und begann langsam einen Schalldämpfer aufzuschrauben. Gerlinde Rosenbauer stöhnte erstickt, ihr Mann wurde kreidebleich.

»Das, das können Sie doch nicht ernst meinen?«, stieß er verzweifelt hervor und bettelte den Mann mit seinen Blicken regelrecht an.

»Doch, das kann ich durchaus«, meinte dieser ungerührt, hob die Waffe, zielte kurz und drückte den Abzug. Man hörte ein stumpfes »Plopp«, dann senkte der Mann die Waffe wieder. Ungläubig starrte Gerlinde Rosenbauer auf ihre Bluse. Auf Brusthöhe bildete sich ein großer, roter Fleck.

»Christian«, konnte sie noch flüstern, dann sank sie auf die Knie, und ihr Körper fiel leblos zur Seite. Die Waffe des Mannes war nun auf den geschockten Hausherrn gerichtet, den das soeben Erlebte zurück auf das Sofa gedrückt hatte. Verstört betrachtete er den Körper seiner Frau.

»Wir werden jetzt gehen«, sagte der schwarze Unbekannte und hielt die Waffe weiterhin auf Christian Rosenbauer gerichtet, während seine Begleiter die leblose Frau in einem schwarzen Sack mit Reißverschluss verstauten und hinaustrugen.

»Unterschreiben Sie«, sagte der Mann, der bereits an der Wohnzimmertür stand. »Und schauen Sie in den Umschlag, Herr Doktor, dort werden Sie ein weiteres Argument für Ihre Gewissensbildung finden.« Dann wandte er sich um und war kurz darauf aus dem Haus verschwunden.

Christian Rosenbauer saß zitternd da und versuchte zu begreifen, was geschehen war. Er fror am ganzen Körper, konnte keinen klaren Gedanken fassen.

Seine Frau war tot. Kaltblütig umgebracht. Gerade eben hatte sie noch mit ihm diskutiert. Mein Gott, warum hatte das Schicksal gerade ihm eine solche Prüfung auferlegt. Was zum Teufel wollten die denn noch? Schluchzend öffnete er das Kuvert. Es rutschte ihm aus den zitternden Fingern. Aus dem am Boden liegenden braunen Umschlag sah er ein dünnes Stück Stoff herausschauen. Er wusste sofort, wovon es stammte. Barbie persönlich schaute ihm fröhlich lächelnd entgegen. Das Kleid seiner Tochter. Sie hatten Theresa.

*

Nach einem Tag, an dem er in Nordbayern versucht hatte, Ordnung in das Chaos zu bringen, begab sich ein erschöpfter Haderlein zurück in die Dienststelle. Auch Lagerfeld befand sich auf dem Weg zurück aus Coburg. In weiten Teilen der Landkreise Bamberg und Coburg war der Notstand ausgerufen worden, und die ersten Einheiten der Bundeswehr waren schon vor Ort, um bei den Aufräumarbeiten und der Stabilisierung der allgemeinen

Lage zu helfen. Die schwierigste Aufgabe war drei Kompanien des Jägerregiments aus Hammelburg zugeteilt worden, die es mit tonnenweise Schutt zu tun hatten, der weggeräumt werden musste. Erschwerend kam das Hochwasser hinzu, weswegen ein komplettes Bataillon Logistik und Instandsetzungsexperten des Bundeswehrstandortes Volkach angefordert worden war. Insgesamt waren im Laufe des Tages über zweitausend Soldaten der Bundeswehr im Einsatz gewesen. Am Nachmittag noch unterstützt von leichten und mittleren Hubschraubern der Heeresfliegerstaffel aus Roth, die bis in den Abend hinein Menschen aus dem Hochwassergebiet ausflogen. Durch die enormen Regenmassen in der kurzen Zeit hatte sich der Itzgrund in die alljährliche Seenplatte verwandelt, die aber jetzt nur noch selten idyllische Dörfer, sondern hauptsächlich Trümmer umspülte. Nicht gerade eine Erleichterung für die Arbeit der Hilfskräfte. Tausende Menschen mussten in Notunterkünfte in ganz Nordbayern umgesiedelt werden, da nicht nur der nördliche Itzgrund, sondern auch große Teile der Coburger Innenstadt unbewohnbar geworden waren. Trotzdem waren bei allen Schäden die meisten froh, dass es nicht zu mehr Todesopfern gekommen war. Zumindest bis jetzt. Besonders schlimm gestaltete sich die Lage der Infrastruktur im Coburger Land. Die Bundeswehr würde dort wohl noch eine ganze Weile zu tun haben.

Für die beiden Kommissare bedeutete dies immerhin das Ende ihrer fachfremden Hilfstätigkeit. Fidibus hatte alle Bediensteten der Bamberger Polizei zurückbeordert. Haderlein stellte den Landrover wieder im Hof des Präsidiums ab und begab sich in die heiligen Hallen. Dort traf er reihenweise auf Gesichter, die von Erschöpfung gekennzeichnet waren. Kurze Zeit später betrat Lagerfeld das Büro. Er sah nach der schlaflosen Nacht auch nicht viel besser aus. Von dem Erlebten gezeichnet, blickten sich die Kommissare in die Augen und mussten beide lächeln. Wie klein wurden doch persönliche Streitereien angesichts einer solchen Naturkatastrophe.

»Hast du schon gehört, dass unsere Mädels heute Abend heimkommen? Und von diesem Todesfall auf ihrer Tour?«, fragte Lagerfeld seinen älteren Kollegen, während er geistesabwesend eine leere Zigarettenschachtel in der rechten Hand drehte.

Haderlein nickte. »Ja, aber ich weiß nichts Näheres. Egal, das werden wir ja bald erfahren, denk ich. Soweit ich weiß, müssten sie jetzt schon in Nürnberg sein, sollten also in spätestens einer Stunde eintreffen, wenn die Autobahn wieder geräumt ist«, meinte Haderlein nachdenklich.

»Weißt du was, Franz?«, fiel Lagerfeld spontan ein. »Wir gehen jetzt erst mal in den ›Greifenklau‹, die Mädels sollen gleich hinterherkommen. Heut ist da bestimmt nichts los. Die Bamberger hocken doch jetzt alle vor der Glotze, um sich das Tornadochaos in Endlosschleife anzusehen. Na, wär das was? Ein Schlaftrunk in einem halb leeren ›Greifenklau‹? Gibt's nicht oft.« Lagerfeld hatte den Nagel auf den Kopf getroffen.

Haderlein hätte ihn am liebsten umarmt. Noch nie in seinem Leben war ihm so nach einem Bier gewesen wie nach diesem irrwitzigen Tag. »Du hast ja so was von recht, mein lieber junger Kollege«, erwiderte er mit einem müden Grinsen. »Auf geht's, lass uns keine Zeit verlieren. Aber du musst fahren, ich hab kein Auto mehr.«

»Du hattest doch vorher auch keins«, lachte Kommissar Bernd Schmitt im nicht sehr wohlwollenden Angedenken an den Multipla. »Und jetzt los.« Beide drehten sich um und wollten die gute Polizeistube verlassen, als sie plötzlich die Stimme von Fidibus vernahmen.

»Schmitt, Haderlein? Einen Moment noch, bitte!«

Leicht genervt drehten sie sich wieder um. Was war denn jetzt noch, um Himmels willen? Sie hatten einen Horrortag hinter sich gebracht, und jetzt war eigentlich Dienstschluss.

Bitte erst morgen wieder, Herr Suckfüll, war auf ihren Gesichtern abzulesen. Doch Fidibus kam mit Honeypenny im Schlepptau auf sie zu und wedelte in einem fort mit einer dünnen grauen Aktenmappe.

»Einen Moment noch, die Herren«, wiederholte er sich. »Ich werde Sie auch nicht lange aufhalten, ich weiß ja, Sie sind müde. Nur zwei Geschichten noch.«

Haderlein blickte fragend zu Honeypenny, die ihren Blick bedeutungsvoll unbeteiligt auf die Decke gerichtet hatte. Wieder einmal bildete sich ein Kreis neugieriger Büromitbewohner um die beiden Kommissare.

»Meine Herren, Professor Siebenstädter hat offiziell darum gebeten, diesen Fall mit seinen orangefarbenen Leichen beschleunigt zu bearbeiten. Ich habe die Akten drüben auf Ihren Schreibtisch gelegt, Haderlein. Weiterhin ...«

»Was denn für orangefarbene Leichen?«, unterbrach der ahnungslose Lagerfeld, doch Haderlein legte ihm beruhigend eine Hand auf die Schulter.

»Das erklär ich dir alles morgen, das ist noch früh genug.« Lagerfelds Gesicht war ein einziges Fragezeichen, aber er ließ es dabei bewenden.

»Weiterhin«, ließ sich Fidibus in seinem Oberlehrertonfall nicht beirren, »weiterhin lassen Sie uns jetzt noch schnell das Notarielle erledigen, wenn Sie schon beide hier sind, sonst wird das wieder vergessen.« Er legte die graue Aktenmappe vor ihnen auf einen Tisch und einen dokumentenechten Stift daneben.

»Was ist das?«, fragten Haderlein und Lagerfeld synchron, während sie misstrauisch den Text betrachteten.

»Das, meine Herren, ist das Dokument, welches die genauen Regularien Ihres Wettstreites darlegt. Frau Hoffmann war so freundlich, trotz erheblicher Arbeitsüberlastung durch diese Naturkatastrophe einen juristisch einwandfreien Text auszuarbeiten. Wenn Sie nun bitte unterschreiben würden.«

Marina Honeypenny Hoffmann zuckte entschuldigend mit der Schulter. Lagerfeld glotzte seinen Chef an wie ein Häschen, wenn's blitzt, und Haderlein fing trotz völliger Übermüdung an zu lachen. Lagerfeld missbilligte den unangebrachten Heiterkeitsausbruch seines direkten Vorgesetzten mit einem bitterbösen Blick, doch Haderlein konnte nicht aufhören. Er kriegte sich überhaupt nicht mehr ein. Endlich fiel die irrsinnige Anspannung von ihm ab. Ach, war das herrlich, der normalfränkische Alltag hatte ihn wieder. Rechts und links kullerten ihm die Tränen über die Wangen, und auch Fidibus grinste wie ein Honigkuchenpferd in die Runde. Nur Lagerfeld gab den Othello kurz vor dem Mord.

»Geben Sie her, Chef«, kicherte Haderlein immer noch königlich amüsiert und setzte, ohne sich auch nur irgendetwas durchgelesen zu haben, seinen Servus schwungvoll auf das Papier. Als er sah, wie Lagerfeld ihn ungläubig anstierte, bekam er sofort den nächsten Lachkrampf.

Seinem Kollegen wurde es jetzt zu blöd. Na gut. Der Moment war sowieso perfekt. Seine Zigaretten waren eh alle, und gleich kam seine geliebte Ute zurück, die ja auch davon ausging, dass er nicht mehr rauchen würde. Kein Problem. Er hatte sich schließlich im Griff. Er konnte mit dem Rauchen aufhören, jederzeit. Entschlossen nahm er den Kugelschreiber und unterschrieb ebenfalls. Jetzt war es offiziell, das war ihm klar. Dem Verlierer drohten Schimpf, Schande und Schmach. So eine Nummer wie mit der häuslichen Flatrate würde hier nicht laufen, das war ihm vollkommen klar. Und wenn er ehrlich war, konnte er sich eine regelwidrige Raucherei auch finanziell gar nicht leisten.

Schniefend kam Haderlein auf Fidibus zu und sagte nach Atem ringend: »Ich kann fei schon a weng Fränkisch, Chef, fei.« Dabei betonte er das »fei« am Satzende und musste sofort wieder losprusten. Es schien, als wolle der langjährige Kriminalhauptkommissar gar nicht mehr ernst werden.

Regelrecht verstört vom ungewöhnlichen Verhalten seines Kollegen, versuchte Lagerfeld, von der für ihn unangenehmen Situation abzulenken, indem er Fidibus fragte: »Hörn Sie amal, Chef. Sie sin doch aach scho a weng hier in der Gechend. Wie sieht's eigentlich mit Ihna aus, wollen Sie net a weng mitmachen bei dera Wetten da?« Herausfordernd, das Kinn nach vorn gereckt, stand der junge Kommissar angriffslustig im Büro. Doch der Leiter der Bamberger Polizei, Robert Suckfüll, wusste sich zu wehren. Derartige Ansinnen waren schon des Öfteren an ihn herangetragen worden.

»Oh, ich bin schon lange genug hier, Herr Schmitt, ich habe das gar nicht mehr nötig, da mitzumachen bei Ihrer Wette da«, klärte er Lagerfeld auf. »Ich bin schon fast ein Einheimischer, ich bin sozusagen, nun, wie soll ich mich ausdrücken …?« Sein Blick irrte hilfesuchend durch die Runde, aber sein unsteter Geist konnte den passenden Begriff in seinen verschachtelten Hirnwindungen nicht finden. Also musste er sich manuell durch seinen Wortschatz tasten. Da! Endlich hatte er das gesuchte Wort gefunden. »Ich bin vereinheimischt«, verkündete er, »sozusagen frankiert, wenn Sie verstehen, was ich meine.« Stolz übermannte ihn, dass er sein Anliegen so treffend formuliert hatte. Zufrieden rollte er seine Trockenzigarre zwischen den Fingern. Das erneute Gelächter von Haderlein und das der Umstehenden mochte allerdings nicht so recht zu seiner Überzeugung passen. Selbst Lagerfeld konnte sich ein Grinsen jetzt nicht mehr verkneifen. Honeypenny stemmte ihre beiden Hände in das Rückgrat ihres Chefs und schob diesen mit aller Kraft aus dem Gefahrenbereich »Untergebene Mitarbeiter der Dienststelle« hinaus und zurück in sein Büro. Nachdem sie die Tür geschlossen hatte, konnten alle sehen, wie sie mit einem sehr fragend dreinblickenden Fidibus heftig gestikulierte.

»So, jetzt reicht's«, meinte ein japsender Haderlein, nahm die Leine von Riemenschneider und packte Lagerfeld am Arm. »Auf zum ›Greifenklau‹, wir haben Feierabend.« Daraufhin verließen die Kommissare endgültig das Büro.

*

Dr. Christian Rosenbauers Verstand weigerte sich, die Tatsachen zu akzeptieren. Eigentlich war er nur Wissenschaftler und wollte Zeit seines Lebens nur forschen. Das war auch der Grund, warum er die Heirat in die bekannte Bamberger Familie als so einen Glücksfall betrachtet hatte. Von wegen Glücksfall. Da er nicht früh genug einfach einmal Nein gesagt hatte, steckte er jetzt im größten Schlamassel seines Lebens. Aber Schlamassel war wirklich nicht das richtige Wort.

Das Bild einer Schlinge erschien ihm da schon passender, eine Schlinge, die um seinen Hals lag und gerade dabei war, sich zuzuziehen. Aber er durfte nicht aufgeben, schon wegen Theresa nicht. Der Gedanke an seine verschwundene Tochter quälte ihn. Die Polizei zu benachrichtigen, schloss er aus, die würden Theresa garantiert nicht finden, so viel war sicher. Wie denn auch, bei einer Erpressung, bei der es nicht um Geld ging. Na gut. Sie sollten ihren Willen bekommen, aber erst musste er seine Schuld der Menschheit gegenüber begleichen. Sonst würde nicht nur das Leben seiner Tochter auf dem Spiel stehen, sondern auch das sehr vieler anderer Menschen. Mit Schaudern dachte er an den Bericht des »FT« über diesen Gerichtsmediziner aus Erlangen und seine merkwürdigen Leichen. Niemand wusste bis jetzt, dass es sich dabei um seine, um Christian Rosenbauers Leichen handelte. Es war seine Schuld, ganz allein. Und wenn er nicht in allernächster

Zukunft eine Lösung fand, würden noch sehr viele Tote hinzukommen.

Es half nichts. Ins eigene Labor und zu seinem Projekt konnte er nicht mehr zurück. Das würden sie schon zu verhindern wissen. Er musste jemandem vertrauen können. Er brauchte Hilfe.

*

Die beiden Kommissare saßen gerade einmal fünf Minuten an ihrem Stammplatz im »Greifenklau«, als Ute von Heesen und Manuela Rast den Biergarten betraten. Die Tische waren bestenfalls zur Hälfte besetzt, weshalb sie ihre Männer auch sofort entdeckten und freudig in die Arme schlossen.

Auch die Riemenschneiderin wurde zur Begrüßung heftigst geknuddelt und stürzte sich gleich darauf auf den Apfelkorb, den ihr die beiden aus Oberstdorf mitgebracht hatten. Ute von Heesen bestellte sich ebenfalls ein Bier, während Manuela Rast sich ihren geliebten Rotwein genehmigte. Zuerst berichteten die beiden Daheimgebliebenen von der aktuellen Situation in Coburg und im Itzgrund. Ein Tornado in der Heimat, mitten in Deutschland, der wollte erst einmal nacherzählt und durchdiskutiert werden.

Dann fragte Ute von Heesen: »Mal zwischendurch bemerkt, Bernd, du hast also wirklich mit dem Rauchen aufgehört?«

Haderlein hätte sich fast an seinem Bier verschluckt, während Manuela zweifelnd zwischen ihm und Lagerfeld hin und her schaute. Doch der junge Kommissar ließ sich nichts anmerken und meinte selbstbewusst: »Äh, ja, das stimmt. Franz und ich haben uns nach einiger Zeit der Debatte und des In-sich-Gehens darauf verständigt, dass sich in unser beider Leben dringend etwas ändern muss, und mein Teil der Vereinbarung ist der sofortige Verzicht auf Rauchmittel jeglicher Art. Tatsächlich habe ich bereits seit mehreren Stunden nicht mehr geraucht.« Das war nicht einmal gelogen, denn gestern Abend hatte er sich die Letzte genehmigt und war seitdem nicht mehr an einen Automaten gekommen. Ablenkung von seiner Sucht hatte es ja letzte Nacht wahrlich genug gegeben. Der Gedanke an einen Zigarettenautomaten machte ihn jetzt allerdings doch etwas wuschig, und seine Finger gingen instinktiv auf Tabaksuche in den Innereien seiner Lederjacke, die allerdings leerer waren als die bayerische Staatskasse. Er musste dem Drang standhalten, aufzuspringen und einen Zigarettenautomaten aufzusuchen. Zur Beruhigung trank er in einem Zug sein Seidla leer und bestellte sich umgehend ein zweites.

»Und was ist dein Part bei dieser Vereinbarung?«, fragte nun Manuela Rast ihren Franz. Der lächelte säuerlich und gab eine etwas ausführlichere Darstellung der Abmachung von sich, woraufhin beide Damen synchron in ein ausgiebiges Gelächter ausbrachen.

»Du und Fränkisch?«, japste Manuela Rast amüsiert. »Da bring ich ja noch eher der Riemenschneiderin das Fliegen bei!«

Die Erwähnte schaute nur kurz auf, widmete sich dann aber wieder schmatzend ihrer Leibspeise. Haderlein schwieg, schmunzelte aber konsequent weiter in sich hinein. Eine wahre Herkulesaufgabe für einen gestandenen Aschauer, das war wohl wahr. Der fränkische Dialekt war ein zäher Gegner, aber er würde sich ihm stellen. Doch nun wollte er etwas von den beiden Herzallerliebsten wissen.

»Jetzt erzählt ihr aber mal von eurem plötzlichen Todesfall auf der Hütte«, forderte er sie ernst auf.

»Ja, genau«, klinkte sich Lagerfeld mit ins Gespräch ein, dem jede Ablenkung hochwillkommen war. Vor lauter Entzugsverzweiflung hatte er bereits das zweite Seidla geleert und bestellte sich nun sein drittes.

»Oh mein Gott, ja«, meinte Manuela Rast, während sie nachdenklich das Glas Rotwein vor sich auf dem Tisch drehte. Die Sonne neigte sich dem Horizont entgegen und tauchte den Biergarten des »Greifenklau« im Schatten der Altenburg in eine friedliche Abendstimmung. Bei endlich erträglichen Temperaturen von einundzwanzig Grad ein angenehmer Kontrast zu den Tagen und Wochen zuvor.

»Das war so«, begann sie ihre Geschichte, »eigentlich fing alles noch ganz lustig in Oberstdorf an …«

Leonhard Pechmann saß mit seiner Frau auf der Hollywoodschaukel und betrachtete den wunderschönen Sonnenuntergang. Erst vor Kurzem hatte der Laborchef von »Dr. Feger Pharmazeutics« das Häuschen im Bamberger Haingebiet erworben. Seine

Frau und er hatten endgültig beschlossen, in der Gegend zu bleiben. Der Firma ging es gut, und sein Arbeitsplatz war gesichert. Im Moment war sein Leben die reinste Harmonie. Die Kinder waren groß und aus dem Haus, und er wollte nun mit seiner Frau die zweite Lebenshälfte in dieser wunderschönen Stadt verbringen. Für einen gebürtigen Kölner ein nachvollziehbarer Entschluss.

Gerade als er sich und seiner Frau Wein nachschenken wollte, klingelte es an der Tür. Er stellte die halb volle Flasche Grauburgunder auf den Terrassentisch und ging zur Tür.

»Christian!«, rief er überrascht und erfreut zugleich. Doch das Begrüßungslächeln verging ihm, als er sah, in welchem Zustand der Kollege vor ihm stand. Die Haare zerzaust, die Augen mit dunklen Ringen und die Haltung wie ein geprügelter Hund.

»Komm erst mal rein, um Gottes willen«, sagte er beruhigend und bat ihn in die Küche. »Setz dich, ich geb nur schnell meiner Frau Bescheid.«

Christian Rosenbauer nahm auf einem der modernen Küchenstühle aus Stahlrohr Platz. Er fühlte sich erschlagen. Leonhard Pechmann war nicht direkt ein Freund. Eigentlich hatte er auch gar keine Freunde mehr. Sein privates Umfeld der letzten Jahre hatte sich zunehmend auf seine Familie und die gelegentlichen Einladungen zu Firmenfeiern beschränkt. Leonhard Pechmann war eine Ausnahme. Das Firmenlabor hatte des Öfteren Sammelbestellungen gängiger Grundstoffe der Pharmazie zusammen mit dem Labor der Firma Dr. Feger getätigt. Im Zuge dieser lockeren Geschäftsverbindung hatte Christian Rosenbauer auch Leonhard Pechmann kennengelernt.

Pechmann war wie er Allgemeinmediziner, zusätzlich aber noch Doktor der Chemie und der Pharmazie. Er war verdammt gut in dem, was er tat, und noch dazu ein ziemlich netter Mensch. Sie trafen sich regelmäßig zum Essen im »Messerschmitt«, einem Lokal, in dem eher Einkommen über der Hartz-IV-Grenze verkehrten. Rosenbauers Familie bestand auf einen standesgemäßen Umgang, und auch die Treffpunkte in der Freizeit hatten sich dem anzupassen. Bei Leonhard Pechmann hatte er jedoch den Eindruck, ein Essen mit dem Proletariat in der »Bischofsmühle« wäre für ihn genauso okay gewesen. Es waren immer sehr geistreiche und kurzweilige Gespräche, die er mit dem Zweimetermann und ehemaligen Basketballer führte. Nicht, dass er mit ihm sein Innerstes austauschte, aber fast. Auf jeden Fall ging es ihm immer deutlich besser, wenn er von den Treffen nach Hause ging.

Doch seit heute war jede Leichtigkeit aus seinem Leben verflogen. Leonhard Pechmann war der Einzige, der ihm noch helfen konnte. Allerdings war überhaupt nicht einzuschätzen, ob er dazu auch bereit wäre, wenn Christian Rosenbauer ihm alles beichtete. Und darum kam er nicht herum, sonst machte alles keinen Sinn.

Der dreifache Doktor trat in die Küche und setzte sich ihm gegenüber auf einen Stuhl. »Christian, du siehst richtig scheiße aus«, sagte er in aller Offenheit.

Rosenbauer nickte, dann gab seine misshandelte Seele auf. Er griff nach den Händen von Leonhard Pechmann und begann mit tränennassen Augen zu erzählen. Sein Kollege hörte sich die ganze lange, traurige Geschichte an und schwieg erst einmal eine Zeit lang.

»Das ist ganz schön harter Tobak, Christian«, sagte er schließlich. »Aber du musst das mit dir selbst ausmachen, was du da angerichtet hast. Ich nehme dir deine ehrenvollen Absichten ab, aber ohne Schaden kommst du aus der Sache nicht mehr raus. Vor allem das mit deiner Tochter, das ist echt hart.« Aber was sollte er jetzt mit diesem Geständnis anfangen? Wieder betrachtete er den verstörten jungen Mann, der von einem einzigen Desaster aufgefressen wurde. »Also gut, ich werde versuchen, dir zu helfen«, sagte Pechmann schließlich.

Christian Rosenbauer bedachte ihn mit einem warmen Blick und sagte nur: »Danke, Leonhard.«

Doch der war bereits in tiefen Gedanken. »So viel ist schon mal klar, an den Abtsberg kannst du erst mal nicht zurück. Und in dein Labor auch nicht. Ich glaub, ich hab da eine Idee. Komm mit.« Er reichte ihm eine leichte Sommerjacke, die Rosenbauer todsicher zu groß sein würde, aber das war in diesem Moment egal. Dann ging er für ein paar Minuten nach oben und kam mit einem schnell gepackten Rucksack zurück.

»Du wolltest doch sicher schon mal mit meinem Roller fahren«, meinte Pechmann zynisch. »Jetzt sind Tag und Stunde gekommen.« Mit zwei Fingern schob er den Vorhang am Fenster neben der Haustür zur Seite und betrachtete die Straße vor dem Haus.

Wortlos winkte er ihn zu sich, und Christian Rosenbauer schaute durch den schmalen Schlitz nach draußen. Auf der gegenüberliegenden Straßenseite lungerte eine undurchsichtige Figur neben einem alten roten Golf GTI mit verdunkelten Fensterscheiben. »Deine Geschichte scheint zu stimmen, mein Freund. Kennst du den Typen da drüben? Kommt der dir bekannt vor?«

»Schwer zu sagen«, grübelte Rosenbauer. »Irgendwie hab ich den tatsächlich schon mal gesehen. Aber er steht zu weit weg, um Genaueres sagen zu können.«

»Ist auch erst mal egal«, meinte Pechmann und zog ihn vom Fenster weg. »Du wirst jedenfalls beschattet, und ich glaube nicht, dass das da draußen die Bamberger Polizei ist. Komm mit.«

Er sagte seiner Frau Bescheid und schob Christian Rosenbauer zum Hintereingang hinaus. Im Hof stand der ganze Stolz von Leonhard Pechmann: ein weißer Piaggio MP3 Motorroller mit vierhundert Kubikzentimetern und hundertvierzig Stundenkilometern Spitzengeschwindigkeit. Ein absolutes Unikum in der Szene. Vorn zwei Räder, hinten eines. Die beiden Vorderräder neigten sich in jeder Kurve wie ein Parallelogramm in jeden Winkel, sodass sie extreme Kurvenfahrten ermöglichten. In den engen Straßen Bambergs der totale Hingucker. Vor allem war man mit diesem absonderlichen Gefährt schneller im Stadtverkehr unterwegs als jeder andere. Der MP3 war Pechmanns Heiligtum. So teure Cabrios konnte man gar nicht kaufen, wollte man mehr Aufmerksamkeit beim Kellerbesuch auf sich ziehen als Pechmann mit der MP3. Rosenbauer hatte schon immer mit dem Ding fahren wollen, aber nicht unbedingt unter diesen Umständen. Nun bekam er von Leonhard Pechmann einen Helm und den Rucksack gereicht und stieg auf.

»So, und jetzt gut festhalten!«, rief sein Kollege, der sich vor ihn gesetzt hatte, nach hinten, während er den Motor startete. Die Blockierung der beiden Vorderräder löste sich, und der Roller war nun frei beweglich. Christian Rosenbauer umfasste die beiden Haltebügel seitlich unter ihm, dann gab Leonhard Pechmann Gas. Der MP3 kam dermaßen schnell aus der Einfahrt geschossen, dass das lästige Überwacheranhängsel vor dem Haus erst zu spät reagieren konnte. Als der GTI in die Gänge kam, waren die beiden Wissenschaftler und der Piaggio bereits im Bamberger Abendverkehr verschwunden. Leonhard Pechmann fuhr wie ein Henker. Er überholte bereits im Haingebiet mehrere Autos, fuhr am Schönleinsplatz bei Dunkelgelb über die Ampel, um dann mit Vollgas in die Lange Straße einzubiegen. Dort wechselte er mit fast siebzig Sachen auf den Radweg, wo er mehrere Radfahrer von ihrem Untersatz trennte. Die rote Ampel am »Gablmo« ignorierte er ebenso wie die Fußgänger vor der Konzerthalle. Schließlich raste der Roller mit Höchstgeschwindigkeit über die Brücke zum Cherbonhof und jagte Richtung Bischberg aus der Stadt hinaus. Christian Rosenbauer hatte keinen Schimmer, wohin die Reise gehen sollte, aber Leonhard Pechmann hatte offensichtlich ein festes Ziel im Auge.

»Aber das Schlimmste«, unterbrach Ute von Heesen ihre Freundin, »das Schlimmste war der Blick in diese aufgeplatzten Augen. Wie Quittengelee hat das ausgesehen, und so eine orangefarbene Flüssigkeit ist ausgelaufen. Ich konnte gar nicht –« Weiter kam sie nicht, weil Franz Haderlein sie unterbrach.

»Was hast du da gesagt? Wiederhol das noch mal!«

Wieder erzählten Manuela Rast und Ute von Heesen übereinstimmend die gleiche Geschichte. »Wieso, was ist denn los, Franz? Weißt du, an was der gestorben ist, oder wie?« Manuela sah ihrem Franz hoffnungsvoll in die Augen, doch der war mit seinen Gedanken schon längst bei Professor Siebenstädter in der Gerichtsmedizin in Erlangen. Was zum Teufel war da los? Vielleicht sollte er die sonderbaren Todesfälle doch ernster nehmen, als er das bis jetzt eigentlich vorgehabt hatte. Alle vier Toten, die im Ausland so merkwürdig gestorben waren, kamen aus der näheren Umgebung von Bamberg. Mittlerweile drei Erwachsene und ein Kind. Scheinbar ohne irgendeinen Zusammenhang. Aber den würde es ja wohl geben müssen. Haderleins Gehirn hatte bereits wieder auf Hochtouren zu arbeiten begonnen.

Lagerfeld indes stierte, mittlerweile reichlich alkoholisiert, von einem zum anderen und gab dann nach reiflicher Überlegung seine lange vorbereitete Entscheidung bekannt. »Ich geh etzerd amal aufs Glo«, verkündete er gewichtig und machte sich leicht schwankend auf den Weg Richtung Bedürfnisanstalt. Haderlein schrak aus seinen Gedanken hoch und erhob sich ebenfalls.

»Was soll das denn jetzt werden?«, fragte Manuela Rast erstaunt. »Du hast doch noch gar nichts getrunken?«

Haderlein lächelte nur schief. »Es klingt vielleicht blöd, aber ich versuche Bernd zu helfen, seine Wette zu gewinnen.« Dann folgte er langsam seinem Kollegen Richtung Männer-WC.

Als Kommissar Bernd Schmitt den Reißverschluss seiner Jeans mehr oder weniger gekonnt geschlossen hatte, kramte er ein paar Münzen heraus und grinste hämisch in sich hinein. Draußen, im Waschbereich des Männer-WCs, hing ein Zigarettenautomat. Er hatte jetzt einen ganzen Tag lang durchgehalten, das war mehr als heldenhaft. Länger konnte er sich diesen Enthaltsamkeitsunsinn wirklich nicht zumuten. Das musste jeder einsehen. Er würde die Packung kaufen und die Zigaretten einzeln in seiner Hose verstauen. Die Schachtel würde er irgendwo wegwerfen. Das kriegte er schon unauffällig genug hin. Dann bedurfte es nur noch eines klitzekleinen Vorwands, um vor dem Schlafen noch mal rauszugehen und …

Er grinste breit und selbstzufrieden, als er das Toilettenhaus verließ. Das Lächeln gefror ihm jedoch sofort auf den Lippen, als er sah, wer ungeduldig am Zigarettenautomat lehnte.

»Bist du fertig, kann ich jetzt rein?«, nörgelte ihm Franz Haderlein entgegen. »Du kannst schon zurückgehen und dir die Geschichte mit den merkwürdigen Leichen noch einmal anhören.« Ohne sich seine bodenlose Frustration anmerken zu lassen, machte sich Lagerfeld wieder auf den Weg zurück zu den beiden Frauen. Natürlich nicht, ohne sich noch ein Kompensationsseidla vom Ausschank mitzunehmen. Haderlein schaute ihm grinsend hinterher.

Der Roller hatte Bischberg und Gaustadt hinter sich gelassen. Irgendwann nach der nächsten Ortschaft bog er nach rechts ab und flog regelrecht über die Autobahnbrücke. Dann nahm Pechmann im nächsten Dorf eine kleine Straße, die nach links führte, und donnerte den leicht ansteigenden Biegungen folgend die Waldstraße hinauf, bis er schließlich am höchsten Punkt an einem Kapellchen anhielt. Er betätigte eine kleine Fernsteuerung, ein großes Rolltor glitt lautlos zur Seite, und sie fuhren in den großen Hof eines alten Gutes hinein, bevor es sich wieder schloss. Nach fast hundert Metern, an der kleinen Scheune rechter Hand, bremste Pechmann den Roller schließlich ab. Motor und Licht erstarben, aber der Roller blieb dank der beiden jetzt starren Räder ohne Seitenständer stehen.

In der sternenklaren Nacht konnte Christian Rosenbauer die Umrisse eines alten Gehöftes erkennen. Leonhard Pechmann öffnete mit einem Schlüssel die Holztür in der Seitenwand und bedeutete ihm zu folgen. Mit geübter Hand griff er nach links an die rohe Sandsteinmauer, und Licht flammte auf. Dr. Christian Rosenbauer glaubte, seinen Augen nicht zu trauen. Er befand sich in einem kleinen, aber voll ausgestatteten Labor. Es standen zwar alle möglichen Geräte noch verpackt oder zumindest noch nicht angeschlossen in dem Raum herum, aber im Grunde war alles fertig.

»Was ist das?«, fragte er, während er staunend die teuren Gerätschaften betrachtete.

»Das«, lachte Pechmann, »das ist der Ausgleich eines erfolgreichen Pharmakologen, wenn er wieder mal die ganze Welt satthat und spielen will. Du bist jetzt erst der Zweite, der davon erfährt. Nur mein ältester Sohn kennt es. Und der ist gerade in Buenos Aires für ein Praktikum. Da drüben ist ein Kühlschrank, ein Campingkocher, und hier hab ich eine alte Federkernmatratze für Notfälle. Der Notfall bist jetzt du«, lachte ihn Pechmann an. »Die schlechte Nachricht ist, dass es nur ein Plumpsklo gibt, hinten in einem Klohäuschen. Im Winter friert noch dazu das Wasser ein, aber dieses Problem ist jetzt ja eher sekundär.«

Rosenbauer schaute wohl reichlich deppert aus der Wäsche, denn Pechmann brach trotz des mitleiderweckenden Erscheinungsbildes seines Fachkollegen in Lachen aus. »Ach ja, hätte ich fast vergessen«, fiel ihm noch ein. »Wenn du telefonieren willst, musst du hinter dem Haus auf die Steinmauer steigen, sonst hast du keinen Empfang hier. Und selbst da geht's eher schlecht als recht. Besser ist ne SMS. Verstanden?«

Rosenbauer nickte mechanisch.

Pechmann legte ihm eine Hand auf die Schulter und schaute ihm aufmunternd in die Augen. »Du legst dich jetzt dort hin und schläfst dich erst mal aus. Ich hau wieder ab und melde mich morgen wieder, dann schaun wir mal, ob und wie wir deinem Problem beikommen.«

»Danke, Leonhard«, flüsterte Rosenbauer mehr, als dass er sprach, und nickte. »Das werde ich dir nie vergessen.«

Der große Pharmakologe schloss die Tür hinter sich, und Sekunden später konnte Rosenbauer hören, wie draußen der Roller wieder davonfuhr. Er holte sich ein kühles Bier aus dem Kühlschrank und stürzte es in einem Zug hinunter. Er stand mitten im Raum, und die Frage nach dem Aufenthaltsort seiner Tochter drängte sich ihm auf. Immer wieder versuchte, er die schmerzlichen Gefühle über das ungewisse Schicksal Theresas zu verdrängen. Heute würde es ihm ganz sicher nicht mehr gelingen, sie zu finden. Eine tiefe Hoffnungslosigkeit breitete sich in ihm aus. Er ließ sich auf die alte Pritsche mit der ausgeleierten Matratze fallen. Er war völlig kaputt. Seine Augen schlossen sich wie von selbst, und seine Gedanken kamen zur Ruhe. Innerhalb weniger Sekunden war Christian Rosenbauer eingeschlafen.

»Les des amal vor«, lallte Lagerfeld und schob Haderlein den »Fränkischen Tag« vor die Nase, den er, ohne zu fragen, vom Nebentisch geklaut hatte.

Es handelte sich um den Sportteil mit einem großen Bericht über die knappe Niederlage der Brosst Baskets, den Bamberger Bundesligabasketballern, die wieder einmal unglücklich, aber nichtsdestotrotz verloren hatten. Lagerfelds Finger ruhte auf dem Namen eines hoffnungsvollen Nachwuchsspielers aus dem Bamberger Umland.

»Karsten Tadda«, las Haderlein pflichtgemäß vor. Alle am Tisch grinsten.

»Nein, mein Lieber«, hob Manuela Rast den Finger. »Das war Hochdeutsch, nicht Fränkisch. Also, wie heißt das, altbayerischer Schüler Haderlein?« Sie hob den Finger noch etwas höher und imitierte einen strengen Pädagogenblick.

Der Gemaßregelte wirkte bemüht, brachte aber nur ein ratloses »Hm?« zustande.

Lagerfeld übernahm bereitwillig die undankbare Rolle des fränkischen Lehrmeisters. »Also, Franz, des haasd auf Fränkisch – Kasdn Dada.«

»Karsten Tadda«, wiederholte Haderlein reichlich verkrampft.

»Nein, Kasdn Dada«, wiederholten drei ungeduldige Münder synchron.

Haderlein nahm einen sehr langen Schluck von seinem Bier, holte tief Luft und versuchte es noch einmal. »Gasdn Data«, würgte er verbissen in die Runde.

Manuela Rast verzog angewidert das Gesicht, Lagerfelds Kopf fiel verzweifelt mit der Stirn auf den Tisch, und Ute von Heesen lachte, dass ihr die Tränen zu beiden Seiten hinunterkullerten.

»Mensch, Franz, Kasdn Dada, des is doch wirklich ned so schwer. Kannst du ka weiches D, oder was? Aber bitte, lassen mer des amal. Versuch mer mal was anneres. Vielleicht dusd du dir mit aam ganzen Satz a weng leichter.« Lagerfeld holte seinen dienstlichen Notizblock und einen Kugelschreiber hervor, kritzelte etwas darauf und schob ihn seinem älteren Kollegen unter die Nase. Der zog die Stirn in Falten. Nein, Falten war ein zu unpräzises Substantiv für diesen zerrütteten Gesichtsausdruck. Die Höhen und Tiefen auf Haderleins Stirn ähnelten eher der Fränkischen Schweiz oder, noch besser, dem Grand Canyon. Regelrechte Faltengebirge der Nachdenklichkeit hatten sich dort aufgeworfen.

»Keine Ahnung, was das heißen soll«, sagte Haderlein schließlich entmutigt und schob den Notizblock wieder zurück.

Sein junger Kollege schaute ihn streng an und las mit leicht lallender Stimme: »Baba, auf daaner Bladdn babt a Bombombabirla. Des hasd des.«

Haderlein musterte Lagerfeld, als hätte der ihm gerade ein Glas voller Blutegel zum Frühstück angeboten. Ute von Heesen keuchte, und Manuela Rast übersetzte nun doch leicht entrüstet den Satz. »Du stellst dich aber schon ein bisschen blöd an, Franz«, rügte sie ihn. »Papa, auf deiner Glatze klebt ein Bonbonpapierchen, das soll das heißen. Ist doch nun wirklich nicht so schwer.«

Haderlein schaute nochmals angewidert auf den fränkischen Satz, ergriff dann ansatzlos seinen Bierkrug und leerte ihn.

Lagerfeld konnte sich einen bissigen Kommentar nicht verkneifen. »Sach bloß nix mehr über mei Zigaretten, Franz«, giftete er von der Seite.

»Nie mehr.« Ute von Heesen fiel vor heiterer Erregung fast von der Bank.

Damit waren die Sprachübungen für diesen Tag vorläufig wegen Hoffnungslosigkeit beendet. Auch die Riemenschneiderin war mit ihrem alpenländischen Obst fertig, also zahlten die vier kurz danach, und die Damen der Schöpfung fuhren ihre Männer nach Hause, wo jede Partei dann auch recht zügig in dem Zimmer verschwand, in dem das Bett wohnte. Nur Riemenschneider schlief allein, aber satt und zufrieden auf dem Teppich neben der Haustür.

Kurz nach Mitternacht fuhr am Hintereingang der Erlanger Gerichtsmedizin ein dunkelblauer Lieferwagen mit der Aufschrift »Eilige Arzneimittel« vor. Fünf Personen stiegen aus, von denen sich eine umgehend am Türschloss zu schaffen machte. Sekunden später verschwanden vier der fünf Personen im Inneren des gerichtsmedizinischen Instituts, eine hielt aufmerksam Wache. Bald darauf wurden eilig, aber routiniert drei Metallsärge herausgetragen und in den Lieferwagen verfrachtet. Dann wurde das Fahrzeug wieder verschlossen, und es fuhr so unauffällig, wie es gekommen war, wieder vom Gelände.

Der Bärtige blickte dem Fahrer des roten Golf GTI tief in die Augen. »Was soll das heißen, abgehauen? Ist das alles, was du Trottel zu berichten hast?«

Der Angesprochene duckte sich unter dem schneidenden Klang der Stimme und schaute zu Boden. »Na ja, abgehauen halt. Die sind mit nem Roller weg, da hatte ich in dem Verkehr keine Chance.«

Ohne Vorwarnung schlug ihm der Bärtige hart mit der Faust ins Gesicht, sodass der Fahrer quer durch den kahlen Raum geschleudert wurde. Entsetzt befühlte er seine aufgeplatzte Lippe und starrte angsterfüllt und rückwärtskriechend sein Gegenüber an, das jetzt drohend näher kam. Noch einmal traf eine Faust seinen Kopf, und ein Stöhnen entrang sich seiner Kehle.

»Mensch, Udo, du bist ja so was von blöd! Dafür, dass du uns die ganze Scheiße eingebrockt hast, tust du verdammt wenig für die Wiedergutmachung.« Angewidert betrachtete er den angsterfüllten Mann, der ihm da zu Füßen kroch und wimmerte. Er beugte sich drohend zu ihm hinunter, und der Angesprochene hob schutzend den Arm vors Gesicht. Gleich würde er wieder geschlagen werden.

»Pass auf, Kümmel, du wirst dich umgehend an Pechmann hängen und schauen, was da im Busch ist. Der wird uns schon noch irgendwann den Weg zeigen. Und wehe, er haut dir wieder ab, dann kannst du mich mal richtig kennenlernen, verstanden? Dann wird Udo Kümmel sein blaues Wunder erleben. Und an niemanden hier ein Wort, das ist ein kleiner Privatauftrag von mir, damit Pechmann nicht alles auf eigene Faust macht. Und jetzt an die Arbeit, du Idiot.« Sein Kopf näherte sich dem am Boden Liegenden. »Sofort!«

Udo Kümmel nickte heftig, rappelte sich auf und stürzte aus dem Raum.

Auch gut, dachte sich der Bärtige, während er dem Versager hinterherblickte. Solange sich Rosenbauer versteckte, konnte er wenigstens keinen Schaden anrichten. Und wenn die Polizei ihn auch nicht fand, war bis auf Weiteres alles im Lot. Es klopfte an der Tür, bevor ein Mann mit Lederjacke durch die Tür trat. Er lächelte kurz und nickte. Auch der Bärtige war erfreut. Sehr gut, die Polizei hatte soeben drei Beweisstücke weniger. Blieb nur zu hoffen, dass keine weiteren dazukamen.

*

Der frühe Morgen brach an, und Anopheles die Siebte hatte nun genug geruht. Die morgendliche Wärme drang allmählich durch ihren Chitinkörper, und die Bewegungen wurden minütlich flüssiger. Sie entfaltete ihre dünnen Hautflügel und dehnte sich. Es war so weit. Anopheles die Siebte würde sich heute in diesem fremden Land einmal umschauen und auf Nahrungssuche gehen. Die Rasse hier schien eine weiße Haut zu haben. Bisher kannte sie nur den dunklen Teint aus dem heimatlichen Afrika, aber eigentlich war es ihr vollkommen egal, welche Hautfarbe ihre menschlichen Opfer hatten. Hauptsache, sie waren voller Blut. Sie flog ein Stück und setzte sich auf ein gelbes Schild am Ortsrand, um sich umzuschauen. Dass darauf in großen Buchstaben das Wort »Memmelsdorf« geschrieben stand, interessierte sie nicht im Geringsten. Sie hatte genug gesehen. Es war angerichtet.

*

Sie saßen beim Frühstück und besprachen die Pläne des heutigen Tages. Lagerfeld sollte sich mit Huppendorfer um Dr. Rosenbauer kümmern, der das ominöse Projekt »Yellowstone« geleitet hatte. Haderlein würde noch einmal die Gerichtsmedizin Erlangen besuchen und sich die seltsamen Leichen ansehen. Ute und Manuela erklärten sich bereit, mit Riemenschneider die nächsten Tage in Neuendettelsau zu verbringen und an der dortigen Polizeihundeschule den Tests beizuwohnen. Riemenschneider quittierte den Beschluss mit einem dankbaren Lächeln. Weiblicher Beistand war ihr bei dieser anspruchsvollen Aufgabe sowieso lieber als blöde männliche Anfeuerungssprüche.

Aber vorher wollten alle noch einmal in die Dienststelle, um sich bei Fidibus abzumelden. Außerdem war Samstag, da gab's wieder Honigbrote bei Honeypenny abzuholen. Sie wollten gerade den Frühstückstisch verlassen, als Haderleins Handy klingelte. Vielmehr klingelte es nicht, sondern gab Beethovens Neunte von sich.

»Haderlein bei der Arbeit«, meldete er sich jovial und seit Langem wieder gut gelaunt. Die gute Stimmung schien sich jedoch sofort wieder radikal einzutrüben. Seine Gesichtszüge versteinerten sich. »Das ist jetzt nicht Ihr Ernst, Siebenstädter?«, konnte man den Kriminalhauptkommissar fragen hören. Doch es schien sich nichts am negativen Gehalt der Nachricht zu ändern, denn kurz darauf legte er missgelaunt auf.

»Und, was gibt's?«, fragte Lagerfeld genauso besorgt wie neugierig.

»Die Fahrt nach Erlangen können wir uns sparen«, sagte Haderlein. »Jemand hat heute Nacht die drei orangefarbene Leichen geklaut.« Er blickte zu seinem Kollegen und grübelte. »Ich werd noch verrückt«, sinnierte er vor sich hin. »Da hatte Siebenstädter also doch recht mit seinen Ahnungen. An diesen Todesfällen ist was oberfaul.«

»Und was fangen wir jetzt damit an?«, fragte Lagerfeld. »Ohne Leichen auch keine Chance auf eine Spur, oder?«

Haderlein nickte grimmig. »So ähnlich, ja. Da muss ich jetzt erst mal drüber nachdenken. Aber auch gut, dann soll es eben so sein. Wir werden also den Fall St. Getreu zusammen weiterverfolgen. Es hilft ja nichts.«

»Nix«, korrigierte Lagerfeld.

»Wie bitte?«

»Nix, der Franke sagt nicht nicht, sondern nix«, schaltete sich Manuela Rast in die sprachliche Diskussion ein.

Ute von Heesen musste schon wieder über den Gesichtsausdruck von Franz Haderlein lachen. Entschlossen nahm sie die Leine von Riemenschneider in die Hand und sagte: »Komm, Manuela, wir stören hier bloß. Tschau, die Herren, wir werden jetzt unseren Resturlaub zusammen mit diesem süßen Ferkel in Neuendettelsau antreten. Ist sowieso die Frage, ob in Coburg bei der HUK jemand arbeitet, wenn ein Drittel des Gebäudes fehlt. Wünsche frohes Schaffen.«

»Und dass ihr bitte die Bösen gefangen habt, wenn wir wieder mit dem Superschweinchen zurück sind«, verabschiedete sich auch Manuela Rast. Zu dritt verschwanden sie durch die Tür und stiegen ins MINI Cabriolet. Der Titel Superschweinchen ging Riemenschneider natürlich runter wie Öl. In Gedanken ließ sie sich schon einen roten Umhang nähen und einen blauen Anzug mit der Aufschrift »RSS« vorn drauf. »**R**iemenschneider **S**uper**S**chwein«. Von diesen und ähnlichen Gedankenschlössern trennten sie allerdings noch zwei Tage Grundausbildung mit großen, ausgewachsenen Schäferhunden und Labradoren. Aber was konnten die schon gegen ein Superferkel ausrichten?, dachte Riemenschneider selbstbewusst. Hoch erhobenen Hauptes und mit stolz geschwellter Brust saß sie auf dem Rücksitz des Cabrios und ließ sich den warmen Fahrtwind um die rosa Ohren wehen.

*

Das Quattroballturnier in Memmelsdorf hatte gerade begonnen. Um zehn Uhr war Anpfiff auf allen Spielfeldern gewesen. Es war gerade noch einmal gut gegangen. Einen Tag zuvor war das schreckliche Unwetter durchgezogen und hatte so ziemlich alle Anlagen verwüstet. Handballtore lagen auf den Fußballfeldern, Volleyballnetze hatten sich um die Basketballkörbe gewickelt. Ein einziges Chaos, doch die hoch motivierten Organisatoren waren gerade noch mit dem Herrichten aller Sportstätten fertig geworden. Jetzt, beim allgemeinen Anpfiff, wies nichts mehr auf das überstandene Tohuwabohu hin.

Das Quattroballturnier in Memmelsdorf war einzigartig. Sechsundneunzig Mannschaften aus ganz Deutschland zu je zwölf Personen spielten an zwei Tagen den Turniersieger in vier Sportarten aus: Handball, Fußball, Volleyball und Basketball. Alles parallel und alles eingebettet in eine Traumkulisse zwischen der herrlichen Ansicht des Memmelsdorfer Schlosses und den wie geleckt daliegenden Sportanlagen des SV Memmelsdorf.

Nach zwei Tagen Dauersport waren dann alle Athleten am Sonntagabend konditionell am Ende ihrer körperlichen Kräfte. Nachgewiesenermaßen wurden an diesem Wochenende auch die wenigsten Kinder im Bamberger Land gezeugt. Am Montagmorgen der folgenden Woche waren die Bamberger Arztpraxen denn auch regelmäßig voll mit ausgelaugten Quattroballern, die sich krankschreiben lassen wollten. Wobei nicht wenige Praxen geschlossen hatten, da die Ärzte selbst mitgespielt hatten.

Beim Quattroball in Memmelsdorf war jeder willkommen. Vom absoluten Hobbysportler bis zum Bundesligaspieler. Ein Umstand, welcher zu großer Erheiterung führte, wenn beispielsweise eine erstklassige Handballmannschaft gegen eher durchschnittliche Basketballer hochkant verlor, weil Erstere die Regeln nicht richtig beherrschte. Verschiedene Sportarten, verschiedene Empfindlichkeiten. Da kam schon mal Ärger auf.

Gleich im ersten Handballspiel auf Platz fünf drohte auch schon eine Hauerei. Die Basketball-Regionalligamannschaft der TSB 1860 München war kurz davor, von relativ talentfreien, aber sehr handgreiflichen Handballern der Drosendorfer Haie abgeledert zu werden. Der Schiedsrichter befand sich geistig noch auf seiner Matratze im Zelt, die Stimmung war aufgeheizt. Der Spielführer der Drosendorfer Haie hatte gerade zum wiederholten Mal dem großen Münchner Center das langhaxige Bein gestellt, worauf dieser, auch zum wiederholten Male und mit erstaunlicher Präzision, das gleiche Rasenstück wie vorhin mit seinem Gesicht platt drückte.

»In des Loch da kannst jetzt dein Nama neischreibn«, erklärte der Drosendorfer Kapitän frech dem Münchner Zweimetersiebenmann, der anschließend mit der Grasnarbe zwischen den Zähnen und puterrotem Gesicht Kurs auf ihn nahm. Er presste seine Stirn auf die seines dreißig Zentimeter kleineren Gegenspielers und sagte: »Noch einmal so eine Nummer, Freundchen, und ich werde deine Fressleiste einzeln zwischen den Halmen hier verteilen, klar? Dann kannst du dir ein Schild vor die Visage hängen, wo groß ›Baustelle‹ draufsteht!«

Der Kleinere war mitnichten beeindruckt. »Des brobierst amal, Börschla«, gab er trotzig und schräg nach oben von sich, während sich seine intellektuell nur notdürftig ausgestatteten, aber knuffigen Handballerkumpel drohend hinter ihm aufstellten. Die finstere Kulisse schien die restlichen Basketballer nicht im Geringsten zu befrieden, sodass sie ebenfalls näher kamen.

Für den an der Torauslinie liegenden Handball interessierte sich schon lange keiner mehr, aber immerhin war auch noch nichts Schlimmes passiert. Da der Schiedsrichter es so weit nicht erst kommen lassen wollte, unterschrieb er eilig den Spielbericht, elf Minuten vor Ende der zweiten Halbzeit, und gab schleunigst Fersengeld.

»Du bist ja zu blöd, um in einen Eimer zu schiffen, wenn du drinstehst, du Handballerarsch. Ich werd dir jetzt gleich einmal zeigen, wo der Frosch die Locken hat, Freundchen«, knurrte der Hüne und versuchte, den kleineren Handballer zurückzudrängen.

»Des war a dädlicher Angriff!«, konnte man den Drosendorfer Spielführer noch rufen hören, dann holte er aus.

Kriminalhauptkommissar Haderlein und Kollege Lagerfeld hatten sich die Honigbrote von Honeypenny einverleibt und waren jetzt zusammen mit Cesar Huppendorfer auf dem Weg zur Villa von Dr. Rosenbauer.

»Gibt's denn eigentlich was zu berichten über die Vergangenheit unserer toten Rentner?«, erkundigte sich Lagerfeld bei Huppendorfer.

»Nicht wirklich«, erklärte dieser lässig. Er hatte auf dem Rücksitz des Landrovers Platz genommen, klappte sein Notizbuch auf und las vor. »Keinerlei verdächtige Vergangenheiten. Waren zwar alle im Krieg, hab aber nichts Erwähnenswertes herausgefunden. Keiner vorbestraft, keine Zusammenhänge verwandtschaftlicher oder beruflicher Art. Lagen wohl alle zufällig auf der Abteilung. Einzige Gemeinsamkeit ist ihre schwere Demenz.«

»Und was habt ihr bis jetzt über diesen Rosenbauer herausgefunden?«, erkundigte sich Haderlein.

»Okay. Dr. Christian Rosenbauer, siebenundvierzig Jahre alt, verheiratet mit Gerlinde Rosenbauer, geborene Bartosch, dreiundvierzig Lenze. Ein Kind, Theresa Rosenbauer, zarte sechs Jahre alt. Das Ehepaar ist Inhaber der Firma Hubert Bartosch GmbH. Alte eingesessene Bamberger Firma, soweit mir bekannt ist. Der Seniorchef ist vor drei Jahren mit einundachtzig Jahren verstorben. Muss ein ziemlicher Despot gewesen sein. Ein richtiger Altnazi und auch sonst kein Menschenfreund. Hat von außen in die Firma eingeheiratet und ihr dann seinen Namen gegeben. Seine Frau war angeblich auch nicht viel besser, hat sich aber dann doch in den Siebzigern scheiden lassen. Trägt wieder ihren Mädchennamen und lebt angeblich noch. Krieg ich noch raus, wo die steckt. Jedenfalls hat der alte Bartosch das Unternehmen neu ausgerichtet und groß gemacht. Ist seitdem im Pharmaziebereich tätig. Die bei Bartosch forschen und stellen selbst Medikamente her. Der große Gewinnbringer der Firma ist das Medikament ›Merodol‹. Eine Art Antidepressivum. Wird vor allem bei Nervenkrankheiten eingesetzt.«

»Ah, daher also die Nähe zu St. Getreu«, schlussfolgerte Lagerfeld.

»Stimmt«, pflichtete Huppendorfer bei. »Auf jeden Fall extrem gute Reputationen in der Szene. Gilt als seriös, kompetent und bis vor Kurzem auch als liquide.«

»Wieso bis vor Kurzem?«, wollte Haderlein sofort wissen.

»Ganz einfach, der Markenschutz für ›Merodol‹ ist seit zwei Jahren ausgelaufen, das Patent erloschen. Seitdem gibt es haufenweise billige Generika. Zudem kommt immer mehr gefälschtes ›Merodol‹ aus dem asiatischen Raum nach Europa. Der Umsatz ist in den letzten zwei Jahren um über siebzig Prozent eingebrochen. Seitdem forscht die Firma an einem neuen Demenzmittel, das an den Erfolg von ›Merodol‹ anknüpfen soll. Steht angeblich kurz vor der Zulassung.«

»›Yellowstone‹«, murmelte Haderlein in sich hinein.

»Das allein scheint aber nicht der Grund für die Geldknappheit zu sein«, fuhr Huppendorfer fort. »Seit zwei Jahren haben sie alle Rücklagen flüssig gemacht. Keiner weiß genau wofür, man munkelt aber, dass es irgendetwas mit geheimen Baumaßnahmen zu tun hat, aber nichts Genaues weiß man nicht.« Er klappte seine Notizen zu. »Das war's fürs Erste.«

Dann waren sie auch schon da. Sie gingen die Stufen zum Eingang der alten Villa am Abtsberg 1 hinunter und läuteten. Nichts rührte sich. Huppendorfer schritt das leicht abfallende Stück des Gartens hinunter, schaute sich die Rückseite des Gebäudes an und erstarrte. Aus dem obersten Fenster sah ihn jemand erschrocken an. Er drehte sich um und winkte hektisch Lagerfeld zu. Der kam neugierig herbei, während sein Kollege noch den Finger auf den Mund legte und nach oben zeigte. Auch Lagerfeld entdeckte das merkwürdige Gesicht, das nur Sekundenbruchteile später verschwunden war. Einzig der leicht sich bewegende Vorhang zeugte davon, dass sie sich die Erscheinung nicht eingebildet hatten. Sie rannten wieder zu Haderlein zurück.

»Da ist jemand im Haus«, flüsterte Lagerfeld eindringlich.

Haderlein sah ihn fragend an.

»Der sah aus wie ein verdammt hässliches Kind«, versuchte Huppendorfer das Gesehene zu beschreiben.

Lagerfeld ging zurück zur Haustür und klingelte nochmals. Nichts geschah. Dann legte er sein Ohr an die Tür und horchte. Seine Augen weiteten sich. »Drinnen rennt jemand die Treppe runter«, flüsterte er. Er und Haderlein zogen zeitgleich ihre Waffen, während Huppendorfer Richtung Hintereingang verschwand.

»Aufmachen, Polizei!«, rief Lagerfeld laut. Haderlein nickte, und sein Kollege trat die Tür ein. Unter der Wucht des Trittes flog das Schließblech in weitem Bogen in den Hausflur, und die Tür knallte gegen den Treppenaufgang. Lagerfeld stürmte nach innen und drückte sich sofort gegen die Wand, um den Flur zu sichern. Haderlein kam ihm nach und blieb an die gegenüberliegende Wand gelehnt stehen. Er legte den Finger auf den Mund und horchte. Leise waren schnelle Schritte zu hören.

»Der Keller!«, rief Lagerfeld und stürmte los, Haderlein hintendrein. Auch die Kellertür musste Lagerfeld zertreten, bevor sie die steinernen Stufen, die steil nach unten führten, vor sich sahen. Links neben der Tür befand sich ein alter schwarzer Kippschalter für die Lampen. Das fahle Licht einer von Spinnweben überzogenen Glühbirne flackerte auf. Langsam schlichen die Beamten in den voller altem Gerümpel stehenden Kellerraum, in dem zwischen den alten Regalen die möbeltechnischen Reste von Generationen übereinandergehäuft waren. Haderlein und Lagerfeld gingen getrennt und mit den Waffen im Anschlag durch die engen Gänge zwischen den Regalen. Aber es rührte sich nichts, alles war still. Nichts deutete darauf hin, dass hier gerade noch jemand Zuflucht gesucht hatte. Als sie an dem kleinen, vergitterten Kellerfenster ankamen, schaute ihnen von draußen Huppendorfer ins Gesicht.

»Kannst reinkommen, Cesar!«, rief Lagerfeld und schüttelte verwirrt den Kopf. »Das gibt's doch nicht, oder? Bin ich jetzt blöd, oder was? Du hast doch auch Schritte gehört, oder?«, fragte er hilflos Franz Haderlein, dessen Gehirn bereits auf Hochtouren arbeitete.

»Noch mal durchsuchen, und zwar alles!«, befahl er Lagerfeld. Die beiden räumten nun das gesamte Gerümpel aus den Ecken. Lediglich zwei teure Weinregale ließen sie ungeschoren. In eine Weinflasche konnte sich ja schlecht jemand zwecks Flucht zurückziehen.

Huppendorfer stand auf der Treppe und besah sich nachdenklich das sinnlose Treiben. »Kommt mal her«, rief er schließlich, während er seine Waffe wegsteckte.

»Was gibt's denn, Huppendorfer?«, fragte Haderlein erschöpft und stellte sich ratlos neben den dunkelhäutigen Computerexperten der Dienststelle.

Der deutete wortlos nach unten.

Dann sahen es auch Haderlein und Lagerfeld. Direkt neben der Steintreppe war im Kellerstaub ein Fußabdruck zu sehen. Der Abdruck eines Turnschuhs in geschätzter Größe fünfunddreißig bis siebenunddreißig. Der Turnschuh schien es ziemlich eilig gehabt zu haben, denn der Abdruck war schräg nach hinten verwischt.

»Wir haben also doch nicht gesponnen«, freute sich Lagerfeld und nahm erleichtert auf der Steintreppe Platz.

Huppendorfer hatte sein Handy bereits gezückt und forderte die Spurensicherung an.

»Alles schön und gut«, murmelte Lagerfeld halblaut, »aber wo isser denn hin, Franz?«

Haderleins Blick flog noch einmal quer durch den Raum und musterte jeden Stein des alten Gewölbekellers. »Tja, gute Frage: Wo isser denn hin?«, wiederholte der Kriminalhauptkommissar.

Aber so lange er sich auch umschaute, der Verursacher der mysteriösen Fußspur blieb verschwunden.

*

Die Leiche von Sigismund Ludwig wurde seit ihrer Ankunft durch den Hubschrauber der Bergrettung im gerichtsmedizinischen Institut der Universität Innsbruck aufbewahrt. Dort lag sie nun im Kühlfach, nachdem sich die Pathologen am Institut den Kopf über das merkwürdige Dahinscheiden des bayerischen Mountainbikers zerbrochen hatten. Die äußere Erscheinung war schaurig, das Blutbild absolut katastrophal und die Todesursache vorerst nicht zu klären. Kopfschüttelnd hatten sich alle Fakultäten der Uniklinik mit dem Leichnam beschäftigt, einen wirklich logischen Befund aber hatte niemand zur Hand. Jetzt wollte man einen externen Experten hinzuziehen und auf größeres Fachwissen zurückgreifen, um diesen sonderbaren Todesfall zu ergründen.

Der Leiter der Innsbrucker Gerichtsmedizin, Thomas Hofer, wartete bereits am Eingang auf das Taxi mit demjenigen, der ihm hoffentlich weiterhelfen konnte.

Der Wagen hielt, und ein kleiner, untersetzter Mann mit reichlich Hüftgold stieg aus. Der Wonneproppen war Prof. Dr. Vincent Lacroix von der Universität Genf. Ein Hämatologe von Weltruhm und führender Experte in Sachen Blutkrankheiten. Allerdings auch ein großer Anhänger von opulenten Arbeitsessen. Seine barocken Körperformen zeugten auf den ersten Eindruck von der Wahrheit dieses Gerüchts.

Strahlend kam Lacroix auf Dr. Hofer zu und begrüßte ihn herzlich. »Hallo, Herr Hofer, endlich treffen wir uns einmal persönlich, ich habe ja schon sehr viel von Ihnen gehört. Sehr schön, wo ist denn das Objekt?«

Dr. Hofer lachte. »Na, Sie verlieren wohl keine unnötige Zeit, wie? Nun, ich würde sagen, wir gehen zuerst einmal in mein Büro, und ich zeige Ihnen die Ergebnisse unserer bisherigen Untersuchungen.«

»Auch gut«, meinte der Schweizer Hämatologe fröhlich. »Gibt's da auch Kuchen?«

»Sachertorte«, antwortete Hofer mit breitem Lächeln. »Sie sehen, wir sind auf Sie vorbereitet.«

Ein vorfreudiges Grinsen stahl sich in das Gesicht des Schweizers. In sehr gelöster Stimmung stiegen die beiden Mediziner die Treppen zur Gerichtsmedizin Innsbruck hinauf.

*

Dr. Christian Rosenbauer wachte vom Geräusch der sich öffnenden Eingangstür auf.

»Guten Morgen, Herr Doktor!«, hörte er die Stimme von Leonhard Pechmann, der gerade unbekümmert den Raum betrat. »Ich hab was zum Frühstück mitgebracht und ein paar andere Dinge auch noch.« Er deutete auf den weißen Kombi mit der Aufschrift »Dr. Feger Stiftung«, der draußen auf dem Hof parkte. »Richte schon mal den Frühstückstisch her, während ich das ganze Zeug hier reintrage«, bat er ihn.

Der noch etwas desolate Rosenbauer wurde gerade wieder von den Erlebnissen der letzten Tage eingeholt und musste sich sehr zusammenreißen. Da war wohl so eine stupide Tagesanfangsbeschäftigung wie den Frühstückstisch zu decken gar nicht mal schlecht. Als er fertig war, warf Pechmann eine Tüte mit Brötchen und Gebäck salopp auf den Tisch, bevor er noch eine große Thermoskanne mit Kaffee dazustellte.

»So, mein Lieber, bevor wir weiterreden, noch ein paar organisatorische Feinheiten.«

Rosenbauer griff sich begierig ein Bamberger Hörnchen und biss hinein. Seit zwei Tagen hatte er nichts mehr gegessen. Dann kam ihm seine entführte Tochter in den Sinn, und für einen Moment blieb ihm das Gebäck im Hals stecken.

»Heute Morgen stand dieser Typ schon wieder da. Sein Golf parkte eine Straße weiter, und er hielt sich hinter einer Platane versteckt, die bei uns vor dem Haus wächst. Ich glaube zwar, den tiefen Teller hat der nicht erfunden, aber trotzdem kein Grund, unvorsichtig zu werden. Ich habe mich bis in die Hallstadter Straße bei Feger verfolgen lassen, dann bin ich ins Lager und hab alles eingepackt, was wir eventuell brauchen können. Serum, Kontrastmittel, blablabla, muss ich dir ja nicht erzählen. Anschließend bin ich hinten mit dem Auto raus. Der einfältige Trottel steht wahrscheinlich immer noch vor dem Rolltor.« Leonhard Pechmann lachte. Er schien das Ganze eher sportlich zu sehen. Den Zweimetermann schien die ganze Geschichte richtiggehend zu amüsieren.

»Hier hab ich noch etwas für dich«, erklärte er und stellte ein silberfarbenes Kofferradio auf den Tisch.

»Das ist aber auch schon älter«, meinte Rosenbauer beiläufig, während er auf seinem Hörnchen herumkaute.

»Stimmt, aus den Achtzigern, aus meinem Studium. Schon damals habe ich gern rumgebastelt.« Er drehte an einem Knopf, und Rosenbauer konnte regen Funkverkehr hören, bei dem es um Einsatzwagen und Dienstzeiten ging.

Gerade kam eine Meldung von einer Marina durch, die einen Einsatzwagen in die Bamberger Wunderburg beordert hatte. Ihr Chef, ein gewisser Fidibus, sollte für das kleine Kind der Familie Windeln einkaufen, hatte sich dabei offensichtlich in Bamberg verfahren, und sein Tank war leer. Jetzt sollte ein Einsatzwagen ihn am Mahr's Bräu abholen und nach Hause bringen. Aber wieso redeten die alle mit Miss Honeypenny an, wer sollte das denn sein? Fragend blickte Rosenbauer zu Pechmann.

»Das ist der Polizeifunk, Christian. Die funken immer noch analog. Total einfach abzuhören. Kann nie schaden«, bemerkte er, dann wurde er ernst. »So, ich hab mir etwas ausgedacht.« Er setzte sich auf einen Stuhl Rosenbauer gegenüber an den Tisch. »Hör genau zu, das läuft jetzt so. Du bleibst hier drin oder aber zumindest auf dem Gelände. Wenn du etwas brauchst, steigst du draußen auf die Mauer und schickst mir eine SMS. Ansonsten werde ich dir alles vorbeibringen lassen, was du brauchst. Wenn es klingelt, steht mein Kurier mit einem Wagen von meiner Firma vor dem Tor. Er wird keine Fragen stellen, du musst nur jede Lieferung unterschreiben, das war's. Verstanden?«

Rosenbauer nickte verblüfft. Sein langjähriger Geschäftspartner hatte anscheinend ein Händchen in solchen Dingen. Das Hörnchen schmeckte wieder besser, und der Kaffee weckte so langsam ein wenig Optimismus in ihm.

»Und dann hab ich noch eine Überraschung für dich«, grinste Pechmann mit offensichtlich sehr großem Vergnügen. »Komm mal mit.«

Als sie nach draußen gingen, sah Christian Rosenbauer das Gehöft zum ersten Mal bei Tageslicht. Es entpuppte sich dabei als ziemlich großer Gutshof. Zwar wirkte alles verfallen, aber die Scheune, aus der sie gerade hinausgetreten waren, war nagelneu restauriert. Ein breiter Kiesweg führte innen an der alten, fast drei Meter hohen Steinmauer entlang, rund um das Grundstück. Pechmann ging mit dem staunenden Kollegen zur überdachten Rückseite der Scheune, hob die Hand und schüttelte bedeutungsvoll einen kleinen Schlüsselbund. Unter dem Vordach stand ein neuer schwarzer MP3-Roller. Als sie näher traten, erkannte Christian Rosenbauer hinter der halbrunden Frontscheibe ein kleines, wetterfestes Navigationsgerät. Zum ersten Mal seit zwei Tagen huschte so etwas wie ein Lächeln über sein Gesicht.

»Der ist für dich, falls du plötzlich von hier verschwinden musst«, erklärte ihm der Gutshofbesitzer feixend. »Kannst du damit umgehen?«, schob er anzüglich hinterher.

»Blöde Frage«, lachte Rosenbauer jetzt laut und nahm ihm den Schlüssel aus der Hand. Kommentarlos setzte er sich auf den Roller und startete. Er gab Gas, der lockere Kies spritzte hinter ihm weg, und er drehte eine flotte Runde an der Gutshofmauer entlang. Er grinste immer noch, als er das Gefährt wieder an seinem ursprünglichen Platz abstellte.

»Okay, Christian«, sagte Pechmann nun wieder ernster. »Der Tank reicht für circa zweihundertfünfzig Kilometer, das Navi ist mit meinem Hof hier als Heimatadresse eingestellt. Du findest also immer zurück.«

»Wo sind wir überhaupt?«, fragte Rosenbauer, dem jetzt erst aufgegangen war, dass er davon keine Ahnung hatte.

»Musst du nicht wissen«, schmunzelte Pechmann. »Jedenfalls ziemlich weit oben im Wald. Draußen vor dem Tor geht's rechts die Straße runter nach Bamberg. Alles Weitere erzählt dir dein Navi.«

Er zog ein kleines schwarzes Kästchen aus der Jacke und reichte es ihm. »Damit geht das Hoftor auf, es schließt automatisch. So, alles klar, Alter? Dann forsche mal«, schloss Leonhard Pechmann grinsend seine Erklärungen.

Dr. Christian Rosenbauer nahm den Riesen in den Arm. »Vielen Dank, Leo«, sagte er mit tränenerstickter Stimme.

Pechmann lächelte nur kurz, tippte sich lässig mit zwei Fingern an die Stirn und stieg in seinen Kombi. Zwei Minuten später war Dr. Christian Rosenbauer wieder allein auf dem großen Hof. Er ging in die Scheune und schloss die Tür hinter sich. Dann begab er sich zu der Pritsche, auf der er geschlafen hatte, und kramte die Jacke hervor, mit der er angekommen war. Er leerte die Taschen und sortierte den Inhalt vor sich auf dem Tisch. Gott sei Dank hatte er alles in der Hektik noch schnell in die geliehene Jacke gesteckt: einen iPod, ein paar Notizzettel, Tempotaschentücher und einen titanfarbenen Memorystick. Dazu noch eine Plastikdose mit exakt fünfzig zitronengelben Tabletten. »Yellowstone« stand deutlich und fett auf dem Papieraufkleber.

Rosenbauer ließ sich in die Tiefen des anatomisch geformten Bürostuhls des Computertisches fallen und dachte nach. Erst würde er eine Bestandsliste der Laboreinrichtung anfertigen, dann konnte er mit seiner Arbeit anfangen. Aber früher oder später würde er eine Blutprobe von den Toten in Erlangen brauchen. Besser wäre natürlich frisches Blut, viel besser, aber man konnte eben nicht alles haben. Dann erschienen wieder die Bilder seiner kleinen Tochter Theresa und seiner toten Frau vor seinem geistigen Auge, und seine Gefühle drohten ihn zu übermannen. Entschlossen schaltete er den Computer ein.

*

Die Sachertorte war verspeist, und die beiden Kollegen machten sich in launiger Stimmung auf den Weg in Richtung Kühlraum, um die ungewöhnliche Leiche zu begutachten. Sie gingen an der langen Wand mit den Edelstahlschubfächern vorbei, bis Dr. Hofer am Ende eine Liege herauszog. Erstaunt hob er die Augenbrauen. Die Edelstahlliege war leer. Verwirrt zog er nacheinander alle anderen Leichen hervor und prüfte die restlichen leeren Kästen. Nichts. Kein Sigismund Ludwig.

Ratlos schaute er Vincent Lacroix an. »Sie werden es nicht glauben, werter Kollege, aber meine Leiche ist verschwunden.«

Haderlein stand nachdenklich am Landrover gelehnt, als Lagerfeld zu ihm trat.

»So, Huppendorfer übernimmt jetzt hier und passt auf die Spurensicherung auf. Die Fahndung nach der Familie Rosenbauer ist auch rausgegangen. Nach dem mysteriösen Kind lass ich nicht suchen, die halten uns sonst alle noch für blöd. Wir könnten uns aber derweil noch amal um die Spinner auf dem Veitsberg kümmern, Franz, oder?«

Auffordernd stupste er seinen älteren Kollegen in die Seite, doch Haderlein grübelte noch immer über das im Keller verschwundene hässliche Kind. Die Sache war ihm irgendwie unheimlich. Beide hatten sie die Schritte auf der Treppe und im Keller gehört, aber niemand war zu sehen gewesen. Das ganze Haus war leer. Keine Spur von den Rosenbauers. Ein Anruf in der Schule der Tochter hatte zudem ergeben, dass Theresa dort seit gestern nicht mehr erschienen war.

»Wir fahren jetzt zuerst mal in die Firma von Dr. Rosenbauer«, entschied der Kriminalhauptkommissar. Er schaute in seine Notizen. »Lorbersgasse 8, wo zum Geier ist das denn?« Hilfesuchend wandte er sich an Lagerfeld, der in Bamberg aufgewachsen war.

»Die Firma Bartosch, Lorbersgasse? Das ist unterhalb von der Villa Remeis, über die Straße rüber, am Kindergarten vorbei und dann links runter.«

Haderlein überlegte kurz. »In der Nähe von St. Getreu, oder?«

»Genau, nur auf der anderen Seite vom Hügel, am Jakobsberg«, pflichtete ihm Lagerfeld bei. »In einem alten Ziegelbau aus der Jahrhundertwende.«

»Gut«, beschloss Haderlein. »Dann fahren wir da mal hin. Gib mir die Autoschlüssel, Bernd.« Ungeduldig streckte er die Hand aus, während Lagerfelds Hände auf Wanderschaft in seinen Hosentaschen gingen. Den Autoschlüssel fand er zuerst nicht, dafür erspürte er etwas Metallenes mit seinen Fingern. Mühsam fingerte er das Teil aus der engen, geflickten Jeans. Es war tatsächlich ein Schlüssel, sogar mit blauem Anhänger, auf dem »Dixi« eingraviert stand. Lagerfeld glotzte ihn an, wusste aber nichts mit dem Fund anzufangen.

»Mensch, Bernd, das ist doch nicht mein Autoschlüssel! Jetzt such schon weiter, wir haben noch viel vor heute.« Haderlein wurde ungeduldig, als Bernd Schmitt Lagerfeld eine furchtbare Erkenntnis traf.

»Scheiße!«, entfuhr es ihm, und er kramte wie wild in seiner Jacke nach dem Handy. Kollege Franz stand der Aktion nur ratlos vis-à-vis gegenüber. Was war denn jetzt schon wieder los?

Doch Lagerfeld hatte schon hektisch zu telefonieren begonnen. »Polizei Coburg? Ja, hier Kollege Schmitt aus der Direktion Bamberg … Lagerfeld, genau … Hören Sie, da muss noch auf dem Marktplatz ein abgeschlossenes Dixi-Klo stehen, mit einem alten Dreigangrad angelehnt. Drinnen ist jemand eingeschlossen, den solltet ihr dringend rauslassen. Aber ihr müsst das Klo aufbrechen, ich hab den Schlüssel aus Versehen mitgenommen. … Okay, vielen Dank, auf Wiederhören.« Obwohl Lagerfeld erleichtert das Handy zuklappte, war er noch so nervös, dass seine Hände instinktiv und vergeblich nach Zigaretten suchten.

»Na, hoffentlich ist der Typ noch nicht verdampft, mein lieber junger Kollege«, meinte Haderlein sarkastisch. »Immerhin ist der fast zwei komplette Tage in einem Chemieklo in der Sonne gestanden.«

Lagerfeld blickte jetzt echt besorgt drein, aber Haderlein hatte es eilig. »Schluss jetzt, weg hier, die werden dir schon noch Bescheid stoßen.« Mit diesen Worten schob er Lagerfeld in den Landrover. Sie hatten zu tun.

Als die Coburger Streifenbeamten am Marktplatz ausstiegen, bot sich ihnen ein seltsames Bild. Der gesamte Platz war von den Pionieren der Bundeswehr und dem THW geräumt worden, sämtlicher Bauschutt abtransportiert. Der Platz war frisch gereinigt, abgesperrt und vollkommen leer, bis auf ein blaues Dixi-Klosett, welches einsam in der Mitte der Fläche thronte. Als die Beamten näher kamen, sahen sie, dass tatsächlich ein altes Fahrrad an der Seitenwand lehnte.

»Das is doch der Drahtesel vom Sänger, oder etwa nicht? Und der ist jetzt schon zwei Tage bei der Hitze da drin eingesperrt?«, wunderte sich der eine Polizist, als er mit dem schweren Brecheisen gegen die Tür klopfte. »Hallo, haaallooo? Ist jemand da drin?«

Das Aluminium des Toilettenhäuschens fühlte sich sehr warm an, aber von drinnen war kein Laut zu hören. »Da is nie und nimmer der Sänger drin«, zweifelte der erste Polizist wieder. »Des tät mer doch hören.«

Der Kollege schaute ihn an, dann das Dixi-Klo, dann wieder ihn. »Wenn mir da jetzt aufmachen und der lebt noch, is des vielleicht gar net so gut, so für die Allgemeinheit«, überlegte er laut. »Mir ham jetzt Juli. Vielleicht sollten wir den da drinlassen … Bis Weihnachten oder so?«

Sein Kollege grinste. »Mensch, des kannste doch dem Klo net antun, Kurt. Hopp, mach auf.« Er schüttelte ungeduldig den Kopf, nahm ihm das Brecheisen aus der Hand, setzte es gekonnt in der Türfuge an und knickte mit einem kräftigen Zug die Toilettentür auf, die ächzend nach außen wegklappte.

Den Beamten bot sich ein unwirkliches Bild. Der Sänger wirkte wie tot. Er sah aus wie ein lebloses, getrocknetes Insekt. Allerdings waren seine Augen offen und bewegten sich leicht. Trotzdem rührte er sich nicht, und es war auch kein Laut von ihm zu hören. Ein sehr verdächtiger Umstand. Stattdessen hatte er seinen Blick auf die Unendlichkeit des Marktplatzes gerichtet und sich den Ghettoblaster unter den rechten Arm geklemmt.

Das Bild der Figur innerhalb des Chemieklosetts hatte mit einer verdorrten, nordafrikanischen Wanderheuschrecke eine frappierende Ähnlichkeit. Während der eine Beamte besorgt einen Notarzt herbeitelefonieren wollte, versuchte sein Kollege, etwas aus der erstarrten Heuschrecke herauszubekommen. Er hielt sein Ohr an deren zitternde Lippen, um zu verstehen, was diese ihm sagen wollte. Schließlich konnte er den Sänger etwas mit heiserer, nur sehr leiser Stimme flüstern hören. Dann erhob sich der seit fast zwei Tagen Eingesperrte mühsam und unsicher, wankte zu seinem Rad und verließ langsam und konsequent schweigend den Ort seiner unfreiwilligen Haft.

Dem Notarzt wurde wieder abgesagt, und auch ein bereits in Erwägung gezogener Hubschrauber der Christopherstaffel wurde nun nicht mehr benötigt.

Der Polizist hätte gern von seinem Kollegen gewusst, was da über die bebenden Lippen des Delinquenten gekommen war. »Was denn nu, was hat er denn nu gewollt?«, fragte er neugierig, während er noch der armseligen Gestalt nachschaute, die langsam torkelnd in der Herrngasse verschwand. »Wasser, Bier, etwas zum Essen, einen Anwalt?« Erwartungsvoll blickte er zu seinem Kollegen.

»Nein«, erwiderte der andere Polizist nachdenklich, »nichts dergleichen. Er sagte immer nur: ›Die Batterien sind leer, die Batterien sind leer, ich brauch neue Batterien für die Musig!‹ Dann ist er einfach aufgestanden und gegangen. Schweigend, wie du siehst. Aber er ist so weit auf dem Damm, glaub ich. Allerdings ist er verdächtig ruhig. Da könnte man so einer Naturkatastrophe fast etwas Positives abgewinnen.«

Schulterzuckend packten die beiden Polizisten ihr Handwerkszeug wieder ein, stiegen in ihren Wagen und widmeten sich umgehend ihrem nächsten Einsatz. Und so gingen die letzten zwei Tage als die ruhigsten seit Jahren in die Coburger Stadtgeschichte ein.

Die Handballerfaust des Drosendorfer Hais traf den großen Center aus München genau aufs linke Auge. Der Rest des Gefechtes ging in einem riesengroßen Getümmel unter. Binnen Sekunden hatten sich die Parteien zu einem überdimensionierten Kampfknäuel verknotet.

Erst als die anderen Spielpaarungen nebenan unterbrochen wurden, um die Streithähne zu trennen, konnte man mit vereinten Kräften die Situation etwas beruhigen. Lediglich die beiden Hauptkontrahenten wären am liebsten gleich wieder aufeinander losgegangen. Allerdings nahm die Angelegenheit plötzlich eine dramatische Wendung.

Während der am Auge gezeichnete Basketballer immer noch wild auf den gegnerischen Spielführer einredete und ihn mit Fäkalausdrücken belegte, wurde dieser plötzlich ganz ruhig. Dann drehte er sich um die eigene Achse und blickte verwundert in Richtung Sonne.

»He, du Handballerarsch, schau mich gefälligst an, wenn ich mit dir rede!«, brüllte sein Gegenüber ob der Missachtung jetzt immer aufgebrachter. Aber auch er wurde still, als er sah, was passierte. Der gerade noch so rabiate Quattroballer aus Drosendorf sackte in sich zusammen und fiel auf die Knie. Seine Arme und Beine verkrampften sich und fingen anormal an zu zittern. Schließlich kippte er so auf die Seite, dass alle Umstehenden sehen konnten, wie orangefarbene Flüssigkeit aus seinen Augen auf den Rasen tropfte. Dann lag er still.

Dr. Christian Rosenbauer drehte schnell am Lautstärkeregler des Kofferradios. »Ein Einsatzwagen bitte nach Memmelsdorf zum Quattroballturnier. Todesfall mit rätselhaften orangefarbenen Symptomen. Wer ist in der Nähe …« Rosenbauer stand unter Strom. Das konnte nur wieder einer dieser Fälle sein, vor denen er sich so gefürchtet hatte. Die Front war also womöglich in Bamberg angekommen. Was sollte er nun tun? Eigentlich war das die Gelegenheit, auf die er so lange gewartet hatte. Aber jetzt wurde er wahrscheinlich schon polizeilich gesucht, es war viel zu gefährlich. Verzweifelt raufte er sich die Haare, dann fiel sein Blick auf den Rollerschlüssel.

Haderlein und Lagerfeld bogen gerade in die Lorbersgasse ein, als sie der Funkspruch von Honeypenny erreichte. »Wir haben wieder einen von diesen ominösen Todesfällen. Beim Quattroballturnier in Memmelsdorf.«

»Verstanden«, antwortete Lagerfeld und blickte Haderlein fragend an.

Der wendete, statt eine Antwort zu geben, mit quietschenden Reifen in der engen Gasse und fuhr mit Vollgas den Jakobsberg hinunter. Am Torschuster zwang er den Freelander mit aller Gewalt links um die Ecke und am Michelsberg vorbei in die Richtung, aus der sie gerade erst gekommen waren. Das Problem war, dass Memmelsdorf vom anderen Ende Bambergs noch einmal fünf Kilometer entfernt lag. Während sie durch die Innenstadt brausten, klingelte Lagerfelds Telefon.

Aufmerksam hörte er sich an, was ihm erzählt wurde, und als er das Handy wieder zuklappte, hatte sich seine Miene erneut verfinstert. »Des is doch vielleicht ein Scheißdoch«, murmelte Lagerfeld in seinen nicht vorhandenen Bart. Haderlein schaute ihn nur kurz fragend an, schließlich musste er sich um den Verkehr kümmern.

»Die Hunde ham nix finden gekonnt, weil sie dauernd niesen gemusst ham«, erläuterte er Haderlein im schönsten Bambergerisch den Grund für seine plötzliche Übellaunigkeit. »Daraufhin ham die Hundeführer abgebrochen, Feierabend. Glasse, odder? Die glaane Gröde is uns echt durch die Labbn. Scheiße!«, fügte er noch voller Inbrunst hinzu und donnerte die rechte Faust gegen die Verkleidung des Armaturenbretts.

Haderlein schüttelte nur schmunzelnd den Kopf. Nie im Leben würde er diesen abartig krummen Dialekt begreifen.

Der erste Einsatzwagen der Polizei traf bereits nach kurzer Zeit in Memmelsdorf ein. Irgendeine Streife war sowieso immer in der Nähe des Quattroballgeländes unterwegs, um sich um Falschparker zu kümmern. Ein Streifenpolizist sperrte gerade das Handballfeld mit einem Trassierband ab, während seine junge Kollegin den Ort des Geschehens sicherte und die Personalien der Zeugen aufnahm. Und von denen gab es wirklich genug. Der große Basketballer aus München stand geknickt bei der Hauptwachtmeisterin und beteuerte unaufhörlich, er habe überhaupt nichts gemacht. Zwischenzeitlich stellte ein mitspielender Arzt, der mit den »Naturidentischen Aromastoffen« gegen »Dr. Best und die Schwingköpfe« Volleyball gespielt hatte, den Tod des Handballers fest. Mehr konnte er nicht tun, die Diagnose war eindeutig.

In dem ganzen Tohuwabohu drängte sich ein Mann im weißen Kittel durch die Menge. »Kann ich bitte durch?«, musste er in einem fort und nachdrücklich von sich geben, um zum Toten zu gelangen.

Schließlich hatte es der schlanke, schwarzhaarige Mann mit den leicht gräulichen Schläfen geschafft und stieg über das Trassierband. Mit einem Arztkoffer in der Hand näherte er sich der Polizistin und stellte sich vor. »Schneider, Gerichtsmedizin Erlangen, wo ist das Opfer?«

Die Polizistin sah kurz auf und deutete mit ihrem Kugelschreiber Richtung Handballerleiche. »Ein anwesender Arzt hat schon den Exitus festgestellt. Er gehört Ihnen, Herr Doktor.«

Der Arzt nickte und kniete sich neben den Leichnam. Er hatte Gummihandschuhe übergestreift und drückte seine Finger prüfend in das Körpergewebe. Die Leiche war noch warm. Eilig öffnete er die schwarze Tasche und nahm eine Spritze heraus. Mit geübten Griffen legte er den rechten Arm des Toten so ins Gras, dass er die Nadel der Spritze in die Vene einführen konnte. Gerade als er ein paar Zehntelliter Blut entnommen hatte, hörte er hinter sich die nächsten Ankömmlinge.

Haderlein und Lagerfeld sahen den riesigen Menschenauflauf auf den Spielfeldern, sodass sie nicht lange suchen mussten. Die Polizeimarken hoch erhoben, schoben sie sich, Lagerfeld voran, durch die Gaffer. Als sie über die Absperrung stiegen, bemerkten sie einen Arzt, der sich bereits mit dem Leichnam beschäftigte, und eine Polizistin, die Personalien aufnahm. Der Arzt, der sich gerade vom Leichnam erhob, drehte sich um und begrüßte sie freundlich.

»Schneider, Gerichtsmedizin Erlangen.« Er schüttelte jedem die Hand.

Haderlein beugte sich über das Gesicht des Toten und erschauerte. An so einen Anblick konnte man sich einfach nicht gewöhnen.

»So etwas habe ich noch nicht gesehen«, sagte der Arzt.

»Ich schon«, erwiderte Haderlein nachdenklich. »Aber die zu den Symptomen dazugehörigen Leichen wurden gestern Nacht geklaut.«

»Geklaut?« Der Arzt wurde erst blass, dann nervös. »Gut, gut«, fuhr er fahrig fort, »ich verstaue erst mal das abgenommene Blut, dann bin ich gleich wieder da.« Eilig rannte er zur Absperrung und stieg darüber.

Die beiden Kommissare wandten sich wieder dem Toten zu, als Lagerfeld plötzlich erstarrte. »Sag mal, Franz, wieso ist eigentlich einer von der Erlanger Gerichtsmedizin schneller hier als wir? Von Erlangen braucht der doch mindestens doppelt so lang mit dem Auto.«

Haderlein schaute erstaunt auf. Dann dämmerte es auch ihm. »Und wieso wusste er nichts von den Leichen, die aus seinem eigenen Institut geklaut wurden?«

Sie drehten sich auf der Stelle um und rannten los. Der angebliche Arzt hatte bereits einen ziemlichen Vorsprung. Mit einem Satz sprangen beide Kommissare über den Graben, der sie an der Baumreihe von der Straße trennte, dann konnten sie erkennen, wie ein Mann im weißen Arztkittel einen schwarzen Motorroller startete.

Obwohl sie sprinteten, waren sie nur noch in der Lage, dem Roller hilflos hinterherzuschauen, der flott Fahrt aufgenommen hatte.

Lagerfeld griff sofort wieder sein Handy. »Honeypenny? Sofort Fahndung rausgeben. Schwarzer Roller auf der Memmelsdorfer Straße stadteinwärts. Wird von einer flüchtigen Person gefahren. Männlich, zwischen vierzig und fünfzig Jahre, hat weißen Arztkittel an, wiederhole, weißen Arztkittel.«

Dann steckte er das Handy wieder ein, und sie rannten zum Landrover zurück, der – natürlich! – am weitesten entfernten Punkt auf dem Parkplatz beim Memmelsdorfer Schloss stand. Die besten Plätze waren alle schon von den Quattroballern zugeparkt gewesen. Als die Kommissare die Straße schließlich erreichten, waren bereits etliche wertvolle Minuten vergangen. Mit Vollgas fuhren sie Richtung Bamberg, als Lagerfeld auf Höhe des Telekom-Gebäudes plötzlich eine Vollbremsung hinlegte, rechts am Fahrbahnrand anhielt und ausstieg. Bevor Haderlein noch fragen konnte, was denn schon wieder los sei, reichte ihm sein Kollege einen weißen Arztkittel herein. Dann trat er wütend gegen den Vorderreifen. Haderlein konnte Lagerfelds Ärger nachvollziehen. Der Tag konnte fürwahr besser laufen.

Das Blut der Pandora

Der Motor des MP3 erstarb, und Christian Rosenbauer setzte sich zitternd neben den dampfenden Roller in den warmen Kies. Das war knapp gewesen, verdammt knapp. Allerdings konnte er ja zu großen Teilen selbst nicht begreifen, was er da eben erlebte. Unter den Augen der Bamberger Polizei hatte er einer noch frischen Leiche Blut abgenommen.

Das war frech, verdammt frech. So kannte er sich selbst gar nicht. Er, Christian Rosenbauer, war zeitlebens ein korrekter Mann gewesen, der jedes Risiko und jede Unwägbarkeit scheute. So ziemlich das genaue Gegenteil zum Exsportler Pechmann. Er schloss die Augen und legte seinen Kopf gegen die kühle steinerne Wand des Scheunengebäudes. Dann kamen ihm seine Tochter, seine Frau und die zahlreichen Toten in den Sinn, und er wusste wieder, warum er das alles auf sich nahm. Entschlossen erhob er sich mit dem Werkzeugkoffer, der ihm als Arztutensilie gedient hatte, in der Hand, ging um das Haus herum und öffnete die Eingangstür. Das Blut gehörte so schnell wie möglich in die Zentrifuge. Die wenigen Zehntelliter des wertvollen Stoffes waren seine einzige Chance. Er würde sich beeilen müssen.

Kriminalhauptkommissar Haderlein und der unwirsche Lagerfeld waren wieder zum Ort des Geschehens zurückgekehrt. Die Sportveranstaltung war inzwischen abgebrochen worden, und Hunderte von Hobbysportlern waren in Grüppchen in heftige Diskussionen vertieft. Quattroball war nichts für Weicheier, aber Ableben gehörte nicht zum geregelten Spielbetrieb.

Inzwischen war auch die Spurensicherung eingetroffen, die gerade die Einstichstelle untersuchte, die der ominöse Falschmediziner hinterlassen hatte.

Der Arzt, der den Tod des Handballers festgestellt hatte, stand ebenfalls noch dort und gab gerade seine Zeugenaussage zu Protokoll. Lagerfeld tigerte nervös und verärgert auf dem Handballfeld hin und her. Schon zum zweiten Mal war ihm heute jemand ganz knapp durch die Lappen gegangen, zudem befand sich sein Körper auf Entzug und verlangte dringend nach Nikotinzufuhr. Kommissar Lagerfeld war gereizt.

»Scheiße!«, konnte man ihn fluchen hören und sehen, wie er wütend gegen den Pfosten des Handballtores trat, welches ihm seinen Angriff mit der ihm eigenen Härte dankte, sodass der junge Ermittler noch lauter fluchend und noch gereizter im Kreis umherhumpelte.

Haderlein scherte sich nicht um die Suchtprobleme Lagerfelds, sondern wandte sich an Ruckdeschl, den Leiter der Spurensicherung.

»Und, können Sie mich aus dem Sumpf der Ahnungslosigkeit herausziehen?«, erhoffte er sich ein bisschen Licht im Dunkel.

Ruckdeschl schüttelte den Kopf. »Sorry, aber so was hab ich auch noch nicht gesehen. Sie sind ziemlich gestresst, oder?«, fragte er mitleidig den langjährigen Weggefährten.

Haderlein nickte zerknirscht. »Wenn Sie wüssten, was die letzten Tage über los war. In meinem ganzen Leben habe ich noch nie so ein Durcheinander und Chaos erlebt. Ich bin total übermüdet, mein Multipla sieht aus wie eine zertretene Konservendose, ein leibhaftiger Tornado zieht durchs Land, und jetzt hab ich auch noch gleich zwei völlig undurchsichtige Fälle am Hals. Und dabei soll man dann auch noch ruhig bleiben und nicht durchdrehen.« Haderlein lachte kurz auf. Es klang zynisch.

»Und dann müssen Sie zu allem Überfluss auch noch Fränkisch lernen, wie ich hörte«, schmierte ihm Ruckdeschl noch spitzbübisch aufs Butterbrot.

»Stimmt«, musste Franz Haderlein jetzt doch grinsen. »Das auch noch, und das ist bei Weitem das Schlimmste.«

»Das werden Sie schon auch noch überstehen«, beruhigte ihn der Chef der Spusi. »Der große Haderlein wird doch nicht verzweifeln, oder?« Die beiden Kämpen schauten sich in die Augen, und Haderlein klopfte dem guten Ruckdeschl auf die Schulter. Dank brauchte manchmal keine Worte.

Von der Seite gesellte sich der Arzt in Sportkleidung zu ihnen, der versucht hatte, Erste Hilfe zu leisten, aber leider machtlos gewesen war.

»Berthold Staiger«, stellte er sich vor. »Ich habe vorhin Ihre wilde Verfolgungsjagd über den Parkplatz miterlebt.«

»Tja«, mischte sich nun auch der zutiefst frustrierte Lagerfeld in das Gespräch ein. »Ein äußerst erfolgreiches Unternehmen war das«, gab er knapp zum Besten. »Wir waren richtig toll.« Seine Stimme klang reichlich sarkastisch. »Wir haben einen weißen Kittel gefangen.«

Der Arzt hob etwas verunsichert die Augenbrauen. »Ah ja, aber was wollte Doktor Rosenbauer überhaupt mit dem Blut der Leiche, und wieso ist er so schnell wieder verschwunden?« Unschuldig blickte er von einem Kommissar zum anderen, dann trat er unwillkürlich einen Schritt zurück. »Entschuldigung, habe ich etwas Falsches gesagt? Ich wollte wirklich nicht …«

Lagerfeld packte den Arzt am Arm und, oh Wunder, nahm sogar seine Sonnenbrille ab. »Wer?«, fragte er aggressiv. Auch Haderlein konnte nicht glauben, was er da gerade hörte.

»Na, Dr. Christian Rosenbauer von der Firma Bartosch. Der, der vorhin dem Toten hier das Blut abgenommen hat. Ich wollte ja nur wissen, wieso der –« Weiter kam der arglose Mediziner nicht.

»Das vorhin, der Typ, der vorhin abgehauen ist, das war Dr. Christian Rosenbauer von der Bartosch GmbH?«, fragte Haderlein sicherheitshalber noch einmal nach.

»Ja, aber sicher. Ich habe ihn doch persönlich erst letzte Woche bei einem Empfang getroffen.« Verwirrt blickte der Arzt in die zwei von totaler Verblüffung gezeichneten Kommissarengesichter. Glaubten ihm die beiden Kriminalisten nicht, oder wie? Vielleicht wäre es besser gewesen, er hätte gar nichts gesagt. Dann schien der Ältere der beiden aus seiner Starre zu erwachen und streckte ihm die Hand hin.

»Vielen herzlichen Dank, Herr Staiger. Sie haben uns soeben einen großen Dienst erwiesen.« Dann drehten sich die Beamten um, und Haderlein sagte plötzlich sehr aufgeregt: »Ich werd echt verrückt, Bernd. Jetzt haben wir nicht mehr zwei verschiedene Fälle, sondern einen großen.«

Lagerfeld konnte sehen, wie es in Haderleins Kopf heftig arbeitete. Seinem Kollegen wurde allmählich etwas klar. »Die orangenen Leichen und die Rentner auf St. Getreu haben eine gemeinsame Geschichte«, schlussfolgerte Haderlein fast euphorisch.

Bernd Schmitt Lagerfeld kapierte nicht sofort, vergaß darüber für eine Weile sogar seine körperlichen Entzugsprobleme, doch dann begriff auch er und nickte. Offensichtlich teilten die Toten im Klinikum und die grausam verunstaltete Leiche vor ihren Füßen dasselbe dunkle Geheimnis.

»Allerdings wissen wir deswegen trotzdem nicht, was hier los ist und wo zum Beispiel unsere Flüchtigen sind«, warf er ein, aber Haderlein war bereits in Fahrt. Endlich griff ein Puzzleteil in ein anderes. Endlich ein Punkt, an dem sie weitermachen konnten.

»Aber wir wissen den Namen unseres heutigen Flüchtigen und dass dieses mysteriöse hässliche Kind auch irgendwie mit drinhängt. Und all das hat ab jetzt ursächlich mit unseren Leichen von St. Getreu zu tun, Bernd. Wir haben einen Angriffspunkt. Und jetzt brauchen wir nur noch den kriminalistischen langen Hebel, um die Welt aus den Angeln zu hebeln, um einmal Archimedes zu bemühen«, rief Haderlein begeistert.

»Da bin ich aber gespannt, wo du diesen Hebel auftreiben willst«, meinte der nicht ganz so optimistische Lagerfeld skeptisch.

Haderlein rieb sich geschäftig die Hände, dann tätschelte er vergnügt Lagerfelds Wange. »Nun, am besten fangen wir mit deinen Spinnern auf dem Veitsberg an. Einverstanden? Und dann geht's zur Firma Bartosch. Ich bin jetzt schon gespannt, was die über ihren Chef erzählen können.«

Lagerfeld stimmte zu, und beide machten sich auf den Weg, nicht aber, ohne Anweisung zu geben, die Leiche ab sofort nicht mehr ohne Bewachung irgendwo herumliegen zu lassen.

Vincent Lacroix schaute erst verblüfft, dann musste er lauthals lachen. Das hatte er ja noch nie erlebt! Da kam er vom anderen Ende der Alpen extra angereist, und diese Österreicher hatten seine Obduktion verschlampt. Na, sauber! Als Vertreter der berühmten schweizerischen Genauigkeit erfüllte ihn das mit Befremden. Immerhin war die Sachertorte genießbar gewesen.

»Wissen Sie was, Dr. Hofer?«, meinte er leicht anzüglich. »Ich glaube, ich weiß, wer uns da aus der Patsche helfen kann. Neulich hat mich ein alter Bekannter aus Deutschland angerufen, der mir die gleichen Symptome schilderte wie Sie. Der hatte sogar drei Todesfälle von der Sorte. Zwei Erwachsene und einen Knaben. Den werde ich jetzt umgehend …« Das Handy von Professor Vincent

Lacroix unterbrach mit einem schrillen Klingelton seinen Redefluss.

»Ach, Siebenstädter!«, lachte der Professor, und seine üppige Wampe wackelte wie das Fett eines Seelöwen auf und ab. »Wenn man vom Teufel spricht …!« Dann wurde seine Miene ernst, und er hörte eine ganze Weile zu.

»Das klingt ja völlig verrückt! Sie machen nicht zufällig wieder einen Ihrer zynischen Scherze?«, meinte der Spezialist. »Aber diese eine Leiche haben Sie jetzt in Erlangen, und die wird auch nicht verschwinden?«, fragte er sicherheitshalber noch einmal nach. »Okay, Siebenstädter.« Vincent Lacroix warf einen prüfenden Blick auf seine Armbanduhr. »Ich werde den nächsten Zug nehmen, dann müsste ich spätestens gegen Abend bei Ihnen sein. Konnten Sie der Leiche noch Blut entnehmen?« Gespannt wartete der Professor auf die Antwort, dann setzte er einen enttäuschten Gesichtsausdruck auf. »Gut, da kann man nichts machen, Sie sind halt nur Pathologe und kein richtiger Arzt, Siebenstädter. Es ist doch immer dasselbe mit Ihnen«, stichelte der Schweizer genüsslich. Die Antwort aus Erlangen schien ihm zu gefallen, denn er setzte ein sehr breites Grinsen auf und beendete das Gespräch.

Auf dem Veitsberg herrschte die gleiche feierliche Stimmung wie schon zwei Tage zuvor, als Lagerfeld wegen des Tornadoalarms so plötzlich hatte verschwinden müssen. Nur das Wetter war heute definitiv besser. Erst jetzt kamen ihm die letzten Worte von Daniel Brosst, dem selbst ernannten Heiland der Gemeinschaft, wieder in den Sinn. Das Ende Babylons.

Was sollte das nur heißen? Angesichts dessen, dass dieser Brosst die Entstehung des Tornados vorhergesehen zu haben schien, schauderte es ihn.

Daniel Brosst war ein sonderbarer Fall. Jeder in Franken kannte ihn, und fast niemand nahm ihn ernst. Das war wohl das große Drama seines Lebens. Als Sohn eines verdammt großen Zulieferbetriebes der Flugzeugindustrie geboren, musste er von Kindesbeinen an mit der Tatsache klarkommen, niemals arbeiten zu müssen. Was man spontan als Glücksfall bewerten könnte, belastete den jungen Brosst Zeit seines Lebens. Es war nicht leicht, andauernd an dem Übervater Hugo Brosst gemessen zu werden, der das

Industrieimperium mit dem Sitz in Hallstadt bei Bamberg aufgebaut hatte. Daniel Brosst war Milliardär per Geburt. Allerdings waren die Gene in der Familie sehr ungerecht verteilt. Im Gegensatz zu seinem gottgleichen Vater war der kleine Daniel schon immer ein Träumer und Phantast gewesen. Leidlich intelligent und in Sachen Betriebswirtschaft ein wenig desinteressiert, um es vorsichtig auszudrücken. Sehr zur Sorge des Firmenbarons, der die Firma nur allzu gern in die tüchtigen Hände seines Sohnes übergeben hätte.

Vor einigen Jahren hatte den alten Brosst plötzlich ein Schlaganfall ereilt, und der neunundzwanzigjährige Lebeleicht Daniel war mit einem Mal mit einer lästigen Firma am Bein dagestanden, die ihn mit ihren Führungsaufgaben nervte. Das konnte nicht gut gehen. Sehr schnell organisierte er einen Geschäftsführer und gab sich dann umgehend seinem neu entdeckten Lebensinhalt hin.

Daniel Brosst war ein Gesegneter. Zumindest behauptete er das von sich selbst und erzählte es jedem, der es hören wollte oder auch nicht. Angeblich sei ihm in einer Vision die Mutter Erde persönlich erschienen und hätte ihm, Daniel Brosst, nichts Geringeres als die edle Aufgabe auferlegt, sie, die Erde, vor dem Weltuntergang zu retten. Das klang wichtig, das war edel, und das war endlich der lang ersehnte Sinn seines Daseins hienieden.

Allerdings wurde unter der Hand gemauschelt, die Vision habe in einer durchzechten Nacht im »Schwarzen Bären« in Beiersdorf bei Coburg stattgefunden. Außerdem sei die Mutter Erde eigentlich nur eine rundliche Ambulanzschwester gewesen, die ihm um fünf Uhr früh im Kutzenberger Klinikum den Magen ausgepumpt hatte. Aber nichts Genaues wusste man nicht.

Jedenfalls scharte Daniel Brosst von da an sehr schnell eine Gruppe von Jüngern um sich, die seitdem mit ihm das Ende der Welt verkündeten. Und da er sehr großzügig ihren Lebensunterhalt bestritt, verkündeten sie umso begeisterter seine Nachricht. Außerdem spendete er so oft und an wen er nur konnte. Das machte ihn beliebt, das machte Freunde. Unter anderem sponserte er die Bamberger Basketballer, die Brosst Baskets, welche mit seiner segensreichen Hilfe inzwischen um den Klassenerhalt und gegen den Abstieg kämpften. Brosst Mahlzeit!

Im Sommer lebte die Gruppe in der Fränkischen Schweiz auf

diversen keltischen Kraftpunkten, wie er sich ausdrückte, und so wurde das seltsame Häufchen sommers im gesamten Naturpark Veldensteiner Forst gesichtet. In dieser Zeit beteten sie Bäume an, redeten mit Vögeln und versuchten, aus dem Wuchs und der Blüte des Aaronstabes die Zukunft zu lesen.

Den Winter verbrachten die Jünger im ehemaligen Hochregallager der Firma Brosst im Hallstadter Industriegebiet. Der riesige Kubus war nun nicht länger die Heimat von Einzelteilen für aerodynamische Fensterheber in Flugzeugen, sondern Meditations- und Begegnungsstätte der Babylonier, wie sie sich selbst nannten. Dort verbrachten sie ihr Leben mit kruden Wissenschaftlern aller Art, die regelmäßig zu sogenannten Erhellungsvorträgen erschienen. Was dabei vor allem erhellt wurde, war natürlich der Geldbeutel der besagten Dozenten. Für die Gage eines Abendvortrages im Meditationszentrum musste ein Professor an der Uni Bamberg wahrscheinlich ein Leben lang arbeiten. Vor allem aber warteten die Babylonier voller Begeisterung auf den Weltuntergang, was sie mit einem nicht gerade unerheblichen Lebensstandard taten. Warum auch knausern, wenn der Planet in Kürze eh den Bach runterging?

Bei der Gemeinschaft vermuteten Außenstehende eher unorthodoxe Formen des Zusammenlebens und nicht unbedingt allgemein übliche Formen des intergeschlechtlichen Zusammenseins. Aber das waren nur Gerüchte. Mehreren Anzeigen sittlicher Natur war polizeilich nachgegangen worden, aber inzwischen hatte man die abstruse Truppe als durchgeknallt, aber harmlos eingestuft. Sollte der junge Milliardär doch sein Geld durchbringen, wie er wollte. Sein Problem.

Als Haderlein und Lagerfeld auf dem Plateau mit der Kapelle erschienen, saß der Gottesgleiche gerade allein mit geschlossenen Augen auf dem kleinen Wiesenabhang Richtung Süden und horchte in die fünfte oder sechste Dimension hinein, ob sich visionstechnisch gerade etwas Neues ergab. Die langen, dünnen Haare lagen brav gekämmt über seine Schultern und das graue Gewand verteilt.

Ein Jünger kam selig lächelnd auf die beiden Beamten zu und fragte höflich: »Kinder der Erde, was möchtet ihr erfahren?« Dabei fixierte er besonders Lagerfeld. Das bunte Kind der Erde schien ihm besonders zu gefallen.

Lagerfeld hingegen rümpfte seine Nase. Den süßlichen Geruch, den der Typ absonderte, kannte er noch gut aus seiner Zeit bei der Sitte. »Hier wird gekifft«, presste er zwischen seinen zusammengebissenen Zähnen hindurch und in Haderleins Ohr.

»Das ist mir, glaub ich, im Moment total egal«, erwiderte Haderlein. Er verbeugte sich leicht vor dem lächelnden Empfangskomitee, oder was der Typ auch immer darstellen sollte, und sagte, so höflich er konnte: »Nun, wir sind von der Kriminalpolizei und würden gern Herrn Daniel Brosst etwas fragen, wenn das möglich wäre.«

Der Angesprochene beachtete den Kriminalhauptkommissar nicht, sondern strahlte weiterhin Lagerfeld an, der sich sichtlich unwohl in seiner Haut fühlte. Eine Zigarette wäre jetzt nicht schlecht, dachte er, während der blonde Jünger mit kokettem Augenaufschlag auf ihn zutänzelte. Was sollte das denn jetzt werden?, überlegte Lagerfeld, dann verwandelte sich sein Unwohlsein in eine konkrete Ahnung bezüglich der sexuellen Ausrichtung seines Gegenübers.

Ohne Vorwarnung nahm dieser die rechte Hand Lagerfelds in die seine und säuselte sanft: »Komm mit, Kind, der Gesalbte wird dir die Welt erklären. Danach wirst du erkennen und erhellt sein – für alles.« Dabei hob er den Blick und klimperte Lagerfeld mit offensichtlich künstlichen Wimpern an.

Haderlein schaute verdutzt, während der sanfte Jünger einen angewidert blickenden Lagerfeld hinter sich herzog. Der Hauptkommissar schwieg und folgte den beiden. Als sie den am Boden im Schneidersitz meditierenden Brosst erreicht hatten, gab der sanfte Jünger die Ankunft der Polizisten bekannt, wobei er die Hand von Lagerfeld noch immer nicht losließ. Dies erledigte der Kommissar selbst auf eher rüde Art und Weise, was den Sanften aber mitnichten zu stören schien.

»Es sind Kinder der Erde gekommen, Gesalbter, die erhellt werden möchten.« Dabei versuchte er erneut und unauffällig, die Hand Lagerfelds zu erhaschen, aber dieser hieb ihm so auf die Finger, dass dessen Hand erschrocken zurückfuhr. Einen Moment lang zeigte sich ein fast protestierender Ausdruck auf dem weichen Gesicht, dann kehrte sofort wieder das sanfte Lächeln zurück. Lagerfeld erschien es sogar noch seliger als zuvor. Als hätte dem Jünger der kurze Schmerz gefallen. Irritiert wich der Kommissar einen Schritt zurück.

»Du kannst gehen, Egbert«, konnte man nun den Sitzriesen hören. »Kümmere dich bitte um die Vorbereitung der Speisen.«

Der Angesprochene verneigte sich und verschwand. Natürlich nicht, ohne Lagerfeld noch einen schmachtenden Blick zu schenken.

»Wir haben heute Abend einen Vortrag«, erklärte Daniel Brosst, während er die Augen öffnete und sie anlächelte. »Dan Brown, Symbole und ihre Wurzeln in der keltischen Mystik. Ihr seid herzlich eingeladen. Später sitzen wir dann alle zusammen im Gras und werden uns gegenseitig –«

»Nein«, antwortete Lagerfeld kurz und bündig, während er die Arme verschränkte und sich misstrauisch umschaute, ob der warme Bruder womöglich wieder auftauchte. »Wir haben Dienst.«

»Wir wollen wirklich nur ein paar kurze Auskünfte«, übernahm Haderlein jetzt die Konversation. »Was ist das hier für eine Gemeinschaft, was ist Ihre Botschaft? Was soll das alles hier darstellen?« Er hatte keine Lust, lange drum herumzureden.

Daniel Brosst deutete auf die Wiese. »Bitte, setzt euch, Kinder. Mutter Erde wird euch die Antwort selbst geben.«

Haderlein winkte Lagerfeld kurz zu, der sich widerwillig zu ihm und Brosst setzte. Letzterer hatte wieder seine Schneidersitzposition eingenommen. Dann begann er zu sprechen.

»Die Menschen sind Kinder der Erde, und wir Babylonier sind aufgerufen, sie wieder daran zu erinnern. Mutter Erde wird von uns Menschen nur noch benutzt, aber nicht mehr als Mutter erkannt. Die Erde gehört zu unserer Familie. Der Boden, die Tiere und Pflanzen gehören zu uns, wir sind eins. Doch der Mensch kümmert sich nicht um seine Familie. Er rottet seine Brüder und Schwestern aus, um weiter an seinem Turm zu bauen.«

»An welchem Turm?«, fragte Lagerfeld, dem das Gesülze mächtig auf den Geist ging.

Doch der Spiritus Rector der Babylonier zeigte keinerlei Ungeduld, sondern ging bereitwillig auf seine Frage ein. »Am Turm zu Babel. Das unselige Bauwerk, welches die Menschheit schon einmal errichtet hat, um sich dem Irrglauben hinzugeben, dem Menschen sei alles möglich. Nun ist der Mensch wieder mit einem Turm beschäftigt. Erkenntnisse aus Forschung und Technik eilen der Moral voraus. Doch nicht alles Machbare ist sinnvoll. Im Gegenteil: Die Erkenntnisse werden das heutige Babel ins Verderben stürzen.«

Haderlein hatte bis jetzt schweigend zugehört. Er wusste nicht recht, ob das, was er da hörte, hochgradig vernünftig oder purer Nonsens war. »Wie kommen Sie eigentlich auf diese Weltuntergangstheorie?«, fragte er nach. »Das kann ja jeder behaupten.«

Brosst lächelte wieder. »Die Violette Stendelwurz, die Bocks-Riemenzunge oder die Bienen-Ragwurz.«

»Äh, was?« Lagerfeld verstand nur Bahnhof, und auch Haderlein zerknitterte wieder seine Stirn.

»Esskastanie, Feigenbaum und Speierling werden euch vielleicht etwas mehr sagen«, erklärte Brosst geduldig. »All diese Geschöpfe der Mutter Erde sind bereits in unserem Lebensraum zu finden, obwohl sie eigentlich hier nicht hingehören. Sie sind Gäste, weil der Mensch das Erdenfieber ansteigen lässt. Die Traubige Graslilie, das Purpur-Knabenkraut –«

»Äh, Speierling? Was soll denn des sein?«, fragte Lagerfeld, der sich in Botanik nun wirklich nicht gut auskannte, verwirrt dazwischen.

»Ein Speierling ist ein Franke, wenn er zu viel gesoffen hat«, antwortete Haderlein genervt. Natürlich wusste er als Hobbybrenner um die Besonderheiten der seltenen Obstsorte, aber er war nicht hier, um den Kollegen Lagerfeld in Baumkunde zu unterrichten. Er wandte sich wieder an Brosst und beschloss, das Tempo etwas zu erhöhen. »Arbeiten Sie eigentlich auch etwas Richtiges, oder halten Sie hier nur diese seltsamen Vorträge?«, fragte er den smarten Hobbyheiligen.

Brosst lächelte nachsichtig und gelassen. »Ich arbeite mit Energien, mein Kind.«

»Äh, beim Überlandwerk, oder was?«, fragte Lagerfeld in der Hoffnung, auch einmal mitreden zu können.

Daniel Brosst stutzte das erste Mal in der Unterhaltung, fuhr aber gleich darauf wieder gefasst fort. »Nein, ich versuche, die Energien der Mutter zu nutzen, um die Erdenkinder von ihrem fatalen Verhalten abzubringen. Die Kinder sägen an dem Ast, auf dem sie sitzen.« Er hatte die Hände in einer dramatischen Geste zu offensichtlich weiteren, dramatischen Ausführungen erhoben.

Kriminalhauptkommissar Haderlein hatte genug. »Herr Brosst, wo waren Sie vor zwei Tagen in der Nacht von Donnerstag auf Freitag?«

Daniel Brosst antwortete ruhig: »Da war ich hier, bei meinen Kindern.«

»Und tagsüber?« Lagerfeld hatte eigentlich schon resigniert. Natürlich hatte der Typ massenweise Zeugen hier herumlaufen, der konnte alles behaupten.

»Nun, des Tags war ich in Bamberg, um vom falschen Treiben der Menschen zu künden. Ich wollte ein Zeichen setzen.« Er wirkte traurig.

Haderlein wurde hellhörig. »Ein Zeichen? Wo haben Sie denn dieses Zeichen gesetzt, wenn ich fragen darf?«

Daniel Brosst hob wieder beide Hände. »Ich war im Tempel der Lästerei, bei den Priestern Babylons.«

Lagerfeld musste sich sehr beherrschen, sich nicht einfach vom Acker zu machen. Der Typ war ja unerträglich! Aber er musste ihn noch etwas fragen, bevor er hier Leine zog, und ihm war es wurscht, ob Haderlein das jetzt billigte oder nicht. »Sie, Herr Prediger, Sie haben nicht zufällig diesen Babylonspruch, der hier auf den Fahnen steht, in St. Getreu an die Wand gepinselt, oder?« Lagerfeld hätte so gern gehabt, dass der Typ seine Vermutung bestätigen würde, aber das war natürlich nur ein Wunschgedanke.

»Du hast recht, mein Kind, das war ich.« Das Gesicht Brossts zeigte keinerlei Regung.

Haderlein glaubte, sich verhört zu haben. Sicherheitshalber fragte er noch einmal nach: »Habe ich das jetzt richtig verstanden? Sie haben dieses Zeichen in St. Getreu an die Wand gepinselt?«

»In der Tat, das war der Gesalbte«, antwortete Brosst, »in grüner Farbe, wie es die große Mutter vorgibt. Mit biologisch abbaubarem –«

Haderlein unterbrach ihn mit einer ungeduldigen Bewegung, erhob sich, ging einen Schritt auf den mit feierlich erhobenen Händen vor ihm sitzenden Brosst zu und musterte ihn genau. Was sollte das? War das ein freiwilliges Geständnis? So blöd konnte doch selbst dieser Typ nicht sein. »Sie wissen schon, dass Sie das mit einem Schlag an die Spitze der Verdächtigen in einem Mordfall befördert?«, fragte er.

Auch Lagerfeld war jetzt näher gerückt, da er genauso glaubte, sich verhört zu haben.

Doch Daniel Brosst blieb bei dem ruhigen Tonfall seiner seit Jahren praktizierten Verkündigung. Er hob seine Hände noch ein wenig höher und schloss die Augen. »Ich wollte auf die gefährlichen Irrwege der Kinder aufmerksam machen. Ich musste es tun, ich bin ein Gesegneter.« Ein vibrierendes Beben lag in seiner Stimme.

»Nein«, sagte Lagerfeld trocken, »Sie sind ein Verhafteter.« Dann legte er mit metallischem Knacken die Handschellen um die Hände des selbst ernannten Zukunftsbeauftragten.

Honeypenny schaute tief in die Augen ihres Chefs, der in stiller Verzweiflung vor ihr in seinem Ledersessel saß. Irgendetwas schien Fidibus zutiefst zu bedrücken. Das Telefongespräch mit seiner Frau war offensichtlich nicht besonders gut verlaufen. Die gute Fee der Dienststelle, Marina Honeypenny Hoffmann, stand am Schreibtisch und hatte ihre Hände entschlossen auf die Tischplatte gestützt.

»Es ist doch nur ein Schnupfen. Ich weiß nicht, warum meine Frau wegen eines lächerlichen Schnupfens einen solchen Aufstand macht. Meine Tochter wollte eben auch mal baden«, nörgelte ihr der Dienststellenleiter vor.

»Aber Chef, einjährige Säuglinge haben noch nicht den globalen Überblick. Die kann man nicht allein in der Badewanne lassen, ohne die Aufsicht eines Erwachsenen«, erklärte sie ihm.

Robert Fidibus Suckfüll hob protestierend den Blick. »Aber ich war dabei. Ich habe danebengesessen, die ganze Zeit«, beschwerte er sich.

Ja, aber du bist auch kein richtiger Erwachsener, dachte Honeypenny insgeheim. »Trotzdem: Irgendetwas muss ja wohl passiert sein, sonst hätte Ihre Frau sich am Telefon nicht so aufgeregt, oder?«, bemerkte sie hartnäckig und schob ihre imposante Brustpartie noch etwas weiter über den Schreibtisch in Richtung Chef. Fidibus war nun gar nicht mehr wohl in seiner Haut. Überwältigt von der voluminösen Präsenz seiner Sekretärin, senkte er sicherheitshalber den Blick.

»Na!« Marina Hoffmann stemmte ihre Fäuste jetzt in die ausladenden Hüften und sah mit abwartender Strenge auf ihren Zigarre drehenden Chef hinunter. Der räusperte sich nervös und versuchte, fahrig mit den Händen gestikulierend, eine Erklärung abzugeben. Schließlich war er sich keiner Schuld bewusst.

»Nun, Frau Hoffmann, ich habe meine Tochter Charlotte vorbildlich zu Wasser gelassen, das Kinderbadeöl in der vorgeschriebenen Dosis hinzugegeben, die Wassertemperatur überprüft und sogar die Badeente aufgepumpt.« Fidibus machte ein Gesicht, als müsse ihm für seine unglaubliche Leistung jetzt gleich und sofort jemand auf die Schulter klopfen. Honeypenny machte jedoch diesbezüglich keinerlei Anstalten. Im Gegenteil.

»Weiter!«, kam die ungeduldige Aufforderung. Der Dienststellenleiter schreckte aus seiner selbstzufriedenen jüngeren Vergangenheitsbewältigung hoch.

»Äh, ja, und dann habe ich meine Tochter eben gebadet. Wie man das so macht. Eigentlich war alles so weit ganz in Ordnung.«

Honeypenny fixierte ihren Chef weiterhin.

»Nun ja, bis auf das Badewasser, das begann sich nach einer Weile gelblich zu verfärben«, meinte dieser nun offensichtlich unangenehm berührt. Honeypenny hob die Augenbrauen, während ihr Chef fortfuhr. »Ja, erst gelblich und dann bräunlich, wenn Sie verstehen, was ich meine.« Fidibus blickte mit hoffnungsvollem Augenaufschlag zu seiner Dienststellenfee empor.

Die verstand sehr wohl. »Ihre Tochter hat in die Wanne gemacht, sehe ich das richtig?«

Fidibus nickte resigniert. »Ja, genau. Obwohl es mich schon verwundert, dass die Windel nicht dicht gehalten hat, bei diesen modernen Materialien heutzutage.« Man konnte sehen, wie er gedanklich versuchte, sich diesen komplizierten physikalischen Vorgang zu erklären.

Honeypenny dagegen konnte es nicht fassen. »Sie haben Ihre Tochter mit Windel gebadet?«

»Natürlich«, erwiderte Suckfüll über ihren Ton verärgert. »Damit das arme Kind in der Wanne nicht friert.«

Honeypenny starrte ihn an, Fidibus starrte irritiert zurück und fuhr mit seinen badepädagogischen Schilderungen fort. »Aber dann wurde das Wasser nach einer Stunde wohl doch etwas kühl. Die Temperatur habe ich zwar auf dem Thermometer durch diese braune Brühe nicht mehr richtig ablesen können, aber Charlottes

Lippen waren schon ganz blau, und da dachte ich: ›Robert, nimm sie mal lieber raus.‹ Vorausschauend, nicht?«

Marina Hoffmann schaute ihn entgeistert an. »Und was haben Sie dann mit dem frierenden Kind gemacht? Das arme Ding muss doch sofort in eine Decke gewickelt werden!«

»Sind Sie verrückt?«, empörte sich Fidibus. »Charlotte war ja noch ganz braun, das hätte doch jede Textilie versaut. Da muss man mit Maß und Ziel vorgehen, Frau Hoffmann, und nicht sinnlos Ressourcen verschwenden. An die Umwelt denken, verstehen Sie?« Sein Blick drückte absolutes Unverständnis über Honeypennys Gedankenlosigkeit bezüglich Ökologie im Haushalt aus. Honeypennys Blick drückte im Moment gar nichts aus, sie war zu entsetzt. Entschlossen erhob sich Fidibus aus seinem Sessel und schritt stolz dozierend durch sein Büro. Endlich konnte er einmal jemandem darlegen, was er für ein toller Mann und Vater war. »Dann habe ich Charlotte auf den Badteppich gelegt und versucht, sie trocken zu föhnen«, erklärte er.

Honeypenny gab ein paar undeutliche Laute von sich.

Fidibus warf ihr einen prüfenden Blick zu. »Ist Ihnen nicht gut, Frau Hoffmann?«, fragte er ehrlich besorgt. Wenn seine Sekretärin krank würde, war er im Büro aufgeschmissen.

Doch diese winkte nur ab und hauchte mühsam: »Das ist doch jetzt nicht wahr, oder?« Dann musste sie sich am Schreibtisch festhalten.

Ihr Chef überlegte kurz. »Die Frage ist berechtigt, denn jetzt erinnere ich mich wieder. Das Kabel des Föhns war zu kurz, deswegen habe ich Charlotte auf die Waschmaschine gelegt, die näher an der Steckdose steht.«

»Aha, auf die Waschmaschine«, würgte Honeypenny heraus.

»Natürlich mit dem Badvorleger, Frau Hoffmann, da brauchen Sie gar nicht so zu schauen.« Genervt bedachte er sie mit einem missbilligenden Blick. »Das hat auch richtig gut geklappt. Charlotte wurde einigermaßen trocken. Nur die braune Farbe ging eben nicht ab, und die Windel war immer noch feucht. Vielleicht sollte ich für das nächste Mal einen stärkeren Föhn kaufen?«, meinte er überaus nachdenklich.

Honeypenny zuckte zusammen. »Sie …? Charlotte hatte immer noch die nasse Windel an?«, krächzte sie.

Doch ihr Chef beachtete sie und ihre lästigen Einwürfe nicht mehr. »Das Blöde war, aber das konnte ich ja nicht ahnen, dass die Waschmaschine plötzlich in den Schleudergang schaltete. Da tut man sich als junger Vater dann schon schwer mit dem Föhnen, nicht wahr?«

Honeypenny musste sich setzen. Ihr Chef gehörte in die Psychiatrie. Sofort. Abteilung gemeingefährliche Verbrecher und Amokläufer. Doch der Amokläufer setzte gerade zum Finale an.

»Und in diesem zugegebenermaßen etwas hektischen Moment kommt meine Frau herein«, meinte Fidibus zerknirscht. »Das ergab alles zusammen natürlich ein etwas ungutes Bild.« Er setzte den Blick des zu Unrecht Unverstandenen auf. »Und wegen dieses kleinen Missgeschicks regt sich meine Frau jetzt seit Tagen auf. Wegen eines Kinderschnupfens. Ha! Ich sage ja immer: Was nicht härtet, tötet ab. Jedenfalls finde ich die Reaktion meiner Frau etwas übertrieben. Das ist doch schon etwas zickig, oder nicht, was sagen Sie, Frau Hoffmann?« Um Beistand bittend, drehte er sich zu seiner Sekretärin um.

Als Haderlein und Lagerfeld mit ihrem gesalbten Delinquenten in der Dienststelle erschienen, war mal wieder ein Tumult im Büro ihres Chefs im Gange, den sie nicht so recht zu deuten wussten. Honeypenny kam kurz darauf durch die Glastür herausgeschossen und lief an ihnen vorbei ins Treppenhaus. Fragend schauten die Kommissare ihren Chef an, der etwas derangiert aus dem Glaskasten trat, den er sein Büro nannte. Irgendwie war seine Garderobe etwas zerknittert. Jemand schien ihn heftig am Hemdkragen gezogen zu haben.

»Was ist denn los?«, fragte Haderlein verwundert.

Robert Suckfüll richtete seine Kleidung, bevor er antwortete. »Frau Hoffmann sagte etwas in der Art wie: Sie müsse mal zum Schreien in den Hof hinaus. Oder so ähnlich.« Er räusperte sich. »Fragen Sie mich bloß nicht nach dem Grund. Frauen eben, haha.«

»Wie bitte? Zum Schreien?«, fragte nun auch Lagerfeld, der mit Daniel Brosst verhandschellt mitten im Raum stand.

»Äh ja, genau«, murmelte Fidibus halblaut. »Und sie meinte außerdem, für den Rest des Tages würde sie nur noch Vorschrift nach Dienst machen.«

Haderlein und Lagerfeld verzogen beide gleichzeitig das Gesicht. Ehe Fidibus feststehende deutsche Ausdrücke noch weiter verunstaltete, konnte man durch das Fenster von unten aus dem Hof eine weibliche Stimme hören. Die Geräuschquelle war völlig außer sich.

»Der macht mich noch wahnsinnig! Irgendwann bringe ich ihn um! Ich bring ihn um! Irgendwann werde ich den –«

Fidibus schloss das Fenster, während ihn alle im Büro wortlos beobachteten. Er räusperte sich: »Es ist ja jetzt auch nicht mehr so warm, dass man dauernd die Fenster, also … nicht wahr?« Mit diesen Worten ging er eilig in seinen Glaskasten zurück und schloss flugs die Tür. Die Bürobediensteten schauten sich ratlos und schweigend an. Nur vom Hof konnte man noch, jetzt gedämpft durch die Fensterscheiben, das ausgiebige Schimpfen von Miss Honeypenny vernehmen.

Vincent Lacroix traf in Erlangen pünktlich mit dem Zug ein und nahm sich ein Taxi zur Gerichtsmedizin. Siebenstädter erwartete ihn nicht, zumindest nicht am Eingang, sodass sich Lacroix bis zu dessen Büro durchfragen musste. Ob der eine Professor froh war, den anderen zu begrüßen, war nicht festzustellen. Das Erste, was Siebenstädter sagte, als er den alten Kollegen sah, war: »Nur damit das klar ist, Lacroix, gegessen wird nur außerhalb meines Instituts.«

Manuela Rast und Ute von Heesen kamen gerade noch rechtzeitig vom Abendessen zurück, um die Abschlussübung von Riemenschneiders erstem Tag mitzuerleben. Das Ferkel musste sich gerade in den gepolsterten Arm eines fiktiven Angreifers verbeißen. Es versuchte angestrengt, dem Befehl zu folgen, jedoch war sein Gebiss viel zu klein für die Übung, und es schaffte es gerade mal, kleine Fetzen aus dem umwickelten Arm des Übungsleiters herauszubeißen.

Der junge Trainer lachte sich über die Riemenschneiderin und ihre albernen Versuche, einen Polizeihund zu mimen, schier kaputt.

»Okay, okay, du Bestie. Schluss damit! Das wird ja nie etwas«, rief er laut, während die restlichen Hundeführer abfällige Bemerkungen über das Ferkel verloren. Niemand gab auch nur einen Pfifferling auf das kleine Schwein.

Die Riemenschneiderin setzte sich sofort und folgsam auf ihren Schinken, wie sie es am heutigen Tag fleißig gelernt hatte.

»Was hab ich nur verbrochen, dass ich mich mit einem Schwein abgeben muss?«, schimpfte jetzt der junge Hundeführer gar nicht mehr amüsiert. Genervt stand er da und streifte seinen Beißschutz vom Arm. Plötzlich spürte er etwas Warmes an seinem Knöchel. Als er nach unten schaute, sah er gerade noch, wie das Ferkel weglief und sein linker Strumpf von einer warmen gelblichen Flüssigkeit dampfte. Laut fluchend bedachte er Riemenschneider mit einem wütenden Blick.

»Gut gemacht«, lachte Manuela Rast, während sie das kleine Schwein hochhob und streichelte. Die Zärtlichkeiten konnte Riemenschneider gut gebrauchen. Der Tag war extrem anstrengend und nicht gerade mit Erfolgserlebnissen gepflastert gewesen. Das hatte sie sich weiß Gott einfacher vorgestellt. Aber sie würde nicht aufgeben. Auch Superschweine müssen klein anfangen, dachte sie entschlossen.

»Auf geht's, *it's* Apfel-*time*«, hörte sie Ute von Heesen rufen und sah Lagerfelds Freundin mit einem Grafensteiner Apfel winken. Grafensteiner! Riemenschneiders Miene hellte sich wieder etwas auf.

Christian Rosenbauer studierte aufmerksam das Blutbild, das sich ihm unter dem Elektronenmikroskop bot. Kein Zweifel, der Handballer war, wie er erwartet hatte, durch die bekannten Gründe gestorben. Jetzt musste er nur noch herauskriegen, warum, und das war der schwierigste Teil der Übung. Er brauchte Leonhard.

Rosenbauer verließ die Scheune und kletterte auf die dahinterliegende Mauer. Als die SMS gesendet war, setzte er sich auf die Steine. Er vermisste Gerlinde, die sie kaltblütig umgebracht hatten, und er vermisste seine kleine Theresa. Seine Gefühle überwältigten ihn, und er vergoss bittere Tränen.

In dem fensterlosen Raum ergriff der Bärtige das Wort. »Es gibt eine neue Leiche, aber an die werden wir wohl nicht mehr herankommen. Sie wird bewacht. Außerdem steht zu befürchten, dass es noch weitere Opfer geben wird. Da wir zwar wissen, dass wir die Ursache sind, aber nicht den Grund für den plötzlichen Tod kennen, stelle ich den Antrag, Projekt ›Yellowstone‹ vorerst einzustellen. Es wird zu gefährlich. Und sobald das unsere Kunden mitkriegen, war's das mit dem Supergeschäft.«

Der Mann am Ende des Tisches blickte kurz zu der Frau an seiner Seite, um sich rückzuversichern. Dann sagte er: »›Yellowstone‹ wird weitergeführt. Erst wenn die Ursache für die Nebenwirkung gefunden ist, können wir es abstellen.«

»Ja, schon richtig«, zischte der Bärtige, »aber ich wüsste nicht, wer außer Rosenbauer dazu in der Lage sein sollte.« Dabei warf er einen verärgerten Blick Richtung Türecke, wo sich ein ängstlicher Udo Kümmel zusammenkauerte.

»Außerdem haben wir nicht mehr viel Zeit«, zischte er. »In ein paar Tagen kommen die Chinesen, und bis dahin muss die Sache geklärt sein.« Er war nervös und hatte keine Ahnung, wie sein Gegenüber in dieser Situation so ruhig bleiben konnte. Es stand so verdammt viel auf dem Spiel.

»Dr. Christian Rosenbauer ist nicht verschwunden«, sagte der große Mann lächelnd. Der Bärtige war erleichtert, endlich gab er es zu. »Zumindest nicht für uns. Er arbeitet bereits an der Lösung des Problems. Er ist gut, er wird es herausfinden.«

Der Bärtige lächelte kalt. So war das also. Der Mann war wirklich ein verdammt schlauer Hund. Nicht umsonst hatte er das Sagen hier. Der wusste auf alles eine Antwort. Jetzt sah die Zukunft schon wesentlich besser aus.

»Solange Theresa verschwunden bleibt, wird Rosenbauer alles tun, um sie zu retten. Während er die Lösung des Problems sucht, wird er nicht zur Polizei gehen. Er tut alles, und wenn wir haben, was wir wollen, brauchen wir ihn nicht mehr. Er weiß es nur noch nicht. So einfach ist das.« Der Mann lächelte zuversichtlich in die Runde. »Es läuft alles nach Plan. Ihr braucht ihn auch nicht mehr zu verfolgen. Bald wird es vorbei sein, und dann adieu, Kultur-Erbe-Stadt Bamberg. Dann beginnt ein neues Leben.« Er gab der blonden Frau neben sich einen langen Kuss.

Fidibus saß in seinem Büro den beiden Kommissaren gegenüber. Seine Fingerspitzen hatte er gegeneinandergepresst. An der dreieckigen Handkonstruktion vorbei schaute er von einem zum anderen. »Das heißt also, der Mann da draußen hat ein Alibi für den Zeitraum des Mordes? Habe ich das so richtig verstanden?«

»Ja«, antwortete Haderlein.

»Allerdings behauptet er, das Graffiti auf St. Getreu an die Wand gesprüht zu haben«, hob Lagerfeld den Finger.

»So, tut er das?«, meinte Fidibus abschätzig zum jungen Kommissar.

»Daniel Brossts Anwalt wird nicht lange auf sich warten lassen, Herr Schmitt. Und dieser Jurist wird wahrscheinlich besser bezahlt als der bayerische Justizminister.«

»Aber wir können ihn doch nicht einfach laufen lassen!«, empörte sich Lagerfeld.

»Das tun wir ja auch nicht«, meldete sich jetzt wieder Haderlein zu Wort. »Aber dieser Brosst ist nicht blöd. Entweder steckt der ganz tief mit drin und baut darauf, dass wir jemanden wie ihn, der sich selbst beschuldigt, nicht ernst nehmen, oder der ist wirklich irre und will sich bloß wichtigmachen.« Fidibus und Lagerfeld hörten ihm gespannt zu. »Eigentlich ist die Sache ganz einfach«, fuhr Haderlein fort. »Wenn er nicht plausibel erklären kann, wie er die gesicherte Tür zu diesem Trakt aufbekommen hat, dann spinnt er.«

»Ja, aber wenn er's erklären kann, dann steht er an erster Stelle aller Verdächtigen, oder nicht?«, fragte Lagerfeld.

Fidibus löste seine Handkonstruktion auf, legte seine Extremitäten auf die Armlehnen seines schwarzen Bürostuhls und meinte: »Nun, meine Herren, das obliegt nun Ihren Wenigkeiten, diesem merkwürdigen Gesellen auf den Zahn zu fühlen. Aber denken Sie bitte daran, dass der Mann uns eine verdammt schlechte Presse machen kann. Also passen Sie auf.«

Daniel Brosst wurde erst einmal in das Verhörzimmer verfrachtet. Haderlein und Lagerfeld saßen auf der einen Seite des Tisches, der Heilige auf der anderen. Sie hatten ihm immer und immer wieder die gleichen Fragen gestellt und immer wieder die gleichen Antworten bekommen. Er sei der Sprayer von St. Getreu, wolle oder konne aber nicht erklären, wie er durch die elektronische Absperrung in die geschlossene Abteilung hineingekommen sei. In dieser

Abteilung würde Teufelszeug entwickelt, worauf er aufmerksam hatte machen wollen. Von irgendwelchen Morden an Demenzkranken hingegen wolle er nichts wissen. Mehr würden die Kommissare nicht aus ihm herausbekommen, bis sein Anwalt aus Frankfurt eintraf.

Lagerfeld und Haderlein gaben es erst einmal auf und steckten den Prediger bis auf Weiteres in eine Zelle. Vielleicht ergab sich ja nach ein paar Tagen Knast etwas Erhellendes.

Huppendorfer erhielt die Aufgabe, sämtliche Computer, derer er habhaft werden konnte, mit der Suche nach all den Menschen zu füttern, die so langsam ins engere Blickfeld der Ermittlungen rückten. Besonders die Suche nach den Rosenbauers sollte intensiviert werden. Außerdem konnte Huppendorfer derweil versuchen herauszufinden, ob der Brosst noch ganz dicht war. Kein Mensch setzte sich freiwillig einem Mordverdacht aus, es sei denn, er hatte nicht genug Wasser in der Schüssel. Und genau das schien beim Gesalbten der Fall zu sein.

Die beiden Kommissare waren erneut auf dem Weg Richtung Jakobsberg, um die Firma Bartosch zu besuchen. Am Fuße der Lorbersgasse stellten sie den Landrover auf dem Parkplatz unterhalb des alten Ziegelgebäudes ab.

»Schöne Aussicht«, meinte Haderlein bewundernd und zeigte auf das bunte Zirkuszelt am Josefsheim dreihundert Meter unter ihnen. »Bestimmt nicht billig, hier zu wohnen.«

»Ja, sehr schön«, meinte Lagerfeld abwesend. Seine Finger befanden sich bereits wieder auf der nervösen Suche nach nikotinhaltigen Rauchwaren. Aber auch er konnte sich dem schönen Panorama nicht gänzlich entziehen.

Endlich rissen sie sich von der Aussicht los und betraten das Gebäude. Im Inneren der Firma Bartosch erinnerte den Besucher nichts mehr an das eigentlich alte Gemäuer. Als sie am Empfang ihre Ausweise vorgezeigt hatten, wurden sie durch einen langen, hell erleuchteten Gang geführt. Die Wände waren in einem makellosen Weiß gestrichen, die Luft war mit Desinfektionsmitteln geschwängert, viele der Angestellten trugen zusätzlich zu ihrer Reinraumkleidung Gesichtsmasken.

Am Ende des Ganges blieb die hübsche Empfangsdame vor einer Tür mit der Aufschrift »Leitung Produktion« stehen und klopfte an. Von drinnen konnten sie ein entschlossenes »Herein!« vernehmen.

Als sie eintraten, empfing sie ein kleiner Mann mit schwarzen, streng zurückgekämmten Haaren. Die braune Hornbrille unterstützte den Eindruck des verklemmten Bürokraten. Der Mann hielt sich nicht lange mit höflichen Begrüßungsworten auf. »Heinz Eichberg. Bitte setzen Sie sich, meine Herren, wir hatten schon seit geraumer Zeit mit Ihnen gerechnet. Eine fürchterliche Sache mit unseren Probanden in St. Getreu. Wie sieht es denn aus, können Sie schon etwas über die Mörder sagen?«

Er zog eine seltsame Miene, damit seine Gesichtsmuskulatur die runtergerutschte Brille von allein wieder auf seiner Nase nach oben schob. Ein reichlich unästhetischer Anblick, dachte Haderlein. Dem Tonfall des Bürokratenhengstes war sogleich zu entnehmen, dass er nur pro forma fragte. In Wirklichkeit war er froh, wenn die Polizei wieder weg war und er damit fortfahren konnte, wieder seine Akten zu streicheln.

Was sollte man diesen Fatzke eigentlich fragen, was Huppendorfer nicht sowieso schon wusste? Wenn Haderlein ehrlich war, hatte er auch gar keine Lust, mit diesem Beamtenverschnitt in einem Zimmer zu hocken.

»Wissen Sie was, Herr Eichberg, wieso zeigen Sie uns nicht einmal Ihre nette Firma?«, fragte Haderlein rhetorisch, doch es klang wie ein Befehl. Lagerfeld hatte Mühe, sein Grinsen zu verbergen.

Heinz Eichberg schaute zuerst etwas verdutzt, dann aber erhob er sich ruckartig von seinem Platz. »Ja, natürlich, Herr Kommissar«, gab der kleine Produktionsleiter hastig von sich. »Wenn Sie mir bitte folgen möchten. Allerdings müssten Sie vorher noch die hier anlegen.« Er holte zwei weiße Reinraumanzüge aus einem Schrank. »Das ist leider Vorschrift. Ich hoffe, sie sind ungefähr Ihre Größe.«

Lagerfeld grinste schief. »Ich wette, hier darf man auch nicht rauchen?«

Eichberg schaute ihn mit entsetztem Blick an. »Rauchen? Das wäre der sofortige Tod der Luftreinigungsanlagen. Sollte sich jemand erdreisten, hier drinnen zu rauchen, würde das seine sofortige Kündigung nach sich ziehen. Ganz zu schweigen von den immensen finanziellen Forderungen, die dann auf ihn zukämen. Um Gottes willen, nein.« Der Produktionsleiter erregte sich immer mehr.

Haderlein lachte. »Keine Sorge, Herr Eichberg, der Kollege Schmitt wird sich für die Dauer des Rundgangs zusammennehmen. Nicht wahr?« Er grinste Lagerfeld an, der mühsam ein süßsaures Lächeln zustande brachte.

»Können wir jetzt gehen?«, knurrte er ungeduldig und wischte seine feuchten Hände an dem weißen Anzug ab.

»Sehr wohl«, antwortete Eichberg wie ein gut ausgebildeter Butler und schritt ihnen voran.

Vincent Lacroix hob die Augen vom Elektronenmikroskop und blickte Siebenstädter äußerst nachdenklich an. »Das Blut ist total verklumpt«, sagte er. »Wenn man den Zeugen Glauben schenken darf, dann ist das sehr schnell passiert, binnen weniger Minuten.« Grübelnd war er auf seinem Stuhl zusammengesunken. So ein Blutbild hatte er in der Tat noch nie gesehen. Es war hochgradig interessant und mindestens genauso schauderhaft.

»Vielleicht haben wir ja eine völlig neue Krankheit vor uns, den Beginn einer weltweiten Seuche?«, vermutete Siebenstädter begeistert.

Lacroix hätte fast geschmunzelt, wenn die Sache nicht so ernst gewesen wäre. »Das würde Ihnen so passen, was, Siebenstädter?« Er musterte sein Gegenüber missbilligend. »Eine neue Krankheit, damit Sie ihr Ihren Namen geben können. Morbus Siebenstädter, oder wie?« Als er sah, wie Siebenstädters Mimik in sich zusammenfiel, musste er doch grinsen. »Aber Siebenstädter, so weit sind wir noch lange nicht.« Er beugte sich wieder über das Elektronenmikroskop und studierte intensiv die Blutprobe zwischen den beiden Glasplättchen vor dem Okular. »Irgendetwas ist da im Blut, ich kann es nur beim besten Willen nicht erkennen. Schauen Sie mal durch, Herr Kollege, mir verschwimmt schon alles.«

Siebenstädter beugte sich über sein Mikroskop und versenkte sich in die tausendfache Auflösung. »Tja, schwer zu sagen, Lacroix. Fest steht, dass die roten Blutkörperchen ihr Chromatin im Zellkern ins Orangene verändert haben.«

Lacroix unterbrach ihn. »Schauen Sie sich einmal die Größe

und Form der Blutkörperchen an. Ich bilde mir ein, dass da eine Vergrößerung vorliegt.«

»Möglich«, meinte Siebenstädter unbestimmt, während er weiter durchs Mikroskop blickte. »Wenn überhaupt, dann meine ich, so etwas wie Einschlüsse in den Blutkörperchen zu erkennen. Aber auch das ist mehr zu erahnen, als zu sehen.« Seufzend hob er den Blick. »Das hat doch keinen Sinn, Lacroix, so wird das nichts.«

Da hatte Siebenstädter recht, stimmte ihm Vincent Lacroix im Stillen frustriert zu. Sie konnten jetzt zwar noch eine ganze Reihe Tests durchführen, bei denen etwas herauskam oder auch nicht, doch persönlich vermutete er, dass sie zu keinem Ergebnis kommen würden. Es half alles nichts. Wenn sie an kein frisches Blut kamen, würden sie weiter im Dunkeln tappen müssen.

Christian Rosenbauer stutzte, dann drehte er die Auflösung des Elektronenmikroskops etwas höher. Da war doch etwas! Er betrachtete das Blutkörperchen genauer. Natürlich, darin war etwas eingeschlossen. Nochmals erhöhte er die Auflösung. Jetzt sah er es ganz deutlich. Er fühlte, dass er der Lösung des Rätsels auf der Spur war. Tatsächlich! In der Vergrößerung konnte man das Plasmodium gut erkennen. Also war ein Sporentierchen der Grund allen Übels. Er musste laut auflachen.

Das war ja nicht zu fassen! Ein Plasmodium! Und er hatte auch schon einen Verdacht, welches. Eine Riesenlast fiel von ihm ab. Das Plasmodium zu klassifizieren konnte für einen Spezialisten ja nicht so schwer sein. Allerdings müsste dann das Geheimnis von »Yellowstone« gelüftet werden, und das würde das Ende für Bartosch bedeuten. Dann war die Firma endgültig pleite. Aber was sollten solche Gedankengänge, wenn es um Menschenleben ging.

Schnell lief er aus dem Haus hinaus, kletterte auf die Bruchsteinmauer und schrieb die SMS in einem richtigen Hochgefühl. Endlich einmal ein Erfolgserlebnis! Als er die Nachricht an Leonhard abschickte, dachte er bereits wieder an seine Tochter. Jetzt konnte er verhandeln, jetzt konnte er die Gegenseite zwingen, sie herauszugeben. Und wenn sie nicht darauf eingingen, würde er zur Polizei gehen. Dass er das sowieso tun würde, mussten die gewissenlosen Verbrecher ja nicht wissen.

Wieder im Labor schaute er sicherheitshalber noch einmal durchs Mikroskop. Das Plasmodium war immer noch da. Zufrieden setzte er sich in eine Ecke und machte sich ein Bier auf. Ab jetzt würde es wieder aufwärtsgehen.

Huppendorfer lehnte sich an seinem Computer zurück. Es waren genau fünf MP3s in Bamberg gemeldet. Jeweils zwei in den Farben Grau und Weiß, aber nur einer in Schwarz, und der war erst vor zwei Tagen auf einen Dr. Leonhard Pechmann zugelassen worden, der schon einen in Weiß besaß. Es war wohl angebracht, dem Herrn Doktor einen Besuch abzustatten. Irgendwie hatten da ganz schön viele Mediziner ihre Finger mit im Spiel, dachte sich Cesar Huppendorfer, während er zum Verhör mit Daniel Brosst ging. Und danach würde er zu Pechmann fahren.

Eichberg hatte mit der Führung im obersten Stockwerk angefangen und sich mit den beiden Kommissaren bis ins Erdgeschoss hinuntergearbeitet. Dabei hatten sie allerlei forschende Menschen bewundern dürfen. Merkwürdig ruhig war es im ganzen Haus, dachte Haderlein. Das war eben kein Metall verarbeitender Betrieb, sondern ein pharmazeutischer. Gerade fuhren sie mit dem Aufzug aus Edelstahl einen weiteren Stock abwärts.

»So, jetzt kommen wir ins erste Untergeschoss, meine Herren. Hier wird das Testprodukt für die Versuchszwecke produziert«, erklärte Eichberg, als sie aus dem Aufzug traten.

Vor ihnen lag ein Raum, der zur Abwechslung in hellgrauer Farbe gestrichen war. Auf langen Edelstahltischen konnte man Pulver, Behälter aller Art und kleine Maschinen erkennen. Eine Zentrifuge war gerade in Betrieb, und eine weibliche Angestellte befüllte durchsichtige Plastikbeutel an einer kleinen Stanzmaschine mit zitronengelben Tabletten.

»Kommen Sie«, sagte Eichberg und führte sie zu der Abfüllmaschine. Lagerfeld nahm sich aus einer halb vollen Plastiktüte eine der Pillen und beäugte sie argwöhnisch.

»Was ist das?«, fragte er Eichberg hilflos.

»Der neue Hoffnungsträger der Firma Bartosch«, erklärte ihm der Produktionsleiter bereitwillig. »Sein Name ist –«

»›Yellowstone‹«, mischte sich Haderlein in das Gespräch ein.

Lagerfeld schaute ihn fragend an. »Ein Mittel gegen altersbedingte Demenz, richtig?«, erkundigte er sich bei Eichberg, der den Kriminalhauptkommissar anerkennend über die Ränder seiner Brille anblickte.

»Oh, da hat jemand aber seine Hausaufgaben gemacht«, meinte er lächelnd. »In der Tat, ›Yellowstone‹ ist die vorläufige Bezeichnung für dieses Medikament. Lustig, nicht wahr? Der Name ist unseren MTA-Miezen im Testlabor eingefallen.«

»Und? Hilft es was?«, fragte Lagerfeld ziemlich einfältig, während er die Tablette in seinen Fingern hin und her drehte.

»Tja, das ist ja gerade das Phantastische an dem Präparat, seine Nebenwirkungen ...«, sagte Eichberg nachdenklich.

»Nebenwirkungen?«, echote Haderlein. »Sie meinen, es ist in irgendeiner Art und Weise gefährlich?«

»Aber nein«, lachte nun Eichberg das erste Mal. »Die Inhaltsstoffe basieren bis auf einen kleinen Anteil des von uns entwickelten Stoffes auf natürlichen Materialien wie Gingkoextrakt oder dem natürlichen Zuckerstoff Stevia. Im Gegenteil: Wir konnten bereits wunderbare Erfolge bei körperlichen Reha- und Suchtproblematiken erzielen. Gebrechlichkeit und körperliche Leistung konnten bei den alten Menschen radikal verbessert werden. Ebenso scheint das Medikament bei Depressionen und Neurosen anzuschlagen. Und das alles ohne irgendeine bis jetzt bekannte Nebenwirkung. Bald sind die Versuchsreihen für die Zulassung abgeschlossen, und wir können in die Produktion einsteigen.«

Eichberg war sichtbar stolz auf die neue Tablette seiner Firma.

In Lagerfelds Augen trat ein merkwürdiger Glanz. Nachdenklich drehte er die Tablette in der Hand. »Sagen Sie, Herr Eichberg, was meinen Sie mit Erfolgen in der Suchtproblematik?«, fragte er ihn interessiert.

Eichberg erklärte es ihm bereitwillig. »Nun, in einer der vorhergegangenen Testreihen mit Ratten konnten wir feststellen, dass ›Yellowstone‹ eine ähnliche oder vielmehr bessere Wirkung hat als Metadon. Suchtkranke hatten binnen Stunden kein Verlangen mehr nach ihren Suchtmitteln wie Heroin, Kokain oder anderen Drogen. Sofort und völlig ungefährlich. Aber das könnte Ihnen Dr. Rosenbauer als wissenschaftlicher Leiter des Projektes viel besser und ausführlicher erklären als ich.«

Lagerfeld verzog angewidert das Gesicht. »Mastodon? Nie gehört.«

Haderlein lachte. »Nicht Mastodon, Metadon. Ein Suchtmittelersatzstoff, der unter Aufsicht verabreicht werden kann, um beim Entzug zu helfen. Hast du das in deiner Zeit bei der Sitte nicht mitbekommen?«

Lagerfelds Augen leuchteten wieder auf. »Stimmt! Und das hier ist völlig ungefährlich?«, fragte er noch einmal nach. Noch bevor Eichberg etwas sagen konnte, hatte Lagerfeld die Tablette schon eingeworfen. Fassungslos schauten ihn Haderlein und Eichberg an, während er mit sinnlicher Miene der lakritzähnlichen Süße des Stevias in dem Medikament nachspürte. »Jetzt bin ich aber gespannt, ob das auch bei Rauchern hilft«, meinte er gelassen und tat so, als sei nichts geschehen.

Das Verhör von diesem Brosst war eine einzige Katastrophe gewesen. Das Einzige, was Huppendorfer aus dem Mann herausgebracht hatte, waren ein paar Prophezeiungen vom herannahenden Weltuntergang gewesen, aber keine Erklärungen oder gar Beweise für seine wilden Behauptungen, in St. Getreu gewesen zu sein. Der Kommissar war nicht weitergekommen. Auf Anweisung von Fidibus blieb der Bursche erst mal in der Zelle, während er selbst zum Auto ging. Er brauchte jetzt Sauerstoff und würde Herrn Pechmann besuchen.

Huppendorfer hatte mit seinem Wagen gerade die große Kreuzung am Schönleinsplatz überquert und fuhr Richtung Haingebiet, als er sah, wie ihm aus der Hainstraße ein dreirädriger weißer Roller entgegenkam und sehr schnell an ihm vorbeifuhr. Das gab's ja wohl nicht! Er überlegte nicht lange und drehte um. Gerade als er unter dem Fluchen der anderen Verkehrsteilnehmer gewendet hatte, konnte er erkennen, wie der MP3 am Schönleinsplatz nach rechts abbog. Obwohl die Ampel bereits auf Rot schaltete, fuhr er noch über die Kreuzung und handelte sich damit gleich die nächsten lautstarken Verwünschungen ein.

Unter Missachtung sämtlicher offiziellen und inoffiziellen Verkehrsregeln schaffte es Huppendorfer gerade noch so, dem Roller bis auf die Autobahn Richtung Lichtenfels/Erfurt zu folgen. Das Ding war verdammt schnell und wendig. Aber auf der Autobahn ging die Verfolgung einfacher. Im Vergleich zu Bamberg hatten Autobahnen den verkehrstechnischen Vorteil, verschwindend wenige mittelalterliche Gassen aufzuweisen. Mit konstant hundertvierzig Stundenkilometern fuhr der weiße Roller Richtung Norden, um dann am Kreuz die Autobahn zu wechseln. Er bog nach rechts auf die Schweinfurter Strecke ab, Huppendorfer folgte ihm mit leichtem Sicherheitsabstand. Beide Fahrzeuge verließen das Bamberger Stadtgebiet und fuhren an der Ausfahrt »Bamberg Hafen« vorbei. An der nächsten Ausfahrt »Oberhaid« bog der Roller ab. Huppendorfer begann langsam an seiner Theorie zu zweifeln. Vielleicht machte der Mann ja nur einen kleinen Ausflug in die Hassberge? Dann verfuhr er hier gerade sinnlos das Geld der Steuerzahler. Aber jetzt kam es auf eine halbe Stunde hin oder her auch nicht mehr an. In Oberhaid bog der weiße MP3 nach links ab und beschleunigte wieder. Die Straße führte erst über freie Felder und schließlich, immer steiler werdend, in den Wald hinein. Huppendorfer ließ den Abstand sich vergrößern, um keinen Verdacht zu erregen. Als der Roller im Wald verschwunden war, versuchte der Beamte wieder aufzuschließen. Am höchsten Punkt fuhr er an einer Kapelle vorbei und bog in eine scharfe Linkskurve. Von dort aus ging es erst einmal flach dahin, dann wieder den Berg hinunter. Huppendorfer trat das Gaspedal durch und schoss mit hundertfünfzig Sachen aus dem Wald hinaus. Die Straße lag weit einsehbar vor ihm. Kein Roller weit und breit.

Der Kommissar stieg sogleich konsequent in die Eisen. Das konnte nicht wahr sein! Wo war der Mann hin? So schnell war selbst dieser Roller nicht, als dass er ihm auf dieser kurzen Strecke mehrere Kilometer davongefahren sein konnte. Unmöglich! Aber wo war er dann geblieben? Huppendorfer wendete sein Fahrzeug und fuhr den Weg durch den Wald in langsamem Tempo zurück. Wenn dieser Pechmann ihn bemerkt hatte, dann war er vielleicht kurz in einen Feldweg abgebogen und hatte ihn vorbeidonnern lassen. In diesem Fall war der Typ bereits über alle Berge. Doch Huppendorfer war sich sicher, dass er noch nicht weit sein konnte. Vielleicht war nur der Wunsch Vater seines Gedankens, aber andererseits hatte er schon immer ein gutes Gespür in solchen Situationen gehabt. Vielleicht hatte er etwas übersehen? Als er an einem alten Gutshof vorbeifuhr, hielt er einer Eingebung folgend an.

Sandhof. Früher hatten hier im Sommer noch Musikveranstaltungen stattgefunden, doch was man so hörte, war das Anwesen seit zwei Jahren verkauft, und Konzerte gab es auch keine mehr.

Er betrachtete den Waldboden vor der Einfahrt genauer und fand schließlich, was er suchte. Reifenspuren. Spuren von zwei kleinen und einem größeren Motorradreifen. Bingo.

Lagerfeld stand selbstzufrieden mit Eichberg und Haderlein im Aufzug, der sie nun ins Kellergeschoss beförderte. Der ältere Kommissar war stinksauer und bedachte Lagerfeld in regelmäßigen Abständen mit einem vernichtenden Blick. Nicht nur, dass Lagerfeld einfach so Medikamente nahm, die noch nicht einmal zugelassen waren, nein, er hatte sich auch gleich eine ganze Packung davon eingesteckt! Als wichtiges Beweismittel, wie er sich ausgedrückt hatte. Lagerfeld hatte nur abfällig gelacht, als Franz Haderlein ihn darauf hinwies, dass man durch diese Tabletten womöglich grausam sterben könne. Er würde sich seinen jungen Kollegen einmal richtig zur Brust nehmen, wenn sie wieder in der Dienststelle waren. Aber erst dann. Jetzt mussten sie noch dieses Gebäude zu Ende inspizieren. Eichberg hatte es zwar für unnötig gehalten, den Keller des alten Ziegelbaus aufzusuchen, aber Haderlein war nun mal ein gründlicher Mensch und hatte darauf bestanden.

»Hier befindet sich die gesamte Technik des Hauses«, erklärte Heinz Eichberg bereitwillig. »Heizung, Klimaanlage, Notstromaggregat und so weiter.«

Haderlein blickte sich in dem alten Kellergewölbe um. Hier war das Haus noch in dem Urzustand, in dem es vor hundert Jahren gebaut worden war. Alles sauber, aber alt.

»Wo geht es denn da hin?«, wollte Lagerfeld wissen und deutete auf eine alte, verrostete Eisentür.

»Oh, da sind noch ein paar Abstellräume, da kommt eigentlich keiner mehr hin«, tat Eichberg ab. »Es wäre jetzt auch an der Zeit, wieder nach oben zu gehen, meine Herren, ich kann meine Arbeit schließlich nicht ewig warten lassen.« Er schaute Haderlein mit dringlichem Gesichtsausdruck an. Er hatte schon lange gemerkt, wer hier das Sagen hatte.

Haderlein sah sich noch einmal kurz um und wollte sich anschicken zu gehen, als er hinter sich ein quietschendes Geräusch hörte. Lagerfeld hatte die verrostete Eisentür geöffnet und war wie vom Donner gerührt stehen geblieben.

»Bernd, was ist?«, fragte Haderlein, doch Lagerfeld rannte auf einmal los. Von hinter der Tür konnte man es poltern, fluchen und scheppern hören. Haderlein lief hinterher und erkannte gerade noch, wie sein Kollege bereits wieder durch die nächste geöffnete Eisentür verschwand, während hinter ihm leere, verstaubte Flaschen und Büchsen über den Boden kullerten.

»Bernd, jetzt warte doch! Was ist denn los?«, rief Haderlein, der größte Mühe hatte, der wilden Hatz in dem diffusen Kellerlicht zu folgen. Nach der nächsten Eisentür führte eine Steintreppe steil nach unten in eine absolute Dunkelheit.

»Bernd?«, rief Haderlein, bekam aber keine Antwort. Haderlein zog seine Waffe und holte den Autoschlüssel des Landrovers hervor. Am kastenförmigen Chipschlüssel war eine kleine Leuchtdiode eingebaut, um das Schlüsselloch des Freelanders auch im Dunkeln zu finden. Die Diode war nicht übermäßig hell, aber für diesen Zweck reichte sie. In dem kleinen, funzeligen Lichtkegel stieg er die Stufen hinunter, bis er nach circa sechs Treppenwendelungen wieder auf eine eiserne Tür stieß. Haderlein klopfte mit der Faust dagegen.

»Bernd, bist du da drin?«, rief er, so laut er konnte. Das alte Steingewölbe warf seine eigene Stimme hohl und unheimlich zurück. Niemand antwortete. Haderlein nahm die Waffe in die rechte Hand und öffnete ruckartig die Tür. Der Raum war stockdunkel, es roch nach dem Moder von einem Jahrhundert. Die Waffe im Anschlag, ließ Haderlein den schmal gebündelten Lichtstrahl seines Schlüsselanhängers durch das alte Gewölbe wandern. Plötzlich hörte er neben sich am Boden ein leises Stöhnen.

Als er sein Diodenlicht in Richtung des Geräuschs richtete, sah er einen menschlichen Körper am Boden liegen. Der Körper trug Krokodillederstiefel, dicht bei ihm lag eine Sonnenbrille auf dem Boden. Was eher weniger zu Lagerfelds Outfit passte, war die Platzwunde am Kopf und der hölzerne Knüppel daneben.

»Bernd, bist du okay?«, fragte Haderlein, während er versuchte, Lagerfeld aufzurichten.

»Ja, ja, ja«, erwiderte der genervt, aber immer noch benommen. »Hast du ihn erwischt?«, fragte er Haderlein, der noch dabei war, ihm auf die Füße zu helfen, und ihm ein Papiertaschentuch in die Hand drückte, das er auf seinen verbeulten Hinterkopf pressen konnte. »Hast du ihn erwischt?«, fragte Lagerfeld noch einmal.

Haderlein hatte keine Ahnung, wovon sein junger Kollege redete. »Wen? Wen soll ich erwischt haben?« Er leuchtete Lagerfeld ins Gesicht. Der junge Kommissar schaute ihn verzweifelt an.

»Also ist er schon wieder abgehauen.« Dabei verzog Lagerfeld schmerzhaft das Gesicht und befühlte die immer größer werdende Beule.

Noch einmal leuchtete Haderlein sicherheitshalber das ganze kleine Kellergewölbe aus. Hier unten gab es nichts außer Dreck, Spinnen und einem alten Weinregal voll leerer Flaschen.

»Jetzt sag schon, Bernd«, meinte Haderlein, »wer ist dir hier abgehauen?«

»Na, der Zwerg«, sagte Lagerfeld, als wäre das die logischste Antwort auf der ganzen Welt. »Es war dieser hässliche kleine Zwerg.«

Haderlein schaute ihn an, als ob er ihn jetzt gleich in St. Getreu als Patient abgeben müsste.

»Das gibt's doch nicht«, lamentierte Lagerfeld vor sich hin. »Schon wieder abgehauen!«

Haderlein stellten sich die Nackenhaare auf. An ihm war niemand vorbeigelaufen, und in diesem Kellerloch war auch außer ihnen beiden niemand zu sehen. Langsam begann die ganze Geschichte unheimlich zu werden.

Christian Rosenbauer sprang erfreut auf, als Leonhard Pechmann eintrat. Kaum hatte er die Tür hinter sich geschlossen, zerrte er ihn zum Mikroskop.

»Schau dir das an!«, rief er begeistert. »Das ist die Lösung! Plasmodien. Sporentierchen lösen diese Reaktion aus. Jetzt brauche ich nur noch jemanden, der mir sagt, was das für Plasmodien sind, und ich bin aus dem Schneider.« Mit seiner Bierflasche in der Hand strahlte er wie ein Honigkuchenpferd. »Und jetzt«, sagte er mit halb erstickter Stimme, »jetzt werde ich mir meine Tochter wiederholen. Jetzt müssen sie mir Theresa wiedergeben, sonst gehe ich zur Polizei. Gut, dann wird ›Yellowstone‹ eben nicht auf den Markt kommen, aber es werden auch keine weiteren Menschen sterben!« Aufgeregt trank er den letzten Rest Bier aus seiner Flasche. Als er sie wieder absetzte, erstarrte er. Leonhard Pechmann hatte lächelnd eine Halbautomatik auf ihn gerichtet.

»Gut gemacht, Herr Kollege«, meinte er in fröhlichem, aber sehr bestimmtem Ton. »Sehr gut sogar. Ich wusste doch immer, dass du was draufhast, Christian. Und jetzt setzt du dich auf diesen Stuhl da, mein Freund.« Die Waffe in der Hand Pechmanns winkte ihn unnachgiebig in Richtung des Drehstuhls, auf dem er seit Stunden vor dem Mikroskop gesessen hatte. Rosenbauer folgte willenlos wie ein Zombie. Sein gerade erst frisch erbautes, hoffnungsvolles Zukunftsgebäude stürzte langsam, aber unaufhaltsam in sich zusammen. Ohne jeden Widerstand ließ er sich an den Drehstuhl fesseln und betrachtete das Mikroskop wie den Krater eines endlos tiefen Vulkans.

»Du also auch. Was werdet ihr mit Theresa machen?«, fragte er, obwohl er die Antwort schon kannte. Die Aussichtslosigkeit griff mit kalten, unbarmherzigen Fingern nach ihm.

Leonhard Pechmann hatte nur noch Augen für den Inhalt eines kleinen braunen Fläschchens, in welches er eine Spritze gestochen hatte. »Ach, Christian«, sagte er mitleidig. »Du weißt doch, was mit Theresa passieren wird.« Er zog die Nadel aus dem Fläschchen.

»Aber warum?«, fragte Christian Rosenbauer tonlos. »Warum, Leonhard? Du hast doch alles, was du willst. Warum das noch?« Seine Stimme war nicht einmal mehr verzweifelt. Sie war genauso leer wie Rosenbauers Bewusstsein.

Leonhard Pechmann schüttelte verständnislos den Kopf, während er die Luftblasen mit einem Finger aus der Spritze klopfte. »Man kann nie genug haben, Christian. Aber das hast du nicht verstanden. Dazu fehlte dir die innere Einstellung. Außerdem geht es gar nicht wirklich darum, genug zu haben.« Mit der Spritze in der rechten Hand trat er auf den an seinen Stuhl gefesselten Rosenbauer zu. »Es geht darum, besser zu sein. Zu wissen, dass man besser ist als alle anderen. Es ist wie im Sport, Christian, man muss es einfach wissen.« Er lächelte und senkte die Injektionsnadel.

Huppendorfer war über die Mauer geklettert und hatte sich zum Scheunengebäude geschlichen, vor dem der weiße Roller genau neben seinem schwarzen Pendant stand, nach dem sie gesucht hatten. Der Beamte schmiegte sich an die kühle Sandsteinmauer und schaute mit einem Auge vorsichtig durch das kleine vergitterte Fenster. Sogleich zuckte er zurück: Dort drinnen sprach dieser Pechmann mit einer anderen männlichen Person. Wer das war und was sich dort genau abspielte, hatte er auf die Schnelle nicht erkennen können. Er überlegte. Was sollte er jetzt machen? Vorsichtig ging er um die Hausecke zur Rückwand und holte sein Handy heraus. Es würde am besten sein, Hilfe herbeizuholen. Genervt schaute er auf das Display: Kein Netz. Super, anscheinend war er mitten in einem gigantischen Funkschatten gelandet. Was sollte er tun? Der Mann im Haus war bewaffnet, und vielleicht gab's da drin noch mehr von seiner Sorte. Bevor er sich zu einer Entscheidung durchringen konnte, hörte Huppendorfer, wie sich die Scheunentür öffnete. Blitzschnell schlüpfte er um die Ecke und sah Leonhard Pechmann auf den weißen Piaggio steigen und mit spritzendem Kies davonfahren. Das Tor öffnete sich wie von Geisterhand, und kurz darauf war der Roller verschwunden.

Huppendorfer schaute noch einmal durch das gegenüberliegende Fenster in den Raum. Der Mann saß auf einem Drehstuhl. Sonst war niemand zu sehen.

Ihm reichte es jetzt. Schließlich wollte er nicht als Mister Unschlüssig in die Bamberger Polizeigeschichte eingehen. Er checkte noch einmal sein Magazin, schlich ums Haus und öffnete die Tür mit einem Tritt. Als er hineinstürmte, war der Raum tatsächlich leer bis auf den gefesselten Mann in dem Stuhl, der ihn mit glasigen Augen anschaute.

»Wer sind Sie?«, fragte er erstaunt.

»Huppendorfer, Kriminalpolizei«, bekam er von dem Technikexperten der Bamberger Dienststelle zu hören, der sich sofort daranmachte, das zähe Klebeband, mit dem der Mann gefesselt war, irgendwie abzulösen.

Rosenbauer musste kurz auflachen. Polizei? Das Schicksal hatte es ihm aber so richtig besorgt. Jetzt endlich kam die ersehnte Hilfe? Genau fünf Minuten zu spät.

»Lassen Sie das«, fuhr er Huppendorfer an, der immer noch versuchte, ihn vom Stuhl zu befreien. »Hören Sie auf!«

Der Kommissar schaute ihn erstaunt an.

»Hören Sie jetzt genau zu, was ich Ihnen sage. Sie müssen sich alles merken. Ich werde gleich sterben und es nicht mehr wiederholen können. Haben Sie mich verstanden?«

Huppendorfer nickte mit großen Augen. Ihm war nicht wohl in seiner Haut.

»Dann hören Sie jetzt gut zu, Sie Polizist«, sagte Rosenbauer verbittert, bevor er anfing zu erzählen.

Oben an der Treppe empfing sie Eichberg mit besorgtem Blick. »Ist alles in Ordnung, um Himmels willen? Ich habe mir schon große Sorgen gemacht. Warum sind Sie überhaupt da runter? Was wollten Sie denn da?«

»Haben Sie vielleicht etwas zum Kühlen? Eis oder einen Kältepack?«, fragte Haderlein.

»Ja, natürlich«, antwortete Eichberg sichtlich erschrocken, als er Lagerfelds Beule sah. Verunsichert betrachtete er den hölzernen Knüppel in Haderleins Hand.

»Gut«, meinte Haderlein entschlossen. »Sie schließen diese Kellertür jetzt hinter uns ab und sorgen dafür, dass niemand in der nächsten Zeit hier herunterkommt, verstanden?« Eichberg nickte wortlos und tat wie geheißen, bevor sie in den Aufzug stiegen. Oben ließ Haderlein Lagerfeld verarzten und benachrichtigte die Spurensicherung.

»Wir brauchen einen Hundeführer«, gab er telefonisch durch, dann versuchte er, Huppendorfer anzufunken, der aber nicht zu erreichen war. Er sprach ihm auf die Mailbox, dass er sich baldmöglichst hier einzufinden habe.

*

Es war später Nachmittag in der Polizeihundeschule in Neuendettelsau. Die Hunde waren mit ihren jeweiligen Führern den großen Platz abgelaufen und hatten versucht, alles zu finden, was man vor ihren feinen Nasen auf dem Parcours versteckt hatte. Sie standen bereits kurz vor dem Abschluss ihrer Ausbildung, sodass die Besten es innerhalb der genehmigten zwanzig Minuten auf eine Quote von fast siebzig Prozent brachten. Das war verdammt gut und natürlich auch vorteilhaft für den Ruf der Ausbildungsstätte.

Der junge Übungsleiter Jockel Fuchs, der von Riemenschneider noch tags zuvor so warmflüssig beglückt worden war, stand mit ihr genervt am Startpunkt. Die beiden Kommissarfrauen lungerten mit einer geöffneten Flasche Rotwein draußen am Zaun herum und warteten anscheinend auf eine weitere defätistische Einlage ihres kleinen Schweins. Doch der junge Übungsleiter war fest entschlossen, die Sache hier und heute zu beenden. Die anderen Kollegen standen bereits mit feixenden Gesichtern am anderen Ende der Umzäunung, um sich das Schauspiel des glorreichen Versagens dieses schweinischen Experiments nicht entgehen zu lassen.

Er hatte klare Anweisung vom Chef bekommen. Die Beißübung konnte man bei einem Spürhund ja noch liberal behandeln, aber jetzt wurde es ernst. Wenn es das Ferkel nicht mindestens unter die bessere Hälfte des Feldes schaffen würde, war das für Riemenschneider der Cut. Ende der Vorstellung. Fuchs lächelte, während er dem kleinen Ferkel drei verschiedene Lappen unter den Rüssel hielt. Nur einer davon war mit den richtigen Düften präpariert.

Dann gab er Riemenschneider den bereits erlernten Befehl. »Riemenschneider, such!«, rief er, und das kleine Ferkel senkte seinen Rüssel gen Boden. Fast musste Jockel schon im Vorhinein lachen. Das würde eine erbärmliche Vorstellung für das Schwein werden. Aber da musste Riemenschneider wohl durch.

Das kleine Ferkel stand regungslos in der Sand-Sägemehl-Mischung des Platzes und schien nicht begreifen zu wollen, was man von ihm erwartete. Von den anderen Hundeführern konnte man jetzt das erste nicht zu unterdrückende Kichern und das Klimpern von Bierflaschen hören, mit denen vorsichtig angestoßen wurde. Die späte Nachmittagssonne warf bereits lange Schatten über den Platz, während Ute von Heesen und Manuela Rast gebannt das Geschehen von der anderen Seite des Zaunes aus beobachteten.

»Was macht sie denn da?«, flüsterte Ute von Heesen besorgt.

Auch Manuela Rast schaute eher skeptisch drein, während sie ihr Rotweinglas nervös zwischen den Fingern drehte. »Keine Ahnung, was in sie gefahren ist«, meinte sie leise. »Aber ich vertraue ihr, sie wird schon wissen, was sie tut.« Sie zwang sich zu einem Lächeln, hob ihr Glas und mit einem feinen »Kling« stießen die beiden Frauen auf Riemenschneiders Gelingen an.

Hundeführer Jockel Fuchs wollte gerade zum zweiten und definitiv letzten Mal den Suchbefehl aussprechen, doch dazu kam er nicht mehr. Als ob das kleine Ferkel nur auf den Klang von zwei Rotweingläsern gewartet hätte, setzte es sich schlagartig in Bewegung. Riemenschneider lief zum ersten Punkt auf dem Parcours in etwa fünf Meter Entfernung und grunzte. Dann begann sie, mit den Vorderfüßen zu graben. Zum Vorschein kam eine kleine, vertrocknete Hasenpfote. Lange hielt sie sich nicht an dem Fundort auf, sondern tippelte sofort weiter. Nach weiteren drei Metern fand sie die verbuddelte Dose mit dem Hemd darin. Auch jetzt wartete sie nicht auf Lob oder Zuwendung, sondern eilte zum nächsten Fundort, den kleinen feuchten Rüssel immer dicht über dem Boden.

Die Hundeführer am Zaun lachten nun nicht mehr, sondern schauten mit offenen Mündern der rosa Auszubildenden bei ihrer temporeichen Arbeit zu. Staunend sahen sie, wie das Ferkel Jockel Fuchs in der Ausbilderfankurve eilig hinter sich her schleppte. Die beiden Kommissarfrauen grinsten sich an.

»So kenne ich unsere Riemenschneiderin«, flüsterte Manuela Rast begeistert und schenkte sich und ihrer Freundin Wein nach.

Michael Schuller war gerade dabei, die Dienstpläne seiner Hundeführer für den nächsten Tag zu erstellen, als sich die Tür zu seinem Büro öffnete.

Sein jüngster Führer Fuchs kam mit diesem albernen Schwein an der Leine herein. Na also, dachte sich Michael Schuller, das ging ja schnell. Jetzt konnte er das lächerliche Kapitel endlich abschließen. Er würde gleich den Kollegen Haderlein anrufen. Dann legte er den Kugelschreiber wieder auf die Seite. Irgendetwas Sonderbares ging hier vor. Hinter Jockel Fuchs und dem Ferkel strömte seine versammelte Hundeführerschaft in den Raum. Was hatte das zu bedeuten? Die hatten doch schon alle Feierabend. Warum waren die noch nicht zu Hause? Er blickte in ihre Gesichter, die teils amüsiert, teils nachdenklich und ernst waren. Michael Schuller stellte sich vor seinen Schreibtisch, verschränkte die behaarten Arme und lehnte sich mit den Oberschenkeln gegen die Tischkante. »Also, da bin ich jetzt aber mal gespannt«, sagte er neugierig in die Runde.

Ein Hundeführer stellte eine Plastikwanne auf den Schreibtisch und sagte: »Das Schwein hat hundertzehn Prozent gefunden.«

Michael Schuller schaute ihn verdutzt an. »Wie, hundertzehn Prozent?« Er lachte. »Man kann doch nur hundert Prozent finden, weil nur hundert Prozent vergraben sind!« Er lachte lauter, dann räusperte er sich, als er sah, wie Jockel Fuchs etwas aus seiner Hosentasche zog. Der junge Führer kam mit Riemenschneider an der Leine auf ihn zu und überreichte ihm ein kleines Stück Plastik. Verwirrt putzte er den Dreck von der Oberfläche, dann erkannte er, was er da in der Hand hielt. Es war die Visa Karte, die er letztes Jahr im November draußen im Matsch verloren hatte.

»Hundertzehn Prozent«, wiederholte Jockel Fuchs ehrfurchtsvoll. »In zwölf Minuten, das ist neuer Rekord. Mit Abstand.«

Der Leiter der Polizeihundeschule Neuendettelsau schaute auf Riemenschneider, dann auf seine wiedergefundene Visa Karte und wieder auf das Ferkel, welches ihn in polizeilicher Habtachtstellung betrachtete. Michael Schuller ging wieder hinter seinen Schreibtisch und setzte sich schweigend auf seinen Stuhl. Er griff in die unterste Schublade, dann fragte er: »Möchte jemand einen Schnaps?«

Dreizehn Hände von ebenso vielen im Innersten erschütterten Hundeführern hoben sich synchron in die Höhe.

Haderlein erhielt den Anruf von Huppendorfer, als die Hundeführer in der Lorbersgasse eintrafen. Er konnte und wollte nicht glauben, was er da hören musste. »Ich komme sofort«, stieß er betroffen aus und legte auf. Lagerfeld, der noch am Kopf verarztet wurde, ließ er auf dem Bartosch-Firmengelände zurück und eilte zu seinem Wagen. Sollte sein Kollege sich doch um die Hundeführer kümmern. So wie er die Sache sah, würden die wieder nichts finden, da ging er jede Wette ein. Dann rief er Honeypenny in der Dienststelle an und gab eine Fahndung nach einem weißen MP3-Roller der Firma Piaggio und dessen Fahrer Leonhard Pechmann heraus. Auch hier gab sich Haderlein nicht der Illusion hin, Erfolg zu haben. Umgehend machte er sich auf den Weg nach Sandhof. Als er fünfzehn Minuten später dort eintraf, war der Platz vor dem Gutshof mit Polizeifahrzeugen überfüllt. Die hereinbrechende Dämmerung und der dazugehörige blutrote Sonnenuntergang verbreiteten eine passende Stimmung. Huppendorfer erwartete ihn am Eingang zu einer zumindest äußerlich restaurierten Scheune. Sein Technikexperte sah gar nicht gut aus. Irgendetwas schien ihm richtig an die Nieren zu gehen.

»Hier entlang«, sagte er sichtlich bewegt zu ihm. Drinnen hatte sich schon die Spurensicherung breitgemacht. Cesar Huppendorfer führte seinen Vorgesetzten zu der schlaffen Gestalt, die mit vornüberhängendem Kopf an einen Stuhl gefesselt dasaß.

»Ich rate mal: ein toter Christian Rosenbauer, oder?«

Huppendorfer nickte schweigend. Er war von dem soeben Erlebten sichtlich mitgenommen. Haderlein griff ihn am Hemdsärmel und zog ihn mit sich in eine Ecke des provisorischen Scheunenlabors.

»Dann erzählen Sie mal, Huppendorfer«, ermunterte Haderlein seinen jungen Kollegen, während er ihn sanft auf einen Stuhl drückte und sich ihm gegenübersetzte.

Huppendorfer kam der Bitte dankbar nach und blätterte mit zitternden Fingern in seinem Notizblock. Er erzählte Haderlein von seiner Verfolgungsjagd durch die Stadt, seiner Unschlüssigkeit über das weitere Vorgehen, als er durch das Fenster gesehen hatte, und schließlich von seinem Eindringen in die Scheune. Dass er Leonhard Pechmann mit seinem Roller hatte entkommen lassen, bereitete ihm im Nachhinein offensichtlich zusätzliche Bauchschmerzen.

Haderlein legte dem emotional aufgewühlten Kollegen beruhigend seine Hand auf die Schulter. »Ich hätte ganz genauso gehandelt, machen Sie sich jetzt mal bloß keine Vorwürfe.«

Huppendorfer schaute ihn dankbar an, dann fuhr er fort. Was er nun schildern wollte, fiel ihm sichtbar schwer. Mehrmals musste er unterbrechen, weil seine Stimme zu brechen drohte, und sein Blick floh von einer Ecke des Raumes zur anderen. »Er saß mir genau gegenüber, so nah wie Sie jetzt, Chef«, erzählte er, und seine Hände standen nicht still. »Dann hat er gesagt, er würde gleich sterben, und ich solle mir das Folgende gut merken. Ich hab mir alles aufgeschrieben.« Seine Lippen zitterten wieder. »Dieser Pechmann hatte ihm Kalium gespritzt, ich konnte ihm nicht mehr helfen. Davor hat er noch das Blut von einer dieser orangefarbenen Leichen untersuchen können. Er sagte etwas von Plasmodien, die alles auslösen würden. Wir sollen einen Spezialisten holen, der sich die Blutprobe da noch einmal vornimmt.«

Dabei deutete er mit einer schwachen Handbewegung auf das Elektronenmikroskop, das einsam und verlassen auf dem Labortisch thronte.

»Es ist das ›Yellowstone-Experiment‹, hat er gesagt. Wir müssen ›Yellowstone‹ stoppen und einen Experten holen.« Huppendorfer schwitzte. »Dann hab ich gemerkt, wie sich sein Blick verändert hat, und er begann zu weinen.«

Haderlein konnte sehen, wie sich Huppendorfer zusammennehmen musste.

Erst nach einer Weile konnte der junge Kommissar fortfahren. »Er sagte, seine Frau sei tot, erschossen, und seine Tochter Theresa entführt. Wir sollen Theresa finden, sagte er noch zu mir, aber ich konnte ihn schon fast gar nicht mehr verstehen. Er war sich sicher, dass sie noch lebt. Dann flüsterte er noch, wir sollen Gimli suchen. Wenn wir ihn finden, dann finden wir auch Theresa. Und etwas Undeutliches von Minen hat er auch noch gemurmelt. Von Mora oder Bora, ich hab's wirklich nicht mehr genau verstehen können. Und dann …«, seine Stimme stockte, »dann hat er mich noch kurz angesehen, komisch gelächelt, seine Augen wurden trüb, und sein Kopf ist nach vorn gefallen.« Huppendorfer lehnte sich erschöpft zurück und war unendlich froh, die Geschichte losgeworden zu sein.

Haderlein sprach ihm noch etwas Mut zu und bedrängte ihn nicht weiter. Der gute Huppendorfer musste erst einmal verkraften, einem Menschen hilf- und machtlos beim Sterben zugesehen zu haben. Das konnte einen schon übel niederdrücken, das wusste Franz Haderlein aus eigener Erfahrung. »Also gut«, meinte er leise zu ihm. »Sie schnappen sich jetzt eine Streife und verschwinden von hier. Besorgen Sie sich einen Haft- und Durchsuchungsbefehl und stellen Sie die Bude von diesem Pechmann im Hain auf den Kopf. Alles klar?« Der Hauptkommissar gab ihm einen Klaps auf den Rücken und erhob sich.

Als er draußen vor der Tür stand, musste sich auch bei ihm erst einmal einiges setzen. Also gab es jetzt zwei weitere Leichen, wovon die von Gerlinde Rosenbauer eventuell bereits beseitigt worden war. Dazu kam die Entführung der sechsjährigen Theresa Rosenbauer. Ihr Vater war wohl damit irgendwie erpresst worden. Die medizinische Analyse der Blutprobe musste sich ein Spezialist vornehmen, da hielt der Hauptkommissar sich mit Spekulationen zurück. Was ihn viel mehr verunsicherte, waren die letzten Worte des armen Opfers: »Sucht Gimli, und ihr werdet Theresa finden.«

Wer oder was zum Teufel war Gimli? Die Minen von Mora? Was sollten diese nebulösen Andeutungen? Wieder kroch ihm dieses seltsam unheimliche Gefühl unters Hemd. Irgendetwas an diesem Fall lag ganz und gar außerhalb seines normalen kriminalistischen Gespürs, für das er eigentlich bekannt war. Wo war sie hin, die berühmt-berüchtigte Intuition des Franz Haderlein? Unwillkürlich schüttelte er sich und wählte die Nummer von Siebenstädter. Es gab hier Messerarbeit mit Blutanalysen zu erledigen, da war der Professor genau der Richtige. Er erreichte ihn beim gemeinsamen Essen mit einem schweizerischen Kollegen, den er mitbringen würde. Auch recht, dachte Haderlein und tippte die Nummer von Lagerfeld ins Handy. Der war bereits auf dem Weg nach Hause, da er seinen verbeulten Kopf pflegen sollte. Die Hunde hatten im Keller und auch sonst im ganzen Haus keine Spur von dem mysteriösen Zwerg finden können, dem Lagerfeld angeblich gefolgt war.

Toll. Die Fortschritte in diesem Fall waren spärlich und mit weiteren Leichen erkämpft. Aber zumindest gab es jetzt eine konkrete Aufgabe: Sie mussten Theresa Rosenbauer finden. Mit oder ohne Gimli.

Gimli

Lagerfeld hatte eine Wollmütze aufgesetzt, die die Sanitäter vom letzten Winter noch dabeigehabt hatten, und darunter ein Kältepack platziert. Die Schmerzmittel verrichteten ihre Arbeit, sodass er von seiner Knüppelverletzung kaum noch etwas spürte. Wieder hatten die Hunde nichts gefunden und stattdessen diesen merkwürdigen Niesanfall bekommen. Es war zum Verrücktwerden. In einer Übersprungshandlung befühlte er seine Beule. Der Polizeibeamte neben ihm schaute mitleidig zu ihm herüber, während er den Streifenwagen den Domberg hinunter steuerte. Lagerfeld merkte schon die ganze Zeit, dass er irgendwie mit ihm ins Gespräch kommen wollte. Jetzt schien er endlich den geeigneten Einstieg in eine Plauderei gefunden zu haben. Wissend lächelnd deutete er in Richtung Lagerfelds Beule. »Sachen Sie amal, Herr Kommissar«, meinte er dann schließlich, »so a Wollkappen im Juli, macht des net a weng an warma Kopf?«

Lagerfeld überlegte sich gerade eine passende Antwort auf diese dämliche Frage, als ihnen plötzlich ein weißer dreirädriger Roller entgegenkam. Und zwar weit schneller als mit den erlaubten dreißig Stundenkilometern. Hatte Haderlein nicht vorhin etwas von einem flüchtigen Chemiker erzählt, der auf einem weißen MP3 unterwegs war? So viele von den Dingern fuhren in Bamberg ja nicht herum, da konnte eine Kontrolle sicher nicht schaden.

»Dem Roller da hinterher, sofort!«, rief Lagerfeld dem Polizisten neben ihm zu und deutete hektisch durchs Rückfenster.

»Jawoll, Chef«, antwortete der Polizist mit großen Augen. Hoffentlich hatte er mit seiner Bemerkung über den warmen Kopf des Kommissars nicht irgendetwas Unangenehmes ausgelöst. Egal, von nun an würde er seine Arbeit so gut wie möglich machen. Ganz nach Vorschrift. Er wendete auf dem Domplatz, schaltete Blaulicht und Sirene ein und gab Gas.

»Nein! Nicht so, du Depp!«, konnte Lagerfeld noch rufen, aber es war schon zu spät. Der Fahrer auf dem Roller hatte seine Verfolger bemerkt. Ohne sich um den restlichen Verkehr zu kümmern, schoss er Richtung Jakobsberg durch die schmale Öffnung zwischen den alten Bauten hindurch, um gleich danach scharf nach links unten abzubiegen. Als das Polizeifahrzeug ihm folgen wollte, sahen die beiden Insassen, wie sich der Roller an dem dahinwindenden Verkehr vorbeischlängelte. Er fuhr, sie standen. So wurde das nichts.

»Und etzerd?«, fragte der Polizist.

»Aussteigen«, befahl Lagerfeld dem Mann. Der gehorchte nur langsam, weil beleidigt, und Lagerfeld musste ihn fast von dem Fahrersitz zerren. Als sie die Plätze getauscht hatten, bog Lagerfeld mit Vollgas in die Maternstraße ein, die ebenfalls bergab führte.

»He, mir fahrn aber gechen die Einbahnstraßn!«, protestierte Lagerfelds Beifahrerpolizist, doch der Kommissar war wild entschlossen, diesmal nicht abgehängt zu werden. Mit Blaulicht und Sirene stieß der Streifenwagen wie ein Habicht durch die enge mittelalterliche Gasse. Natürlich kamen Leute die enge Einbahnstraße herauf, und natürlich wollte Lagerfeld nicht anhalten. Rechts und links pressten sich leichenblasse Fußgänger an die Mauern, und der ein oder andere Lebensmitteleinkauf wurde polizeilich überrollt. Am Ende der Maternstraße erblickten sie rechts den weißen Roller. Für einen kurzen Moment trafen sich die Blicke von Pechmann und Lagerfeld. Der Kommissar konnte ein Lächeln erkennen: überlegen, kalt und amüsiert. Dann startete der Roller wieder durch. Mit viel Mühe und haarsträubenden Fahrmanövern schaffte es der Kommissar, sich nicht abhängen zu lassen, während Kollege Beifahrer tausend Tode starb.

Sehr schnell wurde Lagerfeld klar, welches Ziel Pechmann ansteuerte. Der Weg führte zur Altenburg. Über Funk beorderte er vorsorglich alle verfügbaren Streifenwagen dorthin, während er einhändig halsbrecherische Fahrmanöver zwischen den parkenden Autos ausführte. Am Fuße der Straße, die zur Burg hinaufführte, konnte er den weißen Roller noch sehen. Er hatte bereits den halben Anstieg hinter sich gebracht, aber jetzt gab es keine parkenden Fahrzeuge oder enge Gassen mehr, nur noch katastrophalen Teer. Lagerfeld holte in der untergehenden Sonne auf. Eine wunderschöne Abendstimmung, für die niemand einen Sinn hatte. Als sie oben ankamen, sahen sie gerade noch, wie Pechmann den Roller mit laufendem Motor in den Eingang der Zugbrücke rutschen ließ, absprang und dann nach drinnen rannte.

»Sie gehen nach hinten und halten alles auf, was über die Mauer will, klar?«, rief Lagerfeld dem Polizisten zu, der heilfroh war, diesem irrsinnigen Stuntman in seinem Stockcar entfliehen zu dürfen. Während er zur Rückseite der Burg rannte, lief Lagerfeld mit gezogener und entsicherter Waffe über die Zugbrücke zum Tor. Vorsichtig schaute er um die Ecke und musterte das Gelände. Niemand zu sehen. Alle Fenster zu, der Burghof leer. Während er fieberhaft überlegte, tuckerte der hinter ihm am Boden liegende Roller im Leerlauf leise vor sich hin. Als Lagerfeld den Motor abstellte, konnte er bereits Polizeisirenen hören, und auch der Hubschrauber war schon in der Ferne am Himmel zu erkennen.

Diesmal nicht. Diesmal saß der Hase in der Falle, dachte er zufrieden. Ein Lächeln machte sich auf seinem Gesicht breit. Es erstarb allerdings sofort wieder, da sich das Pochen seiner Beule dadurch verstärkte. Na gut, dachte er, dann eben ohne Grimassen.

Die Polizeifahrzeuge hatten es von der Lorbersgasse auf die Altenburg nicht weit gehabt, sodass in sehr kurzer Zeit ein undurchdringlicher Ring um die alte Wehranlage gezogen worden war. Lagerfeld winkte dem Hundeführer. Der Schäferhund durfte zuerst ausgiebig am Roller schnuppern, bevor er loszog. Sein anschließender Weg führte ihn geradeaus, dann bog er scharf nach rechts in Richtung des ehemaligen Bärenzwingers ab. Doch gerade, als jeder dachte, der Hund würde nun gleich über die Mauern in die Bärengrube springen, jaulte das Tier laut auf, begann sich wie wild im Kreis zu drehen und nieste. Der Hundeführer zog an der Leine und den Hund aus seiner letzten Spurenposition, dann bückte er sich und winkte Lagerfeld.

Er deutete auf das Pflaster, dann entdeckte Lagerfeld es auch. Unregelmäßig, aber doch deutlich zu sehen, war überall darauf ein weißes Pulver verstreut. Lagerfeld nahm etwas davon auf und zerrieb es zwischen seinen Fingern. Das Zeug kam ihm verdammt bekannt vor. Während seiner Zeit bei der Sitte hatte er dauernd damit zu tun gehabt. Sicherheitshalber leckte er vorsichtig daran.

»Alles klar«, sagte er halblaut und nickte.

Der Hundeführer sah ihn fragend an, während er sich um seinen jaulenden Hund kümmerte.

»Kokain. Den Hund können wir vergessen. Aber wenn sich der Schmerz in seiner Nase gelegt hat, wird er einen richtig tollen Abend verleben«, meinte Lagerfeld tröstend zu dem Hundeführer. Okay, dann eben auf die altmodische Tour. Die Sonne war inzwischen untergegangen, und alle anwesenden Einsatzkräfte wurden im hereinbrechenden Dämmerlicht vorsorglich mit Taschenlampen ausgestattet, während der Hubschrauber die ganze Aktion mit einem lautstarken Stakkato untermalte. An ein unbemerktes Verlassen der Burganlage war nicht mehr zu denken.

»Also los«, gab Lagerfeld den Befehl, und über fünfzig Polizisten fingen an, die Altenburg von oben bis unten zu durchkämmen und auf den Kopf zu stellen.

Als Haderlein den Anruf von Lagerfeld erhielt, bog gerade das Fahrzeug der Erlanger Gerichtsmedizin in Sandhof ein. Neben Siebenstädter verließ ein untersetzter, dicker Mann das Auto. Nicht gerade elegant, aber ziemlich guter Stimmung, wie es Haderlein schien. Siebenstädter machte Haderlein mit Vincent Lacroix bekannt, der sich gleich nach dem Ort des Geschehens erkundigte. Auf dem Weg erzählte Haderlein den Medizinern in kurzen Stichpunkten, was sie von Rosenbauer an Informationen erhalten hatten, bevor er gestorben war. Als der Kommissar beide in das kleine Labor gebracht hatte, stürzte sich der kleine runde Schweizer sofort und zielsicher auf das Elektronenmikroskop. Dass die Leiche von dem Chemiker gerade in einem schwarzen Plastiksack abtransportiert wurde, kriegte er gar nicht mit. Ohne Hemmungen setzte er sich auf den freien Bürostuhl, an dem noch rechts und links die breiten grauen Klebebänder hinunterhingen.

Haderlein und Siebenstädter schauten ihm mehrere Minuten lang schweigend zu und warteten darauf, dass etwas passierte.

Dann richtete sich Lacroix plötzlich in seinem Stuhl auf und blies Luft aus seinen voluminösen Backen. Siebenstädter entließ ein ungeduldiges »Na?« in den Raum.

Sein Kollege rieb sich noch mehrmals mit der einen Hand über die Stoppeln in seinem feisten Gesicht, dann schwang er sich auf dem Bürostuhl herum und grinste. »Hochinteressant das alles, hochinteressant, meine Herren«, strahlte er.

Haderlein wurde ungeduldig. Dieser Doktor war ziemlich lässig drauf, aber er selbst wollte bald los, um auf der Altenburg diesen Pechmann zu befragen, den Lagerfeld ja in Kürze aus seinem

Versteck getrieben und verhaftet haben musste. »Also, Herr Doktor«, drängelte er, »was ist denn so interessant? Wenn Sie uns bitte an Ihrem Wissensstand teilhaben lassen möchten?«

»In der Tat.« Auch Siebenstädter war verstimmt, allerdings deshalb, weil eigentlich er gern zuerst einen Blick durch das Mikroskop hätte werfen wollen. Es ging schließlich um eine eventuelle medizinische Sensation, um den »Morbus Siebenstädter«.

»Dieser Rosenbauer hatte recht«, sagte Lacroix schließlich. »Im Blut des Toten befinden sich Plasmodien. Und wenn er gesagt hat, dass die für die Blutverklumpung mit verantwortlich sind, dann würde ich das lieber mal glauben.«

»Moment mal«, protestierte Siebenstädter sofort. »Plasmodien an sich verklumpen kein Blut, sie können höchstens der Auslöser für eine eventuelle Reaktion sein.«

Lacroix lachte. Anscheinend amüsierte er sich königlich. »Das stimmt natürlich, Kollege Siebenstädter«, spottete der schweizerische Hämatologe. »Mit dem Blut dieser armen Menschen ist ja auch irgendetwas geschehen, sonst würde es nicht eine derart absonderliche Farbe angenommen haben, nicht wahr?« Er grinste den Erlanger Gerichtsmediziner an wie einen kleinen Schuljungen. Das war sein Spezialgebiet, da brauchte er sich von diesem aufgeblasenen Leichenbeschauer nichts erzählen lassen. »Schauen Sie ruhig selbst mal durch die Linse, Sie Koryphäe«, forderte er ihn mit einer lässigen Handbewegung auf und räumte schnaufend den Stuhl.

Wie ein Ausgehungerter stürzte sich Siebenstädter auf das bislang von Lacroix belegte Mikroskop.

Der Schweizer lächelte. Schelmisch und leise flüsterte er Haderlein ins Ohr: »Er wird nichts finden, unser Hofbeschauer, dafür ist er leider eine Nummer zu klein.« Versonnen lächelte er dem Kommissar zu, bevor er ihn fragte: »Sie sagten, dieser Fall hätte ursächlich mit einer medizinischen Versuchsreihe namens ›Yellowstone‹ zu tun?«

Haderlein nickte. »Es scheint ziemlich klar zu sein, dass die Toten irgendetwas mit diesem Medikament und den damit verbundenen Versuchsreihen zu tun hatten. Obwohl mir noch nicht klar ist, wie sie an das Medikament herangekommen sein sollen –«

Lacroix unterbrach ihn. »Herr Kommissar, gibt es noch Probanden des Experimentes, ich meine, haben im Moment noch lebende Menschen das ›Yellowstone‹-Medikament im Blut? Eine solche Blutprobe wäre von außerordentlicher Wichtigkeit.«

Haderlein schaute ihn nachdenklich an, dann antwortete er: »Es gibt noch Frau Kleinhenz auf St. Getreu.« Er stockte und lächelte plötzlich grimmig. »Und jemanden, der unvernünftigerweise dieses Medikament neuerdings freiwillig einnimmt.«

»Also, meiner Meinung nach ist im Blutbild nichts zu erkennen, außer eben dieser merkwürdigen orangenen Farbe, meine Herren. Ich tippe noch immer auf eine neue Krankheit«, meinte Siebenstädter trotzig.

»Jesus Maria, diese Laien!«, rief Lacroix in gespielter Verzweiflung aus. »Wenn Sie solch fachlich fundierte Kenntnisse besäßen wie ich, mein lieber Siebenstädter, dann würden Sie solche einfältigen Reden nicht schwingen.«

Haderlein hörte sich den Dialog erstaunt an. Da hatten sich ja zwei gesucht und gefunden.

»Also«, hob Lacroix wieder an, »die roten Blutkörperchen weisen definitiv eine Veränderung in Farbe und Struktur auf. Was das für eine Veränderung ist, kann ich erst sagen, wenn ich eine Blutprobe von einem dieser ›Yellowstone‹-Probanden untersucht habe.«

Haderlein nickte entschlossen. »Also gut, meine Herren Mediziner. Dann werden wir jetzt unsere Zelte hier abbrechen und den lieben Kollegen Lagerfeld aufsuchen. Womöglich können wir uns die Untersuchung sparen, wenn er diesen Pechmann dingfest gemacht hat.«

Lagerfeld stand mit dem arbeitslosen Hundeführer am Eingangstorbogen der Altenburg und musste zusehen, wie ein Trupp nach dem anderen ohne Ergebnisse von seinem jeweiligen Suchbereich zurückkam. Schließlich stand der ganze Burghof voller enttäuschter Polizeikräfte, eingetaucht ins Licht der aufgestellten grellen Scheinwerfer. Lagerfeld konnte es nicht fassen. Schon wieder eine vollkommene Pleite. Schon wieder war ihm ein Verdächtiger durch die Lappen gegangen. Drei Mal hatte er die ganze Mannschaft durch Keller, Dachböden und sonstige Räumlichkeiten der Burg gehetzt. Vergeblich.

Langsam ähnelte das diesem Hütchenspiel mit drei Bechern und der kleinen Kugel, dachte Lagerfeld. Man konnte noch so felsenfest von der Richtigkeit seiner Beobachtungen überzeugt sein, die Kugel würde sich am Schluss todsicher in einem anderen Becher befinden als in demjenigen, in dem man sie vermutet hatte. Lagerfeld hasste es wie die Pest, verarscht zu werden. »Einsatzkräfte abrücken!«, rief er zutiefst frustriert in die Runde und gab dann noch dem Hubschrauber Bescheid, der sofort abdrehte. Blieb als einziger greifbarer Erfolg des Tages der Roller.

Als Haderlein mit den beiden Medizinern die Altenburg erreichte, stand ein hochgradig verunsicherter Commissario Bernd Schmitt mit einem gelangweilten Streifenbeamten im Burgeingang. Gerade konnten sie noch sehen, wie ein weißer Roller auf einem Abschleppfahrzeug abtransportiert wurde. Mit Lacroix und Siebenstädter im Schlepptau kam Haderlein auf Lagerfeld zu.

»Sieht nicht so aus, als hättest du den Fuchs gefangen, was?«, meinte er. »Da hat wohl wieder jemand Hase und Igel mit der Polizei gespielt?« Mitleidig besah er sich den am Boden zerstört wirkenden Kollegen und blickte dann gedankenverloren in die sternenklare Bamberger Nacht.

»Ich weiß auch nicht, was hier los ist. Er hat sich einfach in Luft aufgelöst«, meinte Lagerfeld verzweifelt. »Das ist doch langsam total unheimlich, oder etwa nicht? Haben die so eine Art Tarnkappe, oder wie? Zwerge und Tarnkappen, das gab's doch schon mal. Sind wir hier vielleicht bei den Nibelungen gelandet? Da würde so etwas dazu passen.« Lagerfeld war genervt. Seine Arme ruderten jetzt so wild durch die Luft, als wollten sie seine ganze Verzweiflung in den Nachthimmel malen. »Ich habe in die Augen dieses Pechmanns gesehen, Franz. Egal, was hier für eine Nummer abläuft, ich glaube, die nehmen uns nicht ernst.«

Sein älterer Kollege legte ihm väterlich die Hand auf die Schulter. »Jetzt fahren wir erst einmal ins Präsidium, und dann schauen wir weiter. Ich glaube, es ist Zeit für eine kurze Zwischenanalyse. Im Moment geht mir alles viel zu sehr durcheinander.« Er schaute sich um. »Hier gibt's jedenfalls nichts mehr zu tun.«

Mit diesen Worten stiegen alle zurück in ihre Wagen und machten sich auf den Heimweg. Lagerfeld saß auf dem Rücksitz des Streifenwagens und konnte es immer noch nicht begreifen: Wo waren verdammt noch mal alle seine Flüchtigen hin?

Theresa Rosenbauer sah sich in ihrem neuen Zimmer um. Eigentlich war es sehr schön. Nur dass es keine Fenster besaß, störte sie. Theresa Rosenbauer sah sehr gern aus dem Fenster. Daheim hatte sie ein Zimmer im obersten Stock des Hauses ihrer Eltern am Abtsberg bewohnt. Von dort hatte man einen wunderschönen Blick auf den Garten und hinunter in die Bamberger Innenstadt gehabt. Das Schönste für Theresa waren allerdings die Vögel vor ihrem Fenster gewesen. Am liebsten hätte sie den ganzen Tag über die Vögel vor ihrem Fenster beobachtet, wie sie auf dem von ihr aufgehängten Futterkasten herumturnten oder einfach nur neugierig gegen die Scheibe klopften. Wenn sie ganz still stand, kamen die kleinen Federbälle so nah, dass sie sie fast mit der Hand greifen konnte. Sie hatte ihren kleinen Freunden auch schon Namen gegeben, und sie erkannte jeden Spatz und jede Meise wieder, wenn er vor ihren Augen über die Fensterbank hüpfte.

Theresa vermisste ihre Freunde, die Sonne, das Fenster und ihre Plüschtiere daheim. Sie vermisste auch ihre Eltern, obwohl sie das nie zugeben würde. Klar, der kleine Mann hatte ihr einen Fernseher mit DVD-Spieler und iPod-Anschluss in das Zimmer gestellt, aber nach zwei Tagen Dauerfernsehen wurde das selbst ihr langweilig. Sie wollte endlich wieder raus, an die Sonne, an die Luft. Es war Sommer, und sie wollte mit ihren Freunden spielen. Außerdem waren doch noch gar keine Ferien in Bayern, sie musste den restlichen Juli noch in die Schule. Der kleine Mann hatte gesagt, dass ihre Eltern etwas sehr Wichtiges zu erledigen hätten, aber das war nun auch schon wieder zwei Tage her. Als sie versucht hatte, die Tür zu öffnen, musste sie feststellen, dass sie verschlossen war. So etwas hatten ihre Eltern noch nie gemacht. Selbst wenn sie etwas ganz Schlimmes angestellt hatte und Zimmerarrest angesagt gewesen war, hatten sie nie die Tür verschlossen. Mama war zwar sehr streng, doch so etwas hätte sie nie gewagt. Und wenn, hätte Papa sie sowieso bald wieder befreit. Ihr Papa konnte es nicht besonders lange mit ansehen, wenn sie bestraft wurde. Irgendwann, wenn sie lange genug geweint hatte, kam er ins Zimmer und hob sie auf seinen Arm. Das war das Schönste, wenn Papa zu ihr kam. Mama schaute dann zwar immer unheimlich böse und schimpfte, aber Papa redete dann so lange mit ihr, bis sie sich beruhigte. Sie vermisste ihren Papa und ihre Mama sehr.

Traurig schaute sie auf den weißen Schalter, in dessen Mitte ein kleines, rotes Licht leuchtete. Wenn ihr etwas fehlte, wenn sie etwas brauchte, sollte sie auf diesen Schalter drücken, hatte der kleine Mann in seiner holperigen Art zu sprechen gesagt. Aber heute hatte sie schon mehrmals gedrückt, und er war nicht gekommen. Sie drückte wieder. Sie war traurig, und sie hatte Hunger. Sie wusste nicht, wie spät es war, aber sie wurde langsam müde.

Draußen vor der Tür hörte sie schnelle, kurze Schritte. Dann ertönte das kurze Summen, das immer zu hören war, wenn sich die Tür öffnete.

Endlich. Sie sprang auf. Der kleine Mann war wieder da. Er hatte Essen dabei und noch etwas, das sie schon sehr vermisst hatte.

»Habe Essen für Mädchen«, sagte er zu ihr und grinste dabei über beide Ohren. »Und Pferd geholt für Theresa.« Dabei hielt er ein Stoffpferd in Schäferhundgröße in die Höhe und wackelte auf sie zu.

Theresa juchzte, umarmte ihn und drückte ihm dann etwas Kleines, Rosafarbenes in die Hand. Gimli strahlte, und Theresa kuschelte sich an ihr Pferd. Das Stoffpferd mit dem echten braunen Fell und der blonden Mähne war ihr unheimlich wichtig. Sie liebte Pferde. Ihr ganzes Zimmer war mit Postern und Zeichnungen von Pferden aller Rassen tapeziert, aber das braune Stoffpferd war am allerwichtigsten. Mit ihm musste sie reden und ihm ihre Sorgen erzählen, bevor sie einschlafen konnte. Und Sorgen hatte sie im Moment weiß Gott genug.

»Danke«, sagte sie gerührt. Dann wurde sie wieder traurig. Der Zwerg war am Anfang sehr grob zu ihr gewesen, aber dann hatte sie gemerkt, wie er fasziniert auf ihr kleines rosa Einhorn gestarrt hatte. Die kleine glitzernde Stoffpuppe mit den Flügeln hatte es ihm offenbar angetan. Sie selbst fand gar nicht mehr so viel an ihr. Rosa Flügelpferdchen waren wirklich nur noch etwas für Kindergartenkinder. Also hatte sie dem Zwerg das Einhorn versprochen, wenn er ihr das Lieblingspferd aus dem Elternhaus holte.

»Hast du Papa und Mama gesehen, als du im Haus warst?«, fragte sie den kleinen Mann, der gleich seinen Kopf schüttelte.

»Nein, nein, Gimli nicht gesehen. Haus leer. Gimli rennen, weil Männer fangen.« Dann zog sich wieder das breite Lächeln über das seltsam verschrumpelte Gesicht. »Aber nicht fangen. Gimli schnell, Gimli fort.« Er stellte ihr das Essen auf den kleinen Kindertisch und wandte sich zum Gehen. Schnell griff Theresa seine Hand, und der Kleinwüchsige drehte sich mit einem Wackeln zu ihr um.

»Wann kommst du wieder? Kannst du mir eine Gutenachtgeschichte vorlesen?«

Der Angesprochene zupfte verlegen an seinem groben Stoffumhang, bevor er schließlich leise sagte: »Gimli nicht lesen. Nicht lesen, nicht schreiben. Nur Bilder sehen und singen.« Dann leuchteten seine Augen hinter den wulstigen Augenbrauen auf. »Gimli singen für Theresa?« Er schaute sie mit einem schelmischen Gesichtsausdruck an. »Wollen?«

»Au ja«, sagte Theresa sofort. Dann dachte sie kurz nach und fragte: »Kann ich nicht mit dir nach draußen und nach Mama und Papa suchen?«

Sofort wich der Zwerg zwei Schritte zurück, und seine Miene wurde finster. »Du müssen hier«, sagte er streng, und sämtliche Wärme war aus seiner Stimme gewichen. »Gimli passen auf. Wenn nicht bleiben, sehr, sehr böse.«

Seine Stimme wurde schneidend. Er schob den merkwürdigen Stoffumhang etwas auf die Seite, und Theresa konnte sehen, dass ein altes angerostetes Messer in seinem Ledergürtel steckte. Erschrocken wich sie noch einen Schritt weiter nach hinten und begann zu weinen.

Als ob sich ein Schalter in ihm umgelegt hätte, sackte der Zwerg in seinen mittelalterlich wirkenden Stoffklamotten zusammen. Sein Gesicht wirkte gar nicht mehr bedrohlich, ganz im Gegenteil: Fast unterwürfig wackelte er auf die weinende Theresa Rosenbauer zu.

»Gimli … nicht«, brachte er hilflos heraus. Dann warf er seine kurzen Arme wie winzige Windmühlenflügel in die Höhe und brummelte etwas Unverständliches. »Gimli später«, nuschelte er frustriert, bevor er die Tür mit seinen kurzen Armen hinter sich schloss.

Theresa Rosenbauer griff sich ihr braunes Pferd und warf sich weinend auf ihr rosa Bett.

Leonhard Pechmann schmiss fluchend den weißen Helm in die Ecke des fensterlosen Zimmers. Die blonde Frau und der Bärtige schauten ihm wortlos zu. Leonhard Pechmann war außer sich. Wo zum Teufel war die Polizei so plötzlich hergekommen? Gerade hatte er im Polizeifunk gehört, dass sie Christian Rosenbauer gefunden hatten und die Fahndung nach ihm bereits auf vollen Touren lief. So ein verdammter Dreck! Er hatte sich alles so schön ausgedacht, und jetzt stand er plötzlich auf der Fahndungsliste.

In die Öffentlichkeit konnte er also nicht mehr zurück, und nach Hause schon gar nicht. Letzteres war nicht so schlimm. Sein dämliches Weib und das biedere, langweilige Leben würde er sowieso nicht vermissen. Es würde knifflig sein, außer Landes zu kommen, aber das würde er schon schaffen, er war ja auf solche Eventualitäten vorbereitet.

Das gerade auf der Altenburg war verdammt knapp gewesen. Wenn er nicht so vorsichtig gewesen wäre und wie immer für alle Fälle vorgesorgt hätte, dann hätten sie ihn wahrscheinlich mit ihren Hunden gekriegt. Jetzt musste er doch grinsen. Das mit dem Kokain hatte er einmal in einem amerikanischen Ausbrecherfilm gesehen. Hatte einwandfrei funktioniert. Er war allzeit bereit, ein Meister der Rückzugsgefechte, und das würden diese Idioten schon noch merken. Die blonde Frau neben ihm betrachtete ihn misstrauisch.

»Was ist passiert, Leonhard? Vielleicht könntest du uns allmählich aufklären?«, fragte sie erregt.

Leonhard Pechmann blickte sie finster an. »Es gab größere Komplikationen. Die Bullen waren plötzlich hinter mir her. Als ich von Sandhof zurückfuhr, hatte ich sie plötzlich am Arsch. Auf der Altenburg hab ich sie abgehängt, aber es war verdammt knapp. Poldi sei Dank.« Wieder musste er grinsen, als ihm der alte Bamberger Burgbär in den Sinn kam. Er drehte sich zu der blonden Frau um und sagte nüchtern: »Ich habe eine gute und eine schlechte Nachricht, was Christian anbelangt.«

Der Bärtige, der die ganze Zeit still dagestanden hatte, hob unmerklich seinen Kopf, die blonde Schönheit erstarrte.

Leonhard Pechmann ging zum Kühlschrank in der Ecke des Raumes und holte sich eine Flasche Bier heraus. Er trank nicht häufig Alkohol, aber jetzt war einer dieser seltenen Augenblicke:

Er musste erst einmal runterkommen. Es zischte leise, als er den Kronenkorken mit dem Öffner vom Flaschenhals hob.

»Erstens: Christian hat das Rätsel der Todesfälle im Prinzip gelöst. Plasmodien sind die Übeltäter. Jetzt müssen wir nur noch herausfinden, welche von den vielen verschiedenen und warum sie ins Blut gelangt sind, dann ist der Käse gegessen.«

Er blickte triumphierend in die Runde. Der Bärtige schaute ebenfalls sehr zufrieden zurück, nur die blonde Frau blieb misstrauisch.

»Und Christian? Was ist mit Christian? Was passiert jetzt mit ihm? Wir hatten doch ausgemacht, dass wir es dann gut sein lassen und ihn aufklären und einweihen.« Sie blickte Pechmann flehend an, der gerade noch einmal einen Schluck aus der Bierflasche nahm.

»Das ist die schlechte Nachricht«, sagte Leonhard Pechmann ohne eine Gefühlsregung in der Stimme. »Christian ist tot.«

Die Frau wurde leichenblass. »Was? Wie ist das passiert, um Himmels willen? Was hast du gemacht?« Sie stützte sich mit der rechten Hand gegen die Wand. Ihr war schwindelig und schlecht. »Christian«, hauchte sie verzweifelt.

»Sagen wir mal so«, sagte Pechmann im Ton des gelangweilten Geschäftsmannes. »Die Pläne bezüglich seiner Öffentlichkeitsarbeit wären unserem kleinen Projekt hier etwas im Wege gestanden. Da musste ich Konsequenzen ziehen, Mylady.« Wieder hob er die Bierflasche an den Mund.

»Du verdammte Ratte!«, schrie die Frau und machte Anstalten, sich auf ihn zu stürzen. Doch Pechmann warf nur einen kurzen Blick dem Bärtigen zu, der blitzschnell reagierte.

Mit einer geübten Handbewegung holte er die Pistole aus seinem Halfter und schlug der blonden Frau den Griff der Waffe kurz, aber kraftvoll auf den Hinterkopf. Stöhnend sackte sie in sich zusammen und blieb in der Mitte des Raumes liegen.

»Mein Gott. Immer dieses Geflenne. Schaff sie weg, du weißt ja, wohin«, gab Pechmann die nüchterne Anweisung.

Der Bärtige richtete einen kalten, auffordernden Blick an den Wissenschaftler, der mit einer entschiedenen Handbewegung abwinkte.

»Nicht beseitigen, nur wegschließen. Sie ist tabu, du kennst die Anordnungen.« Seine Stimme ließ keinen Widerspruch zu.

Der Miene des Bärtigen war zu entnehmen, dass er persönlich

eine weitaus tödlichere Vorgehensweise bevorzugt hätte, aber er fügte sich. Er kannte die Regeln, sie waren eindeutig.

Als der Bärtige mit der bewusstlosen Frau auf dem Rücken den Raum verlassen hatte, dachte Pechmann nach. Das Zeitfenster war noch groß genug. Die vereinbarte Produktionsmenge würden sie bis Montagabend mit links schaffen. Das hieß, dass er Europa am Dienstag verlassen könnte, auf in ein neues Leben. Er lächelte entschlossen. Er liebte Veränderungen, vor allem wenn sie spannend waren und ihn reich machten.

Doch jetzt hieß es erst einmal, auf Nummer sicher zu gehen. Gimli hatte berichtet, dass sie ihm zwei Mal dicht auf den Fersen gewesen waren. Es wurde Zeit, die Brücken hinter sich abzubrechen, die Löcher zu versiegeln. Es gab sowieso kein Zurück mehr.

Es summte an der Tür, und in den Raum trat ein kleinwüchsiger Mann mit watschelndem Gang, brauner Lederhose und grauem Umhang. Die blonden Haare waren nach hinten zu einem buschigen Zopf gebunden, die Füße steckten in uralten, speckigen Sportschuhen. Leonhard Pechmann grinste ihn an und sagte mit verheißungsvoller Stimme: »Gimli, du vertrockneter, alter Krüppel, jetzt werden wir unseren Spaß haben. Pack die Kisten, die du geholt hast, in den Bollerwagen, dann folge mir.«

Der Zwerg legte den Kopf leicht schief, betrachtete Leonhard Pechmann, wie dieser seine Jacke anzog, bewegte sich jedoch nicht von der Stelle.

Der Wissenschaftler beäugte ihn misstrauisch und herrschte ihn schließlich an: »Was ist, du Idiot? Bist du blöd, oder was?« Manchmal regte ihn dieser Gnom wirklich auf, wenn er mal wieder gar nichts verstand. Und störrischer als ein Esel war er noch dazu. Eine ausgesprochen lästige Mischung. Dann sah Pechmann plötzlich etwas in der Hand des Zwerges schimmern.

»Was hast du denn da Schönes? Ein rosa Püppchen?«, kicherte er. »Das darf ja wohl nicht wahr sein. Unser kleiner Waffenknecht hat tatsächlich ein Püppchen geklaut. Das ist ja nicht zu fassen.«

Der Zwerg zuckte zusammen und ließ das kleine Einhorn unter seinem grauen Umhang verschwinden. Dann wandte er sich wieder an den dreimal so großen Pechmann. Gimli sah ihn an, bevor er in seiner holprigen Art fragte: »Totmachen?«

Pechmann musste lauthals lachen. Was für ein kleiner Depp!

»Nein, du Narr«, belferte er genervt. »Wir machen nur kaputt. Verstehst du? Kaputt, nicht tot.« Dann schloss er den Klettverschluss seiner Jacke.

»Kaputt«, sagte Gimli und wackelte Pechmann voraus durch die Tür. Ein Unbeteiligter hätte nicht unbedingt sagen können, ob er »kaputt« unproblematischer fand als »tot«, aber fast schien es Pechmann so. Kopfschüttelnd folgte er dem Zwerg in den dunklen, nur diffus beleuchteten Gang.

*

Anopheles die Siebte war wieder zu ihrem Teich am Memmelsdorfer Schloss zurückgekehrt. Sie hing an einem Schilfrohr und war sehr zufrieden. Es gab hier sehr viele Menschen, es war warm, und unter ihr im Wasser entwickelten sich die Larven prächtig. Nur noch wenige Tage, und ihre Brut würde schlüpfen. Dann würden Hunderte ihres Volkes sich in die Lüfte erheben und sich auf die ahnungslosen, warmen, blutdurchströmten Menschen stürzen. Ein wahres Festmahl. Sie hatte den Sturm schon fast vergessen, der sie so weit von zu Hause weggetragen hatte. Hier war es so schlecht auch nicht.

*

In der Dienststelle saßen alle beim Kriegsrat zusammen. Nur Huppendorfer war noch nicht da. Er filzte das Pechmann'sche Anwesen, das dauerte seine Zeit.

Haderlein versuchte gerade, den aktuellen Stand der Dinge zusammenzufassen. »Also, wenn ich das richtig verstehe, dann wird dieser abscheuliche Tod durch sogenannte Plasmodien ausgelöst, die das mit dem Medikament ›Yellowstone‹ angereicherte Blut zu einer geleeartigen Masse verklumpen lassen. Ist das so ungefähr richtig?«, fragte er.

Lacroix nickte. »So könnte man es ausdrücken. Allerdings müsste ich, wie schon gesagt, durch eine genauere Blutanalyse herausfinden, was der Grund dafür ist, dass das Blut so heftig auf die Plasmodien reagiert.«

»Was sind denn eigentlich Plasmodien?«, fragte Lagerfeld, der ungeachtet der soeben gewonnenen Erkenntnisse eine weitere gelbe Tablette einwarf. Allerdings so, dass ihn niemand dabei beobachten konnte. Das Zeug war einfach phantastisch. Er fühlte sich fit, er fühlte sich ausgeruht, er hätte Bäume ausreißen können. Und auch der Drang nach Nikotin war wie weggeblasen.

»Nun«, meldete sich Siebenstädter zu Wort, »hier die Erklärung für die Minderbemittelten unter Ihnen. Die Gattung Plasmodium gehört zu den Haemosporida innerhalb der Gruppe der wissenschaftlich Apicomplexa genannten Sporentierchen.«

Dem Gerichtsmediziner schlug das blanke Unverständnis aller Anwesenden entgegen. Nur für Vincent Lacroix war das natürlich alles kalter Kaffee. Siebenstädter räusperte sich. »Nun, um es dem einfachen Polizeiprimaten noch verständlicher darzulegen, versuche ich es mal andersherum.«

Immer dieser argumentative Mehraufwand wegen dieser ungebildeten Kriminologen, fluchte er still vor sich hin, bevor er wieder begann. »Plasmodien sind einzellige Parasiten, die in der Medizin sehr bedeutungsvoll sind. Die circa zweihundert Arten der Gattung parasitieren bei einer Vielzahl von landlebenden Säugetieren, Reptilien und Vögeln. Alle Arten machen einen Wirtswechsel durch. Das heißt, dass sie in der Regel von blutsaugenden Stechmücken auf Wirbeltiere übertragen werden. Plasmodien kommen praktisch weltweit vor. Am bekanntesten sind die Malariaerreger, die sich allerdings auf tropische und subtropische Länder beschränken. Dazu muss man aber erwähnen, dass die Malariaerreger inzwischen schon dabei sind, den Mittelmeerraum zu erobern, der Klimaerwärmung sei Dank.«

»Moment, Moment«, unterbrach Haderlein den Redeschwall Siebenstädters. »Das heißt also, dass sich da irgendein Erreger im Blut befindet, der von Stechmücken übertragen wird, aber die Malaria kann es auf keinen Fall sein, ist das so richtig?«

Vincent Lacroix nickte. »Ja, das könnte man so sagen. Aber mit ein bisschen Glück werde ich den Erreger isolieren können, dann wären auch relativ schnell effektive Gegenmaßnahmen möglich. Doch bis es so weit ist, müssen wir damit rechnen, dass es noch zu weiteren Todesfälle kommen kann.« Lacroix lächelte sein voluminöses Lächeln, als ihm Honeypenny eine dreifache Ladung Honigbrote auf den Tisch stellte.

Lagerfeld grübelte derweil weiter vor sich hin. »Was ich dabei nicht verstehe, ist der Umstand, dass alle Toten zwar aus Bamberg oder aus der Nähe stammen, aber mit dem Medikament ›Yellowstone‹ überhaupt nichts zu tun haben dürften. Ich meine, das Zeug ist ja immerhin ein Medikament für Demenzkranke, warum also sollten gesunde junge Menschen so etwas einnehmen?«, fragte er in die Runde.

»Zum Beispiel, um sich leicht und schnell das Rauchen abzugewöhnen«, knurrte ihn Haderlein an. Alle schauten verständnislos auf Lagerfeld, dessen verbeulter Kopf plötzlich um einiges rötlicher wirkte. Bevor er sich jedoch erklären musste, ging die Tür auf, und Cesar Huppendorfer betrat die Dienststelle.

»Und, gibt's was Neues?«, fragte ihn Haderlein gespannt.

»Nein, nicht direkt«, antwortete sein Kollege etwas erschöpft, als er auf seinem Stuhl Platz nahm. »Natürlich kein Pechmann weit und breit, nur dessen Frau, die aus allen Wolken gefallen ist. Ich hab einen Psychologen zu ihr geschickt. Ihr könnt ruhig schon mal weitermachen mit eurer Besprechung, ich lade nur schnell die Laborergebnisse von meinen Anfragen heute Morgen runter, dann weiß ich Näheres.« Sprach's und wandte sich seinem Computer zu.

»Das heißt also«, fuhr Lagerfeld wieder mit seinem Gedankengang fort, »dass – erstens – ›Yellowstone‹ irgendwie in die Hände anderer außerhalb von St. Getreu und Bartosch gelangt ist, wobei wir – zweitens – keine Ahnung haben, wie das passiert sein könnte, und dass – drittens – ›Yellowstone‹ irgendeine Wirkung hat, von der wir noch nichts wissen.«

Haderlein nickte und fügte hinzu: »Und – viertens – muss diese Wirkung so sensationell und gewinnbringend sein, dass sie es – fünftens – irgendwem wert ist, dafür Menschen zu ermorden und ein Kind zu entführen. Irgendwelche Vorschläge, was das sein könnte?« Fragend blickte der Hauptkommissar in die Runde.

Lagerfeld kam das Kokain im Burghof der Altenburg wieder in den Sinn. »Also, ich tippe mal, dass es irgendwas mit Rauschgift zu tun hat«, sagte er spontan. »Damit wird im Moment am meisten Geld verdient. Und mit Waffen.«

Haderlein nickte. »Meine Vermutungen gehen in dieselbe Richtung. Wir sollten mal bei den Kollegen vom Zoll nachfragen, vielleicht ist bei denen etwas Erhellendes zu holen. Apropos Erhellendes, Huppendorfer, etwas erreicht beim Verhör von diesem Gesalbten? Irgendetwas Erhellendes rausbekommen?«

Alle am Tisch lachten, nur die beiden Wissenschaftler schauten verständnislos aus der Wäsche.

Doch Huppendorfer antwortete nicht. Stattdessen starrte er mit großen Augen auf seinen Computerbildschirm. »Das gibt's ja gar nicht!«, konnte man ihn völlig verblüfft rufen hören. »Kommt mal alle her, schnell!«

Die Runde erhob sich und stellte sich neugierig hinter Huppendorfer auf, um zu sehen, was ihn so erregte. Auf dem Monitor war nichts Sensationelles zu erkennen. Nur Zahlenkolonnen und eine Grafik.

»Und? Was soll das sein?«, fragte Lagerfeld ratlos.

Einzig Lacroix hatte ziemlich schnell begriffen. »Das ist ein Blutbild und ein Gentest von ein und demselben Lebewesen, wenn ich mich nicht irre«, sagte er fröhlich, während er bereits sein viertes Honigbrot mampfte.

»Und von welcher Person ist die genetische Analyse?«, fragte Haderlein ungeduldig.

Huppendorfer sinnierte kurz noch einmal, ob das auch alles stimmen konnte, aber es gab keinen Zweifel. »Das Blut haben wir auf dem Wohnzimmerteppich der Rosenbauers gefunden. Dort, wo die Frau des Doktors erschossen wurde. Zumindest wenn es stimmt, was mir Christian Rosenbauer kurz vor seinem Tod erzählt hat.«

»Ja, und?«, fragte jetzt auch Lagerfeld ungeduldig. »Wo liegt das Problem?«

»Das Problem«, sagte Vincent Lacroix schmatzend, während er sich schnaufend vornüberbeugte, um sich mit der freien Hand auf dem Computertisch abzustützen, »das Problem ist, dass diese Blutprobe nicht menschlichen Ursprungs ist. Sie ist von einem Tier.«

Haderlein konnte es nicht glauben. »Was? Wie meinen Sie das, von einem Tier?«

»Wie, einem Tier?«, meldete sich auch Lagerfeld wieder zu Wort. »Haben die auch noch ihren Hund erschossen, oder was?« Seine Verwirrung wurde immer größer.

»Keinen Hund«, warf schließlich wieder Huppendorfer ein, »Ratten. Das Blut stammt von männlichen Ratten. Steht hier jedenfalls.«

Haderleins Gehirn lief auf Hochtouren, während Lagerfelds unter plötzlicher Überlastung litt.

»Soll das heißen, die hatten ne Rattenplage im Haus und haben die Viecher auf dem Wohnzimmerteppich gekillt? Das ist ja ekelhaft.« Angewidert wandte Lagerfeld den Kopf vom Bildschirm ab.

»Nein, das glaube ich nicht«, sagte Huppendorfer. »Ich glaube eher, dass alles nicht so ist, wie es aussehen soll. Es gibt nämlich noch eine Überraschung.« Alle drehten sich wieder dem Computer zu. Huppendorfer klickte das Fenster mit dem Diagramm weg, und stattdessen erschien ein Schwarz-Weiß-Foto, das offensichtlich von einer Blitzampel stammte. Auf dem Foto war ein schwarzer Jaguar mit zwei Personen zu erkennen. Eine blonde, langhaarige Frau und auf dem Beifahrersitz – der Gesalbte. Es gab keinen Zweifel, es war Daniel Brosst.

»Wer ist die Schönheit denn da am Steuer?«, wollte Lagerfeld wissen.

»Das Fahrzeug ist auf Gerlinde Rosenbauer zugelassen. Und nach Bildabgleich ist sie auf dem Foto auch die Fahrerin.«

Haderleins Augen verengten sich zu kleinen Schlitzen. »Sieh an. Unser Prediger hat also die gute Frau Rosenbauer gekannt. Das sind ja interessante Neuigkeiten.« Auch Haderleins Gehirn wand sich nun unter der Überlast.

Lagerfelds Gedanken gingen in eine ganz andere Richtung, er empfand sehr spezielles Mitleid. »Echt schade um so eine Frau. So etwas erschießt man doch nicht«, ließ er ungeniert vom Stapel.

»Na ja, vielleicht geht da ja noch etwas mit dir und Frau Gerlinde Rosenbauer, wenn du sie so toll findest«, knurrte Haderlein zynisch, während er mit dem Finger auf die Daten am unteren Rand des Fotos deutete.

Lagerfeld neigte sich nach vorn und nahm die Sonnenbrille ab, um die kleine Schrift besser lesen zu können. »Das war ja erst gestern Vormittag, Kreuzung Ottokirche«, murmelte er erstaunt.

»Genau«, pflichtete ihm Haderlein mit hoch konzentriertem Gesichtsausdruck bei. Seine Augen begannen vor Konzentration zu glühen. »Einen Tag nach ihrem angeblichen Dahinscheiden auf dem Teppich! Muss ne wirklich gute Rattenblutshow gewesen sein, wenn Rosenbauer darauf reingefallen ist.«

Lagerfeld wäre am liebsten in lautes Lachen ausgebrochen, aber das blieb ihm im Hals stecken. Stattdessen wiederholte er seine bereits auf der Altenburg geäußerte Meinung zu der ganzen Angelegenheit. »Ich habe dir doch schon gesagt, Franz, wir werden hier verarscht. Aber so richtig.«

An der Tür war ein Summen zu hören. Kurz danach wurde eine Gestalt in das dunkle Zimmer gestoßen und die Tür wieder geschlossen. Theresa richtete sich erschrocken in ihrem Bett auf, wagte aber vor lauter Angst nicht zu sprechen. Wer war das da auf dem Boden? In dem Raum war es stockdunkel, und sie konnte nichts sehen. Nur das leise Weinen einer Frau war zu hören.

Schließlich hielt sie es nicht mehr aus. Sie konnte hier nicht raus und ängstigte sich, mit einer Fremden im Dunkeln eingesperrt zu sein.

»Wer ist da?«, rief sie so laut sie konnte. Das Weinen erstarb auf der Stelle und wich einem leisen Schniefen.

»Wer ist da?«, rief Theresa Rosenbauer noch einmal. Auch sie war jetzt vor Angst den Tränen nah. Sie hörte, wie sich die Frau in der Mitte des Zimmers aufsetzte und schnäuzte. Plötzlich sagte eine ihr wohlbekannte Stimme: »Ich bin's Schatz, deine Mama.« Dann fing sie wieder zu weinen an.

»Mama?« Theresa Rosenbauer war einen Moment wie gelähmt, dann schlüpfte sie aus ihrem Bett und kroch der Frauenstimme entgegen. Als sie ihre Mutter gefunden hatte, nahmen sich beide fest in die Arme, und es flossen Tränen.

»Wo ist Papa? Kommt er auch bald?«, fragte Theresa leise und klammerte sich an ihre Mutter.

Gerlinde Rosenbauer drückte ihre Tochter eng an sich, dann sagte sie mit tränenerstickter Stimme: »Ich habe einen großen Fehler gemacht, Theresa.« Ihre Stimme stockte einen Moment. »Einen, den ich mein Leben lang bereuen werde«, hauchte sie fast unhörbar. Dann presste sie ihre Tochter wieder an sich. Theresa Rosenbauer war zwar noch klein, aber geistig hellwach. Sie war ein erst sechsjähriges Mädchen, aber eines hatte sie trotzdem begriffen: Mit ihrem Vater war etwas ganz und gar nicht in Ordnung, und sie und ihre Mutter befanden sich wahrscheinlich in großer Gefahr.

Alle Beteiligten in der Dienststelle mussten das Gehörte und Gesehene erst einmal verdauen. Aber das war noch nicht alles, Huppendorfer hatte noch mehr Enthüllungen auf Lager. »Das hier habe ich in der Wohnung von Leonhard Pechmann gefunden«, sagte er und legte einen orangefarbenen Ordner auf den Tisch.

Haderlein griff sich die dünne Mappe und öffnete sie. Stirnrunzelnd schaute er Cesar Huppendorfer an.

»Das sind Faxe«, sagte der junge Kollege. »Faxe, die an eine Nummer in China gingen, und Faxe, die von dort zurückgesandt wurden. Aber jetzt fragt mich bitte nicht, was da drinsteht, ich kann kein Chinesisch.« Er zuckte mit den Achseln.

»Gib mal her«, sagte Lagerfeld und studierte die Blätter der Reihe nach fachmännisch von oben nach unten, womit er erst einmal von allen spöttische Blicke erntete. Schließlich sagte er zur allgemeinen grenzenlosen Verblüffung: »Also, da oben in der Kopfzeile steht irgendwas von einer Bestätigung und das Datum vom Mittwoch. Außerdem eine Gewichtsangabe, 8,7 Tonnen, und ein Name. Carolin. Genau: 8,7 Tonnen, Carolin, kommenden Montag, dreiundzwanzig Uhr. Das Fax ging übrigens an eine Firma in Shanghai, steht ja auch groß und breit im Absender.« Er legte die Papiere auf die Seite, schaute sich um und erschrak. Lauter erstaunte Gesichter mit weit offen stehenden Mündern glotzten ihn an.

»Du … du kannst Chinesisch?«, fragte Honeypenny mit einem mehr als anerkennenden Unterton in der Stimme.

Lagerfeld war etwas verunsichert, aber auch angenehm von der Hochachtung berührt, die ihm mit einem Mal entgegengebracht wurde. Eine kleines Gefühl der Eitelkeit durchflutete ihn. »Na ja, so viel schwerer als Fränkisch ist das nun auch wieder nicht«, meinte er abwiegelnd. Da Haderleins Blick schon wieder drohend zu werden begann, war es wohl besser, eine ernsthafte Erklärung vorzulegen. »Äh, also, nein, ich hatte mal Sinologie an der FH, zwei Semester lang.«

Alle schauten ihn skeptisch an. Lagerfeld legte seine Handinnenflächen zu einer Art betenden Haltung aneinander und verbeugte sich tief. »Ni hao«, sagte er höflich und fast akzentfrei.

»Zweimal Pekingente mit Reiswein, aber zack, zack«, konnte man Vincent Lacroix lachen hören. Das Büro stimmte mit ein, woraufhin Lagerfeld reichlich beleidigt schaute.

»So, Schluss jetzt«, unterbrach Haderlein brutal die aufkeimende Leutseligkeit. »Wir haben hier einen verdammt schwierigen Job zu erledigen. Wenn ich also um ein bisschen mehr Ernsthaftigkeit bitten dürfte!«

Das Gelächter erstarb sofort. Haderlein grübelte noch einen kurzen Moment, dann sagte er: »Huppendorfer, habt ihr im Haus der Rosenbauers irgendwelche Unterlagen gefunden? Geschäftspapiere, Abrechnungen, Quittungen, irgendetwas?«

»Ja, allerdings nicht viel, was verwertbar gewesen wäre. Wahrscheinlich lagert das meiste in der Firma. Aber das hier haben wir im Schrank von Gerlinde Rosenbauer gefunden.« Er reichte Haderlein einen kleinen angestoßenen Schuhkarton.

Als der Hauptkommissar ihn öffnete, fand er darin haufenweise Quittungen über Chemikalien und sonstige Rohstoffe. Nichts, was irgendwie für ein Pharmaunternehmen illegal oder auffällig gewesen wäre. Doch dann stutzte er. Er nahm die untersten Lieferscheine heraus und las sie laut vor.

»3. Juni diesen Jahres. 5 Tonnen Steviapulver von einer Firma aus der Schweiz, geliefert an Bartosch über Rotterdam.
11. Juni. 9,5 Tonnen flüssiger Gingkoextrakt aus Taiwan.
2. Juli. 7,8 Tonnen Schwefel von der BASF.«

Er drehte sich zu Lagerfeld um. »Sag mal, hast du irgendwo bei Bartosch derartige Mengen an Chemikalien gesehen?«

Lagerfeld schüttelte nach kurzem Nachdenken den Kopf. »Aber wo zum Geier lagern die dann das ganze Zeug? Wer hat die Lieferungen unterschrieben?«, fragte er.

Haderlein schaute auf die Zettel. Die Signatur war immer dieselbe, wenn auch schwer zu entziffern. Er gab die Lieferscheine an Honeypenny weiter: »Hier, Sie Fee, Sie haben die besseren Augen.«

Marina Hoffmann rollte mit denselbigen, richtete dann aber ihren bebrillten Blick auf die Unterschriften. »Also, meiner Meinung nach heißt das … Wandmüller, Waldmieter oder so ähnlich? Genau kann ich's auch nicht erkennen.«

»Waldmüller«, kam es unisono aus den Mündern der drei anwesenden Kommissare. »Hängt der also etwa auch mit drin?«, fragte Huppendorfer Haderlein, doch der war schon wieder mit Nachdenken beschäftigt.

Alle im Büro warteten gespannt auf das Ende seiner gedanklichen Schlüsse. Wie immer in solch hoch konzentrierten Momenten war der Hauptkommissar völlig in sich selbst versunken, bis es dann nur so aus ihm heraussprudelte.

»Waldmüller, okay, das ist ja hochinteressant. Aber diesmal werden wir keinen Fehler machen.« Er schaute Lagerfeld an. »Keine Verfolgungsjagden mehr, Bernd, die werden wir sowieso wieder verlieren.« Erneut dachte er nach.

Die entstandene Pause nutzte Vincent Lacroix, um ungeduldig zu fragen: »Dürfte ich jetzt vielleicht mal meine Blutprobe haben? Herr Siebenstädter und ich würden nämlich gern das mit den Plasmodien klären. Sie erinnern sich?«

Haderlein erwachte aus seiner Starre. »Ach so, ja, Entschuldigung, das hatte ich ganz vergessen. Los, Bernd, da auf den Stuhl setzen und Ärmel hochkrempeln.«

Bernd Schmitt Lagerfeld glaubte, sich verhört zu haben. »Wie bitte? Was soll ich?«

»Eine Blutprobe abgeben«, erwiderte Haderlein entschlossen. »Du hast doch heute bestimmt schon drei von diesen gelben ›Yellowstone‹-Dingern eingeworfen, oder? Wenn du dich also schon selbst umbringen willst, kannst du wenigstens vorher der Menschheit einen Dienst erweisen.« Haderlein betrachtete seinen jungen Kollegen mit dem strengsten Blick, den er aufbieten konnte.

Fünf, berichtigte Lagerfeld in Gedanken, fünf von diesen ›Yellowstone‹-Dingern, sagte aber nichts. Widerspruchslos ging er zu dem Stuhl, während Siebenstädter schon die Kanülen und einen Blutbeutel herauskramte. Seit Lagerfeld »Yellowstone« nahm, hatte er keinerlei Lust mehr auf Zigaretten. Im Gegenteil. Und er fühlte sich fit, absolut tatendurstig. Am liebsten würde er auf der Stelle losrennen und ein paar Kilometer laufen. Das musste man sich einmal vorstellen: Er und joggen gehen! Bernd Schmitt Lagerfeld, der immer nur mit Müh und Not die Sportprüfung im Polizeidienst bestanden hatte. Gegen den Supersportler Huppendorfer war er nur eine armselige Krücke, aber der rauchte ja auch nicht und hatte brasilianische Strandgene. »Dafür hab ich seit etlichen Stunden nicht mehr geraucht«, meinte er triumphierend.

Haderlein beachtete ihn nicht weiter, sondern ging gleich zum nächsten Thema über, das ihn schon beschäftigte, seit ihm Huppendorfer von den letzten Worten Rosenbauers erzählt hatte. »Da gibt's noch ein Problem zu lösen. Wem sagt der Begriff ›Gimli‹ etwas?«, fragte er in die Runde.

Alle schauten ihn mehr oder weniger verständnislos an.

»Keiner kennt also Gimli«, sagte er enttäuscht. »Oder die Minen von –« Weiter kam er nicht.

»Die Minen von Moria, mein lieber Haderlein. Und Gimli, das ist der tragische Held in den Minen von Moria!« Fidibus stand in der geöffneten Glastür seines Büros und hatte seine rechte Hand begeistert nach oben gestreckt. Seine Zigarre, die er mit ihr umfasste, wackelte bedenklich. Dann senkte er den Arm wieder, wurde fast schwärmerisch und sagte versonnen: »Sehr schöne Geschichte mit Gandalf, Frodo, Gimli, den Elfen und so weiter. Apropos Elfen. Frau Hoffmann, wenn Sie bitte kommen möchten, ich habe etwas zu diktieren.« Damit wollte er wieder in seiner Glashütte verschwinden, doch Haderlein war zu ihm geeilt und packte ihn hektisch am Kragen.

»Was war das? Was haben Sie da gesagt?«

Robert Suckfüll sah ihn erstaunt an und meinte: »Ähem, mein Kragen scheint ja heute bei meinen Untergebenen besonders beliebt zu sein. Nun, ich sagte, dass ich meine Elfe zum Diktat bräuchte und –«

Wieder wurde er von Haderlein unterbrochen. »Nein, davor, das davor!«

Fidibus schaute einen Moment entgeistert aus der Wäsche, dann sagte er vorsichtig: »Gimli, der tragische Held in den Minen von Moria? Ein wunderbarer Film. Ähem, Haderlein, wenn Sie jetzt so freundlich wären, endlich meinen Kragen loszulassen?«

Während der Hauptkommissar seine Hände zurücknahm, strich sich der Dienststellenleiter über seinen Hemdkragen und sagte dann regelrecht väterlich: »Sie haben wohl nie den ›Herrn der Ringe‹ gelesen, Haderlein, wie? Oder vielleicht den Film gesehen? Ein epochales Meisterwerk. Allein die Szene in den großen, finsteren

Hallen von Moria, als Gimli, der unglückliche Zwerg, die Gerippe seiner Vorfahren –«

»Wie bitte, Gimli ist ein Zwerg? Jetzt reden Sie schon, Chef!« Wieder hatte Haderlein Fidibus ungeduldig am Revers gepackt. Robert Suckfüll war nun doch etwas genervt. Wusste sein Hauptkommissar überhaupt, wie lange seine Frau brauchte, um das Ding zu bügeln?

»Natürlich ist er ein Zwerg. Der wichtigste Zwerg von allen im ›Herrn der Ringe‹. Gimli, Gloins Sohn, in der Gemeinschaft der Neun. Vielleicht sollten Sie sich entschließen, diesen grandiosen Film einmal anschauen, Haderlein, bevor Sie mir andauernd die Textilien zerfransen, ja?« Mit spitzen Fingern versuchte er verzweifelt, seinen Kommissar von seinem Kragen zu entfernen, doch dessen Finger hatten sich hartnäckig in den edlen Stoff gekrallt.

Dann ließ Haderlein schlagartig von allein los. Er hatte begriffen. »Gimli der Zwerg«, sagte er laut in die Runde und drehte sich zu Lagerfeld um, der gerade ein kleines Heftpflaster auf die Einstichstelle in seiner Armbeuge geklebt bekam. Der Blutbeutel war voll.

Triumphierend deutete der Hauptkommissar auf den edlen Blutspender. »Du hast ihn gesehen, Bernd, am Fenster der Villa Rosenbauer. Und im Keller von Bartosch hat er dir eine übergebraten. Es gibt ihn also wirklich. Und wir werden ihn finden.« Haderlein rieb sich tatendurstig die Hände.

»Ja, wen denn, von wem redest du denn eigentlich?«, fragte Lagerfeld verwirrt.

Haderlein wirkte wild entschlossen. Er war jetzt wesentlich zuversichtlicher als noch vor wenigen Stunden. Die Puzzleteile fingen an, sich ineinanderzufügen. »Mensch, Bernd, ich rede natürlich von Gimli! Gimli, unserem geheimnisvollen Zwerg.«

Michael Schuller übergab Manuela Rast und Ute von Heesen die Urkunde. Riemenschneider war nun offiziell eine Bedienstete der bayerischen Staatsmacht. Jetzt fehlte nur noch die große praktische Prüfung an einem echten Tatort. Aber die konnte erst einmal warten, eigentlich war sie nur eine Formsache, die im Laufe des kommenden Montages stattfinden sollte. Jetzt saßen alle Hundeführer und sonstigen Beteiligten in Neuendettelsau in einer Gastwirtschaft zusammen, um das Ende der Ausbildung zu begießen. Von den Prüflingen kam allerdings allein die Riemenschneiderin in den Genuss. Nicht ohne Stolz natürlich.

Michael Schuller persönlich hatte sie noch einmal über den Übungsplatz geführt. Wieder hatte sie alles gefunden. Beim zweiten Mal wusste sie schon, wie es ging, und war dementsprechend weniger nervös, was dazu führte, dass sie nicht nur die zehn versteckten Aufgaben gefunden hatte, sondern auch noch ein Hundehalsband, ein Gebiss, einen Fünfzigmarkschein von anno dazumal und die verrosteten Überreste einer Hundemarke. Der dazugehörige Hund war schon längst verstorben. Michael Schuller wagte nichts mehr zu sagen, und der Rest der Hundeführermannschaft spendete am Ende der Prüfung ehrlichen und ausgiebigen Beifall, was ihr in der Wirtschaft nun eine Schüssel Apfelpüree und eine Schale Kellerbier eingebracht hatte. Schmatzend machte sie ihre Belohnung unter dem Tisch nieder. Manuela Rast und Ute von Heesen stießen unterdes auf der oberen Ebene mit den Hundeführern an. Keiner der Mannschaft hatte Lust, schon heimzufahren.

»Wir bleiben noch ein bisschen!«, rief Manuela Rast lachend Riemenschneider zu. »Ich hab dir noch ein Kellerbier bestellt, Große.«

Mit diesen Worten wurde die flache Schale von Manuela Rast wieder bis zum Rand mit dem flüssigen Brot gefüllt, womit die Riemenschneiderin ganz und gar einverstanden war. Von ihr aus konnte das noch eine ganze Weile so weitergehen. Am Anfang war das ja ein eher stressiger Job gewesen, aber spätestens jetzt fand sie den Polizeidienst richtig klasse.

»Also gut«, sagte Haderlein, und jeder konnte sehen, dass er sich einen Plan zurechtgelegt hatte. »Wir werden folgendermaßen vorgehen.« Alle sahen gespannt auf den Hauptkommissar, der zu dem Flipchart in der Ecke ging. Mit seinem Edding malte er schwungvoll eine große schwarze Eins in die linke obere Ecke und schaute dann zu Huppendorfer.

»Huppendorfer, Sie werden ein Team zusammenstellen und diesen Waldmüller beschatten lassen, klar? Der weiß todsicher mehr, als er uns gesagt hat. Ich will das volle Programm: Telefonüberwachung, Computer, das Haus verwanzen, optische Überwachung und Richtmikrofone im Nebenhaus. Die gleiche Veranstaltung findet bitte bei Eichberg und der Firma Bartosch statt. Alles klar? Zweitens.« Er schrieb eine große Zwei auf das Chart und richtete seinen Blick auf Lagerfeld. »Du, Bernd, hast doch bestimmt noch immer gute Kontakte zur GER?«

Als ihn die Kollegen fragend anschauten, kam ihm Lagerfeld erklärungstechnisch zu Hilfe. »Gemeinsame Einsatzgruppe Rauschgift. Ist eine Sonderkommission aus Zollfahndern und uns. Sitzen in Nürnberg. In meiner Zeit bei der Sitte hatte ich andauernd mit denen zu tun. Waren wilde Zeiten damals.« Versonnen lächelnd malte er eine To-do-Liste in seinen Notizblock.

»Okay, Bernd«, sagte Haderlein. »Dann hak doch bei denen nach, ob die etwas über Chinesen, Rauschgift et cetera wissen, irgendetwas in dieser Richtung. Und wenn damit du fertig bist, wartet noch eine Extraaufgabe auf dich. Etwas Anspruchsvolles, Delikates.«

Lagerfeld lächelte das Lächeln des heimlichen Wissens. Etwas Delikates? Das konnte doch nur etwas mit Frauen zu tun haben. Na, solche Extraaufgaben übernahm er doch gern. Mit dem breitesten Grinsen wandte er sich seinem Vorgesetzten zu, um zu hören, wie es weiterging. Jener hatte sich wieder zu seinem Flipchart umgewandt und setzte gerade eine große Drei unter die Zahlenreihe.

»Kollege Siebenstädter. Ich würde es begrüßen, wenn Sie und Ihr hoch kompetenter Kollege aus der Schweiz möglichst schnell herausfinden könnten, was mit diesem Blut der Opfer geschehen ist. Ich möchte nicht noch mehr Tote.« Er schaute abwechselnd von Siebenstädter zu Lacroix und wieder zurück, damit sie die Dringlichkeit ihrer Aufgabe verstanden. »Haben Sie eine ungefähre Vorstellung, wie lange das dauert?«

Lacroix rieb sich nachdenklich die dicken Backen. »Herr Kommissar, dazu bräuchten wir erst einmal einen geeigneten Arbeitsplatz. Wäre es wohl möglich, die Einrichtung auf Sandhof zu benutzen? Ich habe selten ein so exzellent ausgestattetes Labor gesehen, außerdem kann man dort zur Not auch übernachten.«

»Und der Kühlschrank ist auch noch voll, ideale Voraussetzungen also«, meinte Siebenstädter sarkastisch, da er beleidigt war, dass Kollege Lacroix von Haderlein mit »hochkompetent« tituliert worden war, er aber nicht.

Haderlein überlegte kurz.

»Gut, das müsste sich regeln lassen. Ich kläre das gleich mit Fidibus, wir haben sowieso noch etwas zu besprechen.« Auffordernd blickte er in die Runde. »Das war's, meine Damen und Herren, an die Arbeit. Heute ist zwar der heilige Sonntag, aber es hilft alles nichts: Bis morgen früh möchte ich Ergebnisse haben.«

Auf dem Weg in das Büro seines Chefs ging Haderlein noch kurz bei Marina Hoffmann vorbei und schnappte sich ein Honigbrot. »Honeypenny, ich habe eine Spezialaufgabe für Sie«, sagte er und setzte sich auf ihren Schreibtisch. Marina Hoffmann schaute ihn verblüfft an.

»Für mich? Womit habe ich das denn verdient?«, fragte sie erfreut und mit einem koketten Augenaufschlag. Haderlein lächelte. Ab und zu musste er seine Honeypenny einfach mit etwas Anspruchsvollerem betrauen, als Kaffee zu kochen und Brote zu schmieren. Sie wusste es ihm auch immer wieder zu danken.

»Nun, Honeypenny, versuchen Sie doch einmal herauszufinden, welche Firmen im Ersten Weltkrieg dieses Phosgen für das Militär produziert haben. Wenn es jetzt nirgendwo mehr zu haben ist, muss es ja trotzdem irgendwo und irgendwann mal hergestellt worden sein. Vielleicht bringt uns das irgendwie mit unseren toten Senioren weiter. Schaffen Sie das?«

Marina Hoffmann ruckelte sich lässig ihr ausladendes Dekolleté zurecht, damit ihr Büstenhalter mit seiner reichhaltigen Füllung sie nicht beim Bedienen der Computertastatur behinderte. »Na klar!«

»Und dann noch etwas. Können Sie herausbekommen, was es mit den Stichworten ›Carolin‹ und ›Bamberg am achten Juli‹ auf sich hat?«

Honeypenny schaute ihn kritisch an.

Haderlein wusste, was dieser Blick zu bedeuten hatte. »Keine Angst, es handelt sich um keine Frauengeschichten Ihres Kommissars«, beruhigte er sie lächelnd. »Sie wissen doch, es kann nur eine geben, meine Manuela natürlich.«

Marina Hoffmanns Seele beruhigte sich. Damit konnte sie leben. »Ist schon alles so gut wie erledigt«, sagte sie zur Tat entschlossen, und Haderlein machte sich Honigbrot kauend auf den Weg zu seinem Chef.

»Haben Sie es wieder auf meinen Hemdkragen abgesehen?«, fragte Robert Suckfüll misstrauisch, als er sah, wer da gerade in sein Büro kam.

Haderlein hatte gerade seinen letzten Rest Honigbrot vertilgt und lächelte seinen Chef entschuldigend an. »Tut mir leid, Chef, aber da ist die Erregung im Zuge der Ermittlungen mit mir durchgegangen. Apropos, ich müsste etwas mit Ihnen besprechen. Ich bin unschlüssig bezüglich einer allgemeinen Warnung an die Bamberger. Es geht um das Medikament namens ›Yellowstone‹, das sich offensichtlich illegalerweise im Umlauf befindet und warum auch immer plötzliche Todesfälle verursacht.« Damit begann er zu erzählen.

Robert Suckfüll war zwar im Privaten ein konfuser Irrläufer, doch sobald es um etwas Berufliches ging, entfaltete sich der brillante Verstand des Juristen. Vor allem von Öffentlichkeitsarbeit verstand er etwas, Ausnahmen waren nur die Regel, wenn er selbst dabei reden musste. Haderleins Ansinnen konnte in einem ziemlichen Malheur enden. Fidibus lehnte sich in seinem schwarzen Sessel zurück und bildete mit den Fingern das allseits bekannte Dreieck.

»Ich hoffe, Sie wissen, was Sie da von mir verlangen, Haderlein«, meinte er mit deutlicher Skepsis in der Stimme. »Natürlich können wir eine Warnung herausgeben, aber sollte sich die im Nachhinein als Ente herausstellen, werden wir so schnell mehr keine Sendezeit im Fernsehen kriegen. Das ist Ihnen doch klar, oder?«

Haderlein zuckte frustriert mit den Schultern. Er kannte die Gesetzmäßigkeiten beim Fernsehen. Da waren Quote oder das richtige politische Amt gefragt. Ganz bestimmt aber durfte man sich keine Fehler erlauben.

»Bis wann sind denn Ihre Wissenschaftler in der Lage, genauere Ergebnisse abzuliefern, Haderlein?«, dachte Suckfüll laut über einen Kompromiss nach.

»Na ja, sie sagten etwas von relativ schnell, was immer das in Stunden oder Tagen auch zu bedeuten hat. In der Zwischenzeit kann aber für nichts garantiert werden«, versuchte der Kriminalhauptkommissar sein Problem zu erklären. Fidibus strich sich mit beiden Händen durch sein kurz geschorenes Kraushaar.

»Also gut, Haderlein, wir machen das so: Ihre Wissenschaftler haben Zeit bis morgen, Montag, achtzehn Uhr. Wenn bis dahin keine greifbaren Ergebnisse vorliegen, dann werde ich Ihrer Bitte nachkommen und die Öffentlichkeit informieren. Dafür hätte ich aber auch gern eine hieb- und stichfeste Argumentationsvorlage von Ihrer medizinischen Abteilung, haben Sie mich verstanden?«

Haderlein nickte zufrieden. Damit konnte er leben. Hoffentlich alle anderen Betroffenen in Bamberg auch. Doch Fidibus war noch nicht fertig, sondern schmunzelte Haderlein hintergründig an.

Dem war der Gesichtsausdruck seines Chefs nicht ganz geheuer, deshalb baute er lieber vor. »Bitte keine deutschen Redensarten, Chef! Ich bin heute ziemlich geschafft«, meinte er hektisch und wollte sich schon erheben, aber Fidibus war schneller und drückte ihn wieder in seinen Stuhl, während er sich hinter ihn stellte. Er ging zur großen, gläsernen Frontscheibe und schaute scheinbar abwesend hinaus, während er mit der einen Hand wieder seine geliebte Havanna drehte.

»Sagen Sie, Haderlein, wie gefällt Ihnen eigentlich Ihr momentanes Leihfahrzeug?«, konnte Haderlein überrascht seinen Chef vernehmen.

»Der Landrover? Äh, na ja, gut! Schönes Auto. Aber ich werde es nicht mehr lange brauchen, wenn ich irgendwann ein neues –«

Der Dienststellenleiter unterbrach ihn sofort. »Ihr buckliges italienisches Gefährt weilt ja wohl nicht mehr unter den Lebenden, oder?«

Haderlein hatte keine Ahnung, was die Fragerei sollte, aber Fidibus war immerhin sein Chef. Also machte er lieber gute Miene zum bösen Spiel.

»Äh ja. Der Abschleppwagenfahrer meinte, das wäre der totalste Totalschaden, den er jemals gesehen hätte. Das Auto war so flach, dass ich es zu Hause unter mein Futonbett hätte schieben können«, antwortete er.

»Wie wäre es also, wenn Sie den Landrover einfach behalten, Haderlein? Sie haben doch immer erzählt, dass Sie eigentlich ein Allradfahrzeug für Ihre Berghütte in den Aschauer Alpen bräuchten. Er würde ja doch nur billig versteigert werden. Schließlich wurde der Wagen von einem leider verstorbenen, russischen Verbrecher gefahren. Mit Start-Stop-Automatik, um Benzin zu sparen. So etwas Grünes will doch sowieso niemand haben.«

Der Kriminalhauptkommissar musste laut auflachen. Das war ja eine rührende Idee von seinem Chef, aber das edle Stück lag selbst in gebrauchtem Zustand weit über seiner Budgetgrenze. Traurig, aber wahr.

Fidibus drehte sich um und lächelte jetzt noch breiter. »Nun, mein lieber Kriminalhauptkommissar, wie lange sind Sie denn nun schon bei uns, wissen Sie das eigentlich?«

Haderlein verzog das Gesicht und dachte nach, allerdings nicht sehr erfolgreich. »Äh, so ungefähr –«, begann er, wurde aber von Fidibus unterbrochen.

»In zwei Jahren werden es exakt dreißig Jahre, mein lieber Haderlein. Ein kleines Jubiläum. Und genau aus diesem Grunde hatte ich heute bereits ein interessantes Gespräch mit unserem Herrn Innenminister in München.«

Innenminister? Haderlein war beeindruckt. Wahrscheinlich machte er dazu noch ein ziemlich einfältiges Gesicht.

»Nun, mein lieber Haderlein, aufgrund Ihrer herausragenden Verdienste für die bayerische Exekutive bin ich befugt, Ihnen das hier zu überreichen.« Mit diesen Worten griff er schmunzelnd in eine Schreibtischschublade und überreichte Haderlein einen Briefumschlag. Der Kommissar griff zögernd nach dem Kuvert und öffnete es. Was er zu seinem größten Erstaunen herauszog, war der Fahrzeugbrief des Freelanders.

»Wenn Sie das hier dann noch unterschreiben möchten«, sagte Fidibus eifrig und schob ihm zwei Dokumente hin.

»Was ist das?«, fragte Haderlein zögernd, weil er das alles noch immer für einen dummen Scherz hielt.

»Nun, das ist zuerst einmal eine Überlassungserklärung, mit der Sie uns den Restwert Ihres geplätteten Italieners überlassen.« Fidibus rollte mit den Augen. »Der Betrag für den Schrotthaufen wird gerade mal für einen ausgiebigen Rundgang auf der Sandkerwa reichen. Und das andere ist die Bestätigung, dass Sie Schlüssel und Fahrzeugpapiere erhalten haben. Ihr Kollege Huppendorfer war so freundlich, das Fahrzeug bereits auf Ihren Namen zuzulassen. Hier sind Ihre Nummernschilder.«

Haderlein unterschrieb wie in Trance die Papiere und nahm die Nummernschilder entgegen: BA–FH 30.

»Bamberg, Franz Haderlein, dreißig Jahre Dienst. Gefällt Ihnen Ihre Nummer?«, wollte sein Dienststellenleiter lächelnd wissen.

»Doch, ja«, rang sich der gerührte und verblüffte Franz Haderlein einen Kommentar ab. »Verdammt noch mal. Danke, Chef«, schob er schnell noch hinterher.

»So, und damit Sie jetzt wieder ins Arbeitsleben zurückfinden, Haderlein, begleiten Sie mich doch bitte noch kurz in den Knast ins Verhörzimmer, wo dieser Brosst mit seinem Frankfurter Anwalt wartet. Es wäre mir äußerst recht, wenn Sie bei diesem Gespräch zugegen wären.«

Haderlein nickte und schaltete sofort wieder auf professionelles Arbeiten um. Als sie sich auf den Weg machten, schnappte sich Haderlein noch schnell den Computerausdruck mit dem Bild der Blitzampel und steckte ihn ein. Dann holte er Fidibus ein, um ihn unterwegs noch über die Existenz der Bilddatei aufzuklären.

*

Anopheles die Siebte hatte sich zurück an ihren Weiher begeben und senkrecht an ein Schilfrohr geheftet. An der Wasserkante unter ihr hatte eine wundersame Verwandlung begonnen. Ihre Brut machte gerade ihre vierte Häutung durch und begann sich zu verpuppen. Sie persönlich hatte vorerst genug gestochen und gesaugt. In Kürze würden Anopheles acht bis einhundertdreiundneunzig schlüpfen. So lange würde sie noch mit der nächsten Mahlzeit warten und ihre Nachkommenschaft dann zum ersten Stich begleiten. Bis dahin genoss sie die Zeit an diesem See und an ihrem Schilfrohr.

*

Daniel der Gesalbte war gerade in ein intensives Gespräch mit seinem Anwalt vertieft, als Robert Suckfüll und Haderlein ins Zimmer traten.

Sofort drehte sich der kleine, drahtige Mann in dem mattschwarz glänzenden Anzug und mit den grau melierten Schläfen um, kam auf die beiden Kriminalisten zu und auch gleich zur Sache. »Friedhelm Busch, ich bin der Anwalt von Herrn Daniel Brosst. Mein Mandant möchte seine Aussage widerrufen, sofort«, gab er in einem sehr bestimmten Tonfall zu Protokoll.

Robert Suckfüll lächelte ihn an und sagte ebenfalls betont, aber gelassen, er möge sich mit seinem Mandanten doch erst einmal an den Tisch setzen, damit sie die Sache in Ruhe besprechen könnten. Widerwillig, aber folgsam kamen die beiden dem Vorschlag nach.

Doch kaum hatten alle Platz genommen, wiederholte Anwalt Busch seine Forderung. »Herr Brosst wird seine Aussage widerrufen. Damit gibt es keinen Grund mehr für eine Inhaftierung.« Fordernd hob er den Kopf und reckte das Kinn nach vorn. Alles an ihm roch nach Elitestudium und teurer Kanzlei. Mit Sicherheit kannte er alle Gesetze und Paragrafen auswendig, die auch nur peripher mit seinem Mandanten und dessen Problem zu tun haben könnten, vermutete Franz Haderlein. Doch davon ließ er sich nicht beeindrucken.

»Wenn ich das richtig verstehe, heißt das, dass Herr Brosst keine Lust mehr hat, seine Behauptung aufrechtzuerhalten, er hätte den Spruch ›Rettet Babylon‹ in abgekürzter Form in St. Getreu an die Wand gesprayt?«, wollte der Hautpkommissar leicht amüsiert wissen.

Friedhelm Busch musterte Haderlein, nein, er scannte ihn und speicherte jedes Pixel seiner Gesichtszüge auf dem unendlich großen Speicher ab, der sich Juristengedächtnis nennt.

Doch auch Fidibus hatte etwas in der Art vorzuweisen. Nur nicht so elegant, nicht so geleckt. Dafür beherrschte der Präsidiumsleiter die große Kunst der spontanen Destabilisierung seines Gegenübers in Perfektion. Seine Ehefrau wusste ein Liedchen davon zu singen. Im jetzigen Fall begann er damit, indem er langsam, aber konsequent seine Zigarre auf den Tisch schälte. Während sich die Havanna zuerst in kleine Tabakbrösel und -kringel auflöste und dann zu einem Minihäufchen auf der Tischplatte heranwuchs, leitete er eine leutselige Plauderei ein.

»Schauen Sie, Herr Busch, ich habe das gleiche Studium hinter mich gebracht wie Sie. Aber ich bin auf der guten Seite der Macht gelandet. Eine nette Sekretärin, viel Glas, Bier, Honigbrote, verstehen Sie?« Er drehte die Zigarre um und nahm sich nun deren anderes Ende vor. »›Dumme Hesse, daabe Hesse. Große Schüssel, nix zu fresse.‹ Alter Spruch von meiner Mutter aus der Rhön«, zitierte Fidibus beiläufig, während er kontinuierlich seine Zigarre weiterbearbeitete.

Friedhelm Busch verstand mitnichten, worauf dieser leicht verstaubt wirkende Dienststellenleiter hinauswollte. Auf jeden Fall war der Spruch ganz und gar nicht hessenfreundlich, so viel hatte er verstanden. Was sollte das? Zudem irritierte ihn diese neurotisch wirkende, sinnlose Zigarrenvernichtung. Ein Großteil der ihm zur Verfügung stehenden Rechenleistung seines Gehirns ging im Moment dafür drauf, diese absurden Ereignisse irgendwie miteinander zu verdrahten.

»Ihr Mandant hat zu Protokoll gegeben, ein sogenannter Gesalbter zu sein und angeblich am Tag der Morde in St. Getreu anwesend gewesen zu sein.« Haderlein schaute Daniel Brosst an, während er dessen Aussage wiederholte. »Was davon stimmt denn nun, wenn ich fragen darf?«

Friedhelm Busch öffnete den Mund zu einer Erwiderung, aber Fidibus kam ihm zuvor. Die Lebensgeschichte Brossts war ihm durchaus geläufig. »Es ist schon schwer, als geborener Milliardär einen Sinn im Leben zu finden. ›Wer nichts zu tun hat, dem macht ein Nichts zu schaffen.‹ Von Nietzsche«, deklamierte er zigarrenschälend und lächelte Daniel Brosst dabei an, der die Stirn runzelte, aber schwieg.

Friedhelm Busch konnte nun endgültig nicht mehr folgen und wurde pampig. »Was zum Teufel meinen Sie damit, Suckfüll? Was wollen Sie mit dem ganzen Nonsens eigentlich andeuten?«

Fidibus lächelte zufrieden. »Ich wollte gar nichts damit andeuten. Wenn überhaupt, dann wollte Nietzsche etwas damit andeuten. Übrigens der größte Denker, den wir Deutschen je hatten. Von ihm gibt es noch mehr Wissenswertes. Zum Beispiel: ›Alle Menschen, die man im Vorzimmer seiner Gunst stehen lässt, geraten in Gärung.‹ Und ich bin sicher, er hat Ermittlungsbeamte der Bamberger Kriminalpolizei in sein Menschenbild mit eingeschlossen.« Wieder lächelte Fidibus, diesmal allerdings Friedhelm Busch dreist ins Gesicht.

Der Anwalt merkte so langsam, dass ihm die Situation entglitt, den argumentativen Zusammenhang hatte er sowieso nicht begriffen. Doch bevor er sich Gedanken über die Rückeroberung der Gesprächsführung machen konnte, ging Haderlein in die Offensive.

Er schaute Daniel Brosst direkt an und fragte ihn so beiläufig, als ob er den Weg nach Strullendorf nicht wüsste: »Kennen Sie eigentlich eine Gerlinde Rosenbauer, Herr Brosst?« Die Worte waren in einem absolut ruhigen Tonfall geäußert worden, und doch erinnerte ihr Klang im Raum an Handschellen und Zellengitter.

Daniel Brosst schwieg. Sekundenlang saß er still da und schaute Haderlein an.

Haderlein schaute zurück und wartete auf eine Antwort seines Gegenübers.

Verwirrt angesichts der Situation, verlor Friedhelm Busch innerlich die Contenance und schaute Suckfüll fragend an. Hier lief doch irgendetwas ab, von dem er keine Ahnung hatte.

»Da ist Ihr Mandant wohl gerade etwas sprachlos geworden, wie? Ja, so ist das. Die stillsten Worte sind es manchmal, die den Sturm bringen«, sagte Suckfüll.

»Darf ich fragen, auf was genau Sie hinauswollen?«, sagte Busch nun ärgerlich. Er war verdammt noch einmal Anwalt. Er wollte endlich wissen, was hier für eine Nummer ablief. Doch bevor er sich noch mehr aufregen konnte, zog Haderlein das Foto aus seiner Jackentasche und legte es dem Anwalt vor die Nase.

»Dies ist die Aufnahme einer stationären Blitzampel an der Ottokirche in Bamberg. Sie ist gestern Mittag gemacht worden. Auf dem Foto und in dem Fahrzeug ist Ihr Mandant mit einer gewissen Gerlinde Rosenbauer zu sehen, die zu diesem besagten Zeitpunkt angeblich seit einem Tag tot gewesen sein soll.« Haderlein ließ seine Augen nicht von denen Brossts. »Jetzt frage ich Sie noch einmal, Herr Prophet: Kennen Sie Gerlinde Rosenbauer?«

»Sie müssen diese Frage beantworten«, sagte der Anwalt leise zu seinem Mandanten, doch der schwieg. Keine Gemütsregung war an ihm zu erkennen.

»Nun, ich glaube, es ist ziemlich offensichtlich, was hier gelaufen ist«, meinte Fidibus, dessen Havanna sich inzwischen auf Trinkhalmdurchmesser reduziert hatte. »Unser lieber Prediger hier hat bei seinen Weltuntergangsszenarien ein bisschen die Geduld verloren. Hat sich in etwas hineinziehen lassen, indem er das Ende der Menschheit verkündet hat. Also kam ihm eine kleine Affäre mit der Frau eines sich in Geldnöten befindenden Medikamentenherstellers gerade recht, um bei einem Katastrophenszenarium ein bisschen nachzuhelfen. Er hat die Medikamente unter das Volk gebracht, in dem Wissen, dass er damit grausame Todesfälle erzeugen würde. Nach seiner Theorie die Vorboten der Apokalypse. So etwas wirkt auf den Kleingläubigen auf der Straße unheimlich überzeugend, oder?«

Erst jetzt regte sich in Daniel Brosst Leben. Er drehte den Kopf zu Robert Suckfüll und starrte ihn hasserfüllt an. Alles Sanfte und Gelassene war von ihm gewichen. In geduckter und angriffslustiger Haltung loderte aus seinen Augen blanker Hass. »Sie sind ja völlig verrückt, total irre. Ich bin der Gesalbte! So können Sie nicht mit mir reden! Sie glauben doch wohl nicht ernsthaft, dass Sie mich mit einer derartig absurden Behauptung belangen können?«, schrie er außer sich. Sein Anwalt musste ihn mit Gewalt auf seinen Stuhl niederdrücken, um Schlimmeres zu unterbinden. Von der Fassade eines gottgesandten, mitfühlenden Propheten waren nur noch Rauch und Asche übrig. »Ihr verdammten, ungläubigen Schweine, ich will hier raus!«, rief er, und Friedhelm Busch musste wieder all seine Kräfte aufbieten, um ihn zu beruhigen.

»Mäßigen Sie sich, Herr Brosst, sonst kann ich Ihnen nicht helfen«, sagte er beschwörend zu seinem Mandanten. »Sie reden sich hier noch um Kopf und Kragen.«

Haderleins Augen wurden eng. Bei dem drahtigen Kriminalhauptkommissar ein sicheres Zeichen für allerhöchste Konzentration. »Wo ist Gerlinde Rosenbauer?«, fragte er jetzt mit schneidender Stimme.

Daniel Brossts Kopf schwankte hin und her, sein Blick hetzte unstet über den Boden.

»Herr Brosst? Wo ist Gerlinde Rosenbauer? Wo ist Theresa Rosenbauer?«, erweiterte Suckfüll die Fragestellung, doch Brosst brach nur in ein hysterisches Gelächter aus.

»Ich bin der Gesalbte!«, schrie er voller Wut und Verzweiflung in den Raum. Dann fing er an, um sich zu schlagen. Sein erstes Opfer war sein korrekt gekleideter Anwalt, der von einem Schlag seines Mandanten genau am Kinnwinkel getroffen wurde und prompt zu Boden ging.

»Diese Welt wird untergehen, alles wird untergehen!«, brüllte Daniel Brosst wie ein Berserker, dann ging die Tür auf, und zwei Streifenbeamten stürmten herein. Sie nahmen den Tobenden in ihren harten Griff und wollten ihn in die Zelle abführen, als Fidibus ihnen bedeutete, kurz stehen zu bleiben. Der Delinquent wand sich und zerrte an den beiden Beamten, doch die ließen ihm keinen Zentimeter Freiraum.

Fidibus schüttelte angewidert den Kopf und hob belehrend seine Strohhalmzigarre in die Höhe. »Aha, mit verheirateten Frauen also, Herr Brosst. Sie lassen wohl gar nichts aus, was?« Dann lächelte er kurz und sagte mit wissendem Gesichtsausdruck: »Bedenke das vierte Gebot, mein Sohn, du sollst nicht ins Ehebett brechen.«

Brosst schaute ihn verwirrt an.

»Oder so ähnlich«, ergänzte Haderlein ungeduldig. »Abführen, den Propheten.«

Die Beamten taten wie befohlen. Busch folgte ihnen, als der Hauptkommissar und sein Chef noch nachdenklich im Verhörraum standen. Haderleins Verstand versuchte das soeben Erlebte einzuordnen. Ein Vorgang, der bei seinem Chef schon abgeschlossen zu sein schien. Zumindest wirkte er ziemlich zufrieden.

»Na, Haderlein, der Fall ist doch jetzt fast gelöst, oder nicht?«, meinte er heiter. »Ach so, ja, ich habe noch etwas für Sie. Per Schnellkurier besorgt.« Er streckte ihm ein Päckchen in Buchgröße entgegen. »Überraschung!«, feixte er.

Haderlein schaute ratlos auf das kleine Paket. Noch eine Wohltat von seinem Chef? Das war ja besser als Weihnachten!

»Vielleicht sollten Sie es sich heute noch zu Gemüte führen, mein lieber Haderlein«, meinte Fidibus und ging dann fröhlicher Stimmung davon.

Der Hauptkommissar hingegen war bei Weitem nicht so optimistischer Stimmung wie sein Chef. In seinem tiefsten Inneren wusste er, dass eigentlich noch gar nichts gelöst war. Klar, irgendetwas stimmte mit diesem Prediger nicht. Aber war er der Drahtzieher von den Morden?

Haderlein nahm den Gedankengang als Stichwort und ging noch einmal in die Direktion zu Lagerfeld, der seine Recherchearbeit anscheinend beendet hatte und fleißig mit Honeypenny flirtete. »Bernd, komm doch mal, du musst heute noch etwas erledigen.«

Lagerfeld begab sich süffisant lächelnd zu ihm auf die Seite. Aha, jetzt kam die delikate Angelegenheit, dachte er gespannt. Wurde ja auch Zeit.

»Pass auf, Fidibus und ich, wir haben gerade diesen Brosst verhört. Der hat jede Menge Dreck am Stecken, und bestimmt weiß der erheblich mehr, als er uns sagen will. Obwohl er es nicht direkt zugegeben hat, kennt er Gerlinde Rosenbauer, das beweist ja auch das Foto. Durch die Aufnahme ist außerdem bewiesen, dass die Frau nicht umgebracht worden ist. Bei dem Verhör ist Brosst jedenfalls total ausgeflippt. Morgen werden wir ihm noch einmal auf den Zahn fühlen.«

Lagerfeld hörte interessiert zu und wartete gespannt auf das, was Haderlein für ihn vorgesehen hatte.

»Du wirst jetzt noch schnell diesen Babylonier auf dem Veitsberg besuchen und ein bisschen bei ihm auf den Busch klopfen. Vielleicht wird er ja gesprächiger, wenn sein Heiland nicht danebensteht.«

Lagerfeld wurde nun misstrauisch. Wer war »der Babylonier«? »Wen meinst du? Bei wem soll ich auf den Busch klopfen?« Doch er ahnte schon etwas. Etwas sehr Unangenehmes.

»Na, bei diesem Egbert, diesem Sanften, Anschmiegsamen. Ich glaube, der hat was für dich übrig. Versuch's bei dem.« Haderlein wollte gehen, aber Lagerfeld packte ihn nervös am Arm. Verwundert drehte sich der Hauptkommissar wieder um.

»Was? Was soll ich versuchen? Das ist doch nicht wirklich dein Ernst, oder, Franz?« Lagerfeld bekam feuchte Strümpfe bei dem Gedanken, sich mit Egbert allein im Mondschein ins Gras setzen zu müssen.

»Jetzt stell dich nicht so an, Bernd. Du musst dem Kerlchen halt rechtzeitig klarmachen, dass ihr nicht vom selben Ufer seid.« Er lächelte spitzbübisch, bevor er leise hinzufügte: »Und wenn alles nichts hilft, Bernd, bist du ja bewaffnet. Ich mach jetzt jedenfalls Feierabend, mein Lieber«, sagte er, klopfte Lagerfeld noch mal aufmunternd auf die Schulter, nahm die Nummernschilder seines Neubesitzes und ging zur Tür hinaus zu seinem Landrover.

Während Haderlein verschwand, verstand Kommissar Lagerfeld endlich auch, was sein Chef mit dem delikaten Auftrag gemeint hatte.

Haderlein indes kam endlich etwas zur Ruhe, als er vor seinem Landrover stand. »Hallo, Kumpel«, sagte er zu seinem neuen, edlen Wegbegleiter. Im Auto sitzend, packte er das Paket des Dienststellenleiters aus und musste lächeln. Eine Videokassette. Fidibus hatte also noch nicht einmal einen DVD-Spieler zu Hause! Was für ein Glück, dass Haderlein noch ein altes Videogerät herumstehen hatte. Also würde er vor dem Einschlafen noch einen oscargekrönten Film zu sehen kriegen.

»Der Herr der Ringe, Teil eins, die Gefährten«.

Na, dann bis gleich, Gimli, dachte Haderlein und startete den Wagen.

Gimli hatte die blauen Kunststofffässer mit den schwarzen Deckeln in das Kellergewölbe gestapelt und beobachtete nun, wie Pechmann eine Kabeltrommel im Dunkel des Ganges hinter ihnen entrollte. Die gleiche Prozedur hatten sie bereits an anderer Stelle vollzogen. Gimli war durchgeschwitzt. In so ein Fass gingen sechzig Liter rein, und jedes war mit dem weißlichen Pulver bis oben hin gefüllt. Gimlis schlichter Verstand reichte nicht aus, um zu begreifen, was genau der große Mann vorhatte, doch er wusste, dass dieser ihn wieder schlagen würde, wenn er nicht das machte, was er von ihm verlangte. Der Zwerg mochte Leonhard Pechmann nicht, aber er hatte sein Leben lang getan, was man ihm aufgetragen hatte. Er hatte viel von ihm gelernt, und er war schnell und stark. Das hatten diese Menschen, die ihn hatten fangen wollen, bereits zweimal erfahren müssen. Aber hier war sein Zuhause, Gimlis Reich.

»So, und jetzt Abgang, du Zwerg!«, befahl Leonhard Pechmann mürrisch, während er rückwärtsgehend weiter hektisch das Kabel entrollte.

»Kaputt machen?«, fragte Gimli neugierig. Er hatte keine Ahnung, wofür diese Fässer gut waren, wollte es nach der anstrengenden Schlepperei aber gern wissen.

Doch Pechmann hatte es eilig. »Jetzt verpiss dich endlich, Gimli. Das hier geht dich nichts mehr an. Geh zurück in deine Kammer und warte, bis du gerufen wirst. Ich habe zu tun.«

In dem von Falten durchzogenen Gesicht des Zwergs war keine Regung zu erkennen, als er sich umdrehte und in den roh behauenen Gang hineinwackelte. Emotionale Verletzungen störten ihn schon lange nicht mehr. Sein sensibles Gemüt hatte man ihm in den Kinderjahren ausgetrieben. Während er den dunklen Gang entlangschlurfte, zogen in blassen Schwarz-Weiß-Szenen die Teile seiner Kindheit an ihm vorüber, an die er sich noch erinnern konnte oder wollte. Viele waren es nicht. Das meiste hatte er verdrängt. Seine Mutter hatte ihn nur großgezogen, weil er nun einmal da war, aber sie hatte sich für ihn geschämt. Das hatte er bald begriffen. Er konnte sich nicht an eine einzige Gelegenheit erinnern, wo er so etwas wie Liebe oder Zuneigung von ihr erfahren hatte. Ganz zu schweigen von den Reaktionen der Umwelt auf sein missglücktes Äußeres. Nach wenigen Tagen im Kindergarten hatte ihn seine Mutter zu Hause behalten. Es ging einfach nicht. Es war offensichtlich, dass er geistig nicht der Hellste war, dazu kamen noch seine kleine Gestalt und das abstoßende Gesicht. Ein willkommenes Opfer für die Gemeinheiten von Kindern. Als Folge hatte sich eine eigens angestellte Erzieherin um ihn gekümmert. Seinen Vater hatte er nie gesehen. Irgendjemand hatte einmal erzählt, sein Vater verleugne ihn und wolle keinesfalls mit ihm zusammen gesehen werden. Irgendwann hatte seine Mutter seine Schwester auf die Welt gebracht. Sie war ein hübsches Kind gewesen. Normal. Vom ersten Tag konnte er sehen, wie sehr seine Mutter sie umsorgte und hätschelte. So kam es, dass er in dem Alter, in dem die meisten Jugendlichen ihre ersten Erfahrungen mit dem anderen Geschlecht machten, sich entschloss, seiner Familie den Rücken zu kehren. Er hatte sich hierher zurückgezogen, lebte von kleinen Einbrüchen und einem unbekannten Gönner, der ihm jahrelang Essen und Wasserflaschen in den untersten Bartosch-Keller stellte. Aber auch das hatte irgendwann aufgehört, bevor sie angefangen hatten, die Fabrik hier einzurichten. Nach und nach hatte die Welt oben ihn dann vergessen. Er war schon so lange hier. So lange, dass er seinen richtigen Namen bereits nicht mehr wusste. Vielleicht wollte er ihn auch vergessen. Es gab nichts Positives, was er mit ihm verbunden hätte. Es gab überhaupt wenig Positives in seinem Leben.

Aber er war zäh, so schnell würde er sich nicht unterkriegen lassen. Doch in letzter Zeit überwältigte ihn die Traurigkeit immer öfter. Langsam machte sich auch das Alter bemerkbar. Er war nicht mehr der Jüngste. Zwar war er immer noch sehr stark für seine Größe, aber das schnelle Laufen fiel ihm inzwischen schwer. Wenn er rannte, kam er schnell außer Atem.

Nach minutenlangem Schlurfen durch stockdunkle Gänge, deren Windungen und Treppen er in- und auswendig kannte, bog er um eine letzte Ecke. Trotzig stieß er seine kleine, kräftige Handfläche gegen das eichene Türblatt, und die Tür öffnete sich in einem schnellen Schwung. Er betrat seine Kammer. Eine große Höhle, die in den Sandstein gehauen war. Nachdem er den grauen Umhang abgelegt hatte, schlurfte er sofort zu dem großen Regal neben seinem Bett, wo er seine Schätze lagerte. Äxte, Schwerter, Messer und ordinäre Knüppel. Allesamt angerostet und mehrfach repariert.

»Gimli spielen«, murmelte er leise zu sich selbst. Dann zog er mit geübtem Griff die »Franziska« aus dem Regal. Die alte fränkische Wurfaxt wog schwer in seiner kleinen Hand, dann schleuderte er sie mit voller Kraft und gekonnt in Richtung Tür. Mit einem trockenen »Pock« blieb sie in dem halben Baumstamm stecken, der neben der Tür stand. Die zahlreichen Kerben und Einschnitte zeugten vom Übungsfleiß des kleinen Werfers und seiner Zielgenauigkeit. Seit vielen Jahren konnte der Baumstamm ein Lied von dem fanatischen Enthusiasmus singen, mit dem ihn der Zwerg bearbeitete. Klingen jeder Größe und Fachrichtung hatten sich schon in ihn gebohrt, am häufigsten allerdings die »Franziska«. Offensichtlich Gimlis Lieblingsinstrument.

Der Zwerg heftete seinen Blick mit einer unendlichen Traurigkeit auf die Klinge der Axt, die nur wenige Meter weiter tief in dem Holz steckte. Sein kümmerlicher Verstand reichte nicht aus, um zu begreifen, woher dieses Gefühl stammte, das ihn so oft überfiel. Er wusste nur, dass es da war. Weil er seinen Vater noch nie gesehen hatte? Weil ihn seine Mutter offensichtlich vergessen hatte oder vergessen wollte? Weil er sein Leben ohne Sonne verbringen musste? Er wusste es nicht, und er wollte es auch gar nicht wissen. Entschlossen schlurfte er zu dem Eichenstamm und zog die »Franziska« heraus. Er würde eine Weile spielen. Das würde helfen. Das hatte immer geholfen.

Vincent Lacroix hob den Blick vom Mikroskop, bevor er die Zahlenkolonnen auf dem Display des Computers erneut betrachtete. Dann schaute er noch einmal in das Okular seines Mikroskops und lehnte sich anschließend mit einem deutlichen Seufzen in seinen Stuhl zurück.

Siebenstädter, der gerade mit der Zentrifuge beschäftigt war, drehte den Kopf und meinte gelangweilt: »Na, Sie schweizerischer Wonnekloß, ist wieder der Hunger im Anmarsch? Soll ich vielleicht ein Käsefondue bestellen?«

Doch Lacroix' Hirn arbeitete gerade auf Hochtouren, sodass er nicht auf Siebenstädters Anzüglichkeit reagierte. Das, was seine Daten ihm gerade mitteilten, war unglaublich. So unglaublich, dass es einfach nicht stimmen konnte. Die Schlussfolgerung war jenseits dessen, was er je für möglich gehalten hätte.

»Siebenstädter, wissen Sie etwas über Kälteagglutinine?«, fragte er urplötzlich.

Der Rechtsmediziner, der merkte, dass sich bei seinem Kollegen gerade etwas Erkenntnistechnisches tat, stellte die kleine Zentrifuge ab und drehte sich zu ihm um. Kälteagglutinine? Vor vielen, vielen Jahren hatte er in seinem Studium etwas darüber gehört, aber das war wahrscheinlich schon längst nicht mehr der aktuelle Stand. Seinem nur noch sehr spröden Wissen nach hatte dieser Begriff irgendetwas mit den roten Blutkörperchen zu tun. Aber sicher war er sich nicht. Nun, der Herr Hämatologe, der ihm gegenübersaß, würde ihn bestimmt gleich aufklären. »Nur sehr vage, Herr Kollege«, gab er seine Unwissenheit zu, was ihm sichtlich schwerfiel.

Lacroix grinste. Eine Gelegenheit, Siebenstädter zu belehren, köstlich! Dann wurde er wieder ernst. »Kälteagglutinine sind Antikörper des Blutes, die die roten Blutkörperchen bei niedrigen Temperaturen verklumpen. In der Folge dieser Reaktion können die roten Blutkörperchen sogar zerstört werden. Da sich die Kälteagglutinine im Prinzip gegen die eigenen Blutkörperchen richten können, nennt man sie manchmal auch Autoantikörper. Verstanden?«

Siebenstädter blickte betont gelangweilt, obwohl in ihm ein Aufruhr stattfand. Was wollte Lacroix mit diesen Dingern? »Verstanden wohl, aber was soll's mir sagen, Lacroix?«, näselte er.

Doch der Schweizer war erst am Anfang seiner Ausführungen. »Agglutinine führen zu Verstopfungen der kleinen Blutgefäße in den Körperspitzen bei Kälteeinwirkung. Die Körperspitzen, die mitunter auch als Akren bezeichnet werden, erwischt es deswegen, weil dort die Körpertemperatur gewöhnlich am niedrigsten ist. Also Finger, Zehen, Nase, Ohren und so weiter. Oft kommt es zu einer sogenannten Hämoglobinurie, was nichts anderes ist als ein rötlich verfärbter Harn. Dies passiert dann, wenn nicht nur das Blut verklumpt, sondern auch die roten Blutkörperchen zerstört werden. Dann kann der frei werdende rote Blutfarbstoff über die Niere in den Harn gelangen. So, und jetzt kommt's. Da beim Abbau der roten Blutkörperchen der Farbstoff Bilirubin entsteht, kann dieser im Blut und den körpereigenen Flüssigkeiten ansteigen und zu einer Orangefärbung führen. Die ist dann besonders an der normalerweise weißen Lederhaut der Augen zu sehen. Alles kapiert?« Lacroix schaute Siebenstädter an.

»So ungefähr«, meinte dieser. »Allerdings verstehe ich nicht, was das mit unseren Leichen zu tun haben soll.«

Lacroix lächelte wieder. Das war jetzt seine Show. Aber er hatte sie sich verdient, war ja auch knifflig gewesen. »Nun, mein lieber Siebenstädter, was ich hier an diesem Blut feststellen konnte, ist Folgendes: Die roten Blutkörperchen unseres Toten sind voll mit diesen Agglutininen. Die weisen fast den hundertfachen Wert dessen auf, was man normalerweise messen kann. Allerdings ist das bisher nicht aufgefallen, weil kein Mensch danach suchen würde. So. Aber der Fakt allein würde noch keine Erklärung liefern. Deswegen habe ich versucht herauszufinden, was diese Veränderung der roten Blutköperchen so Sensationelles bewirkt. Schließlich wollen wir doch wissen, warum der Effekt ›Yellowstone‹ so wertvoll macht, nicht wahr?«

Siebenstädter nickte, wusste aber noch immer nicht, worauf Lacroix hinauswollte. Deswegen hielt er lieber den Mund.

»Was meine fleißigen, kleinen Rechenprogramme nun herausgefunden haben, ist nichts anderes, als dass diese veränderten Blutkörperchen ungefähr die doppelte Menge an Sauerstoff aufnehmen können wie normal. Die Kälteagglutinine verklumpen also in diesem speziellen Fall nicht das Blut, sondern erhöhen die Speicherfähigkeit des Hämoglobins. Phantastisch, oder?« Lacroix war sichtlich stolz auf seine Erkenntnisse.

Siebenstädter konnte zwar den wissenschaftlichen Ausführungen seines Kollegen folgen, aber Rückschlüsse bezüglich der Todesursache und der Wertigkeit von »Yellowstone« wollten sich bei ihm partout nicht einstellen.

Lacroix bemerkte die Ratlosigkeit seines Gegenübers und klärte ihn weiter auf.

»Schauen Sie, Siebenstädter, es ist doch ganz einfach. Dieses Blut kann ungefähr so viel Sauerstoff speichern wie ein Mensch, wenn er seit seiner Geburt permanent auf achttausend Meter Höhe leben würde. Ein Einsiedler auf dem Mount Everest. Interessanterweise reagieren die Antikörper auch nicht mal mehr auf Kälte. Eigentlich ideal für ein Leben auf dem Everest«, lachte Lacroix.

Siebenstädter verstand nun gar nichts mehr. Warum sollte jemand auf dem höchsten Berg der Erde wohnen wollen? Um ein Café für Extrembergsteiger aufzumachen? Seine Verständnislosigkeit konnte man ihm überdeutlich ansehen.

Lacroix wurde langsam ungeduldig. »Jetzt kapieren Sie doch endlich, Siebenstädter, die Wirkung dieses Medikaments ist für die Behandlung von Demenz nur mäßig interessant. Regelrecht sensationell ist dieser Effekt aber für eine ganz andere Zielgruppe: für Hochleistungssportler.«

Auf Siebenstädters Gesicht zeichnete sich Erkenntnis ab. »Leistungssteigerung!«, brach es aus ihm heraus. »Die haben bei Bartosch durch Zufall das ultimative Dopingmittel erfunden.«

Lacroix nickte und fuhr fort. »Und was für eines! Mit einem derartigen Sauerstoffanteil im Blut kann jeder Hobbysportler den Ausnahmelangstreckenläufer Haile Gebrselassie alt aussehen lassen. Und das Beste ist«, fuhr er mit einem schelmischen Lächeln auf seinem feisten Gesicht fort, »das Beste ist, dass ›Yellowstone‹ im Prinzip nicht nachweisbar ist. Der Gingko- und der Stevia-anteil im Blut werden binnen eines Tages abgebaut. Die Agglutinine auf den roten Blutkörperchen halten sich hingegen wochen-, wahrscheinlich monatelang, bevor sie langsam verschwinden. Der Hämatokritwert des Blutes bleibt auf einem absolut normalen Niveau, und jeder Dopingtester wird seine Testverfahren ohne positive Ergebnisse einstellen müssen. Deshalb wird dieser ganze Zirkus veranstaltet, verstehen Sie? Da stecken Millionen drin. Allerdings wird keine Zulassungsstelle der Welt ein Medikament, das dem alleinigen Zweck des Dopings dient, freigeben. Also wurde bis heute verzweifelt versucht, ›Yellowstone‹ als Demenzmittel zuzulassen.«

Lacroix schnaufte durch. Das war ein sehr engagierter Vortrag gewesen! Seine kleinen Augen funkelten vor Begeisterung. »Aufgeflogen ist die wunderbare Geschäftsidee nur durch diese unscheinbaren Plasmodien. Diese regen wohl die Agglutinine zu der Reaktion an, die normalerweise durch tiefe Temperaturen ausgelöst wird. Echt dumm gelaufen.« Lacroix nickte befriedigt über die unerwartet gerechten Launen der Natur.

Doch Siebenstädter grübelte schon weiter. »Aber so einfach ist das nicht, Lacroix.« Der Gerichtsmediziner in ihm erwachte allmählich und verlangte nach Erklärungen. »Die Chemiker und Biologen bei Bartosch müssen doch diverse Testreihen anhand dieser Erkenntnisse durchgeführt haben. ›Yellowstone‹ wurde doch sicher bereits von außerhäusigen und unabhängigen Anstalten geprüft. Da werden doch auch Einwirkungen von Insekten und deren Plasmodien abgefragt. Ich verstehe das nicht. Um was für ein seltenes Plasmodium kann es sich also dabei handeln?«, stellte Siebenstädter die Frage in den Raum.

Lacroix' sichtliche Begeisterung wich sofort wieder Nachdenklichkeit. Eine absolut berechtigte Frage. Was für ein Plasmodium konnte das wohl sein?

Lagerfeld stellte seinen Honda auf dem inzwischen altbekannten Parkplatz am Veitsberg ab und schritt die hundert Meter zur Wallfahrtskapelle hinauf. Schon von Weitem konnte er ärgerliches Diskutieren und erregtes Geschrei hören. Als er näher kam, sah er einige Dorfbewohner aus Dittersbrunn und Ebensfeld, die mit Egbert über irgendetwas stritten.

»Mir ham nächsten Samstach Brozession, da seid ihr verschwunden, sonst gracht's fei, ihr Kaschber!«, konnte er erste Gesprächsfetzen verstehen. Die Situation stand kurz vor der Eskalation, trotzdem schien Egbert ruhig zu bleiben.

»Wir sind doch alle Kinder derselben Erde«, versuchte er sich in Beschwichtigung, was aber bei den aufgebrachten Ebensfeldern nicht fruchtete. Bei ihrer alljährlichen Wallfahrt auf den Veitsbeg verstanden sie keinen Spaß. Und das würde dieser drogensüchtige Knilch auch gleich merken.

»Kriminalpolizei Bamberg. Was ist hier los?« Lagerfeld machte auf offiziell und wichtig. Das kam in solchen Situationen immer gut. Vorausgesetzt natürlich, sein Gegenüber war nicht besser bewaffnet als er selbst.

»Der warme Bruder da kapiert net, dass er mit saaner Gesundheit rumflippert, wenner net da Leine zieht. Mir ham nächsten Samstach Wallfahrt, und die Kaschber da solla gfällichst abhaua, sonst raucht's!« Der Wortführer der Ebensfelder war sichtlich außer sich. Einem Franken die Wallfahrt vorzuenthalten, das war ähnlich ungeschickt, wie eine Mohammedkarikatur nach Mekka zu schicken. So etwas sollte man besser bleiben lassen.

Doch Egbert schwante nichts von der heraufziehenden Katastrophe. Er glaubte beharrlich an die Einsicht der fehlgeleiteten Kindlein und hörte nicht auf, die zornerfüllten Talbewohner mit seiner Sanftmütigkeit in Rage zu bringen. Und darin war er wirklich gut. »Dies ist eine Höhe des Friedens und der Begegnung, liebe Kinder. Lasset uns zusammen niedersetzen und feiern. Ihr werdet sehen, die Mutter wird euch durchströmen, und ihr werdet selig sein in ihrem Schoß.« Er hatte die Hände wie der predigende Jesus erhoben und die Augen geschlossen. Die Geste hatte er von seinem Meister abgeschaut. Wirklich wunderbar.

Leider sahen das die aufgebrachten Talfranken anders. Sie hatten die Faxen dicke. Der Wortführer aus Ebensfeld, Vorsitzender des Pfarrgemeinderats und eigentlich ein friedlicher Mensch, ballte die Hände zu Fäusten. »Sie, Herr Kommissar, wenn der bekiffte Bumuggel da ned gleich sei Fresse hält, dann werd ich dem fei gleich a Begechnung mit ganz was annerm verschaffen. Da wird sich dem sei Schoß ziemlich komisch aafühlen, des versprech ich der, und dann werd der scho mergen, was ner dann durchströmt.«

Die Wallfahrer waren im Begriff, sich dem entrückt lächelnden Egbert zu nähern, als Lagerfeld dazwischenging und beschwichtigend die Hände hob.

»Halthalthalt!«, rief er und positionierte sich zwischen die Fronten. »Ruhe jetzt, alle miteinander. So geht's nicht. Es muss doch möglich sein, für nächsten Samstag eine Lösung zu finden.« Er drehte sich zu dem Jünger um und klopfte ihm auf die Schulter: »He, Egbert, darf ich dich einmal sprechen?«

Egbert erwachte verwirrt aus seiner gerade begonnenen Meditation und schaute den Beamten an. Sofort fielen seine Arme nach unten, dann seufzte er mit sanfter Stimme ein sehnsuchtsvolles »Ach, du!«. Seine Augen klebten förmlich an Lagerfelds Sonnenbrille.

Die Ebensfelder waren nun ihrerseits verunsichert. Der Vorsitzende des Pfarrgemeinderats deutete mit seinem Zeigefinger abwechselnd auf Egbert und Lagerfeld, dann fragte er misstrauisch: »Ach, Sie kenne sich? Ham Sie mitananner a weng, wie soll ich sachen ...?« Seine angeekelte Miene sprach Bände.

»Nein, haben wir nicht!«, unterbrach ihn Lagerfeld sofort barsch, und der Gesichtsausdruck des Zurechtgewiesenen entspannte sich. Der Kommissar wandte sich wieder Egbert zu, der ihn immer noch anschmachtete. Als Lagerfeld kurz mit seinen Fingern vor Egberts Gesicht schnippte, blinzelte dieser erschrocken.

»Also, jetzt bass amal auf, Egbert«, begann Lagerfeld seine Rede. »Nächsten Samstag früh seid ihr hier verschwunden und kommt frühestens am Sonntag widder. Hast du mich verstanden?«

Egbert war etwas verunsichert ob des strengen Tons in Lagerfelds Stimme. »Aber wenn diese Kinder endlich einsehen würden, dass –«

»Nein, Egbert, du verstehst nicht. Wenn ihr am nächsten Samstag eure heiligen Körper nicht außer Sichtweite schafft, dann garantiere ich für nichts, klar? Dann lauft ihr Gefahr, unter eure Mutter geschaufelt zu werden. Niemand wird hier sein, um diese kräftigen Herrschaften dort drüben davon abzuhalten. Hast du mich verstanden, Egbert?« Lagerfeld schnippte wieder mit den Fingern vor Egberts Gesicht.

Der eindringliche Appell trug erste Früchte. Egbert schien ganz offensichtlich nachzudenken. Das war doch schon einmal ein Fortschritt. Schließlich sagte er sogar etwas offensichtlich Unheiliges. »Nun gut, vielleicht könnten wir am Samstag ja etwas Erhellendes auf den Kutzenberger Auen durchführen. Der Meister wollte sowieso in Kürze mit den dortigen Blasphemikern eine Erhellung versuchen. Würde dies die negativen Energien zum Versiegen bringen, die ich hier spüre?«

Lagerfeld blickte fragend zur Ebensfelder Gruppe, die sich kurz beriet.

»Also, vo uns aus gehd des glar«, sagte einer. »Aber wehe, die Heinis da lassn sich doch irchendwie bliggn. Dann wern mer dena aber zeigen, wo der Bardel sein Mosd holt. Kabierd?« Dann drehte sich die Gruppe geschlossen um und ging mit missmutigem Gegrummel davon.

Uff. Lagerfeld atmete durch. Plötzlich merkte er, dass sich eine Hand auf seine rechte Schulter gelegt hatte. Eine sehr warme Hand. Er drehte sich um, und ein ausgesprochen gut aufgelegter Egbert begann, an einem seiner Hemdknöpfe herumzufummeln.

»Nun, mein Kind, möchtest du dich nicht zu mir setzen?«

Lagerfeld entfernte die fummelnden Finger dezent, aber nachdrücklich mit seinen eigenen und versuchte, das Gespräch in eine sachlichere Richtung zu lenken. »Gut, von mir aus«, sagte er, nachdem er sich ausgiebig geräuspert hatte. »Wir setzen uns, aber ich habe einige sehr wichtige Dinge mit dir zu besprechen, Egbert.« Mit strengem Gesichtsausdruck hockte er sich hin. So schnell konnte er gar nicht schauen, da saß Egbert schon neben ihm und hatte ihm eine Hand auf das Knie gelegt.

»Zu besprechen? Ja, das glaube ich auch«, sagte er, während seine Hand langsam, aber kontinuierlich zu Lagerfelds Krokodillederstiefeln hinunterwanderte.

Franz Haderlein lag in seinem Bett und folgte der Geschichte des »Herrn der Ringe« auf Video. Voller Entsetzen hatte er festgestellt, dass dieser Schinken ja fast vier Stunden dauerte. Fidibus hatte sich natürlich den längeren Director's Cut zugelegt. Die Fanatikerfassung.

Jetzt stolperten Elfen, Hobbits und sonstige Kreaturen bereits über zwei Stunden durch diesen Film. Eigentlich wollte Haderlein schon längst schlafen. Immerhin konnte er inzwischen Gimli, den Zwerg, einordnen. Gerade waren die Gefährten aufgebrochen, um den Weg durch die Minen von Moria zu nehmen. Jetzt wurde es langsam interessant. Haderlein spulte vor.

Aha, da standen alle vor irgendeinem verschlossenen Tor und mussten einen schlauen Elfenspruch aufsagen, damit dieses Sesam-öffne-dich auch in ihrem Sinne reagierte. Und tatsächlich, es klappte. Die Helden traten ins Innere des Berges, womit die berühmte Geschichte der Gefährten in den alten Zwergenminen von Moria begann. Haderlein sah die Verzweiflung und Gefahr, den Kampf mit dem Troll, das Zerbrechen der Brücke und den tiefen Fall von Gandalf, dem Grauen. Als die Helden des Filmes endlich den Berg auf der anderen Seite in tiefer Trauer und Hoffnungslosigkeit verließen, war auch Kriminalhauptkommissar Franz Haderlein endlich gefangen von der phantastischen Geschichte. Allerdings noch mehr von den Schlüssen, die er aus dem Film zog. Jetzt war ihm alles klar. Jetzt wusste er, was der sterbende Christian Rosenbauer hatte sagen wollen, als er auf den »Herrn der Ringe« verwies.

Auf jeden Fall brauchte es nun andere Mittel als die bisher eingesetzten. Haderlein holte das Handy vom Nachttisch und tippte eine kurze SMS an seine Manuela. »Bitte morgen sobald als möglich zurückkommen. Wir brauchen Riemenschneider hier. Ich brauch dich natürlich auch. Kuss, der Sheriff.«

Dann legte sich Franz Haderlein zurück in seine Kissen und begann zu denken.

Der alternde Zwerg namens Gimli hatte seine Wurfübungen beendet und saß grübelnd auf seinem Bett. Die fast schon historische Glühlampe der ehemaligen Stollenbeleuchtung tauchte den Raum, den er nun schon so lange Zeit bewohnte, in ein gelbliches Licht. Eigentlich war Gimli müde und hätte schlafen wollen. Wahrscheinlich war es draußen schon dunkel. Hier unten richtete man seinen Lebensrhythmus nach anderen Dingen aus. Seit einem Jahr zum Beispiel lebte er nur noch nach dem Arbeitstag der Fabrik. Er bestimmte seinen Tagesablauf. Gimli musste Sachen holen, Sachen bringen, Sachen verschwinden lassen. So hatte er immer etwas zu tun. Ihn störte nur, dass er die Arbeiter nicht verstehen konnte. Eine völlig fremdartige Sprache und Schrift. Wenn sie redeten, hörte sich das in seinen Ohren wie Entengeschnatter an. Egal. Seine Anweisungen bekam er sowieso nur vom Bärtigen oder von Pechmann. Allerdings auch die Schläge. Die vor allem vom Bärtigen.

Der war ein richtiger Sadist. Er redete nicht viel, aber es reichte eine kleine Unachtsamkeit, und schon hatte der einen am Wickel. Selten ging das ohne größere Schmerzen und blaue Flecken ab. Gimlis Blick verdüsterte sich, als er an den Bärtigen dachte. Die einzigen Menschen, die er mochte, waren die Rosenbauers und ihre kleine Tochter. Vor allem Theresa hatte es ihm angetan. Seit vielen Jahren war er das erste Mal wieder auf jemanden getroffen, der ihn nicht schlug, auslachte oder anschrie. Heute hatte ihn Theresa sogar umarmt. Ein warmes Gefühl durchströmte seine misshandelte Seele. Überhaupt, er setzte sich auf, er hatte Theresa ja versprochen, heute noch einmal vorbeizukommen. Flugs sprang er von seiner Bettkante hinunter und griff nach seinem grauen Mäntelchen. Sein schiefer Mund verzog sich zu einem Lächeln, auch wenn ein Außenstehender die Grimasse nie und nimmer so gedeutet hätte.

Lagerfeld legte zum wiederholten Male die Hand Egberts von seinem Unterschenkel auf das Knie ihres Besitzers zurück. Er versuchte es erneut. »Egbert, hör doch einfach einmal zu. Dein Meister sitzt in einer Zelle im Knast, verstehst du? Wenn du meine Fragen nicht beantwortest, dann kann das für eure Gemeinschaft hier das Aus bedeuten.« Ein gewichtiges Argument, das es endlich schaffte, in das Innere von Egberts Bewusstsein zu dringen.

Sein Blick wurde eine Spur weltlicher, und er sprang auf. »Dann komm, mein Kind, und geh ein Stück mit mir. Ich werde versuchen zu finden, was du suchst.« Er streckte Lagerfeld seine Hand entgegen und lächelte. »Lass uns zusammen wandeln, es ist so eine herrliche Nacht.«

Lagerfeld starrte die Hand an und zögerte einen Moment. Aber er war ein Kriminalbeamter, ein Profi. Es gab Situationen in seinem Dienstalltag, die musste man einfach durchstehen. Er kam ebenfalls auf die Beine und nahm Egberts Hand. Händchen haltend war er seit seiner Zeit im Kindergarten nicht mehr unterwegs gewesen. Ein absolut ekliges Gefühl. Zum Glück schien sie niemand mehr zu beachten. Seine Hand nahm er nur noch wie einen Fremdköper war. Wenn ihm Haderlein das nächste Mal ein solches Verhör zuwies, würde er lieber eine Woche lang Hühner schlachten. Er schaute sich um. Überall lagen Pärchen neben den Feuern im Gras und bereiteten sich auf einen entspannten Abend vor. Ein wohlbekannter süßlicher Geruch von illegalen Rauchwaren stieg ihm in die Nase. Misstrauisch beäugte er seinen Gesprächspartner und kontrollierte, dass dieser auch brav den Anstandsabstand wahrte.

»Hörst du, wie die Grillen zirpen?«, fragte Egbert, während sie an der großen, kreisförmigen Lindenallee entlangliefen.

Doch Lagerfeld sah nur noch die fummelnden und knutschenden Babylonier vor seinem geistigen Auge. »Das sind keine Grillen«, sagte er voller böser Vorahnungen, »das sind Reißverschlüsse.«

Egbert erwiderte nichts, sondern horchte nur weiter versonnen in die laue Sommernacht.

Lagerfeld versuchte es erneut. »Also, Egbert, war dein Herr und Meister einmal mit einer blonden Frau hier? Hast du etwas bemerkt? Oder hat er vielleicht einmal von einer Frau gesprochen?«

Egbert schwieg. Lagerfeld überlegte schon, ob er ihn überhaupt verstanden hatte, doch dann fing der Jünger an zu reden. »Der Gesegnete umgibt sich gern mit seinen Kindern«, erklärte er sanft. »Aber nur selten liegt ihm ein Kind so sehr am Herzen, dass er es auf Dauer neben sich bettet. Doch in der letzten Woche war eine blonde Dienerin täglich an seiner Lagerstatt, das ist richtig. Sie muss ein sehr wertvoller Mensch sein.« Egbert hatte einen nachdenklichen Blick aufgelegt.

»Weißt du vielleicht den Namen der Dienerin?«, fragte Lagerfeld eindringlich. Doch Egbert schüttelte nur lächelnd den Kopf. Sie hatten die Kapelle mit ihren Linden nun das erste Mal umkreist und starteten in die zweite Runde. Mit der freien Hand holte Lagerfeld das Fahndungsfoto der Rosenbauers aus der Jackentasche und hielt es Egbert vor die Nase. »Sah die Frau vielleicht so aus?«, fragte er.

Egbert schaute nur kurz auf das Bild und lächelte sofort. »Ja, das ist das gesegnete Kind. Ein besonders gelungenes Gewächs unserer Mutter. Aber es gibt noch andere wertvolle Kinder, welche sie hervorgebracht hat«, säuselte er und blickte Bernd Schmitt tief in die Augen. Sein Händedruck wurde fester und feuchter.

Der Kommissar musste sich zusammennehmen, um nicht irgendetwas sehr Unüberlegtes zu tun. Er war im Dienst, und er war wie gesagt Profi. Hoffentlich dauerte das Ganze nicht mehr lange.

»Und, äh, was hat der Gesalbte dann so lange mit dem schönen Gewächs angestellt?«, fragte Lagerfeld schnell, um nicht den kleinsten Eindruck von Romantik aufkommen zu lassen.

Aus Egberts Augen sprach die grenzenlose Selbstverständlichkeit, als er antwortete: »Nun, er hat sie erhellt.«

»Erhellt«, wiederholte Lagerfeld und lächelte zurück. »Wahrscheinlich die ganze Nacht, der gesalbte Schlawiner.«

Egbert drehte sich um, und ehe Lagerfeld reagieren konnte, hatte er die andere Hand des Kommissars ergriffen. Von allen Seiten waren eindeutige Geräusche und neckisches Kichern zu hören, als Egbert seine braunen Augen in die Sonnenbrille Lagerfelds versenkte. »Auch du, mein Kind, solltest dich einer Erhellung hingeben. Ich kenne die tiefsten Geheimnisse einer solchen …«

Das Mobiltelefon des Kommissars meldete sich mit lautem Klingelton. Das »Fun Fun Fun« der Beach Boys jubelte ihm gerade zur rechten Zeit aus der Jacke. Mit einem leicht schmatzenden Geräusch entwand er seine Hände dem intensiven Griff Egberts und schnappte sich das Handy.

»Alles klar, Franz«, sagte er in das Mobiltelefon zum Abschluss des Gesprächs. »Das war's dann, Egbert«, rief er äußerst erleichtert dem enttäuschten Babylonier zu. »Ich muss jetzt zurück. Aber vielen Dank für die Auskunft, und«, er tätschelte kurz die Wange Egberts, »denke dran, am Samstag bitte die Kutzenberger zu erhellen, gell? Sonst habt ihr hier die Wallfahrer am Bein!« Dann drehte er sich um und ging zurück zu seinem Wagen. Das war ja gerade noch einmal gut gegangen. Wenn er zu Hause war, würde er erst einmal duschen und die Hände mit Jod und heißem Wasser behandeln. Dann konzentrierte er sich voll und ganz auf die neuen Erkenntnisse, die ihm Haderlein gerade mitgeteilt hatte. Also in Erdlöchern verschwunden. Der morgige Montag schien ein sehr interessanter zu werden. Mit fliegendem Zopf steuerte Lagerfeld den Honda den Berg hinunter durch Dittersbrunn nach Ebensfeld.

Er war zu spät. Als Gimli die Tür zu Theresas Zimmer öffnete, konnte er das leise Atmen zweier Menschen hören. Theresa war bereits eingeschlafen. Aber wieso zweier Menschen? Wer war noch hier? Leise ging er näher. Es musste eine erwachsene Frau sein, das konnte er riechen. Wenn man es wie er gewohnt war, im Dunkeln zu leben, bildeten sich die anderen Sinnesorgane verstärkt aus. Gimli konnte ziemlich gut riechen und erstklassig hören. Erst letzte Woche hatte er von seinem Bett aus im Dunkeln eine Ratte in seinem Zimmer erlegt. Das geworfene Messer hatte das Tier glatt in der Mitte geteilt. Jetzt erkannte er sofort, dass die Atmung zu einer Frau gehörte. Der Zwerg drückte auf einen Knopf an seiner Armbanduhr. Die Uhr hatte er vor einem guten Jahr von Dr. Christian Rosenbauer geschenkt bekommen. Auch der hatte nicht so recht gewusst, wo er den hässlichen Zwerg hinstecken sollte, aber zumindest war er immer nett zu ihm gewesen und hatte ihm sogar diese Uhr geschenkt. Das kleine Zifferblatt der Uhr leuchtete fluoreszierend auf. Das mehr als spärliche Licht reichte für Gimlis Augen vollkommen aus.

Er sah Theresa, in die Arme ihrer Mutter gekuschelt, auf einer Decke auf dem Boden liegen. Ihre Mutter hatte sich beschützend um sie gelegt. Gimli setzte sich leise auf den Boden und lehnte sich mit dem Rücken an die Tür. Die scharfe Spitze des Messers, das in seinem Gürtel steckte, schabte leise über den kalten Estrich des Fußbodens. Ab und zu drückte er den Knopf an seiner Armbanduhr, um die Szene wieder und wieder zu betrachten. So saß er über Stunden da, stille Tränen einer großen Traurigkeit liefen ihm über das Gesicht, dann schlief auch er ein.

Der Bärtige kam in das fensterlose weiße Zimmer, wo sich Leonhard Pechmann bereits einen Bourbon eingeschenkt hatte.

»Auch einen?«, fragte er über den Tisch, aber der Bärtige schüttelte unmerklich den Kopf.

»Bist du mit deinem Eingang fertig? Alles verdrahtet?«, fragte er nach und erhielt ein Nicken zur Antwort. »Gut.« Pechmann lächelte. Er oder Gimli waren an drei Eingängen gesehen worden. Auch wenn die Bullen nicht genau wussten, wo sie suchen sollten, war es wohl besser, die Löcher zu verstopfen. Bis die Katzen sich von ihrem Schreck erholt hatten, waren die Mäuse längst verschwunden. Für immer. Er lachte, dann fiel ihm ein, dass heute Nacht noch eine Menge Arbeit zu erledigen war.

»Sie haben Brosst eingebuchtet«, sagte der Bärtige kurz und knapp.

Pechmann wog die Bedeutung der Nachricht ab. »Was meinst du? Werden sie den Köder fressen?«

Der Bärtige antwortete emotionslos: »Sie werden ihn fressen. Aber das wird sie nicht davon abhalten weiterzusuchen. Die sind nicht so blöd, wie die Rosenbauer geglaubt hat.« Verächtlich spuckte er auf den Boden.

»Schade, dabei hatte sie sich doch so mit diesem Hippie ins Zeug gelegt. Egal, bald ist auch sie nur noch Geschichte. Komm mit.« Pechmann lehrte den letzten Rest seines Bourbon in einem Zug. »Ein Zugang bleibt noch. Ich brauche dich dafür, wir müssen das ganze Zeug gemeinsam bergauf schleppen.«

Der Bärtige nickte wieder. Das konnte dauern. Der unterirdische Gang zur Altenburg war lang und steil, aber sie hatten ja die ganze Nacht Zeit. Außerdem wusste er, wofür er sich so abschuftete. Seine grauen Augen schimmerten lüstern in der Erwartung des baldigen Reichtums. Morgen schon würde es für die Bamberger Bullen eine richtig gute Show geben. Eine Show, die sie nicht so schnell vergessen würden.

Die Minen von Moria

Als der Kriminalhauptkommissar von seinem Weckerklingeln erwachte, dauerte es nur einen kurzen Moment, dann wanderten die Helden von Mittelerde bereits wieder durch seinen Kopf. Elfen, Hobbits, Zwerge und dann die Höhlen.

Die Bamberger Katakomben. Haderlein war selbst noch nie da unten gewesen, aber seine verstorbene Frau hatte ihm einmal davon erzählt. Im öffentlichen Bewusstsein der Bamberger war ihre Existenz zwar irgendwie bekannt, doch die genauen Einzelheiten waren nur wenigen geläufig. Man kam ausschließlich mit einem geprüften Führer hinunter, der sich dort auskannte. Und genau so einen Mann brauchte die Bamberger Polizei jetzt. Aber das würde Haderlein gleich alles auf der Dienststelle klären. Heute war ein ganz entscheidender Tag in diesem Fall, das spürte er. Er schaute auf seine Uhr. Es war halb sieben.

Gleich hatte er alle Beteiligten in die Dienststelle bestellt, und außer Lagerfeld hatte noch niemand eine Ahnung von den neuen Erkenntnissen. Das würde ein paar heftige Diskussionen geben.

Haderlein telefonierte noch kurz mit Manuela in Neuendettelsau und legte ihr die Lage dar. Riemenschneider hätte zwar heute die letzte Prüfung absolvieren müssen, aber die würde sie auch zu einem späteren Zeitpunkt nachholen können. Das kleine Schwein wurde dringend gebraucht. Wofür genau, das wollte er lieber persönlich besprechen. Während Manuela nach Bamberg fuhr, würde sich Ute von Heesen direkt zur HUK nach Coburg auf den Weg machen. Dort herrschte nach der teilweisen Zerstörung des Hauptgebäudes auf der Bertelsdorfer Höhe noch immer helle Aufregung. Abgesehen von dem allgemeinen Chaos in Coburg und einer nun quasi Bauruine als Hauptsitz hatte sich nämlich herausgestellt, dass der riesige Gebäudekomplex nicht versichert gewesen war. Zumindest nicht gegen Tornados. Ein höchst peinlicher Fakt für eine der größten Versicherungen Deutschlands. Gerade wurden vor der HUK-Ruine in Windeseile Zelte aufgestellt, Kabel gezogen, Computer angemietet, um irgendwie eine Ordnung in den Laden zu kriegen. Ute von Heesen als Leiterin der Revision war für die HUK in einer solchen Situation unabkömmlich. Seine Liebste konnte Lagerfeld also für die nächste Zeit vergessen. Na, Hauptsache, Manuela kommt mit der Riemenschneiderin, dachte Haderlein zufrieden.

Anschließend rief er Honeypenny an. Sie sollte eine Streife nach Sandhof schicken, um die beiden Wissenschaftler aus ihrem Intelligenzsilo abzuholen. Vielleicht gab es ja von der medizinischen Seite her auch schon eine neue Entwicklung. Dieser Schweizer schien ja wirklich etwas auf dem Kasten zu haben. So, und jetzt musste Haderlein sich aber wirklich anziehen.

Der Bärtige und Leonhard Pechmann waren später fertig geworden, als sie gedacht hatten. Aber besser spät als nie. Der niedrige Gang zur Altenburg war durch hereinsickernde Feuchtigkeit stellenweise ziemlich glatt gewesen. Nur mit Mühe hatten sie die Handwagen mit den blauen Fässern durch die kritischen Abschnitte gebracht. Aber jetzt war alles erledigt. Leonhard Pechmann schloss den letzten Kabelstrang an den gleichen Verteilerkasten an wie die beiden anderen Kabelpaare. Er drückte sechs Sicherungen mit einem harten Klacken nach oben, dann entstaubte er sich klatschend die Hände.

»So, die Eingänge sind jetzt scharf. Den FI-Schalter habe ich überbrückt. Nicht dass uns wegen der ganzen Feuchtigkeit noch die Sicherung rausfliegt. Das heißt, wir haben noch zwei begehbare Ausgänge, die müssen reichen.« Er schaute den Bärtigen auffordernd an. »Ich mach jetzt ein Nickerchen. Du nicht?«

Der Bärtige schüttelte den Kopf. »Wir haben eine verdammt heikle Situation. Ich hoffe, deine Planungen funktionieren. Das Zeitfenster wird immer enger. Wenn wir am Mittwoch nicht liefern können, ist das Geschäft mit den Chinesen im Arsch, das weißt du. Was ist eigentlich mit den Rosenbauers, erledigst du das noch?«

Pechmann hob erstaunt den Blick. Die Rosenbauers? Er hatte immer gedacht, die seien tabu. Also gab es eine Änderung, auch gut. »Das mit der lieben Frau Rosenbauer und ihrer Tochter werde ich regeln, keine Angst.« Er musste immer noch über die Naivität dieser Frau den Kopf schütteln. Die Entführung der Tochter und ihren eigenen Tod vorzutäuschen, das war ihre Idee gewesen, aber leider hatte ihr abtrünniger Mann zuerst nicht mit der notwendigen Kooperation geantwortet. Und dieses dämliche Techtelmechtel mit dem Prediger, nur um den Babyloniern die Schuld in die Schuhe zu schieben? Das war doch von Anfang an klar gewesen, dass dieser gewiefte Bamberger Bulle nicht darauf hereinfiel. Pech für sie. Jetzt war sie nur noch gefährlicher Ballast. Er wusste schon, wie er es anfangen würde, ohne sich selbst die Hände schmutzig zu machen.

Der Bärtige beobachtete ihn misstrauisch. Wahrscheinlich traute er ihm den Mord an einer Frau und einem Kind nicht zu. Aus seinen grauen Augen sprach die Warnung, keinen Mist zu bauen.

Leonhard Pechmann wusste die Blicke des Bärtigen sehr wohl zu deuten. Er war zum Erfolg verdammt, ansonsten wartete auf sie beide ein sehr langer Lebensabend im Knast oder noch weitaus Schlimmeres. Für alle Beteiligten war es besser, sein Plan würde funktionieren.

*

Anopheles die Siebte spürte, wie die Morgensonne langsam ihren Insektenkörper erwärmte. Sie streckte und spannte ihre Hautflügel, so weit sie konnte. Sie wusste, dass heute der Tag des Neuanfangs gekommen war. Heute würde sich ihr Volk aus den Wassern erheben und neues Terrain für die Sippe der Culicidaen, der Fiebermücken, erobern. Sie hatte den langen Weg in dem Sturm auf sich genommen und tatsächlich überlebt. Nur die Starken setzten sich in der Natur durch, und sie hatte sich als stark und zäh erwiesen. Nun war es an der Zeit, die Belohnung dafür einzuheimsen und ihre guten Gene weiterzuverbreiten. Wieder spannte sie ihre Flügel. Während sie sich mit feinem Sirren fliegend von ihrem Schilfrohr wegbewegte, konnte sie noch einige Blicke auf ihre schlüpfende Brut werfen. Es war so weit. Endlich konnte sie sich ungestört ihrer …

Der Schnabel schnappte zu, und Anopheles die Siebte hatte keine Zeit mehr, über ihre weitere Zukunft zu sinnieren. Sie hatte keine mehr. Nur kurz ragten ihre beiden Flügelenden rechts und links aus dem Schnabel heraus, dann wurde sie zwecks Verdauung eine Etage tiefer geschluckt.

Die Flussregenpfeiferin spürte dem Geschmack noch etwas nach. Etwas eigenartig im Abgang, dachte sie, und auch die Tannine hinten auf der Zunge kamen ziemlich stark daher. Diese Mücken waren wirklich schon etwas über der Zeit und mussten schnellstmöglich gegessen werden. Kein besonders guter Jahrgang. Vielleicht hatte sich aber auch die Küche in Franken während ihrer Abwesenheit verändert? Zum Glück war sie nicht besonders wählerisch. Wer bereits in Thüringen gespeist hatte, dem schmeckte es fast überall. Aber sie brauchte mehr Nahrung. Sie hatte ein zweites Gelege in diesem Jahr gewagt, und da musste sie sich Kraft zum Eierlegen anfressen. Mit Interesse sah sie unter sich im Schilf, wie sich an den Halmen reihenweise Hautflügel entfalteten. Na, phantastisch! Diese Einladung zum Brunch würde sie gern annehmen. Zielgenau holte sie sich mit ihrem geübten Schnabel die erste Mücke vom Rohr, und sie würde nicht eher aufhören, bis sie alle verspeist hatte.

*

Gimli erwachte, weil ihn jemand an der Schulter rüttelte. Das Zimmer war hell erleuchtet, und er befand sich nicht in seinem Bett. Blitzschnell stand der kleine Mann auf den Beinen und drückte Gerlinde Rosenbauer eine alte, rostige Klinge an die Kehle.

Erschrocken hielt sie einen Moment die Luft an. »Gimli, was machst du da?«, rief sie mit erstickter Stimme.

Gimli stutzte kurz und ließ dann sofort von Gerlinde Rosenbauer ab. Er steckte das Messer weg und sagte mit leicht entschuldigendem Ton: »Gimli schlafen. Gimli müde. Gimli gehen.« Dann holte er den kleinen schwarzen Türöffner heraus und drückte den Knopf des Signalgebers. Mit einem kurzen Summen öffnete sich die Tür. Er wollte schleunigst verschwinden, doch Gerlinde Rosenbauer versuchte, ihn festzuhalten. Mit unglaublicher Geschwindigkeit wirbelte der Zwerg herum und streckte die rostige Klinge nach vorn. Seine Augen blitzten angriffslustig. »Müssen bleiben. Gimli gehen«, sagte er mit zischender Stimme.

Gerlinde Rosenbauer versuchte, ihn zu beschwichtigen. »Gimli. Um Gottes willen. Niemand will dir etwas tun, und wir wollen auch nicht, dass du uns hinauslässt. Versprochen.«

Der Zwerg schaute sie an, aber er rührte sich nicht von der Stelle.

Gerlinde Rosenbauer schaute zu ihrer Tochter, die sich verängstigt in die Kissen ihres Bettes verkrochen hatte. Dann wandte sie sich wieder Gimli zu. »Kleiner Gimli, habe ich oder hat mein Mann dir jemals etwas Böses angetan? Oder hast du von Theresa jemals ein Leid erfahren müssen? Warum also stellst du dich vor mich hin und bedrohst mich mit einem Messer?« Ihre Stimme war nachdrücklicher geworden, und Gimli der Zwerg blickte zu der verängstigten Theresa hinüber und entspannte sich.

Sein Arm mit dem Messer fiel nach unten, und er sagte: »Theresa nicht Angst. Gimli nicht böse, Gimli erschrecken.« Dann wandte er sich wieder zu der großen blonden Frau um, die vor ihm stand. Die Mutter von Theresa. Er mochte beide wirklich sehr. Aber das durfte er niemals zugeben, die Herren würden ihn dafür hart bestrafen. Andererseits wollte er nicht, dass Theresa seinetwegen Angst hatte und dass sie weinte. Seine traurigen Augen wanderten zwischen Gerlinde und Theresa auf einer einsamen Irrfahrt hin und her.

»Gimli singen für Theresa. Theresa schlafen. Gimli nicht böse, nicht Angst machen, Theresa. Theresa lieb. Theresa nett. Gimli wollen richtig machen. Gimli nicht böse. Gimli Freund.« Mit diesen Worten endeten seine verzweifelten Ausführungen, und Theresa Rosenbauer kam ohne Hemmungen aus ihrem Bett gesprungen und warf sich dem Zwerg an den Hals. Der ließ sich das mit einem Ausdruck der absoluten Traurigkeit in den feuchten Augen willenlos gefallen

Der Arm mit dem Messer hing noch immer schlaff nach unten, die Tür stand halb offen, und fast war Gerlinde Rosenbauer versucht, die Gunst der Stunde zur Flucht zu nutzen. Doch sie wusste genau, dass Gimli sie nach wenigen Metern eingeholt hätte. Und dann wäre jeglicher Kredit bei ihm verspielt. Für immer. Außerdem tat ihr der Zwerg leid. Was für ein trauriger kleiner Kerl. Niemand hier hatte eine Ahnung, woher er kam oder was er überhaupt für eine Aufgabe hier unten hatte. Gerlinde Rosenbauer wusste nur, dass sie diesen Gnom schon immer irgendwie drollig gefunden und er sich auf Anhieb gut mit Theresa verstanden hatte. Seit sie Theresa mit der schwarzen Firmenlimousine von der Schule abgeholt und ihre Entführung vorgetäuscht hatte, war Gimli oft bei ihrer Tochter gewesen. Bei beiden hatte das wohl einen bleibenden Eindruck hinterlassen.

Gerlinde Rosenbauer zog Theresa behutsam von dem Zwerg weg, dann sagte sie mit sehr ernster Stimme: »Gimli, du musst mir etwas versprechen.« Sie schaute ihn an, doch er stand nur reglos da. »Gimli, ich habe einen großen Fehler gemacht. Einen sehr großen. Da draußen sind böse Menschen, Gimli. Du weißt, dass sie böse sind, und ich weiß, dass du gehorchen musst, mein kleiner Freund, aber vielleicht wird irgendwann der Moment kommen, in dem du dich entscheiden musst zwischen dem Befolgen ihrer Anweisungen und dem Guten.«

Vorsichtig nahm sie die Hand des Zwerges und legte sie in die ihre. »Ich möchte dich nur um eines bitten. Pass auf Theresa auf. Egal, was hier alles noch passiert, und egal, was diese Männer dort draußen dir befehlen, pass auf Theresa auf, Gimli. Versprichst du mir das?«

Ihre Hand hatte die des Zwerges fest gepackt und schüttelte sie jetzt. Gimli wirkte, als würde er aus einem Traum erwachen. Er trat einen Schritt zurück. Waren das Tränen, die Gerlinde Rosenbauer da in seinen Augen entdeckte? Theresa hatte ihr braunes Pferd in den Arm genommen und blickte unschlüssig zwischen ihrer Mutter und dem Zwerg hin und her. Warum sollte Gimli auf sie aufpassen? Dafür war doch jetzt wieder ihre Mutter zuständig. Dann drehte sich der Zwerg plötzlich um und verschwand durch die Tür. Als die sich lautlos hinter ihm schloss, sank Gerlinde Rosenbauer auf ihre Knie und vergrub ihr Gesicht stöhnend in den Händen.

Lagerfeld war wie üblich fast der Letzte, der am Morgen in der Dienststelle eintraf. Nur Manuela Rast und die Riemenschneiderin fehlten noch.

Alle waren bereits heftig am Diskutieren und Sondieren der neuen Lage. Haderlein hatte auch Fidibus dazugebeten, schließlich würde er von ihm noch die eine oder andere Genehmigung benötigen.

»Also, Herrschaften«, sagte der Hauptkommissar, »jetzt wird es ernst. Ich werde gleich interessante Neuigkeiten verkünden, und wenn auch anderen neue Erkenntnisse vorliegen, dann möchte ich diejenigen jetzt bitten, uns sofort davon zu unterrichten.«

Vincent Lacroix hob den Finger. »Nun, ich glaube, wir von der medizinischen Nachtschicht können etwas zum Fortschritt der Erkenntnisse beitragen.«

Alle Augen richteten sich gespannt auf den kugeligen Schweizer, der auf seinem Stuhl wirkte wie ein gut gelaunter, schwatzender Gymnastikball.

»Wir haben heute Nacht herausgefunden, was ›Yellowstone‹ ist und worin seine wertvollen Eigenschaften liegen. Aber statt eine umständliche wissenschaftliche Erklärung abzugeben, habe ich mir eine kleine Vorführung ausgedacht. Wenn ich die Herren Schmitt und Huppendorfer zu Demonstrationszwecken zu mir bitten dürfte?« Huppendorfer und Lagerfeld schauten sich zweifelnd an, kamen aber der Aufforderung nach.

Lacroix fuhr fort. »Wenn ich richtig verstanden habe, dann sind Sie, Herr Huppendorfer, hier die Sportskanone, oder?«

Huppendorfer lächelte schief. Es war allgemein bekannt, dass er bei den Sportabzeichen alle vom Revier in die Tasche steckte.

Lacroix zeigte nun auf Lagerfeld. »Und dieser junge Mann hier muss das genaue Gegenteil davon sein, was ich so gehört habe, nicht wahr?« Alle in der morgendlichen Runde lachten auf. Lagerfeld inklusive, da machte er sich keine Illusionen. Die Sportprüfung bestand er immer nur mit zwei zugedrückten Augen des Sportbeauftragten der Polizei. Die Raucherei hatte über die Jahre ein Übriges zu seiner katastrophalen Fitness hinzugetan.

Lacroix machte ungerührt weiter und begab sich wie ein Kampfrichter in die Mitte des Raumes. »Nun, ich möchte die beiden Herrschaften bitten, für eine Demonstration zu einem kleinen Wettkampf anzutreten.«

Lagerfeld verzog das Gesicht. Doch nicht in aller Herrgottsfrühe! Immerhin: Er hatte erst vorhin sicherheitshalber wieder eine der gelben Pillen eingeworfen. Aber eigentlich bräuchte er erst einmal einen großen Kaffee und keine sportlichen Übungen. Außerdem war sowieso klar, wer von den beiden den Kürzeren ziehen würde. Was sollte also der Quatsch?

Doch Lacroix blieb unerbittlich. »Jetzt werden Sie so lange Liegestütze machen, bis einer von Ihnen beiden aufgibt. In Ordnung?« Fragend lächelte er in die Gesichter der beiden Morgenathleten.

Lagerfeld lachte. »Wenn Sie unbedingt wollen. Aber das wird ein ziemlich kurzer Wettkampf werden, Herr Blutarzt.« Alle anderen im Kreis nickten zustimmend und kapierten nicht, worauf Lacroix hinauswollte.

»Ich setze zehn Schweizer Franken auf Kriminalkommissar Bernd Schmitt, wer hält dagegen?«, sagte Lacroix laut. Ungläubiges Gemurmel war in der Runde zu hören, dann wurden hektisch Geldbeutel herausgekramt. Nach kurzer Zeit lag neben dem Schein des Schweizers ein großer Haufen Euroscheine, alle von den Unterstützern Huppendorfers. Nur Honeypenny ließ sich schlussendlich noch dazu hinreißen, ihre zehn Euro zu den Franken des Schweizers zu legen. natürlich nur aus tief empfundenem Mitleid für den armen Lagerfeld, wie sie öffentlich zugab.

Lacroix bat nun Haderlein, den Schiedsrichter zu spielen. Der Kriminalhauptkommissar hatte alles schweigend von der Seite aus betrachtet. Auch er hatte keinen Schimmer, worauf der Mann hinauswollte, aber er wollte ihm eine Chance geben, seine Demonstration durchzuführen.

»Also, ihr beiden Superkommissare!«, bellte er wie ein professioneller Galeereneinpeitscher. »Dann wollen wir mal. Es kann nur einen geben.« Zu Lagerfeld meinte er noch leise, aber gut hörbar und mit unverhohlenem Sarkasmus: »Also dann, Bernd, möge die Macht mit dir sein.«

Alle im Büro wieherten, und selbst Lagerfeld musste an sich halten. Die Chancen waren einfach zu ungleich verteilt.

Dann hob Haderlein den Arm, senkte ihn wieder und rief: »Auf geht's!«

Huppendorfer legte in seinem weißen Muscleshirt sofort los wie die Feuerwehr. Lagerfeld war nur unwesentlich langsamer, aber das war bei ihm am Anfang immer so. So bis zum Liegestütz dreiundzwanzig – wenn es gut lief, auch vierundzwanzig, fünfundzwanzig – war er dabei. Doch dann kam der große Leistungsknick. Das Nikotinloch. Dann ließ er sich auf seinen Bauch fallen und war der vollen Überzeugung, er müsse sterben. Und genauso würde es heute auch wieder ablaufen.

Die Umstehenden feuerten beide an. Bei Übungsstütz zwanzig fing Lagerfeld an, auf das bekannte taube Gefühl in seinen schlaffen Armen zu warten. Auf den Schmerz, den die Milchsäure verursachte, die aufgrund der Belastung seine Muskelfasern besetzte. Doch der Einbruch kam nicht. Zwei Tage nicht geraucht, und schon hatte sein Körper an Widerstandskraft zugelegt, dachte Lagerfeld stolz. Er beschloss, einen kleinen Zwischenspurt einzulegen und dann, nach dem kurzen Feuerwerk, das Handtuch zu werfen. Wenigstens wollte er mit fliegenden Fahnen untergehen.

Das kurze Feuerwerk dauerte unter allgemeinem Beifall bis Liegestütz zweihundertneunundsiebzig. Dann brach Haderlein den ungleichen Wettkampf ab. Huppendorfer lag ausgepumpt in seinem eigenen Schweiß am Boden, während Lagerfeld nur leicht angefeuchtet die ersten großspurigen Sprüche vom Stapel ließ. Man hatte den Eindruck, als sei er ehrlich enttäuscht über das viel zu frühe Ende des Wettbewerbs.

»Da seht ihr mal, was ein paar Zigaretten weniger alles ausmachen!«, rief er frohlockend in die Runde und hüpfte von einem Bein auf das andere.

Lacroix sagte nichts, sondern ging mit dem gewonnenen Geld spitzbübisch grinsend auf Honeypenny zu. »Hier, Madam, das ist unser gemeinsamer Anteil. Verfahren Sie damit, wie Sie möchten.« Honeypenny nahm den Haufen Scheine an sich und beschloss, den Betrag für die Honigkasse zu verwenden. Die litt eh permanent an chronischem Unterzucker. Haderlein wartete ebenso gespannt wie alle anderen auf die Erklärung für diese sensationelle Vorführung.

Lacroix tat ihnen bereitwillig den Gefallen. »Meine Herren, Kommissar Lagerfelds sportlicher Erfolg, den Sie hier bewundern durften, rührt tatsächlich nicht von seiner kurzen Nikotinabstinenz. ›Yellowstone‹, welches unser willensstarker Kommissar hier einnimmt, um seine Entzugssymptome zu mildern, wurde als Mittel gegen Demenz entwickelt, doch tatsächlich ist es ein leistungssteigerndes Mittel und, wie Sie eben gesehen haben, in seiner Wirkung einzigartig. Unser lieber Lagerfeld konnte nur deshalb gewinnen, weil er mit ›Yellowstone‹ vollgepumpt ist, so wie die Dinge liegen, dem besten Dopingmittel, das je erfunden wurde. Verantwortlich dafür sind sogenannte Kälteagglutinine, die in modifizierter Form eine immense Sauerstoffaufnahme des Hämoglobins ermöglichen. Das ist die Lösung des Problems. Doping ist also der Motor für all die begangenen Verbrechen.« Triumphierend schaute er zu Haderlein, während Lagerfeld am liebsten in irgendeinem Mauseloch verschwunden wäre.

Franz Haderlein interessierte der Seelenzustand seines Kollegen indes nur wenig. Doping? Das konnte doch nicht sein! »Geben Sie mir doch noch einmal die Liste mit den Namen der Toten«, sagte er ungeduldig zu Honeypenny. Schnell überflog er die Daten. Die Theorie konnte nicht stimmen!

»Aber Doktor Lacroix, auf meiner Liste kann ich nur drei Hobbysportler entdecken. Einen Radfahrer aus Mallorca, einen Hobbyhandballer aus Drosendorf und einen Mountainbiker aus Fürth. Dazu kommen noch ein Investmentbanker und ein Kind. Und schon allein, dass Freizeitsportler Opfer geworden sind, ist merkwürdig genug. Seit wann dopt man denn im Freizeitsportbereich? Und was sollen ein Investmentbanker und ein Kind mit Doping zu tun haben? Das ist doch verrückt.«

Über Lacroix' Gesicht legte sich ein trauriger Zug. »Ich bin ein renommierter Hämatologe, Herr Kommissar. Vor mir lagen schon Hunderte von Blutbildern, die mit Doping zu tun hatten. Glauben Sie mir, nach meiner Schätzung nimmt mindestens jeder Zehnte in unserem Kulturkreis leistungssteigernde Mittel zu sich. Und da bewege ich mich mit meinen Schätzungen wahrscheinlich noch am unteren Ende der Dunkelziffer. Ganz sicher gibt es überdrehte Banker, die den Kragen nicht voll genug bekommen, oder überehrgeizige Eltern, die aus ihren Kindern kommende Olympiasieger machen wollen. Koste es, was es wolle. Gesundheit ist doch egal, wenn es um den Stolz des Vaters oder der Mutter geht. Geben Sie sich keinen Illusionen hin, Haderlein, diese Welt ist krank. Hier geht es um Leistung, um Stress oder auch nur ganz banal um Geld. Das müssen Sie sich klarmachen, Herr Kommissar. Und glauben Sie mir, im Handel mit einem solch phantastischen Stoff wie ›Yellowstone‹ steckt mindestens so viel finanzielles Potenzial wie im Rauschgiftgeschäft.« Als Lacroix seinen Vortrag schloss, wirkte er überhaupt nicht mehr gut aufgelegt.

Im Büro war es still geworden. Haderlein schwieg einen Moment. Auf einmal war ihm fast alles klar. Jetzt bekam die ganze Geschichte endlich einen Sinn. Allerdings würde er, gesellschaftliches Problem hin oder her, kriminelle Akte dort bekämpfen, wo er sie antraf. Und er sah auch noch nicht die komplette Lösung des Falles. Schließlich wussten sie immer noch nicht, warum das Mittel außerhalb der Versuchsreihe in die Hände von anderen Menschen gelangt war. Warum einige Menschen an »Yellowstone« starben und andere, zum Beispiel sein Sonnenschein Lagerfeld, nicht.

Siebenstädter wusste Haderleins fragenden Blick sehr wohl zu deuten. Jetzt kam endlich sein Fachgebiet zu der ihm zustehenden Geltung. »Ihre Frage steht Ihnen ins Gesicht geschrieben, Haderlein. Ich habe mich heute die halbe Nacht mit derselben beschäftigt: Welches Plasmodium, also welcher Erreger sowohl im Mittelmeerraum als auch hier diesen seltsamen Tod auslösen konnte. Die einfache Antwort ist, dass es einen solchen Erreger nicht gibt.«

Lagerfeld, der sich inzwischen wieder gefangen hatte, schaute den Pathologen verdutzt an. »Wie, gibt es nicht? Irgendwer oder -was muss es doch wohl gewesen sein?«

Siebenstädter nickte und hielt dann einen Computerausdruck hoch, den er erst vor wenigen Minuten bekommen hatte. »Da haben Sie recht, Lagerfeld. Nachdem ich fachlich nicht weiterkam, was selten genug der Fall ist, beschloss ich, die medizinischen Werte des Blutbildes und eine fotografische Aufnahme des Elektronenmikroskopes aus dem Sandhofer Labor an das Institut für Tropenmedizin nach Würzburg zu senden.«

Haderlein hob erstaunt den Kopf. Jetzt kam er nicht mehr mit.

»Tropenmedizin? Wieso denn Tropenmedizin? Ist Bamberg neuerdings auf einen anderen Breitengrad verlegt worden?«, hakte auch Lagerfeld nach.

Siebenstädter setzte eine anerkennende Mine auf. »Gar nicht so schlecht, Ihre Vermutung. In gewisser Weise haben Sie sogar recht. Franken ist zwar nicht in die Tropen gewandert, aber dafür sind die Tropen zu uns gekommen.« Wieder schwenkte er den Ausdruck mit den undurchsichtigen Zahlenkolonnen über seinem Kopf hin und her. »Hier, das kam vor einer halben Stunde aus Würzburg zurück. Auf diesem Ausdruck befindet sich des Rätsels Lösung. Die Würzburger Analyse ist eindeutig. Es ist Malaria. Sie ist der Grund für den Kollaps der Blutkörperchen.« Triumphierend ließ er seine Worte nachwirken. Bevor er jedoch seine vorbereitete Bombe platzen lassen konnte, war jemand anderes schneller.

»Der Sturm!«, rief Haderlein und griff sich an den Kopf. »Der Hurrikan aus dem Mittelmeer hat die Malariamücken mitgebracht.« Er schüttelte den Kopf. Diese Welt wurde doch immer verrückter. Eine Tropenkrankheit in Bamberg!

»Die Anophelesfliege, um ganz genau zu sein«, schob Siebenstädter jetzt bis in sein Inneres frustriert hinterher. Dieser Kommissar war doch nicht so einfältig, wie er gehofft hatte. Sowieso kein guter Tag für ihn. Schließlich war mit der Diagnose der Würzburger auch sein »Morbus Siebenstädter« hinfällig.

»Das darf doch wohl nicht wahr sein, oder?«, schimpfte Lagerfeld ungläubig. »Und beim nächsten Hochwasser werden bei uns Krokodile angeschwemmt, oder was?« Haderlein warf ihm sofort einen vernichtenden Blick zu, woraufhin sein Lamentieren erstarb.

»Und was heißt das? Wie verfahren wir jetzt weiter mit der Malaria?«, mischte sich nun auch der noch immer verschwitzte Huppendorfer in die Diskussion ein. »Da müssen wir doch jetzt öffentlich davor warnen, oder nicht?«

»Ist bereits erledigt«, kam die Antwort von Fidibus, der an der Tür zu seinem Büro lehnte. »Ich habe das Bundesgesundheitsministerium gerade informiert. Die Geschichte geht nun ihren politischen Gang und uns nichts mehr an. Ich nehme an, das Ministerium wird eine allgemeine Malariawarnung für Nordbayern herausgeben.«

Doch Siebenstädter hatte noch etwas auf dem Herzen und eine Medikamentenschachtel in der Hand. Er ging auf Lagerfeld zu und steckte ihm die Packung kommentarlos in die Jackentasche.

»Was ist das?«, fragte der nun offiziell Gedopte misstrauisch.

»Doxycyclin. Ein Medikament zur Malariaprophylaxe. Zwei Stück am Tag, eine Woche lang. Tun Sie es einfach, Lagerfeld, und Sie haben eine gute Chance, nicht zu sterben. Ich an Ihrer Stelle würde es mir überlegen, sonst enden Sie womöglich noch mit orangeroten Augen auf meinem Tisch.«

Lagerfeld wurde blass. Er sagte keinen Ton mehr.

Haderlein hingegen erwachte aus seiner Überlegungsstarre. Die Fakten waren nun klar, er brauchte einen Plan. Aber dafür benötigte er keine Klausur, es war ziemlich logisch, wie nun vorgegangen werden musste. »Alle mal herhören!«, rief er, klatschte in die

Hände und ging zurück zu seinem Flipchart vom gestrigen Tag. »Auch ich bin ein Stück weitergekommen, und zwar, was das seltsame Verschwinden dieses Zwerges anbelangt.« Gebannt schauten alle Büroinsassen auf den Hauptkommissar, nur Lagerfeld wusste bereits, was kommen würde.

»Christian Rosenbauer hat Huppendorfer in einem letzten lichten Moment einen Hinweis hinterlassen, bevor er starb. Gimli und die Minen von Moria. Jeder, der den ›Herrn der Ringe‹ gelesen oder den Film gesehen hat, weiß, was uns Rosenbauer damit sagen wollte. Die Lösung des Rätsels liegt buchstäblich vor unseren Füßen, oder besser gesagt darunter. Dieser Mordfall wird unter der Erde zu lösen sein, wahrscheinlich sogar sehr tief darunter. Denn auch Bamberg hat seine Minen. Die alten Katakomben. Ein weitverzweigtes, uraltes Tunnel- und Höhlensystem im Sandstein unserer Stadt der sieben Hügel. Hineingehauen von den Bambergern in Hunderten von Jahren. Doch einen Unterschied zum ›Herrn der Ringe‹ gibt es. Pechmann und Konsorten haben dort unten kein Zwergensilber gehortet, nein, sie stellen etwas viel Besseres her. Ihr ›Mithril‹ heißt ›Yellowstone‹. Ein Goldesel, ein Geldscheißer, wie sie glauben. Und vor allem sind sie der festen Überzeugung, dass wir nie dahinterkommen, wo sie sich verstecken. Sie denken, sie könnten einfach mit ihrem ›Yellowstone‹ verschwinden. Aber wenn ich mich nicht sehr täusche, hat uns dieser Lieferschein aus der Wohnung der Rosenbauers verraten, wann sie flüchten wollen. Heute, am Montag, um dreiundzwanzig Uhr. Nun, dieses Unterfangen werden wir zu verhindern wissen. Jetzt brauchen wir einen Plan, wie wir die Bande aus ihrem Bau locken. Uns stellt sich das gleiche Problem wie Gandalf dem Grauen. Wie kommen wir hinein? Wie heißt das Zauberwort, das uns Einlass in das Bamberger Moria gewährt? Na, wer weiß es?« Haderlein schaute fast schon amüsiert in lauter ratlose Gesichter. Bevor er die Ratlosigkeit vertreiben konnte, öffnete sich die Bürotür, und Manuela Rast kam mit Riemenschneider auf dem Arm zur Dienststelle herein.

»Ja, da kommt ja unser Supersupersupersuperschweinchen!«, rief Marina Hoffmann begeistert und kniete sich zur Begrüßung auf den Boden. Sofort sprang Riemenschneider der Lebensgefährtin des Kommissars vom Arm und Honeypenny direkt in den

Schoß, um ihr unter Gelächter und aufbrandendem Applaus das Gesicht abzulecken, was ihr sofort einen Apfel einbrachte, den Honeypenny vorsorglich in ihrer Schreibtischschublade gebunkert hatte.

Haderlein nahm seine Manuela erst einmal in den Arm, dann sagte er feierlich in die Runde: »Und hier ist er, unser hochbegabter Türöffner: Riemenschneider wird uns den Weg weisen. Wenn es überhaupt jemand schafft, dann dieses Superschweinchen hier.« Er lächelte der Riemenschneiderin zu, deren Schwänzchen wie ein Flugzeugpropeller herumwedelte, und gab seiner Manuela einen Kuss.

Der Bärtige war auf dem Weg zu einem der zwei noch freien Ausgänge. Es gab ein letztes Problem. Vielleicht sogar ein großes, das er sicherheitshalber erst gar nicht mit Pechmann besprochen hatte. Solche Arbeiten erledigte er am besten selbst. Wie immer.

Der durchgeknallte Prediger, der in Untersuchungshaft saß, war eine tickende Zeitbombe. Vielleicht würde er sogar dichthalten, aber das war extrem unwahrscheinlich. Zwar würde bei einer Aussage sein sorgfältig gebastelter Heiligenschein wie ein Kartenhaus in sich zusammenfallen, aber dafür hätte er sein bequemes Leben wieder. Wenn die Rosenbauer den Typen nicht hier heruntergebracht hätte, dann ... Aber so hatte er alles gesehen, er hatte vor allem ihn gesehen. Und er kannte die Ausgänge. Nein, dieser Spinner würde irgendwann reden, und das konnte er nicht zulassen. Genauso wenig, wie diese Rosenbauer mit ihrer Tochter lebend das Tageslicht Bambergs wiedersehen zu lassen. Er hatte zwar andere Anweisungen, aber es standen größere Ziele auf dem Spiel. Bisher hatte er immer widerspruchslos erledigt, was man von ihm verlangt hatte, inzwischen schon jahrzehntelang. Aber jetzt war er an dem Punkt angelangt, an dem er ein neues Leben anfangen konnte. Durch »Yellowstone« würden alle Beteiligten unendlich reich werden. Nein, es war an der Zeit, reinen Tisch zu machen.

Haderlein schaute auffordernd in die Runde. »Also, ich warte auf Vorschläge.«

Lagerfeld meldete sich zu Wort. »Ich kapier das nicht ganz. Vor

Jahren habe ich mal eine Führung durch die Bamberger Katakomben mitgemacht. Erstens kommt man da nicht so einfach rein, und zweitens hab ich noch nie etwas von Katakomben auf der Michelsberger Seite gehört. Unsere Führung damals hat in der Nähe der Sternwarte stattgefunden, beim Spezikeller. Der Führer hat uns erzählt, dass die dreiundzwanzigtausend Quadratmeter Höhlenfläche alle unterm Spezikeller beziehungsweise drüben Richtung Kaulberg liegen. Wo, bitte, sollen dann also von Altenburg bis St. Getreu plötzlich Höhlensysteme herkommen?«

Haderlein hatte interessiert zugehört. An diesem Argument war etwas dran. Zum Glück hatte er mit Lagerfeld einen echten Bamberger im Team, der für solche Fälle einfach unersetzlich war. »Gibt's deinen Führer denn noch?«, fragte er.

»Den Katastrophen-Müller? Klar! Der war früher beim Katastrophenschutz, macht diese Spaziergänge aber noch ehrenamtlich für die Stadt weiter«, erläuterte Lagerfeld.

»Wie heißt der? Katastrophen-Müller?« Haderlein schüttelte resigniert den Kopf. Er hatte keine Ahnung, ob der Mann wirklich etwas draufhatte, aber jetzt konnten sie wirklich jede Hilfe gebrauchen. Und Lagerfeld kannte seine Bamberger, da war er der Kompetentere im Team. »Okay, Bernd, herschaffen den Mann, sofort. Ist mir egal, wo und wie du ihn auftreibst, wenn es sein muss, lass ihn einfliegen. Wir brauchen jemanden, der sich da unten auskennt. Noch weitere Vorschläge?« Haderlein schaute sich um.

Huppendorfer, der die letzte Stunde an seinem sportlichen Waterloo geknabbert hatte, warf ein: »Also, ich glaube, wir brauchen das SEK. Mit unseren Mitteln sind wir da überfordert. Die haben ganz andere technische Möglichkeiten, dagegen können wir nicht anstinken. Und die Jungs von der Bereitschaftspolizei sind zwar gut für die gerade laufenden Observationen und auch, wenn wir das Berggebiet absperren müssen, aber ausschließlich schwere Bewaffnung reicht da nicht. Das wird ein aus technischer Sicht hoch komplizierter Einsatz, das will ich nur einmal gesagt haben.« Besorgt lehnte er sich wieder in seinen Stuhl zurück.

Haderlein nickte. »Wahrscheinlich haben Sie recht, Huppendorfer. Wir wissen nicht, wie viele da unten sind, wie und ob die bewaffnet sind. Wir brauchen das SEK. Kümmern Sie sich drum.«

Huppendorfer nickte befriedigt und hob gleich noch einmal die

Hand. »Und wenn wir schon dabei sind, egal, was die da unten treiben, die brauchen doch Strom, Wasser, Toiletten und Ähnliches.«

»Das stimmt, das habe ich mir auch schon überlegt«, warf Lagerfeld ein. »Es muss doch herauszufinden sein, wo und wie in der Gegend übermäßig viel Strom oder Wasser verbraucht wird, oder nicht? Für etliche Tonnen Chemikalien, die zu einem Medikament verarbeitet werden, braucht man doch Energie, und zwar nicht wenig.«

»Ihr habt recht«, sagte jetzt Haderlein nachdenklich. »Wenn wir die Energiequelle finden, könnten wir sie abschalten. Außerdem muss das Höhlensystem belüftet werden. Wenn wir das finden, könnten wir ungefähr lokalisieren, wo sie sich aufhalten.« Haderleins anfängliche Begeisterung hielt sich nun wieder in Grenzen. »Aber alles nur eben wenn. Bis jetzt wissen wir gar nichts bis wenig, haben nur drei mutmaßliche Eingänge bei Bartosch, der Villa Rosenbauer am Abtsberg und auf der Altenburg.«

Huppendorfer verzog das Gesicht und schaute zweifelnd in Lagerfelds Richtung. In Gedanken überflog er eine Karte vom Bamberger Berggebiet. »Sag mal, Bernd, bist du dir mit der Altenburg wirklich sicher? Du weißt doch, wie weit die vom Abtsberg und der Lorbersgasse entfernt ist? Das wäre ja ein irrsinnig langer Tunnel, so etwas kann es doch gar nicht geben.« Der Computerexperte schüttelte den Kopf.

»Seit einer Woche passiert hier dauernd Zeugs, das wir vorher nie geglaubt hätten«, sagte Lagerfeld ernsthaft und unflapsig wie selten zuvor. »Ich schließe erst einmal gar nichts aus. Wir hatten jetzt innerhalb von wenigen Tagen Hurrikans, Tornados und Malariamücken, da kommt's auf einen Megatunnel auch nicht mehr an. Fest steht, dass dieser Pechmann vor meinen Augen in der Altenburg verschwunden ist und dann wie vom Erdboden verschluckt war. Ich sage dir, da gibt's einen Gang, da würde ich meine Stiefel für verwetten.«

Huppendorfer hob die Hände, als wollte er sagen: Schon gut, ich hab ja nur mal gefragt.

»Okay, dann ist ja alles geklärt.« Haderlein schaute auf seine Uhr. »Es ist gleich zehn Uhr. Wir machen jetzt erst einmal eine Unterbrechung, und dann treffen wir uns in zwei Stunden wieder hier. Bis dahin möchte ich das SEK, diesen Tunnelmenschen und eine Zusatzeinheit von der BePo hier haben. Und du, Bernd, sagst noch den Leuten von der Gemeinsamen Einsatzgruppe Rauschgift in Nürnberg Bescheid, die sollen sich mit allen verfügbaren Informationen über diese Chinesen sofort auf den Weg machen. Zur Mittagszeit will ich hier einen großen Kriegsrat halten und dann möglichst zügig da unten rein. Das Zeitfenster drängt.«

Der Beamte der Bereitschaftspolizei stutzte einen Moment, dann schaute er noch einmal durch das auf einem Ständer montierte Fernrohr. Der Arzt mit dem grauen Vollbart war neu für ihn. Den hatte er hier im Klinikum St. Getreu noch nie gesehen. Wo war der denn auf einmal hergekommen? Sicherheitshalber machte er ein Foto von dem Typen, der in seinem weißen Arztkittel gerade Richtung Parkplatz ging. Da sich von seinem Versteck aus eine weitere Beobachtung auf dem Parkplatz nicht durchführen ließ, griff der Beamte zum Telefonhörer. Sie durften auf gar keinen Fall eingreifen, sondern ausschließlich beobachten, so die strenge Anweisung. Es sei denn, Leib und Leben von Menschen standen auf dem Spiel.

Der Beamte trat wieder an sein Fenster, um das Klinikum weiter zu beobachten. Dass der bärtige Mann mit einem Auto das Klinikgelände bereits wieder verlassen hatte, war ihm während seines Anrufs entgangen.

Gimli saß in dem hell erleuchteten weißen Raum. Seine Beine schwebten in der Luft, denn der Stuhl des Konferenzzimmers war wie üblich für normale erwachsene Menschen gebaut worden. Vor ihm auf dem Tisch stand eine Art Dose mit einem roten Knopf und einem Metallstift.

»Es ist ganz einfach, Gimli«, sagte Leonhard Pechmann, der am anderen Ende des langen Tisches gerade an seinem Bier schnupperte. Der optische Gegensatz zwischen den beiden Männern hätte nicht größer sein können. Der zwei Meter große Exbasketballer auf der einen Seite und der in seiner grauen Kutte altertümlich wirkende Kleinwüchsige auf der anderen.

»Du stellst die Dose in das Zimmer, ziehst den Splint, drückst den Knopf, und dann gibt's eine Überraschung. Ganz einfach. Das schafft sogar so ein einfältiger Holzkopf wie du.« Er lachte schrill über seinen eigenen Witz.

Gimli wusste nicht so recht, was er von der Dose halten sollte. Pechmann hatte ihm zwar erklärt, sie wäre ein Spielzeug, so ähnlich wie ein Tischfeuerwerk, aber irgendwie hatte ihn ein ungutes Gefühl bei der Sache beschlichen. Er hatte so eine Dose schon einmal irgendwo gesehen, doch die Erinnerung war tief unten in seinem Gedächtniskeller verborgen. Er kam an sie nicht mehr heran.

»Hallo, Gimli, jemand zu Hause?« Pechmann schnippte mit den Fingern. Der Zwerg schreckte aus seinen Gedanken auf. »Ach Gott, passt irgendetwas nicht? Was ist, Gimli? Hat jemand von deinem Tellerchen gegessen? Hat jemand dein Gäbelchen berührt?« Pechmann brach wieder in schallendes Gelächter aus, dann wurde er urplötzlich streng und laut. »Schluss mit dem Blödsinn, Gimli. Du machst jetzt, was ich dir gesagt habe, verstanden?« Der Kleinwüchsige zuckte zusammen und rutschte erschrocken von seinem Stuhl.

»Gimli machen«, stieß er erschrocken aus, nahm die Dose und wackelte so schnell er konnte aus dem Raum. Er ging den langen, schwach beleuchteten Tunnel entlang, bis er die Fabrik erreichte. Die Menschen mit der fremden Sprache schnatterten in einem fort. Offensichtlich waren sie in großer Eile und damit beschäftigt, die gelben Tabletten, die sie in monatelanger Arbeit hergestellt hatten, in Plastikbeutel zu verschweißen. Andere wiederum steckten die Beutel in einen großen Pappkarton, auf dem in grüner Schrift »Blumendünger« geschrieben stand. Niemand beachtete ihn, als er die große Halle durchquerte und an den konzentriert arbeitenden Fremden vorbeiging. Vor ihm lag eine Aufgabe, die er zu erledigen hatte.

Die strenge Stimme des Herrn hatte sämtliche Zweifel aus seinem Bewusstsein vertrieben. Er würde zu Theresa und ihrer Mutter gehen und dort den Knopf des Spielzeugs drücken und den Stift ziehen. Ihm war egal, ob es ein lustiges Feuerwerk geben würde oder nicht. Alles, was er wollte, war, keinen Ärger zu bekommen.

Haderlein legte den Telefonhörer auf und überlegte kurz. »Manuela, du bleibst bitte mit der Riemenschneiderin hier und wartest, bis ich wiederkomme. Ich muss noch einmal schnell nach St. Getreu, irgendetwas scheint da im Busch zu sein. Außerdem ist es Zeit, diesem Waldmüller noch einmal auf den Zahn zu fühlen.«

Manuela Rast schaute ihrem Kommissar ins Gesicht und spürte seine Anspannung. Während sie Riemenschneider streichelte, fragte sie ihn vorsichtig: »Jetzt wird's langsam ernst, oder?«

Haderlein nickte gequält »Ja, jetzt wird's langsam ernst. Aber so ist das manchmal in diesem Job.« Er zuckte fast hilflos mit seinen Schultern, als er seine Jacke nahm.

»Pass auf dich auf«, sagte sie leise und bedachte ihn mit einem warmen Blick.

Er lächelte ihr dankbar zu und winkte dann Lagerfeld zu sich.

Der Beamte des Untersuchungsgefängnisses tastete den Anwalt von oben bis unten hin ab. Selbst die Aktentasche des Juristen wurde durch einen Spezialscanner gezogen. »Das sind die Medikamente, die ich ihm bringen soll«, meinte der Bärtige und hielt eine Schachtel mit dem dazugehörigen Rezept in die Höhe.

»In Ordnung«, sagte der Beamte und führte ihn zu der Zelle Nummer 9.

Er hob kurz die Klappe des kleinen Sichtfensters in der massiven Tür, dann meinte er mit einem schiefen Grinsen: »Der Gesalbte schläft schon wieder. Ich glaube, Sie müssen ihn erst wecken. Der verschläft sogar seinen eigenen Weltuntergang, wenn er nicht aufpasst.« Dann öffnete er die Tür. »Einfach klopfen, wenn Sie wieder rauswollen, ich bin gleich um die Ecke.« Damit schloss er die Zelle.

Daniel Brosst öffnete verschlafen die Augen. Hatte er gerade etwas gehört, oder war das nur wieder ein Signal aus einem anderen Universum gewesen? Er wollte sich schon umdrehen, aber in diesem Moment beugte sich ein Mann mit grauem Bart über ihn und drückte ihn sehr bestimmt in die Horizontale.

»Der Weltuntergang ist gekommen, Gesalbter«, flüsterte eine kalte Stimme in sein Ohr. Ein panischer Schauer durchflutete seinen Körper, er wollte sich von der Zellenwand wegdrücken, aber das ließ der Bärtige nicht zu. Seine Hände umfassten Brossts Kopf mit beiden Händen und drehten ihn ruckartig nach hinten. Mit einem trockenen Knacken brach das Genick. Der Bärtige erhob sich und legte die Decke wieder genauso über die Leiche, wie er sie vorgefunden hatte. Dann erhob er sich und klopfte dreimal ruhig, aber bestimmt gegen die Tür.

»Was? Schon fertig?«, fragte der Beamte erstaunt. »Das waren ja nur ein paar Minuten.«

Der Bärtige setzte ein verärgertes Gesicht auf. »Mein Klient will heute nicht reden, sondern lieber weitermeditieren. Ich habe ihm die Medikamente dagelassen und mich gleich wieder zurückgezogen.«

Der Vollzugsbeamte lachte und schaute neugierig durch das kleine Fenster. Dieser Spinner schlief tatsächlich schon wieder.

»Mir soll es egal sein. Der Kunde ist König«, sagte der Anwalt jovial. »Ich bekomme zweihundertfünfzig Euro pro halbe Stunde.« Er lächelte. »Und ab morgen sogar mehr, viel mehr.«

Der Vollzugsbeamte schüttelte noch voller Unverständnis den Kopf, als er die Außentür des Gefängnisses hinter dem Anwalt wieder geschlossen hatte. Zweihundertfünfzig Euro für eine halbe Stunde? Für ein solches Salär musste er einen Haufen Zellentüren auf- und zuschließen. Diese Welt war nicht gerecht, und sie würde es auch nicht mehr werden. Grummelnd begab er sich auf seinen üblichen Rundgang.

Als der Zwerg das Zimmer betrat, drehte sich Gerlinde Rosenbauer erschrocken um. Nur Theresa rief erfreut »Gimli!« und wollte auf ihn zulaufen. Ihre Mutter erwischte sie gerade noch am Ärmel und hielt sie zurück.

»Was machst du da, Mama?«, rief Theresa ärgerlich und versuchte, sich mit aller Macht ihr zu entziehen. Endlich einmal eine Abwechslung in diesem langweiligen Zimmer. Sie wollte zu dem kleinen Mann und mit ihm spielen. Vielleicht würde er wieder für sie singen? Doch ihre Mutter hielt sie mit eisernem Griff fest.

»Was hast du da, Gimli?«, fragte sie und starrte auf die schwarze Dose, die der Zwerg in der Hand hielt. Der kleine Mann lächelte kurz und stellte das schwarze Ding vor sich auf den Boden.

»Gimli bringen. Gimli spielen. Lustig!« Mit breitem Lächeln schaute er vergnügt in die Runde.

»Au ja, au ja!«, rief Theresa Rosenbauer begeistert und verstand immer weniger, warum sie nicht zu dem neuen Spielzeug durfte.

Doch Gerlinde Rosenbauer presste ihre Tochter an die Wand und sagte in einem drohenden Ton, in dem sie noch nie zu ihr gesprochen hatte: »Theresa, du wirst jetzt verdammt noch mal hier stehen bleiben und dich nicht vom Fleck rühren. Und wehe, du bewegst dich auch nur einen Zentimeter von dieser Wand weg, verstanden?«

Das Mädchen schaute ihre Mutter erschrocken an, unfähig zu antworten. Was war denn los? Sie wollte doch nur mit Gimli spielen.

»Ob du mich verstanden hast?«, schrie Gerlinde Rosenbauer jetzt ihre Tochter an und schüttelte sie, dass der Kopf von Theresa hin und her flog. Dann ließ sie von ihr ab, und Theresa glitt eingeschüchtert und leise weinend auf den Boden. Gerlinde Rosenbauer wandte sich wieder Gimli zu, der verblüfft das Geschehen verfolgt hatte. Was war hier los, warum der Streit? Er wollte doch bloß nett sein. Gefiel den beiden das neue Spielzeug nicht? Gerlinde Rosenbauer machte vorsichtig zwei Schritte auf den Zwerg zu und setzte sich dann langsam im Schneidersitz vor ihm auf den Boden.

»Das da ist kein Spielzeug, Gimli«, sagte sie sanft. »Das ist Gas. Wenn du auf diesen Knopf da drückst, werden wir alle sterben. Du, ich und auch Theresa.« Sie schaute ihn direkt an, wusste aber nicht, ob er verstanden hatte, was sie ihm gerade gesagt hatte. »Hast du verstanden, Gimli, diese schwarze Dose wird uns töten. Das ist Gas.« Sie merkte, wie es in dem kleinen Mann heftig arbeitete.

Schließlich meinte er verunsichert: »Herr sagen, das Spielzeug. Überraschung Theresa.«

Gerlinde schloss die Augen. Wenn sie schon sterben sollten, warum dann so, auf diese niederträchtige Art und Weise? Aber noch lebten sie. Sie öffnete wieder ihre Augen.

»Gimli, wer hat dir diese Dose gegeben? War es Leonhard?« Sie musste nicht weiter nachfragen. Sie sah die Antwort in seinen Augen. Natürlich Leonhard. Nur er war zu so einer feigen Tat fähig. Der Bärtige hätte die ganze Angelegenheit wenigstens schnell und vor allem selbst erledigt. Nur so ein mieser Charakter wie Leonhard brachte es fertig, einen ahnungslosen Zwerg zu schicken, um ein Kind, eine Frau und auch noch sich selbst zu ermorden.

Gimlis Hand ergriff die Dose. »Gimli spielen«, sagte er mit trotziger Stimme. Er hatte keine Lust mehr, andauernd angemeckert zu werden. Er wollte jetzt einfach nur eine nette Zeit mit Theresa verbringen. Sein kleiner Daumen legte sich entschlossen auf den roten Knopf.

Haderlein betrachtete kurz das Bild des bärtigen Arztes, das ihm auf das Handy gesendet worden war. Den würden sie überprüfen. Aber erst würde er noch einmal unverfänglich diesen Waldmüller befragen. Er war schon sehr gespannt, was er zu seiner Unterschrift auf dem Lieferschein über mehrere Tonnen Chemikalien zu sagen hatte. Sie parkten den Landrover und begaben sich in den Eingangsbereich des Klinikums. Gerade als sie sich bei einer Schwester erkundigen wollten, wo sie Dr. Waldmüller finden konnten, wurde Haderlein von Lagerfeld vorsichtig in die Seite gestoßen. Am anderen Ende des Ganges sahen sie den Leiter des Klinikums in ein aufgeregtes Gespräch verwickelt.

»Den anderen kennen wir doch auch, oder nicht?«, meinte Lagerfeld erstaunt.

Auch Haderlein war verblüfft, den Bartosch-Produktionsleiter Eichberg hier zu sehen. Beide Männer schienen sehr aufgeregt zu sein. Als Lagerfeld schon losstürmen wollte, um die hitzige Diskussion zu stören, hielt ihn Haderlein zurück. »Lass mich das mal machen, ich hab da so eine Idee. Und Bernd«, er blickte seinen Kollegen bedeutungsschwanger an, »du musst mir jetzt bitte dabei helfen.«

Lagerfeld streckte sich. Eine Bitte von seinem Vorgesetzten? Natürlich würde er die erfüllen. Es kam ja selten genug vor, dass der um Hilfe bat. »Natürlich, Franz, was kann ich denn für dich tun?«, meinte er gönnerhaft.

Das bittende Gesicht Haderleins verwandelte sich wieder in das des nüchternen, entschlossenen Kommissars. »Du sagst jetzt nichts mehr, bis wir wieder draußen sind. Halt einfach deine Klappe. Ich werde es dir später erklären.« Dann ging er in Richtung der beiden Diskutanten los, ein verdatterter Lagerfeld folgte ihm hinterher.

»Dürften wir einen Moment stören?«

Waldmüller drehte sich um. Was sollte das denn? Jeder in diesem Klinikum hatte zu warten, wenn er gerade in ein Gespräch vertieft war. Dann bemerkte er, wer da vor ihm stand. »Oh, Herr Kommissar, welche Ehre!« Mit seiner Körpersprache drückte er das genaue Gegenteil aus. Auch Heinz Eichberg reichte den beiden Kommissaren eilfertig die Hand. Die beiden Herren wirkten wie zwei Schulbuben, die beim Anschauen eines Pornoheftes auf dem Mädchenklo erwischt worden waren. Ihre zur Schau getragene Leichtigkeit wirkte gequält.

»Was können wir für Sie tun, Herr Haderlein? Heute mal ohne Schwein unterwegs, haha?« Auch Eichberg stimmte diensteifrig in das knappe Gelächter Waldmüllers ein, der sich schnell wieder gefangen hatte und nun sehr beherrscht wirkte.

»Alles zu seiner Zeit, Herr Waldmüller. Nun, es ist so, dass wir noch ein paar Fragen an Sie beide hätten. Im Moment sind wir in einer anderen Angelegenheit unterwegs, aber wenn Sie so freundlich wären, heute Nachmittag in unserer Dienststelle vorbeizuschauen?«

Lagerfeld musste sich zusammenreißen. Was redete sein Vorgesetzter denn da für einen Müll zusammen? Ihnen brannten doch extrem wichtige Fragen unter den Fingernägeln, sie hatten doch vorgehabt, den Mann mit seiner verräterischen Unterschrift zu konfrontieren, was sollte also jetzt dieser sinnlose Quark? Was hatte Haderlein mit diesem Gefasel vor?

Die beiden Herren zeigten zuerst keine Reaktion. Doch während Waldmüller einfach cool blieb, konnte es sich Eichberg nicht verkneifen, dem Arzt einen hektischen Blick zuzuwerfen. Kleine Schweißtropfen hatten sich auf seiner Stirn gebildet.

»Fragen? Was für Fragen?«, wollte Waldmüller misstrauisch wissen. Auch Kommissar Bernd Schmitt hätte gern Genaueres gewusst.

Doch Haderlein ließ nur ein jungenhaftes, unbekümmertes Lächeln aufleuchten und sagte, so unverfänglich es nur ging: »Nichts Besonderes. Wir haben da ein paar Gesichter in unserer Datei, die Sie sich besser mal anschauen sollten. In dem Fall mit Ihren toten Rentnern kommen wir nicht so recht weiter.« Unschuldig grinste er Waldmüller an.

Eichbergs Schweißtropfen wurden immer größer und größer, während der Mediziner äußerlich gelassen blieb. Kühl erwiderte er den Blick des Kommissars und schaute dann konzentriert auf seine Armbanduhr. Falls er nervös war, überspielte er das bravourös. »Das kommt mir heute äußerst ungelegen, Herr Kommissar«, sagte er entschuldigend. »Ist es denn sehr wichtig? Vielleicht können wir das Treffen ja verschieben?« Er schaute wieder von seiner Uhr auf und Haderlein fragend, aber gelassen an. Eichberg dagegen hatte ein Taschentuch herausgeholt und tupfte sich damit die Stirn ab.

Jetzt, dachte sich Lagerfeld, jetzt war es an der Zeit, die Fragen zu stellen, deretwegen sie gekommen waren.

Aber Haderleins Plan sah anscheinend anders aus. Die Fragen wurden nicht gestellt. »Oh, kein Problem«, meinte der Hauptkommissar relaxt und fröhlich. »Wie wäre es dann mit morgen früh? So um zehn? Würde Ihnen das besser passen?«

»Sehr viel besser!«, preschte nun Eichberg nach vorn. »Auch für mich wäre das ein wesentlich passenderer Termin. Heute ist alles sehr gedrängt, wissen Sie?«

Der Arzt warf Eichberg einen kurzen, undefinierbaren Blick zu, worauf sich Eichberg wieder schleunigst zurück ins Glied begab. Waldmüller steckte seine Hände in die Taschen seiner Arztjacke. »Einverstanden, Herr Kommissar. Dann morgen früh, pünktlich um zehn. Wir werden da sein. Kann ich Ihnen sonst noch weiterhelfen?«

Haderlein streckte seine Hand aus. »Ich denke nicht, das war's eigentlich.« Auch der Mann der Firma Bartosch bekam einen warmen Händedruck vom Kommissar, bevor sich dieser umdrehte und ruhig und ohne Eile wieder Richtung Ausgang ging. Ein kaum merklicher, doch entschlossener Zug umspielte seine Lippen.

Lagerfeld platzte fast, aber er schaffte es tatsächlich, sich zurückzuhalten, bis sie im Auto saßen. »Du hast mir jetzt bestimmt etwas zu erzählen, Franz?« Sein etwas bockiger Tonfall ließ Haderlein absolut kalt. Er startete den Motor des Landrovers.

»Weißt du, Bernd, wie die Ameisen ihr Futter finden?« Haderlein war die Ruhe in Person, während es seinen Kollegen vor Neugierde schier zerriss.

»Ameisen? Wieso Ameisen? Sag mal, Franz, bist du jetzt völlig durchgedreht? Warum hast du diesem Waldmüller nicht seine verfickte Unterschrift auf dieser Scheißquittung unter die Nase gehalten? Ohne logische Erklärung hätten wir den doch gleich einkassieren können!« Bernd Schmitt war echt sauer. Da lag das Steak fix und fertig zubereitet auf dem Teller, und er durfte es nicht essen. Und nicht nur das, nein, er musste sogar wieder wegfahren und seine Mahlzeit kalt werden lassen. Das sollte verstehen, wer wollte. Er jedenfalls nicht.

Haderlein verkniff sich ein Lächeln. Er konnte seinen Kollegen ja gut verstehen. Auch er hätte auf ein solches Vorgehen normalerweise mit völligem Unverständnis reagiert. Trotzdem erschien es ihm besser, seine Taktik erst später im Beisammensein aller zu besprechen. Aber eine Kleinigkeit konnte er Lagerfeld ja wenigstens wissen lassen.

»Bei den Ameisen ist das nämlich so, Bernd. Die haben richtige Pioniere, die das Futter suchen. Die werden erst mal vorausgeschickt. Und wenn diese Scouts dann Nahrung gefunden haben, einen toten Käfer oder so, dann legen sie von dem Käfer zum Bau eine Spur aus Pheromonen. Das sind die Duftstoffe der Ameisen, mit denen sie sich untereinander verständigen. Anhand dieser Duftstoffe findet dann das Ameisenvolk den Käfer und transportiert ihn in den Bau. Und so ähnlich werden wir es in diesem Fall auch anstellen, verstehst du, Bernd?«

Nein, das tat er nicht. Und er gab sich auch keine Mühe, sein Nichtbegreifen zu kaschieren. Das war doch völliger Nonsens, was er da zu hören bekam. Ameisen und Pheromone? Lächerlich, totaler Quatsch! Dazu noch unbegreiflich. Das war einfach eine Etage zu hoch für ihn. »Die Herrschaften waren doch völlig nervös, zumindest dieser Eichberg. Mit denen ist doch was oberfaul, oder etwa nicht, Franz?«

Haderlein musste jetzt doch lächeln, während er den Freelander durch Bamberg lenkte. Er wusste genau, dass Lagerfeld seine Argumente nicht verstehen konnte. Und natürlich waren die beiden Herren nervös gewesen. »Eben drum«, murmelte er leise, »eben drum.«

»Gimli, hör mir bitte zu«, unternahm Gerlinde Rosenbauer einen letzten Versuch, das Unvermeidliche abzuwenden. »Gimli, in diesem Spielzeug hier ist Gas. Es wird ein weißer Nebel austreten, und wenn wir den einatmen, sind wir tot.« Mit wellenartigen

Handbewegungen simulierte sie Bodennebel. »Zschschschsch … Sterben, verstehst du, Gas?«

Der Zwerg zuckte zusammen. Das zischende Geräusch, das Theresas Mutter imitiert hatte, um das austretende Phosgen nachzuahmen, hatte etwas tief in seinem Inneren berührt. Eine alte, vergrabene Erinnerung war wieder zum Leben erweckt worden und trieb nun immer klarer werdend an die Oberfläche von Gimlis Bewusstsein. Seine Augen flackerten, und seine Hand stellte die Dose wieder zitternd auf den Boden zurück. Die Augen des Zwerges weiteten sich, und mit einer fast kindlichen Stimme sagte er: »Nicht spielen. Gefährlich. Mama verboten. Nicht Spielzeug. Sterben. Mama schimpfen. Mama böse. Gefährlich. Nicht spielen, gefährlich. Sterben.«

Der kleine Mann hatte sich mit dem Rücken an die Tür gestellt. Sein Atem kam stoßweise. Die Arme hatte er weit ausgestreckt, seine Hände presste er mit den Innenflächen gegen das Türblatt. Seine Erinnerung aus frühester Jugend hatte ihn wieder. Er kannte diese Dose, und jetzt wusste er auch wieder, was ihm seine Mutter gesagt hatte, was passieren würde, wenn er damit spielte. Damals war sie unglaublich böse mit ihm gewesen. Alles fiel ihm jetzt wieder ein.

Gerlinde Rosenbauer hatte die plötzliche Veränderung des Zwerges voller Erstaunen mitverfolgt. Jetzt schien sich der arme Kerl wieder etwas beruhigt zu haben. »Du hast mich verstanden, nicht wahr, Gimli?«, fragte sie voller Hoffnung. »Du darfst das Spielzeug nicht benutzen. Pechmann hat dich belogen. Er will, dass Theresa und ich sterben. Er will, dass du stirbst, verstehst du? Auch du sollst tot sein.«

Gimli hatte verstanden. Eine Welt brach für ihn zusammen. Alles war nur gelogen gewesen. Der, dem er immer treu gefolgt war, hatte ihn nur benutzt, um ihn jetzt einfach umzubringen. Ihn und den nettesten Menschen, den er in seinem Leben bisher getroffen hatte. Theresa, die nun völlig verängstigt auf der anderen Seite des Raumes saß und weinte. Gimli fasste einen fundamentalen Entschluss. Blitzschnell hob er die Dose vom Boden und ließ sie in den Tiefen seines grauen Gewandes verschwinden. Dann drehte er sich um und verließ wortlos das Zimmer. Mit einem leisen »Plopp« fiel die Tür in das elektronische Schloss.

Der Bärtige betrat den Raum und schaute sich um. »Wo ist Gimli?«, fragte er knapp, während er seine Aktentasche in die Ecke warf.

Pechmann, der gerade am Computer saß, hörte nur mit einem Ohr hin. »Den hab ich mit einer wichtigen Aufgabe betraut. Einer sehr wichtigen«, schob er noch hinterher und lächelte dabei.

Der Bärtige verzichtete darauf, sich die merkwürdige Andeutung erklären zu lassen. Es gab weiß Gott Wichtigeres zu tun. »Unseren Propheten gibt es nicht mehr«, sagte er, so als ob ein Waschmittel im Supermarkt gerade vergriffen sei. »Wie sieht es mit dem Verpacken aus, liegen wir in der Zeit?«

Pechmann lächelte noch immer, nahm seinen Blick aber nicht vom Bildschirm. »Wir liegen gut in der Zeit. Im Prinzip sind die Schlitzaugen fast fertig. Ich schätze, wir können in spätestens einer Stunde zu Ausgang Nummer vier aufbrechen.«

Der Bärtige setzte sich auf einen Stuhl am Tisch und dachte kurz über die Situation nach. Es gab noch andere unerledigte Aufgaben. Prüfend blickte er Leonhard Pechmann an. »Was ist mit der Sache Rosenbauer?«, fragte er mit schneidender Stimme.

»Bin gerade dabei, alles zu erledigen«, erklärte ihm Leonhard Pechmann und drehte sich lässig auf seinem Bürostuhl zu ihm um. Er hattte alles im Griff. Es gab für sein Gegenüber keinen Grund, in sinnlosen Stress zu verfallen.

Der Bärtige runzelte die Stirn. Was sollte das schon wieder heißen? Dann müsste der Mediziner im Moment doch Leichen beseitigen?

Pechmann sah den aufkeimenden Ärger des Bärtigen und beschloss, ihm lieber reinen Wein einzuschenken. »Gimli erledigt die Sache. Die und sich selbst. Drei Fliegen mit einem Schlag. Da muss erst einmal jemand draufkommen, oder?« Beifallheischend schaute er den Bärtigen an.

Der hatte seine schlanken Hände flach vor sich auf den Tisch gelegt und konnte nicht glauben, was er da hörte. »Das ist nicht wahr, oder?«, stieß er aus. Aber er kannte die Antwort. Dieser verdammte Idiot. Er hatte gewusst, dass der überhebliche Sack nicht den Mumm dafür besitzen würde. Später würde er mit diesem arroganten und unfähigen Arsch abrechnen. Die Pistole im Laufen entsichernd, machte er sich auf den Weg zu dem entfernten Zimmer, in dem Theresa und Gerlinde Rosenbauer eingeschlossen waren. Er hatte keine Zeit zu verlieren.

Sie waren nur noch wenige Meter von der Dienststelle entfernt, als Lagerfelds Handy klingelte. Es war Honeypenny, die sich mit sehr ernster Stimme meldete. Als er das Mobiltelefon wieder weggesteckt hatte, konnte Haderlein erkennen, dass der Ärger seines Kollegen einer spontanen Schweigsamkeit Platz gemacht hatte.

»Du kannst umdrehen, Franz«, sagte er mit tonloser Stimme. »Die haben Brosst umgebracht.«

»Wie bitte? Den Gesalbten? Im Untersuchungsgefängnis?«, fragte Haderlein sicherheitshalber noch einmal nach.

Lagerfeld nickte und kaute konzentriert auf seiner Unterlippe herum. So etwas hatte er auch noch nie erlebt. Das war ja wohl der Gipfel der Unverfrorenheit. »Kannst du mir mal verraten, was die vorhaben, Franz? Was soll denn das jetzt noch? Das macht doch alles keinen Sinn mehr.«

Doch Haderlein sah ihn aus glühenden Augen an. »Natürlich macht das Sinn, Bernd«, sagte er. »Unsere Vermutung mit dem heutigen Fluchtzeitpunkt war vollkommen richtig. Jetzt versteh doch endlich. Deswegen kommen Waldmüller und Eichberg auch liebend gern erst morgen zum Verhör. Dann sind sie nämlich schon längst über alle Berge. Pechmann, Waldmüller, Eichberg und die Rosenbauer sind im Aufbruch begriffen. Die räumen auf, weil sie abhauen! Heute, um dreiundzwanzig Uhr! Und wir wissen bisher nicht, wie oder wohin sie sich verziehen!« Wütend hieb Haderlein auf das Lenkrad. »Mir ist klar, dass das gefährlich werden wird, Bernd. Aber wir müssen da runter, heute noch, sonst sind die weg.«

Als sie in der Zelle den verrenkten Kopf Brossts sahen, war die Todesursache klar. Da war jemand mit Erfahrung am Werk gewesen. Haderlein nahm den Zellenwärter Brossts kurz auf die Seite und zeigte ihm auf seinem Handy das Foto des bärtigen Mannes, den die Observation vor der Klinik abgelichtet hatte.

»Das isser, das isser!«, rief der Vollzugsbeamte laut. »Der hat sich als Anwalt ausgewiesen. Ja, so eine Schweinerei! Und der is in Wirklichkeit Arzt?«

Haderlein steckte sein Handy wieder weg. »Ich glaube, wir

müssen mit der Vorstellung leben, dass er weder das eine noch das andere ist.« Er winkte Lagerfeld, und sie machten sich endgültig auf den Weg zum Revier. Es wurde Zeit zu handeln.

Der Türsummer ertönte, und ein düster dreinblickender Gimli betrat den Raum. Auf seinen Rücken hatte er einen grünen Leinenrucksack geschnallt, dessen Klappe mit rotbraunem Fell bezogen war. Der Zwerg sah entschlossen aus. »Gimli denken«, sagte er mit schnarrender Stimme. »Gimli helfen Theresa. Gimli versprochen.« Dann sah er das Mädchen mit irrlichterndem Blick an. Die Entscheidung schien ihm äußerst schwergefallen zu sein.

Theresa brauchte nur einen kurzen Moment, dann flog sie dem Zwerg in die Arme, bevor ihre Mutter auch nur mit der Wimper zucken konnte. »Ich hab dich lieb, Gimli«, sagte sie. »Gehen wir jetzt nach oben? Gehen wir an die Sonne?« Mit ihren dünnen Ärmchen hielt sie ihn immer noch umfangen.

Der Zwerg brummte wie ein kleiner Bär und sagte mit Stolz: »Ja, Sonne. Theresa gehen Sonne. Sonne gut, Sonne hell.«

Wie ein Irrwisch hüpfte Theresa durch das Zimmer. »Hast du gehört, Mama, wir gehen zur –«

Weiter kam sie nicht, weil ihre Mutter ihr den Mund zuhielt. »Sei still, Theresa«, flüsterte sie. »Die Tür ist offen. Das wird sehr gefährlich.«

Auch Gimli nickte mit seinem übergroßen Kopf und schnarrte: »Gefährlich. Jetzt gefährlich. Theresa leise.« Dann legte er so unbeholfen seinen Finger auf den Mund, dass Gerlinde Rosenbauer fast lachen musste. Was für ein tapferer kleiner Kerl! Allerdings bezweifelte sie, dass er es schaffen würde, sie unbeschadet hier rauszubringen. Aber was sollten sie machen, die Optionen waren relativ begrenzt.

»Gehen«, sagte Gimli drängend und löschte das Licht.

Der Bärtige war stinkwütend. Er hoffte für Pechmann, dass die drei Leichen wirklich in diesem Zimmer waren. Wenn nicht, hatten sie ein Problem. Gleich drei Zeugen auf der Flucht, die ihn belasten konnten. Pechmann war ihm egal, den hatten sie nach seiner dilettantischen Aktion auf Sandhof sowieso am Wickel, wenn sie ihn in die Finger bekamen. Aber von seiner Existenz hatten sie bisher noch keine Ahnung. Er trat um die Ecke und sah den Eingang zum Zimmer vor sich. Das Ohr an der Tür horchte er. Von drinnen war kein Laut zu hören. Entweder waren die drei geflohen oder tatsächlich tot. Entschlossen betätigte er den Öffner und drückte die Tür schwungvoll nach innen. Licht flammte auf, und die bittere Erkenntnis traf ihn wie ein Schlag. Natürlich war ersterer Fall eingetreten. Sie waren weg. So eine verdammte Scheiße!

Er blickte nach rechts und links. Eine Verfolgung auf gut Glück wäre vollkommen sinnlos. Allein hier, wo er stand, zweigten drei niedrige Stollengänge ab. Wenn er jetzt aufs Geratewohl auf eigene Faust die Verfolgung riskierte, hatte er keine Chance. Er musste eine Treibjagd organisieren. Aber mit System. Die drei mussten gefunden werden, unbedingt. Leise Verwünschungen ausstoßend, rannte er zurück.

Die beiden Kommissare betraten die Dienststelle, die inzwischen von Menschen nur so wimmelte. Viele der Anwesenden kannte Haderlein aus seiner langen Dienstzeit. Andere, wie die fünf Mann der GER aus Nürnberg, hatte er noch nie zuvor gesehen. Der Katastrophen-Müller war tatsächlich aus seinem Urlaub im Bayerischen Wald eingeflogen worden.

Der Kriminalhauptkommissar bat in den großen Besprechungsraum. Als alle saßen, kam Honeypenny zu ihm, flüsterte ihm etwas ins Ohr und legte eine Aktenmappe auf den Tisch. Haderlein schaute kurz hinein, lächelte und klappte sie dann wieder zu. Mit der Bitte um allgemeine Kenntnisnahme reichte er sie an Lagerfeld weiter.

»Na, das ist ja phantastisch«, sagte er dann. »Auch das Rätsel um die ominöse Carolin ist gelöst.« Erwartungsvoll schauten ihn alle an. Nicht jeder kannte die Geschichte mit dem gefundenen Karton in Gerlinde Rosenbauers Schrank.

»Carolin ist ein Schiff, meine Damen und Herren. Ein Flussschiff, das heute im Bamberger Hafen eingelaufen ist. Und ich würde mich doch sehr wundern, wenn es auf diesem Schiff nicht irgendwelche Chinesen gäbe.« Er schaute auffordernd in die Runde. »Also, was fangen wir mit diesem Schiff heute noch an?«

Nach einem kurzen Moment meldete sich Harald Scheer von der Gemeinsamen Ermittlungsgruppe Rauschgift. »Das übernehmen wir. Allerdings können wir erst einen Einsatz starten, wenn eine Straftat vorliegt. Da aber anzunehmen ist, dass die heiße Ware erst noch auf das Schiff gebracht werden soll, werden wir wohl mit Festnahmen bis dahin warten müssen. Das Schiff ist zwar bei uns aktenkundig, aber wir haben nichts Gewichtiges gegen die Carolin vorliegen.«

Haderlein blickte unentschlossen zu Fidibus, der mit dem Zeigefinger auf den Leiter der GER deutete. »Sehr schön, Herr Scheer. Sie vom Zoll haben da mehr Erfahrung als wir. Dann übernehmen Sie das.«

Der Angesprochene nickte knapp und hörte sich dann den Rest der Planungssitzung an.

Haderlein zeigte auf einen großen Bamberger Stadtplan, der von einem Projektor an die Wand geworfen wurde. Mit einem Laserpointer markierte er die Einsatzpunkte. »Bisher sind mindestens vier Eingänge in die Katakomben als sicher anzunehmen. Villa Rosenbauer, Bartosch in der Lorbersgasse, die Altenburg und das Klinikum St. Getreu. Und jetzt kommt Katastrophen-Müller ins Spiel«, sagte er und deutete auf den hageren Mann mit den silbrigen Haaren am anderen Ende des Tisches. Die personifizierte geballte Erfahrung in Sachen Bamberger Katakomben. Wenn sich da unten einer auskannte, dann er. Aber selbst Katastrophen-Müller musste zugeben, dass er von Eingängen am Abtsberg, in der Lorbersgasse oder bei St. Getreu noch nie etwas gehört hatte. Die Altenburg schien ihm schon eher möglich zu sein.

»Das heißt also«, stellte Lagerfeld fest, »die können diese Eingänge benutzen, müssen aber nicht. Womöglich gibt es noch weitere?«

»Davon würde ich lieber ausgehen«, riet Herbert Müller mit sorgenvollem Gesichtsausdruck. »Um es ganz klar zu sagen: Wir wissen vieles über die Bamberger Unterwelt, aber nicht alles. Die graben hier seit über tausend Jahren Löcher in den Sandstein. Einige davon sind wieder zugemauert worden oder eingebrochen, andere sind noch unbekannt. Weiß der Teufel, was die sich da unterirdisch ausgebaut haben. Ich kann nur sagen, dass dieses Unternehmen verdammt kompliziert wird. In den Katakomben funktionierten weder Handy noch Funk. Und wenn die Höhlen auch nur annähernd so verschachtelt sind wie beispielsweise die am Stephansberg, dann haben wir ein unbekanntes Stollensystem mit wahrscheinlich mehreren Ebenen vor uns. Da hat man sich ganz schnell verlaufen. Vor allem ohne Stollenplan. Und den gibt's für diesen Berg nicht.«

Als Herbert Müller geendet hatte, herrschte allseits bedrücktes Schweigen. Auf gut Deutsch hieß das also, dass nur die Verbrecher sich da unten auskannten. Pechmann und seine Helfershelfer. Haderlein raufte sich die Haare und blickte hilfesuchend zu Kurt Motschenbacher, dem Einsatzleiter vom SEK. Doch auch der versuchte erst einmal zu verdauen, was er da gerade erfahren hatte. Das war nicht gut, das war gar nicht gut. Kein GPS, kein Handy, kein Funk. Das hieß, sie konnten einen Großteil ihrer Hightechausrüstung gleich vergessen.

»Vielleicht sollten wir wie im Mittelalter mit Schildern und Schwertern reingehen«, meinte er sarkastisch. »Das scheint mir Erfolg versprechender.«

Haderlein schaute ihn an. Der sonst so forsche Motschenbacher hatte Bedenken? Das war kein gutes Zeichen.

Gerlinde Rosenbauer drückte ihre Tochter an sich und hielt den Atem an. Nur fünf Meter entfernt stand der Bärtige mit einer Waffe in der Hand, blickte in ihre Richtung und horchte in die Stille. Mit dem Licht der Stollenbeleuchtung im Rücken sah er wie ein Racheengel aus. Gimli hatte sich wie ein grauer Stein auf den Boden gekauert, seine Hand an das viel zu große, rostige Messer in seinem Ledergürtel gelegt. Doch der Bärtige hatte sie nicht gesehen. Nach schier endlosen Sekunden drehte er sich plötzlich um und lief mit schnellen Schritten davon.

Niemand wagte sich zu rühren. Nach einer Minute stand Gimli auf und sagte mit seiner schnarrenden Stimme: »Mann weg. Gehen.« Ohne eine Antwort abzuwarten, stapfte er in das Dunkel des Ganges, der vor ihnen lag. Theresa nahm ihre Mutter bei der Hand und zerrte sie mit sich in die Düsternis.

Der Zwerg, der immer so unbeholfen gewirkt hatte, legte jetzt ein beachtliches Tempo vor. Der Stollen, durch den sie sich bewegten, war niedrig. Gimli und Theresa konnten ohne Probleme aufrecht laufen, für Gerlinde Rosenbauer war das weitaus schwieriger. Als Kind hatte sie hier noch interessiert zugeschaut, wie der

Spritzbeton aufgetragen wurde. Über vierzig Zentimeter waren an Decken und Wänden angebracht worden. Zumindest in den wichtigsten Teilen des Stollensystems. Ihr Vater hatte das in den siebziger Jahren angeordnet. Unter weitestgehender Geheimhaltung war hier sein privates unterirdisches Reich errichtet worden. Wofür er es vorgesehen hatte, hatte er niemandem erklärt. Und seiner Tochter schon gar nicht. Sie durfte hier unten nur ab und zu spielen, wenn die Installateure aus Österreich da waren. Aber das war schon eine Ewigkeit her, Gimli kannte sich hier unten bestimmt wesentlich besser aus.

»Autsch!« Wieder war sie an der tief hängenden Tunneldecke mit ihrem Kopf angestoßen. Blut tropfte auf ihre Hand, während der heruntergerieselte Kies des seinerzeit ausgehärteten Spritzbetons unter ihren Schritten knirschte. Plötzlich standen sie vor einer schulterhohen Holztür, die der Zwerg mit ungeahnter Kraft aufschwang. Während er in seiner kleinen Behausung herumwühlte, schaute Gerlinde vom Gang aus zu. Theresa hingegen hatte sich furchtlos hineingewagt und bestaunte die vielen alten Sachen, die in den Regalen rings um Gimlis Bett lagen. Hier sah es aus wie in dem Buch über die alten Ritter, das sie vor Kurzem erst vorgelesen bekommen hatte. Das genaue Abbild einer mittelalterlichen Waffenkammer. Theresa konnte Schwerter aller Größen, halb zerfallene Harnische und einen alten Schild entdecken. Gimli packte mehrere große, fremdartig aussehende Äxte mit langen Stielen in seinen grünen Rucksack, dann kramte er eine alte Grubenlampe hervor, die noch mit Öl betrieben werden musste. Gerade als er fertig zu sein schien, traute sich auch Theresas Mutter in das kleine Zimmer mit der halbrunden Decke. In der Mitte des einfachen, aber sauberen Raumes setzte sie sich staunend auf den Boden.

»Hier hast du gewohnt, Gimli?«, fragte sie erschüttert. Sie kannte den Zwerg schon so lange als Mitglied der unterirdischen Gesellschaft und hatte doch nie gewusst, wo er eigentlich hauste. Das also war Gimlis Reich.

Doch der hatte wenig übrig für ihre späte Reue. Er hatte alles beisammen, was er brauchte. »Gehen müssen«, schnarrte er und schnallte sich den schweren Rucksack mühelos auf den krummen Rücken, bevor er einen völlig verrosteten alten Helm aus Eisen aufsetzte. Gerlinde Rosenbauer schreckte aus ihren Gedanken auf und ging ebenfalls gebückt zur Tür. Neben ihr blieb sie einen Moment stehen und beugte sich zum Boden. Dort lag so etwas wie ein antiker Baseballschläger. Nur eben in Zwergengröße. Besser als nichts, dachte sie, griff danach und wog den alten Knüppel abschätzend in ihrer Hand.

Als sie wieder vor Gimlis Heimstatt standen, nahm der den Türknauf in die Hand und blickte noch einmal in seinen Wohnraum zurück, als nähme er Abschied. Dann zog er kurzerhand die Tür ins Schloss und wollte loslaufen, doch Gerlinde Rosenbauer hielt in zurück.

»Wo willst du mit uns hin, Gimli?«, fragte sie unsicher, während sie die Hand ihrer Tochter suchte. Der Zwerg schaute durch sie durch, als sei sie nicht vorhanden, als müsse er ab jetzt alles allein ausfechten.

»Müssen Burg«, sagte er mit fester Stimme. »Burg Sonne, Burg Licht.«

Gerlinde Rosenbauer überlegte. Der Zwerg musste sich irren. Die einzige Burg weit und breit, die sie kannte, war die Altenburg. Aber das konnte nicht sein. Dorthin gab es keine unterirdischen Gänge, und wenn doch, dann war der Weg viel zu weit! Das konnte er doch nicht ernst meinen. »Die Altenburg, Gimli? Gibt es dort einen Ausgang?« Fragend schaute sie ihn an und hoffte auf eine negative Antwort.

Doch Gimli nickte. »Burg Ausgang. Burg Sonne«, wiederholte er. Wieder wollte er losgehen, und wieder hielt ihn Gerlinde Rosenbauer zurück.

Das war doch Unsinn. Andere Ausgänge lagen viel näher. »Warum dorthin, Gimli? Unsere Villa liegt nicht weit von hier.« Sie sah in sein Gesicht und merkte, dass ihn keine zehn Pferde dorthin bringen würden. »Oder zum Bartosch-Keller, der ist auch nicht viel weiter?«

Doch der Zwerg rührte sich nicht vom Fleck. Stattdessen hob er beide Arme in die Luft. »Ausgang nicht gut. Ausgang kaputt machen.« Dann ließ er die Arme wieder sinken und schaute sie groß an.

Gerlinde Rosenbauer verzichtete auf weitere Nachfragen. Was auch immer »kaputt machen« bedeutete, wenn Gimli dort nicht hinwollte, würde er schon seine Gründe haben. Sie nahm ihre Tochter an die Hand und folgte dem Zwerg, der den gleichen Weg zurückging, den sie gekommen waren. Nach ungefähr einer Minute bog er nach rechts in einen dunklen, unbeleuchteten Stollen ab. Hier gab es kein Licht, keinen Beton. Das hier war noch ein original aus dem Keupersandstein herausgehauener Gang. An den Wänden und der Decke konnte man die Spuren der Meißel aus verflossenen Jahrhunderten erkennen. Gimli kniete sich nieder und entzündete die Öllampe, die er eingepackt hatte. Rußig flackerte sie auf und beleuchtete mit ihrem unsteten Licht einen schmalen, aber hohen Gang, der leicht bergauf führte.

»Wo geht es da hin?«, fragte Theresa ängstlich und schaute zuerst zu ihrer Mutter, dann zu ihrem kleinen Führer.

»Weg Sonne, Weg Licht«, sagte Gimli und wackelte auf das sechsjährige Mädchen zu. Gerlinde Rosenbauer sah zu, wie der Zwerg seine Hand auf Theresas legte und schnarrte: »Sonne weit, Theresa schaffen. Theresa tapfer.« Dann drehte er sich um und ging in demselben zügigen Tempo wie zuvor weiter.

Der Bärtige war zwar einen kompletten Kopf kleiner als Pechmann, trotzdem drückte er den Exprofisportler mit eisenhartem Griff gegen die Wand. Pechmann hatte nicht die geringste Chance, sich herauszuwinden, aber er versuchte es auch gar nicht. Er konnte sich ausmalen, was ihm in diesem Fall blühen würde. Auf dem Gesicht des Bärtigen zeichnete sich kalte Wut ab.

»Du verdammter, arroganter Idiot! Sie sind abgehauen, alle drei. Nur weil du dir deine feinen, studierten Finger nicht dreckig machen wolltest. Aber hier immer große Reden schwingen. Ich bin vor dir gewarnt worden. Sie hat gesagt, dass man dir nicht trauen kann, und sie hatte recht!« Seine Hand drückte noch etwas stärker Pechmanns Kehle zusammen.

»Wer hat dich vor mir gewarnt?«, krächzte er mühsam. Der Griff des Bärtigen tat langsam verdammt weh.

»Das möchtest du wohl gern erfahren, was?« Der Bärtige lächelte sein eiskaltes Lächeln aus seinen grauen Augen. »Aber weißt du was, Leonhard? Du brauchst nicht alles zu wissen.« Mit einem verächtlichen Gesichtsausdruck ließ er den Zweimetermann los und an der Wand stehen. Der rieb sich den Hals und holte erst einmal tief Luft. Der Bärtige ging zum Tisch zurück und setzte sich auf einen Stuhl. Dann stand er auf, holte sich eine Wasserflasche aus dem Kühlschrank und winkte Pechmann zu sich.

»Wir müssen das aus der Welt schaffen, aber das übernehme ich. Dazu brauche ich Udo und zwei von den Chinesen. Reichen dir vier Schlitzaugen, um das Zeug nach oben zu schaffen?«

Leonhard Pechmann überlegte kurz, während er noch immer seinen schmerzenden Hals befühlte. »Das reicht, wir sind fast fertig. Im Zweifel lassen wir alles andere hier und nehmen nur die Hauptladung mit. Das schaffen wir locker.«

»Gut.« Der Bärtige trank das Wasser aus und ging zum Schrank, aus dem er zwei zusammengefaltete Pläne herausholte. Einen breitete er in seiner vollen Größe aus und studierte ihn intensiv. Pechmann schwieg lieber. Wenn der Bärtige dachte, war es besser, ihn nicht dabei zu stören. Es dauerte nur eine knappe Minute, dann faltete er den Bogen wieder zusammen.

»Es gibt zwei Möglichkeiten. Entweder wollen sie zu Eingang HH hinaus oder zur Altenburgpforte. Von den anderen beiden weiß der verdammte Zwerg, dass wir sie vermint haben. Dass der Ausgang an der Altenburg auch präpariert ist, habe ich ihm Gott sei Dank nicht auf die Nase gebunden.« Scharf sah er Pechmann an, der gleich einen Schritt zurückwich und eine abwehrende Handbewegung machte.

»Von mir weiß er auch nichts. Ich habe ihm kein Sterbenswörtchen gesagt.«

»Gut«, meinte der Bärtige zufrieden. »Dann mach dich an die Arbeit, und schicke unterwegs zwei deiner Schlitzaugen zu Udos Kammer. Alles Weitere kriegen sie dann erklärt.« Er stand auf und verließ den Raum, und auch Leonhard Pechmann machte sich auf den Weg zu den Chinesen. Das Ende der monatelangen Schufterei näherte sich. Nur noch wenige Stunden, dann konnten sie den Lohn ihrer Arbeit ernten.

Gerlinde Rosenbauer hatte den Gang noch nie gesehen. Im Laufe der Jahrhunderte waren hier unterschiedlich große Stücke aus dem Sandstein herausgebrochen worden. Man musste aufpassen, um sich bei den herumliegenden Brocken nicht den Fuß zu verstauchen.

»Schau mal, Mama«, rief ihre Tochter plötzlich und zeigte zur

Decke. Gerlinde Rosebauer schaute nach oben und war überwältigt. Den drei Flüchtenden bot sich ein phantastisches Schauspiel. Überall glitzerte es wie Sternenstaub. Das Licht der Öllampe wurde von Tausenden von kleinen Spiegeln zurückgeworfen. Und je weiter sie kamen, umso dichter rückten die Sternchen an der Decke zusammen. Es war, als durchquerten sie eine unterirdische Welt aus Tausendundeiner Nacht.

»Was ist das?«, fragte Theresa und streckte die Hand aus, um das faszinierende, aber unwirkliche Sternenzelt zu berühren.

»Silber«, sagte ihre Mutter. »Es kommt hier im Gestein vor. Es ist zu wenig, um es abzubauen, aber genug, um diese vielen wunderschönen Sternchen leuchten zu lassen.« Sie lächelte und strich ihrer Tochter über den Kopf.

»Gehen!«, schnarrte eine ungeduldige Stimme ein paar Meter vor ihr. Der Zwerg hatte für derartige Besonderheiten der Natur nichts übrig, sondern nur ein Ziel vor Augen. Das Silber im Bamberger Sandstein war für ihn so aufregend wie für normale Menschen der Gang aufs Klo. Seufzend schob Gerlinde Rosenbauer ihre Tochter voran. Gimli hatte recht. Der Weg war noch weit.

»Wie groß ist die Chance, dass dieses Kind noch am Leben ist?«, wollte Kurt Motschenbacher von Haderlein wissen. »Ich frage deshalb, weil das ein sehr wesentlicher Aspekt dafür ist, wie wir uns da unten verhalten. Wenn wir eine Geisel haben, die zu befreien ist, dann hat das eine andere Vorgehensweise zur Folge, als wenn man getrost mal kurz um die Ecke feuern kann, wenn nicht klar ist, was sich im nächsten Gang befindet.«

Haderlein konnte an seinem hoffnungsvollen Tonfall erkennen, dass ihm letztere Option wesentlich lieber gewesen wäre.

Aber Dienststellenleiter Robert Suckfüll musste ihn leider enttäuschen. »Solange wir nichts Gegenteiliges hören, ist davon auszugehen, dass Theresa Rosenbauer sich noch in der Gewalt der Verbrecher befindet«, erklärte er. »Sie müssen sich wohl damit anfreunden, mit Ihren SEK-Leuten sehr vorsichtig vorzugehen.«

Am Gesicht Motschenbachers konnte man das Unbehagen über diese Konstellation ablesen. Aber er war Profi genug, und es war sein Job, also musste er jetzt da durch. Trotzdem blieben noch Fragen.

»Wieso ist bisher noch niemand den Verdächtigen durch diese Eingänge gefolgt, als die Spur noch frisch war?« Die Frage war durchaus berechtigt und leider nur sehr unzureichend zu beantworten.

Doch Lagerfeld nahm die undankbare Aufgabe auf sich. »Die sind in den Kellerräumen einfach verschwunden. Sogar die Hunde konnten nichts finden. Sogar Kokain verstreut haben sie. Das war's dann mit dem Spürhund. Seinem Riechorgan ging's hinterher richtig scheiße.«

Motschenbacher hörte sich Lagerfelds Erzählung an, dann fragte er genervt und spöttisch: »Aha, und wie sollen wir dann die Eingänge finden? Wir sind das SEK, aber nicht die Spurensicherung, schon vergessen? Was glaubt ihr hier eigentlich? Heiße ich vielleicht Jesus, wächst mir Gras aus der Tasche?«

Haderlein konnte den Chef des Sondereinsatzkommandos verstehen. Es gab keine ordentlichen Lagepläne, die Vorbereitung des Einsatzes war naturgemäß auch eher improvisiert, und der Einsatz selbst roch ziemlich nach Himmelfahrtskommando. Natürlich hätte es Motschenbacher gern etwas genauer gehabt.

Lagerfeld hingegen passte die Sprachregelung des Mannes der Spezialeinheit ganz und gar nicht. »Hör amal, du Sonderfuzzi«, maulte er Motschenbacher an, »was hast denn du für an Don drauf? Geht's dir noch gud?«

Motschenbacher fuhr herum und funkelte Lagerfeld an. Er und seine Männer sollten hier schließlich ihr Leben riskieren. Da hatte er auf so einen Kommentar von diesem Pfau von Hilfssheriff gerade noch gewartet. Seine Augen glühten, mit dem ausgestreckten Zeigefinger spießte er Lagerfeld schier an die Wand. »Danke, du Polizeifuzzi, mir geht's klasse. Es könnte mir nicht besser gehen. Alles super, mir scheint die Sonne aus dem Arsch!« Aufgebracht ging er zu Lagerfeld, der sich schon in Positur gebracht hatte. Angst hatte er keine, schließlich war er ja besser gedopt als ein Tour-de-France-Sieger.

Haderlein sah die Katastrophe kommen und ging sicherheitshalber dazwischen. »Schluss jetzt. Wir haben weiß Gott größere Probleme. Schlagen könnt ihr euch auch noch hinterher. Hebt euch das Testosteron lieber für den bevorstehenden Einsatz auf!«

Widerstrebend trat Motschenbacher einen Schritt zurück, fixierte Lagerfeld aber weiter, der überlegen lächelnd an der Wand lehnte.

Haderlein beschloss, dem Leiter des SEK den größten Brocken hinzuwerfen, den er hatte. Der Brocken war rosa. »Nun, ganz ohne Möglichkeiten stehen wir nicht da«, meinte er im Brustton der Überzeugung. »Wir haben eine Geheimwaffe.« Stolz deutete er auf die Riemenschneiderin, die etwas abseits neben dem Stuhl lag, auf dem Manuela Rast interessiert der Diskussion folgte.

Motschenbacher schaute auf das kleine Ferkel, dann zu Haderlein und dann wieder zurück. Fast fielen ihm die Augen aus den Höhlen. Dann fing er lauthals an zu lachen, und die Herrschaften von der GER stimmten ebenso ungehemmt mit ein. »Das da?«, rief er glucksend. »Das Schwein da? Ein guter Witz, Haderlein, ein sehr guter. Jetzt geht's mir schon gleich viel besser.«

Riemenschneider hob ein Ohr, damit wenigstens ein Auge den Ignoranten betrachten konnte, der sich gerade über sie ausschüttete. Zu einer stärkeren Regung fühlte sie sich nicht veranlasst, schließlich hatte der Typ ganz offensichtlich keine Ahnung, wen er da vor sich hatte.

Irgendwann fiel dem Leiter des SEK auf, dass die anderen Büroinsassen nicht mitlachten. Sein Heiterkeitsausbruch starb den sofortigen Heldentod. Misstrauisch beäugte er Haderlein. »Sie wollen dieses Schwein doch nicht ernsthaft in den Fall mit einbeziehen Haderlein, oder?«, meinte er heiser.

Aber auch in dieser Angelegenheit musste er sich den unabänderlichen Tatsachen beugen. »Riemenschneider wird für uns die Eingänge finden«, meinte Haderlein so sachlich es nur ging. »Und wenn wir alle Eingänge lokalisiert haben, dann schlagen wir zu. Noch Fragen?«

Lagerfeld hob die Hand. »Äh, und wann soll die ganze Party steigen?«

»Jetzt«, antwortete ihm Haderlein. Wie auf Kommando fingen alle in der Dienststelle wortlos an, ihr Handwerkszeug zusammenzupacken.

Der Bärtige klopfte nicht an, sondern stieß die Tür mit einem Fußtritt auf. Die Chinesen waren allem Augenschein nach noch nicht da, dafür aber ein ziemlich verunsicherter Udo Kümmel.

»Setz dich auf deinen Arsch, Udo«, herrschte ihn der Bärtige an. Udo gehorchte prompt. Der Bärtige schaute sich um. In dem Zimmer sah es aus wie bei einem Vierzehnjährigen. Udo Kümmel war bereits neunundzwanzig Jahre alt, trotzdem hingen an den Wänden Poster von Rockbands und eine Vereinsfahne vom FC Bayern München. Das allein wäre schon ein Grund, den Idioten auf der Stelle zu erwürgen.

So richtig war sich Udo wahrscheinlich immer noch nicht im Klaren, dass er es war, der die ganze Gruppe erst in diese prekäre Situation gebracht hatte. Ohne ihn könnten sie alles hier in Ruhe zusammenpacken und heimlich, still und leise mit dem Schiff davonfahren. Aber dieser kleine Gauner mit dem noch kleineren Verstand hatte es ja nicht lassen können, sein privates Nebengeschäft aufzuziehen und einen kleinen, beschissenen Handel mit »Yellowstone« begonnen. Hier mal ein Beutel, dort mal eine Hosentasche voll. An alle seine Kumpel und die Kumpel der Kumpel hatte er ohne das Wissen der Geschäftsleitung die Pillen verschachert. Als seine Abnehmer merkten, was das für ein phantastisches Zeug war, hatte sich der Kundenkreis sehr schnell vergrößert, genauso wie die Nachfrage. Dann war es mit einem Beutelchen am Tag natürlich nicht mehr getan.

Als der liebe Udo gerade dabei war, die Produktion von einem ganzen Tag auf die Seite zu schaffen, hatten ihn die Chinesen erwischt. Fast wäre er von ihnen gelyncht worden, wäre der Bärtige nicht dazwischengegangen. Vielleicht hätte er es lieber sein lassen sollen. Jedenfalls wurde die Lage so richtig problematisch, als Udos Kunden einer nach dem anderen in aller Welt dramatisch krepierten.

Es war unumgänglich: Udo musste von der Bildfläche verschwinden. Keiner hatte es bis jetzt übers Herz gebracht, diesen kindlichen Trottel umzulegen, also war er zum Daueraufenthalt unter Tage verdammt worden. Zumindest hatte er begriffen, dass ihm bei Nichtbefolgung des Höhlenarrestes der Sensenmann besuchen würde. Das hatte man ihm überdeutlich klargemacht.

Udo Kümmel wagte sich nicht auf seinem Stuhl zu rühren, dann traten die zwei angeforderten Chinesen ein. Der Bärtige bedeutete ihnen, auf den anderen Stühlen Platz zu nehmen. Sie musterten Udo Kümmel verächtlich. Beide konnten sehr gut mit Waffen umgehen, einer von ihnen sprach leidlich Englisch. Der Bärtige holte aus seiner mitgebrachten Tasche drei Handfeuerwaffen deutscher Herkunft heraus. Die Chinesen checkten sofort ihre Halbautomatik und setzten die Magazine ein. Während sie bereits durchluden, fingerte Udo Kümmel noch hilflos mit dem Magazin herum.

»Mensch, Udo, ich dachte, du warst bei der Bundeswehr?«, meinte der Bärtige abfällig, dann reichte er ihm eine bereits durchgeladene Waffe. »Ihr werdet die drei Flüchtigen verfolgen und sie sofort umlegen, wenn ihr sie seht, verstanden?« Udo nickte, und der Bärtige wiederholte alles noch einmal auf Englisch für die Chinesen.

»Um wen handelt es sich überhaupt?«, fragte Kümmel unsicher.

»Die Rosenbauer, ihre Tochter und Gimli.«

Kümmels Augen weiteten sich. »Theresa? Ich kann doch kein Kind umlegen!«

»Doch, das kannst du«, versicherte ihm der Bärtige kalt. »Falls nicht, werden Cheng und sein Kumpel das für dich erledigen, und du kannst dich bei der Gelegenheit auch gleich von deinem eigenen irdischen Dasein verabschieden.«

Sofort wiederholte er seine Drohung auf Englisch, was ein Aufleuchten in Chengs Gesicht zur Folge hatte. Der Chinese ließ keine mimischen Zweifel an seiner Vorfreude aufkommen. Udo Kümmel war nun klar, dass er wohl besser tat, was man ihm da angedient hatte. Er musste froh sein, wenn ihn dieses Schlitzaugenduo überhaupt am Leben ließ.

»Ihr werdet den Gang zur Altenburg hinauf überprüfen«, sagte er zu Udo Kümmel und druckte ihm eine Kopie des Stollenplanes in die Hand. »Und passt auf Gimli auf, der Typ ist zwar nur ein Zwerg, aber unberechenbar. Unterschätzt ihn nicht. Keiner kennt sich hier unten besser aus als er. Und jetzt an die Arbeit, verdammt noch mal!«

Die Chinesen nickten und machten sich mit dem unglücklich dreinschauenden Udo Kümmel auf den Weg.

Gimlis Schritt verlangsamte sich. Sie waren jetzt bereits über eine halbe Stunde gelaufen, und Theresa war erschöpft. In dem Gang war es nur circa zehn Grad warm, und sie hatte bei ihrem plötzlichen Aufbruch vergessen, sich einen Pulli oder eine Jacke überzuziehen. Das Mädchen fror erbärmlich, und wenn sie jetzt stehen blieben, dann würde es noch weiter auskühlen.

Plötzlich stoppte der Zwerg und hob die Hand.

Gerlinde Rosenbauer ging zu dem wie zu einer Salzsäule erstarrten Gimli und fragte: »Was ist los, warum gehen wir nicht weiter?«

Doch Gimli deutete nur wortlos in die Düsternis des Ganges. Im flackernden Licht der alten Grubenlampe konnte sie mehrere blaue Kunststofffässer sehen, die den Weg versperrten. Gerlinde Rosenbauer konnte an den Fässern nichts Bedrohliches erkennen und wollte sie aus dem Weg räumen, aber der Zwerg hielt sie mit eisernem Griff fest.

»Was soll das, Gimli?«, zischte sie verärgert. »Glaubst du etwa, ich kann so ein Fass nicht auf die Seite rollen?« Sie verstand nicht, was er von ihr wollte. Wenige Meter hinter den Fässern konnte man bereits die Steine des Fundaments der Burgmauern erkennen.

Doch Gimli ließ sie nicht los. »Stehen«, sagte er. Dann ging er vorsichtig drei Schritte nach vorn. Mit seiner Grubenlampe leuchtete er langsam und gründlich die Wände und den Boden rings um die Fässer ab. Schließlich schien er etwas gefunden zu haben. »Kommen«, sagte er leise und winkte, worauf die beiden Rosenbauers vorsichtig näher traten. Mit einem Kopfnicken deutete er Richtung Wand, dann sah auch Gerlinde, was er entdeckt hatte.

Unter den Fässern verlief ein dünner Draht, quetschte sich an einer schmalen Steinfuge etwa einen Meter nach oben und verschwand dann, einer weiteren Fuge folgend, Richtung Burgfundament in der Dunkelheit. Doch sie verstand noch immer nicht, was an einer dünnen Litze so schrecklich sein sollte. »Was soll das, wir müssen doch weiter, Gimli?« Gerlinde Rosenbauer verlor allmählich die Geduld. Ihre Tochter fror, und auch sie wollte so schnell wie möglich hier raus.

»Nicht weiter«, eröffnete ihr der Zwerg leise. »Fass kaputt machen. Groß kaputt machen.« Er untermalte seine Worte mit einer dramatischen Geste, dann packte er seine Grubenlampe, drehte sich um und schickte sich an, in den Gang Richtung Höhlenzentrum zu laufen. Offensichtlich wollte er den gleichen Weg zurückgehen, den sie gerade erst gekommen waren.

»Wo willst du hin, Gimli?«, fragte Theresa verzweifelt. Sie zitterte am ganzen Körper, ihre Zähne schlugen im schnellen Takt aufeinander.

»Wir können nicht mehr zurück, Theresa holt sich noch den Tod in der Kälte«, protestierte nun auch ihre Mutter.

Gimli drehte sich um und schaute beide erstaunt an. Dann wackelte er wieder zwei Schritte auf sie zu, die Grubenlampe mit der rußigen Flamme in die Höhe haltend. »Theresa Tod?«, fragte er ängstlich. Jetzt bemerkte auch er, dass seine Spielkameradin fror. Umgehend stellte er die Lampe und den schweren Rucksack ab. Umständlich löste er die Schlaufe seines grauen Stoffumhangs, ging auf die bibbernde Theresa zu, legte ihr den groben Stoff um die Schultern und band ihn vorn wieder in einer großen Schleife zusammen. »Theresa warm?«, fragte er besorgt.

Das Mädchen nickte und lächelte. »Ja, viel besser. Danke, Gimli.« Bevor er noch reagieren konnte, gab sie dem Zwerg einen schnellen Kuss auf die Nase.

Damit hatte er nun gar nicht gerechnet. Für einen Moment stand er in der Mitte des Ganges und wusste nicht, was er sagen sollte. In seinem ganzen Leben hatte er noch nie einen Kuss bekommen. Er hatte schon nicht mehr darauf zu hoffen gewagt, und dann passierte es jetzt. Ganz plötzlich, von einem kleinen Mädchen, siebzig Meter unter der Erde auf der Flucht. In seinem zerschlissenen, kleinen grünen Wams und den braunen, viel zu großen Pluderhosen sah er richtiggehend verlegen aus.

Gerlinde Rosenbauer hatte die ganze Szene schweigend mitverfolgt. Vor Rührung kamen ihr fast die Tränen. Was für ein armer, einsamer kleiner Kerl dieser Zwerg doch war. So lange hatte sie ihn schon gekannt und doch so wenig über ihn gewusst.

Plötzlich kam wieder Leben in Gimli. Er hatte seine minimalerotische Erfahrung verdaut und schwang sich nun wieder den Rucksack auf den Rücken. Als er sich kurz auf den Höhlenboden schnäuzte, verzog Theresa angewidert das Gesicht. Doch Gimli stand nicht der Sinn nach ausgefeilter Etikette, entschlossen deutete er in den dunklen Gang.

»Gehen«, meinte er leise, aber bestimmt. »Müssen anderer Weg. Gimli wissen.« Und bevor noch jemand ein Wort des Widerspruches erheben konnte, war er auch schon schlurfend in der Tiefe des Ganges verschwunden. »Kommen!«, konnten sie seine ungeduldige Stimme hallend aus dem Dunkel des Stollens hören.

Es war fünfzehn Uhr, und die Polizeiaktion war offiziell angelaufen. Das SEK stand mit Haderlein, Lagerfeld, der Riemenschneiderin und ihrer Führerin Manuela Rast im Kellergewölbe der Villa Rosenbauer. Überall waren noch die Spuren der letzten Durchsuchung zu erkennen. Auch ein Fußabdruck Gimlis war mit weißer Kreide eingefasst. Motschenbacher stand mit vier Mann seiner Truppe daneben und besah sich kopfschüttelnd die für ihn abgefahrene Szenerie.

»Riemenschneider, such!«, sagte Manuela Rast laut, und sofort ging das kleine Ferkel in die Diensthaltung, die es in den letzten Tagen so fleißig gelernt hatte. Es stand auf allen vieren, der Kopf war gerade nach vorn und das Schwänzchen wie ein Dirigentenstock nach hinten gestreckt. Haderlein hatte Mühe, sich das Lachen zu verkneifen. Riemenschneider sah aus, als ob sie eine Großpackung Viagra verspeist hätte.

Motschenbacher wurde es langsam zu bunt. »Kann dieses Schwein auch was anderes, als nur blöd daherschauen?«, meckerte er.

Lagerfeld bedachte ihn mit einem drohenden Blick. »Fei obacht, gell. Net vorschnell urdeilen«, wies er ihn zurecht.

Wie aufs Stichwort tippelte Riemenschneider los. Mit dem konstanten Abstand ihres Rüssels von einem Zentimeter zum Kellerboden fing sie an, in großen Kreisen die Gerüche des Kellers einzusaugen. Gespannt verfolgte Haderlein das kleine Ferkel, das wie ein ferngesteuerter Staubsauger das olfaktorische Terrain des Sandsteinbodens absorbierte. Schließlich blieb es wie festgenagelt vor einem alten Weinregal stehen und knurrte.

»Was ist los, Riemenschneider, hast du etwas gefunden?«, fragte Manuela Rast aufgeregt.

Das Ferkel knurrte wieder, diesmal erheblich lauter.

»Was soll das werden?«, ereiferte sich Motschenbacher. »Hat sich der Zwerg vielleicht in einer Flasche versteckt, oder was?«

Seine Männer lachten vernehmlich. Niemand nahm das Ferkel offensichtlich ernst.

Aber Haderlein wusste es besser. Wenn Riemenschneider die Flaschen anknurrte, dann gab es dafür auch einen Grund.

Er trat näher an das Regal heran und begutachtete seinen Inhalt genauer. Da waren wirklich köstliche Tropfen dabei. Lauter verstaubte alte Flaschen mit kaum noch lesbaren Etiketten. Die Weine waren wohl für ganz besondere Momente der Familie Rosenbauer hier eingelagert worden. Doch eine Flasche stach heraus. Sie war blank geputzt und merkwürdigerweise auch völlig leer. Wer legte sich denn eine leere Flasche in sein Weinregal?, überlegte Haderlein. Er griff nach der Flasche, die seinem Zug auch nachgab, aber nur etwa zwei Zentimeter. Dann ertönte ein brummendes Geräusch, und das gesamte Regal setzte sich in Bewegung. Eine Seite schwenkte wie eine Tür in den Raum, und ein kalter, modriger Hauch durchzog den Kellerraum. In der Wand tat sich eine dunkle, unbeleuchtete Öffnung auf. Vor Schreck ließ Haderlein die Flasche los, und prompt schloss sich das Regal wieder. Das Ganze hatte bestenfalls nur zwanzig Sekunden in Anspruch genommen. Motschenbacher und seine Männer vom SEK standen mit offenem Mund da und sagten erst einmal gar nichts. Haderlein beugte sich zur Riemenschneiderin hinunter und reichte ihr ein Apfelstückchen.

»Gut gemacht, Kleine«, sagte er stolz und streichelte sie hinter den Ohren. Dann ging er mit Motschenbacher ins Erdgeschoss und besprach das weitere Vorgehen. Vier Männer des SEK würden hierbleiben und auf ihren Befehl harren. Sie selbst würden sich jetzt zur Firma Bartosch begeben und sich den nächsten Keller vornehmen. Es wartete weitere anspruchsvolle Nasenarbeit auf Riemenschneider.

Sie waren etwa ein Viertel des Weges zurückgegangen. Das Laufen fiel ihnen jetzt etwas leichter, da der Gang überwiegend leicht bergab führte. Der graue Mantel Gimlis wärmte Theresa, sodass sie nicht mehr zitterte, lediglich die feuchte Luft machte ihrer Lunge zu schaffen. Gerade als die Neigung des Weges sich etwas abzuflachen begann, blieb Gimli wieder stehen. Seine Nasenflügel blähten sich und nahmen offensichtlich etwas wahr, was seinen

Begleiterinnen aufgrund ihrer untrainierten Geruchsorgane verschlossen blieb. Gerlinde Rosenbauer wollte gerade etwas fragen, als Gimli seinen Zeigefinger beschwörend auf seine wulstigen Lippen legte. Dann schien er angestrengt in den Gang hineinzuhorchen. Gerlinde Rosenbauer und ihre Tochter hörten beim besten Willen nichts.

Gimli bedeutete den beiden mit seinen Händen, sich zu setzen, dann sagte er mit kaum hörbarer Stimme: »Männer kommen. Schnattermenschen. Schnattermenschen böse. Theresa und Mama warten. Gimli machen.«

Doch Gerlinde Rosenbauer hielt ihn an einem Zipfel seines grünen Oberteiles fest. »Was willst du machen, Gimli? Was? Wer weiß, wie viele das sind. Lass uns besser von hier verschwinden!« Sie hatte den Eindruck, als würde der kleine Mann in seiner sinnlosen Tapferkeit eine große Dummheit begehen.

Doch Gimli zeigte keine Zeichen von Angst. Im Gegenteil: Er lächelte ein seltsames, trauriges Lächeln, als er sich Gerlindes Griff sanft, aber bestimmt entwand, dann drückte er ihr die Grubenlampe in die Hand und erhob sich. »Gimli spielen«, sagte er. Mit seinem Rucksack und dem verrosteten Helm auf dem Kopf verschwand der Zwerg in der Dunkelheit.

Gerlinde Rosenbauer nahm ihre Tochter in den Arm. Gemeinsam kauerten sie sich voller böser Vorahnungen auf den kalten Steinboden.

Die Chinesen ließen Udo Kümmel vorneweglaufen. Er konnte sie in ihrer Sprache leise murmeln und kichern hören. Offensichtlich machten sie sich über ihn lustig. Zu allem Überfluss hatte er auch noch seine Lampe vergessen. Er war so mit der Tatsache beschäftigt gewesen, ein Kind umbringen zu müssen, dass er erst viel zu spät registriert hatte, dass dieser Gang nicht elektrifiziert war. Dauernd stieß er mit seinen Turnschuhen gegen Sandsteingeröll, und auch sein Kopf hatte schon mehrmals Bekanntschaft mit der niedrigen Decke gemacht. Warum hatte er sich nur zu dem heimlichen Pillenhandel hinreißen lassen? Er könnte schon längst im Bamberger Sommer in der Sonne auf einem Keller mit einem Seidla in der Hand sitzen. So ein Scheiß! Stattdessen musste er hier unten durchs kalte Gestein kriechen.

Wütend trat er einen kleinen Sandsteinbrocken aus dem Weg, der ihm in einer Tunnelbiegung vor den Füßen lag. Dann stutzte er. Hatte er da im spärlichen Licht der Taschenlampen gerade etwas gesehen? Da, da war es wieder. Eine kleine Gestalt in der Mitte des Ganges, etwa zehn Meter vor ihnen. Gimli? Bevor er überlegen konnte, was zu tun war, wirbelte etwas knapp an seinem linken Ohr vorbei, und er hörte hinter sich ein stumpfes Geräusch. Die Taschenlampe der Chinesen fiel zu Boden, und einer von ihnen begann fürchterlich zu brüllen. In panischer Angst hob Udo Kümmel seine Waffe und schoss, so schnell er konnte, in den vor ihm liegenden Gang hinein. Dann hörte er durch das Gebrüll hindurch dreimal den typischen harten Knall einer Halbautomatik. Gleichzeitig war ihm, als hätte jemand mit fürchterlicher Wucht mehrmals gegen seinen Rücken getreten. Mit dem Kopf voran stürzte er auf den kalten Sandsteinboden. Während er sich noch wunderte, warum sich unter ihm eine warme Flüssigkeit ausbreitete, hörte er über sich leise und schnell etwas hinwegwirbeln. Urplötzlich erstarb das Geschrei, und auch die Halbautomatik war von einem Moment zum anderen verstummt. Er konnte noch kurze, schlurfende Schritte näher kommen hören, dann fühlte und hörte er nichts mehr.

Auch im Keller der Firma Bartosch war Riemenschneider fündig geworden. Das alte schmiedeeiserne Gitter in der Sandsteinwand war wohl doch nicht so fest, wie die Spurensicherung geglaubt hatte. Das Ferkel hatte sich unbeirrt davorgestellt und es so lange angeknurrt, bis die Beamten den Mechanismus gefunden hatten. Eigentlich ganz einfach, man musste nur wissen, wonach man suchen musste. Genau wie bei dem Weinregal führte hinter dem Gitter ein dunkler, unbeleuchteter Gang in die Tiefen des Sandsteins. Motschenbacher ließ auch hier wieder vier Männer zurück, und die restliche Mannschaft machte sich auf, den Eingang in der Altenburg zu finden.

Dort angekommen, tat sich Riemenschneider offensichtlich sehr viel schwerer. Vor allem um das Stück Boden herum, das mit Kokain verseucht worden war, machte das Ferkel einen großen Bogen. Auch nach einer Viertelstunde intensivster Schnüffelei hatte Riemenschneider nichts Verwertbares vorzuweisen.

Irgendwann hatte Lagerfeld die richtige Idee. »Mensch, mir sin ja blöd, Franz«, rief er und schlug sich an den Kopf. »Die Riemenschneiderin kann ja gar nix dafür. Sie sucht schließlich weiter nach dem Zwerg, aber hier is der Pechmann untergedaucht, und der riecht ja völlich annerscht.«

Haderlein nickte erleichtert. Kollege Schmitt hatte natürlich recht. Riemenschneider konnte hier gar nichts finden, weil sie nach dem Falschen suchte.

Also nahm er sein kleines Schwein und führte es zurück zum Torbogen des Eingangsbereiches der Burg, wo Pechmann seinen Roller hingeschmissen hatte. Hier ließ er Riemenschneider Witterung aufnehmen, und sofort ging die Post ab. Mit aller Kraft zog das Ferkel an der Leine Richtung Bärenzwinger, schlug einen eleganten Bogen um das Kokain und zerrte dann unwiderstehlich zum ehemaligen Bärenkäfig. Sekunden später waren alle um die Gitter des letzten Bamberger Burgbären »Poldi« versammelt, der schon seit Jahrzehnten im Tierhimmel weilte. Der Käfig diente eigentlich nur noch der Erbauung der vielen Touristen, die sich an der Burganlage ergötzten.

»So, und jetzt?«, fragte Motschenbacher ratlos und bedachte Riemenschneider mit einem mittlerweile respektvollen Blick.

»Jetzt müssen wir irgendwie hier rein«, erklärte Haderlein. Das Vorhaben entpuppte sich erst einmal als nicht allzu schwer, da der Wirt der Burganlage einen Schlüssel hatte. Im Bärenzwinger selbst war dann allerdings der Ofen aus. Das Ferkel hatte zwar die Wand angeknurrt, aber da war kein Mechanismus, kein Trick zu finden, der ein geheimnisvolles Türchen öffnete. Nach einer halben Stunde gaben sie die Suche endlich auf.

»Schluss jetzt«, sagte Motschenbacher und setzte sich zu den anderen auf die Begrenzungsmauer des Bärenzwingers. »Uns läuft die Zeit davon. Wir werden diese verdammte Wand einfach aufsprengen. Mit den Ladungen, die wir dabeihaben, dürfte das kein Problem sein.«

Haderlein gefiel so ein rabiates Vorgehen eigentlich nicht, aber er wusste, dass Motschenbacher recht hatte. Ihnen blieb keine Zeit mehr, und sie mussten da rein. Koste es, was es wolle. Die Denkmalpflege würde ihm zwar den Kopf abreißen, aber darauf konnte und wollte er jetzt keine Rücksicht nehmen.

»Also gut, Motschenbacher. Bereiten Sie alles vor. Sobald wir am Klinikum so weit sind, bekommen Sie von mir per Funk ein Zeichen. Dann gehen wir synchron vor. Sobald Sie uns melden, dass der Gang offen ist, rücken auch wir vor.« Sie nickten sich wortlos zu. Jeder wusste, was er jetzt zu tun hatte.

Der Bärtige wollte sich gerade auf den Weg Richtung Ausgang HH machen, als er dumpfe Schüsse hörte. Das dazugehörige Geschrei schien aus dem Gang zur Altenburg zu kommen. Das war die gefährlichste Variante. Offensichtlich hatten die drei Flüchtigen den längsten Weg gewählt. Gimli konnte natürlich nicht wissen, dass auch dieser Ausgang gesichert war, und war anscheinend auf Udo und seine Chinesen gestoßen. Dann erstarb mit einem Mal jedes Geräusch aus der Gangöffnung. Das konnte ein gutes oder ein schlechtes Zeichen sein. Auf jeden Fall würde der Bärtige nachsehen und die Sache ein für alle Mal erledigen. So oder so. Er lud die Waffe durch und lief in den Stollen, der zur Altenburg führte.

Aus dem Halbschatten des Tunnels näherte sich eine Gestalt. Gerlinde Rosenbauer drückte ihre Tochter fest an sich, die vor Angst die Augen geschlossen hatte. In dem diffusen Licht konnte sie die Umrisse der Person nicht erkennen. Gerlinde Rosenbauer befürchtete das Schlimmste und umklammerte krampfhaft den Knüppel, den sie seit ihrer Flucht mitschleppte. Wenn irgendwer aus dem Tunnel auftauchte, der größer war als Gimli und keine schnarrende Stimme hatte, dann würde sie ohne Vorwarnung so fest zuschlagen, wie sie nur konnte.

»Gehen«, sagte die schnarrende Stimme, die zu der kleinen Gestalt gehörte, die aus dem Gang heraustrat. »Sonne finden«, ergänzte Gimli seine wie immer spärlichen Ausführungen.

Erleichtert legte Gerlinde Rosenbauer ihre Waffe auf den Boden, und Theresa warf sich Gimli so überschwänglich an den Hals, dass dieser fast umfiel.

Einen Moment lang lächelte der Zwerg und strich Theresa unbeholfen über den Kopf, dann wurde seine Miene wieder ernst, und er wiederholte seine Aufforderung, diesmal mit größerer Intensität. Gerlinde Rosenbauer nahm ihre Tochter an die Hand und folgte dem davoneilenden Gimli.

Der Zwerg hatte die Grubenlampe wieder an sich genommen und legte trotz wackelndem Gang ein zügiges Tempo vor. Theresa hatte größte Mühe, ihm zu folgen. Vor einer Biegung des Stollens wurde Gimli allmählich langsamer und blieb schließlich stehen. Er drehte sich zu Gerlinde um und sagte, während er auf Theresa deutete: »Theresa nicht. Augen weg. Theresa Augen weg.« Dann schlug er sich die Handinnenfläche mehrmals gegen die buschigen Augenbrauen, und Gerlinde begriff sofort. Der Zwerg wollte nicht, dass Theresa sah, was da hinten im Gang auf sie wartete.

»Du musst jetzt die Augen schließen, Kleines«, sagte sie sanft. »Da ist etwas, was du nicht sehen sollst. Aber ich werde dir Bescheid sagen, wenn es vorbei ist. In Ordnung?«

Theresa sah ihre Mutter erstaunt an, dann Gimli. Der nickte heftig und wiederholte seine Anordnung. »Theresa Augen weg. Augen nicht gut. Sehen böse.«

Theresa schloss die Augen, und ihre Mutter nahm sie an die Hand, während sie dem Zwerg folgte. Als sie um die Ecke bogen, konnte Gerlinde den Grund für Gimlis Warnung erkennen. Ein ersticktes Stöhnen entrang sich ihr. Udo Kümmel lag, von mehreren Kugeln in den Rücken getroffen, tot in seinem eigenen Blut, etwas dahinter ein Chinese aus der Produktion. Er hatte noch eine Waffe in der Hand, obwohl sein Kopf bis zum Hals in zwei blutige Teile gespalten war. Sein Kumpan war ähnlich zugerichtet. Der linke Arm war vom Körper säuberlich abgetrennt, hielt aber noch die Taschenlampe in der Hand. Der Brustkorb des Chinesen wies eine etwa dreißig Zentimeter lange Öffnung auf, die mehrere Zentimeter auseinanderklaffte. Der Boden des Sandsteins dampfte vom vielen warmen Blut. Während sie über die verstümmelten Körper hinwegstiegen, musste Gerlinde Rosenbauer aufpassen, auf dem glitschigen Boden nicht auszurutschen. Sie war ausgesprochen froh, als sie die grauenhafte Szenerie hinter sich gelassen hatte. Fassungslos betrachtete sie den vor ihr hin- und herwackelnden Zwerg. Was um Himmels willen steckte da nur in dieser kleinen Gestalt? Auf jeden Fall hatte sie die Fähigkeiten Gimlis unterschätzt. Wie betäubt lief sie weiter durch den Gang dem kleinen Führer hinterher. Gerade als sie ihrer Tochter erlaubt hatte, wieder ihre Augen zu öffnen, blieb Gimli abrupt stehen und legte den Finger auf den Mund. Er stellte die Lampe auf den Boden und schloss die Augen. Seine großen Nasenflügel blähten sich, während er vernehmbar die Lungen voller Höhlenluft sog. Als er seine Augen wieder öffnete, konnte Gerlinde sehen, dass sie angsterfüllt geweitet waren.

»Was ist los, Gimli?«, fragte sie nervös. Sie konnte partout nichts Gefährliches bemerken.

»Gimli riechen«, sagte der Zwerg plötzlich sehr besorgt. Die Selbstsicherheit, die er eben noch an den Tag gelegt hatte, war wieder von ihm gewichen. »Riechen böse«, sagte er fast panisch. »Böse kommt. Müssen weg. Böse kommt!« Damit schien er seinen Entschluss gefasst zu haben. »Gehen schnell. Gehen leise«, flüsterte er und zog Gerlinde an der Hand hinter sich her. Und zwar genau in die Richtung, aus der er gerade noch die Bedrohung gerochen hatte.

So schnell er konnte, war der Bärtige dem langen Stollen zur Altenburg gefolgt. Bereits seit längerer Zeit war kein Laut mehr zu hören gewesen. Sein siebter Sinn sagte ihm, dass etwas nicht stimmen konnte. Wäre die Angelegenheit in seinem Sinne erledigt worden, hätte er schon längst das Gemaule von Udo Kümmel oder die Chinesen hören müssen. Aber es war totenstill. Fast lautlos bewegte er sich vorwärts, die Taschenlampe vor sich in den Gang gerichtet, die Waffe im Anschlag. Egal, wen oder was er hier antreffen würde, auf Diskussionen würde er sich nicht einlassen. Die Zeit des Aufräumens war gekommen. Ein Bluttag.

Er stockte. Da, vor ihm im Gang, war etwas. Er spürte es genau. Im Laufe seines Lebens hatte er gelernt, in kritischen Situationen auf seine Intuition zu hören, die ihm bereits mehrfach das Leben gerettet hatte. Und diese Intuition sagte, nein, sie brüllte ihm jetzt ins Ohr: Pass auf! Es lauert etwas da vorn! Pass auf!

Zwar konnte er selbst im Schein der Lampe nichts erkennen, doch hier unten galt es, auf alle Sinne zu achten. Er ging auf die Knie und kroch langsam und lautlos um die Ecke, die Waffe vor sich gestreckt, auf das Unvermeidliche vorbereitet.

Haderlein stellte den Landrover ganz offiziell auf dem Parkplatz des Klinikums ab. Mit ihm verließen Lagerfeld, Riemenschneider und Katastrophen-Müller das Fahrzeug. Seiner Manuela gab er den Schlüssel und nötigte sie, den Freelander zur Dienststelle zurückzufahren. Für sie wurde es jetzt definitiv zu gefährlich.

Als sie das Gelände verlassen hatten, gingen sie zusammen auf den Eingang des Klinikums St. Getreu zu. Lagerfeld wusste noch immer nicht, was der Kriminalhauptkommissar eigentlich vorhatte. Auf sein ungeduldiges Nachfragen hin hatte Franz Haderlein gelächelt und sich wieder nur äußerst nebulös geäußert.

»Wir werden jetzt die Ameisen aufscheuchen, Bernd. Auf dass sie uns mit ihren Pheromonen betören mögen.« Das war's. Mehr hatte er dazu nicht zu sagen gehabt, und Hilfssheriff Lagerfeld war genauso schlau gewesen wie zuvor.

Franz Haderlein ging überraschend lässig mit ihnen zu den Schwestern, die den Besucherverkehr im Eingangsbereich regelten.

Was will er denn jetzt bei diesen Empfangsmiezen? Herrgott!, dachte Lagerfeld verwirrt. Eigentlich hatte er damit gerechnet, endlich diesen Waldmüller mit seinem Wurmfortsatz Eichberg verhaften zu dürfen, aber das würde ganz sicher nicht klappen, wenn man wie ein Pfau in den Eingangsbereich des Klinikums hineinspazierte. Und Haderlein machte weiterhin den Eindruck, als hätte er das Wort »Diskretion« noch nie in seinem Leben gehört. Fröhlich winkte er der drallen Schwester zu, die schräg vor ihm hinter der Informationstheke stand. Wenn hier die Empfangsglocke eines Hotels existiert hätte, hätte Haderlein in diesem Moment wohl mit größter Freude draufgehauen. Nein, irgendwie lief das hier gar nicht nach dem klassischen Vorgehenshandbuch der Kriminalpolizei ab. Lagerfeld schüttelte verstört den Kopf.

»Hallo, Schwester!«, rief Haderlein fast schon anzüglich der weiß gekleideten Matrone zu, die sich umgehend mehr oder weniger drohend auf ihn zubewegte.

Ihre Augen und ihr Gang sendeten eine eindeutige Botschaft aus: Noch so ein Spruch, Bürschchen, und ich mache dich zu einem Kandidaten für unsere Intensivstation.

Katastrophen-Müller und Lagerfeld hielten die Luft an. Das konnte nur in einem totalen Unglück enden.

Jetzt hatte das Krampfadergeschwader auch noch Riemenschneider entdeckt. »Verschwinden Sie mit Ihrem Schwein sofort aus meiner Klinik!«, schleuderte sie Haderlein angriffslustig ins Gesicht.

Katastrophen-Müller zuckte zusammen, und Lagerfeld wich sicherheitshalber einen Schritt zurück. Nur Haderlein blieb unbeeindruckt, was bewundernswert war, da die Kampfmaschine in Weiß fast genauso groß wie der Kriminalhauptkommissar war, aber bestimmt doppelt so schwer. Mutmaßlich ein Viertel ihres Kampfgewichtes steckte allein in ihrem Büstenhalter der Größe Zirkuszelt. Wenn so jemand erst einmal in Schwung kam, tat man besser daran, dessen Wirkungsbereich flugs zu verlassen, wenn man nicht als Fettschmiere auf dem Klinikboden enden wollte, dachte sich Lagerfeld und hielt vorsorglich nach möglichen Fluchtwegen Ausschau.

»Kriminalpolizei Bamberg«, sagte Haderlein laut und deutlich und hielt der weißen Granate seine Marke vor das aufgedunsene Konterfei. Jedoch mit wenig einschüchterndem Effekt. Eher das Gegenteil war der Fall.

»So, aha, die Bolizei. Des is mir fei scheißegal!«, trompetete sie dem Kommissar mitten ins Gesicht, und ihre Zirkuszeltfüllung wackelte ihm über die Theke entgegen. Der rote Farbton ihres Gesichtes wurde noch einen Tick intensiver, dann holte sie tief Luft, und der BH knackte in allen Nähten. »Und wenn Sie vom Ef Bi Ei sin, a Sau had in am Grangenhaus nix verlorn. Hasd du mich verstanna, du Griminaler?« Wütend blickte sie von einem zum anderen.

Sichtlich beeindruckt von der Darbietung, versteckte sich Katastrophen-Müller vorsorglich hinter Lagerfeld. Der war mittlerweile nicht mal mehr sicher, ob seine »Yellowstone«-Gedoptheit ausreichen würde, dieses Monster im Ernstfall aufzuhalten.

Nur Haderlein tat weiterhin so, als ob alles in schönster Ordnung sei. Er versuchte es weiter mit dienstlicher Konversation. »Könnten Sie bitte Herrn Waldmüller etwas ausrichten, gute Frau?«, fragte er mit möglichst unschuldigem Augenaufschlag.

Die weiße Kampfkugel war kurz vor dem Platzen. Nur noch mühsam konnte sie sich beherrschen. »Wissen Sie, was der Dogder mid Ihna machd, Sie Bolizisd, Sie? Der schmeißt Sie fei hochkand naus mit dera Sau da. Nur damid des fei amal glar is!« Triumphierend schaute sie sich um. Jeder im Eingangsbereich, dem

Ohren zum Hören gewachsen waren, hatte sich nun umgedreht und verfolgte das spektakuläre Schauspiel mit.

Doch Haderlein blieb cool und rief nun, sodass es jeder hören konnte: »Könnten Sie Herrn Waldmüller und Herrn Eichberg bitte ausrichten, Herr Kriminalkommissar Haderlein ist hier, um sie zu verhaften? Ginge das? Das wäre sehr nett, danke!« Damit schaute er ihr tief in die feisten Äuglein. Das hatte gewirkt. Endlich begriff sie, dass sich hier gerade etwas sehr Unerfreuliches für ihr Klinikum ereignete.

»Verhaften?«, wiederholte sie, immer noch laut trompetend, doch immerhin schon etwas verunsichert. Verstört griff sie zum Telefonhörer und wählte die Nummer von Waldmüllers Apparat. Noch bevor sie jemanden erreichen konnte, sah man draußen zwei Männer in weißen Arztkitteln durch die Blumenbeete rennen. Völlig verblüfft legte das ehemals so dominante Empfangsschwesterchen den Hörer wieder auf den angestammten Platz und sah ihrem Chef zu, wie er draußen um die Ecke flüchtete.

»Hierbleiben!«, rief Haderlein streng, als er bemerkte, dass Lagerfeld Anstalten machte, die Verfolgung aufzunehmen. »Vielen Dank für Ihre Hilfe«, verabschiedete sich Haderlein von der jetzt friedlichen Kampfkugel und verließ mit seinen Anhängseln umgehend eine völlig verdatterte Krankenhausbelegschaft.

Draußen setzte er Riemenschneider auf den Boden und sagte nur: »Such, Riemenschneider, such!« Das Ferkel ließ sich nicht weiter bitten und stürmte der frischen Spur der Flüchtigen hinterher. Die wilde Jagd führte durch den Innenhof, quer über Gehwege und durch sorgfältig angelegte Blumenbeete halb um das alte Gebäude herum und endete erst an der kleinen Kapelle hinter dem Haus, die eigentlich mehr ein größerer Marienaltar mit vergittertem Eingang war. In Habtachtstellung knurrte Riemenschneider die Maria hinter den Gittern an. Haderlein dachte kurz nach, dann griff er sich zwei der schmiedeeisernen Gitterstäbe und schob sie gegeneinander. Die Frontseite des Altarbildes klappte mitsamt der heiligen Maria nach außen und gab eine schmale, durchgetretene Sandsteintreppe frei, die steil in die Erde führte. Müller und Lagerfeld standen mit offenem Mund da und brachten keinen Ton heraus, während Haderlein seinem Kollegen tröstend die Wange tätschelte.

»Tja, Bernd, so ist das mit den Ameisen. Ein ziemlich berechenbares Volk.« Dann holte er sein Funkgerät heraus und gab Motschenbacher das vereinbarte Zeichen. »Es geht los, meine Damen und Herren.« Er nahm Riemenschneider an die Leine und verschwand in der Öffnung des Marienaltars. Herbert Müller und Lagerfeld folgten ihm. Das letzte, aber auch gefährlichste Kapitel des Falles hatte begonnen.

Motschenbacher hatte das Signal von Haderlein empfangen und gab seinen schwarz gekleideten Männern vom SEK ein Zeichen. Ein Knopf wurde gedrückt, dann gab es eine Explosion, und Poldis Bärenkäfig flog mit einem gewaltigen Getöse durch die Luft. Als sich der Staub gelegt hatte und das eiserne Gitter auf dem Boden des Zwingers lag, konnten alle ein großes, dunkles Loch in der Wand des Mauerwerks erkennen. Auf Motschenbachers Anweisung hin stieg einer nach dem anderen dem Leiter der Gruppe in die Öffnung hinterher.

Zur gleichen Zeit drang jeweils eine Vierergruppe des SEK durch die Eingänge der Villa Rosenbauer und der Firma Bartosch in die Stollen der Katakomben ein. Die Vorgehensweise war relativ klar, nichtsdestotrotz aber schwierig. In höhlenartigen Gängen wie diesen war keine Deckung möglich. Die einzige Hilfe kam von den schwer bewaffneten Kollegen. Das SEK hatte sich gegen Nachtsichtgeräte entschieden und verwendete stattdessen auf Maschinenpistolen montierte Halogenlampen, die eine bessere Beweglichkeit und weniger Gewicht in den engen Höhlensystemen garantierten.

Der Gruppenleiter der SEK-Gruppe, die in den Keller der Villa Rosenbauer eingestiegen war, bewegte sich langsam vorwärts. Direkt nach der geheimen Weinflaschentür bog der Gang scharf nach links ab und begann leicht bergan zu führen. Der Gruppenführer hob die Hand, und seine Männer gingen in die Hocke oder pressten sich mit der Waffe im Anschlag an die Wand. Vorsichtig sah er um die Ecke. Was er dort entdeckte, gefiel ihm nicht. In circa zehn Meter Entfernung standen vier blaue Plastikfässer. Irgendetwas stimmte da nicht. Da man an den Fässern nicht vorbeikam, der Flüchtige aber auf diesem Weg entkommen war, mussten sie erst kürzlich dort aufgestellt worden sein. Da war definitiv etwas faul. Er senkte die Hand, für seine Männer das Zeichen, auf ihren Positionen zu warten. Vorsichtig und geduckt ging er langsam auf die Fässer zu, als plötzlich links von ihm an der Wand etwas zu piepen begann. An seinem schwarzem Overall sah er in Hüfthöhe einen roten Laserpunkt und an der Wand ein dunkles Kunststoffkästchen in der Größe einer Zigarettenschachtel, auf dessen Display jetzt Zahlen aufblinkten.

Neunundzwanzig, achtundzwanzig, siebenundzwanzig ... Die Zahlen liefen rückwärts. Schnell richtete er sich auf und rannte zu seinen Männern zurück.

»Alle sofort raus hier!«, brüllte er, und die Einsatzgruppe machte sich schleunigst auf den Rückweg. Gerade als sie die Villa verließen, gab es eine dumpfe Explosion. Aus der Haustür drang eine Staubwolke heraus, und im Garten neben dem Haus sackte der Boden nach unten. Zurück blieb ein ein Meter tiefer runder Trichter im Rasen.

»Das war's mit unserem Einsatz unter der Erde, wie?«, meinte einer der Männer und zog sich den Helm vom Kopf. Doch ehe ihm jemand antworten konnte, war das dumpfe Dröhnen einer weiteren Explosion zu hören, allerdings aus viel größerer Entfernung. Als die SEKler das Zittern des Bodens spürten, wussten sie, dass dabei mit einer noch massiveren Ladung Sprengstoff gearbeitet worden war.

Der Einsatzgruppe in der Firma Bartosch erging es nicht viel besser, allerdings versperrten hier nicht vier, sondern acht Fässer den Stollen. Auch sie liefen trotz aller Vorsicht in die raffiniert installierte Lichtschranke und schafften es in letzter Sekunde, durch die enge Öffnung in den Keller zu flüchten. Sie rannten noch den Flur im Haus Richtung Haupteingang entlang, als hinter ihnen der Aufzugschacht in einer gewaltigen Explosion zerbarst. Völlig verstaubt, hustend und keuchend erreichten sie die frische Luft in der Lorbersgasse. Erst als der alte Ziegelbau der Firma Bartosch immer größere Risse bekam und sich von ihnen weg talabwärts neigte, realisierten sie, was sie für ein großes Glück gehabt hatten. In einer pompösen Orgie aus Dreckverpuffungen und urweltlichem Gerumpel fiel der stattliche Bau zu einem einzigen großen Schuttberg zusammen. Die Männer des SEK standen noch immer verdattert davor, als ihre Kollegen von der Villa Rosenbauer eintrafen. Deren Gruppenleiter besah sich kurz das Desaster und versuchte dann mehrmals, mit seinem Chef Kurt Motschenbacher Kontakt aufzunehmen. Doch das Funkgerät blieb stumm. So schnell sie konnten, bestiegen sie ihre Kleinbusse und machten sich auf den Weg hinauf zur Altenburg.

Gimli zog Gerlinde Rosenbauer hinter sich her, die wiederum Theresa an der Hand hatte. Nach zehn Metern bog der Zwerg scharf und rechtwinklig nach rechts um die Ecke. In einer unscheinbaren Nische des Sandsteins war eine alte, vergammelte Holztür verborgen. Aus seinem Rucksack zog Gimli eine seiner langstieligen Äxte heraus und setzte sie an dem alten Riegel der Tür an. Schaudernd bemerkte Gerlinde Rosenbauer, dass die fränkische »Franziska« von oben bis unten mit Blut beschmiert war. Mit einem Knirschen hebelte der Zwerg den Riegel aus dem alten Holz, dann hinderte er mit einer geschickten Bewegung der Axt das Eisenteil am Herunterfallen und öffnete die Tür. Gimli winkte ihnen heftig, und sie krochen in die Nische, die sich dahinter auftat. Gimli schloss die Tür, legte den Finger auf seine wulstigen Lippen und löschte die Flamme der Grubenlampe. Gerlinde war die Dunkelheit sogar lieb. In den wenigen Sekunden, in denen die Lampe hier drinnen noch ihr rußiges Licht gespendet hatte, hatte sie einen Haufen von alten Skelettknochen erkannt. Die Kammer war voll von alten Gebeinen.

Von draußen war jetzt nichts mehr zu hören. Es herrschte eine zum Zerreißen angespannte Stille.

Der Bärtige kroch hoch konzentriert um die Ecke. Links von ihm befand sich eine kleine Nische mit einer Holztür. Fast wollte er sie schon öffnen, als der schmale Kegel seiner Lampe weiter vorn irgendetwas auf dem Boden des Ganges streifte. Er erhob sich und schlich lautlos näher. Als er nur noch wenige Meter entfernt war, richtete er sich auf und ging das letzte Stück fast aufrecht. Seine Finger schlossen sich enger um den Griff seiner Halbautomatik. Vor ihm hatte jemand ein ziemlich übles Blutbad angerichtet, und er musste nicht lange rätseln, wer für die Sauerei verantwortlich war. Er kannte nur einen Menschen, der mit einer Wurfaxt dermaßen virtuos umgehen konnte.

»Gimli, du verfluchter Zwerg«, zischte er zwischen zusammengepressten Lippen hindurch. Aber jetzt saßen die drei in der Falle.

Sie mussten sich vor ihm befinden, und der Ausgang zur Altenburg war verbarrikadiert. Es war an der Zeit, die Flucht des Trios zu beenden. Der Bärtige lief weiter den Gang Richtung Altenburg hinauf.

Kurt Motschenbacher ging seinen Männern voraus durch die aufgesprengte Öffnung. Auf der anderen Seite des Loches war eine Eisenleiter in den Sandstein eingemörtelt. Er winkte den anderen zu und stieg selbst als Erster die Leiter in einen engen Schacht hinunter. Er zählte achtzig Stufen, bevor er mit seinem Stiefel wieder auf festen Boden trat. Als er um sich leuchtete, erkannte er, dass er sich in einer großen Sandsteinkammer mit einem Durchmesser von circa sechs Metern befand. Der Sandstein glitzerte im Licht seiner Lampe, als habe jemand Tausende von kleinen Leuchtdioden installiert. Um ihn herum lagen verstreute Sandsteinbrocken, die von der Sprengung heruntergefallen waren, und vor ihm ein dunkler Gang, der schräg nach unten führte. Motschenbacher winkte seinen Männern, ihm zu folgen, und ging in die Katakomben voraus. Nach wenigen Metern öffneten sich rechts und links des Ganges mittelgroße Nebenkammern, in denen zu Motschenbachers großem Erstaunen große blaue Plastikfässer standen. Misstrauisch beäugte er die beiden Nischen und deren ungewöhnlichen Inhalt. Seine Erfahrung drängte ihn, wieder umzukehren und einen anderen Weg zu suchen, aber dazu fehlte ihm die Zeit. Er musste die Lage sondieren und riskieren, auf Schwierigkeiten zu stoßen. Also los.

Als er an den Nebenkammern vorbeigehen wollte, flammte an der Decke über ihm plötzlich in einem kleinen Kästchen ein Display auf, und rote Ziffern begannen von dreißig an im Sekundentakt rückwärts zu blinken. Motschenbacher erstarrte. Die Fässer waren Sprengladungen! In dreißig Sekunden würden er und seine Männer niemals den Rückweg die Eisenleiter hinauf in die Burganlage schaffen. Kalte Panik kroch in ihm hoch. Sie hatten nur eine Chance. Sie mussten so schnell und so weit wie möglich in den Tunnel hineinlaufen.

»Mir nach! Schnell!«, rief er. Gebückt rannten sie den schiefen Stollen hinunter. Motschenbacher hatte keine Ahnung, welche Strecke sie zurückgelegt hatten, als hinter ihnen der dumpfe Knall einer Explosion ertönte. Eine Sekunde später traf sie eine Druckwelle aus feinen Sandsplittern. Die Männer vom SEK wurden von den Füßen gehoben und mit brutaler Gewalt in die Tiefe des Stollens geschleudert.

Noch Monate später würde sich den Bambergern ein Bild der Zerstörung bieten. Die Burgmauer der Altenburg über dem Stollen wurde samt angrenzendem Wehrturm völlig zerstört, sodass eine gigantische Lücke von über zwanzig Metern in der alten Befestigungsanlage entstand. Von einem Eingang, der einmal an dieser Stelle nach unten in eine geheime Katakombe geführt hatte, war weit und breit nichts mehr zu sehen.

Der Bärtige wusste, dass er nicht mehr weit von der Altenburg entfernt sein konnte, als plötzlich das Grollen einer gigantischen Explosion durch das unterirdische Gewölbe rollte. Er wusste, was das bedeutete. Sofort warf er sich auf den Boden und bedeckte den Kopf mit seinen Händen, als die Staubwolke über ihn hinwegfegte und an seinem Oberkörper zerrte. Wenige Momente später war der Spuk vorbei. Als sich der Staub lichtete, richtete er sich auf und klopfte den Dreck aus den Kleidern. Er ging weiter Richtung Altenburg, aber hundert Meter weiter war Schluss. Der Tunnel war eingestürzt, der weiche Keupersandstein hatte dem gewaltigen Explosionsdruck nichts entgegenzusetzen gehabt, der Ausgang war versperrt. Gimli und seine Begleiterinnen mussten also erledigt sein, unter Tonnen von Sandstein begraben. Sehr gut, dann konnte sich der Bärtige endlich wieder seiner nicht mehr allzu fernen Abreise widmen. Er ging den Weg zurück, den er gekommen war.

Die Welle der Explosion raste gerade durch das Gestein, als das Licht in der Fabrik erlosch. Der Eingang zum Bartosch-Keller war in die Luft geflogen. Pech für die Bullen, dachte Leonhard Pechmann grimmig. Wenig später vernahm er das Wummern des Notstromaggregats eine Etage tiefer, und die blaue Notbeleuchtung sprang an, deren Schein mehr als dürftig war. Egal. Das Licht würde reichen, um die jetzt verpackte Ladung zum Ausgang HH zu schaffen. Alle Säcke waren bereits auf kleine Bollerwagen verteilt, die jeweils von zwei Mann gezogen werden mussten. Alle Wagen würden insgesamt zweimal Ladung transportieren. Pechmann schaute auf die Uhr und lächelte. Ja, das würde locker reichen, das Zeitfenster war mehr als großzügig. Sie hatten noch eine gute Stunde, bis der Lastwagen am Ausgang HH eintreffen würde. Er gab den Chinesen ein Zeichen, und die kleinen Wagen setzten sich in Bewegung.

Mehrere Minuten waren vergangen, seit sie die Anwesenheit des Bärtigen draußen im Gang gespürt hatte, als Gerlinde plötzlich neben sich ein Geräusch beim Knochenhaufen hörte. Der Zwerg bewegte sich. Kurz darauf erklang das leise Quietschen der Holztür. Gimli war hinausgegangen. Endlose Sekunden herrschte Stille, dann kam er wieder zurück und entzündete die Grubenlampe mit einem Streichholz.

»Weg«, sagte er und winkte. Theresa stieß einen leisen Schrei aus, als sie sah, worauf sie die ganze Zeit gesessen hatte, riss sich aus den Armen ihrer Mutter los und flüchtete nach draußen. Das Entsetzen über die Knochen war ihr ins Gesicht geschrieben. Im gleichen Moment gab es eine fürchterliche Erschütterung, und das ferne Grollen einer Explosion war zu hören. Kleine Sandsteinbröckchen lösten sich von den Wänden und fielen zu Boden. Dann kehrte wieder Ruhe ein.

Theresa, die völlig aufgelöst im Stollen stand, drehte sich verängstigt zu ihrer Mutter um. »Mama?«, konnte sie noch rufen, bevor sie eine dreckige Wolke erfasste und mitriss. Sekunden später war nur noch Staub zu sehen.

»Theresa!«, schrie Gerlinde Rosenbauer auf. Sie wollte ihrer Tochter hinterherrennen, doch Gimli hielt sie mit eisernem Griff zurück.

»Gimli holen«, sagte der Zwerg. »Warten.« Dann stapfte er in das vom Explosionsdreck vernebelte Ungewisse des Ganges.

Gerlinde Rosenbauer sank in einer Nische in sich zusammen. Allmählich wurde ihr die nervliche Belastung zu viel. Stille Tränen der Hoffnungslosigkeit liefen ihr über das Gesicht, doch sofort lehnte sie sich wieder gegen den inneren Schweinehund auf. Nein, noch würde sie nicht aufgeben. Gimli würde Theresa zurückbringen, und sie würden einen Weg aus diesem Loch hier finden. Dann würde alles anders werden, und sie würde ein neues Leben mit ihrer Tochter beginnen. Mit ihrem Hemdsärmel wischte sie die Spuren ihrer Verzweiflung aus dem Gesicht und schlug dann wütend mit ihrem Prügel gegen den Sandstein. Sie musste sich zusammenreißen, schon um Theresas willen. Aber von ihrer Tochter und dem Zwerg war nichts zu sehen. Die Explosionswelle schien Theresa ein ganzes Stück weiter mitgerissen zu haben, als Gerlinde gedacht hatte. Sie zählte die Sekunden, als sie plötzlich ein leises Geräusch aus dem Gang vernahm. Irgendwer kam den Berg herunter auf sie zu. Aber Theresa war doch in die andere Richtung mitgerissen worden? Ihre Magengrube zog sich zusammen. Sie packte ihren Prügel fester, als Gimli mit der hustenden Theresa an der Hand im Nebel der anderen Gangseite auftauchte. Gerlinde Rosenbauer legte ihren Finger auf die Lippen, doch Theresa konnte nicht an sich halten. »Mama, Mama!«, rief sie laut.

»Wir müssen hier weg«, zischte sie Gimli zu und deutete zurück in die Knochenkammer. Sie schob den Zwerg durch die Holztür, der sie verzweifelt anblickte.

»Nicht gut«, schnarrte er, »Nicht gut.«

»Das ist mir egal«, gab sie leise zurück. »Aber wir können nicht wieder zurück. Da kommt jemand.«

Gimli schaute sie immer noch unentschlossen an, dann konnten sie schnelle Schritte hören. Eine panische Angst befiel Gerlinde Rosenbauer, und sie schrie: »Kommt!« Alle drei stürzten zurück in die Kammer, Gerlinde Rosenbauer blockierte die Holztür mit einem Knochen.

»Nicht gut. Nicht gut«, sagte der Zwerg noch einmal verzweifelt und schüttelte nachdenklich den Kopf. »Gehen«, schnarrte er schließlich, und sie folgten ihm über die Berge aus Menschenknochen zum Ende der Kammer, wo er eine Eisenleiter emporstieg. Die rostigen Griffe machten nicht gerade einen vertrauenerweckenden Eindruck und knirschten gefährlich in ihren alten Befestigungen, aber sie hielten. Oben angekommen folgten sie etwa fünfzig Meter einem niedrigen Gang. An dessen Ende deutete der Zwerg in ein tiefes, finsteres Loch. Offensichtlich mussten sie dadurch wieder hinunter. Im Licht der Grubenlampe konnte man grobe Trittstufen im Sandstein erkennen, die teilweise nur noch rudimentär vorhanden waren, ansonsten war nichts zu sehen. Dieser Schacht ging noch tiefer in den Berg, aber ihnen blieb keine Wahl. Eilig stieg zuerst Theresa und dann ihre Mutter Gimli hinterher. Gerade als sie mit ihrem Fuß auf der ersten Stufe Tritt fasste, vernahm Gerlinde aus der Knochenkammer das Splittern der Holztür. Sie hatten keine Zeit zu verlieren. Sie wurden verfolgt.

Dr. Waldmüller hetzte mit seinem Eichberg'schen Anhängsel durch die niedrigen Gänge. Zwar war er den Weg schon mehrmals gegangen, aber noch nie hatte er sich dabei so hetzen müssen. Eichberg war bisher mehr ein Hindernis als eine Hilfe auf dem Weg zum Reichtum gewesen. Eigentlich konnte der Mann nichts, außer bereitwillig zu nicken und Zahlen zu ordnen. Ansonsten ging ihm in jeder Beziehung ziemlich schnell die Luft aus. Auch jetzt war er schon wieder völlig außer Atem. Waldmüller war kurz davor zu explodieren.

»Hören Sie, Eichberg, auch wenn Ihre Lungen pfeifen, wir haben keine Zeit zu verlieren. Reißen Sie sich gefälligst zusammen, Sie verdammter Bürokrat. Warum haben Sie eigentlich nichts von diesem ›Yellowstone‹ gefressen, wenn Sie doch so ein Schlappschwanz sind.« Wütend betrachtete er das keuchende Etwas, das da neben ihm an der Wand lehnte und immer wieder die rutschende Brille nach oben schob.

»Es läuft doch alles nach Plan, haben Sie gesagt«, japste Eichberg. »Die Bullen haben keine Ahnung, das haben Sie gesagt.« Wieder musste er eine Pause in seinem Redefluss einlegen. »Und jetzt rennen wir hier durch diese Stollen, und die Rosenbauer ist auch auf der Flucht. Wenn die es nach oben schafft und quatscht, sind wir am Arsch. In meinen Ohren hört sich das nicht gerade nach einem perfekt verlaufenden Plan an, oder? Warum soll dann ausgerechnet ich mich beeilen?« Keuchend wischte er sich mit dem Ärmel seiner weißen Jacke den Schweiß aus der Stirn.

Waldmüller betrachtete ihn mit einer Mischung aus Wut und Abscheu. Warum hatte man bei so einem hochriskanten Unternehmen überhaupt solche Speichellecker wie Eichberg dabei? Maden wie er trieb doch nur die Gier, der leichte Erfolg. Sobald es ernst wurde, wollten sie sich am liebsten in ein Loch verkriechen und vor sich hin wimmern. Waldmüller spuckte verächtlich vor ihm auf den Boden. Am liebsten hätte er ihm die große Taschenlampe einmal über den Scheitel gezogen. So eine Memme! »Die Bullen wissen doch gar nicht, wie sie hier hereinkommen sollen, Eichberg. Die stehen noch in St. Getreu und verhören die Kleinhenz. Und die Rosenbauer mit ihrem Zwerg wird den Chinesen früher oder später in die Arme laufen. Oder dem Bärtigen.« Er lächelte düster bei diesem Gedanken. »Sie wird das Licht der Sonne nie wiedersehen, Eichberg, das ist mal sicher. Und jetzt weiter, das hier ist schließlich kein Picknick!« Ungeduldig stieß er dem Brillenträger den Ellenbogen in die Seite.

Haderlein wartete mit Riemenschneider an der Leine am Fuß der Treppe auf die anderen Mitstreiter. Herbert Müller war in seinem Element und sichtete die verschiedenen Gänge, die vom Fuße der Treppe abzweigten, auf ihre Beschaffenheit hin.

Lagerfeld kam diese Umgebung dagegen ziemlich spanisch vor. Nicht, dass er direkt unter Platzangst litt, aber auch in Telefonzellen hielt er sich nur so lange wie nötig auf. Höhlen konnte er sowieso nichts abgewinnen. Zu kalt, zu eng und, bis vor Kurzem, zu wenig Zigarettenautomaten. Riemenschneider zog bereits mit aller Macht in den Gang, der nach links abzweigte. Es war der niedrigste von allen und derjenige, der als Einziger nicht mit Spritzbeton gesichert war.

»Kann es sein, dass sich die Riemenschneiderin auch einmal irrt«, murrte Lagerfeld, obwohl er die Antwort schon kannte. »Der Gang da in der Mitte und der rechte da sehen weitaus gepflegter aus. Könnten wir nicht lieber dort suchen?« Der Kommissar hatte sein Anliegen im hochdeutschen Idiom formuliert, um seine Chancen zu erhöhen, doch in diesem Fall brachte es ihm nur ein Stirnrunzeln Haderleins und einen abfälligen Blick von Herbert Müller ein.

»Nun gut, es ist so weit. Taschenlampen raus und Waffen entsichern«, sagte Haderlein leise und konzentriert. Er selbst hatte sich eine Stirnlampe aufgesetzt. Mit der linken Hand hielt er die Leine Riemenschneiders, mit der rechten die entsicherte Dienstwaffe.

»Müller, Sie bleiben bei mir, und Lagerfeld, du hältst die Augen nach hinten offen, verstanden?« Dann ließ er sich von Riemenschneider führen, die mit eminentem Vorwärtsdrang in die linksseitige Katakombe zerrte. Katastrophen-Müller lief neben dem Schwein her und leuchtete voraus. Schon bald verzweigte sich der Gang, und andere Stollen führten nach rechts oder links, unten oder oben. Der Weg, dem das Ferkel folgte, führte in leichten Kurven nach unten, immer tiefer in den Berg hinein. Haderlein hielt konsequent die Geschwindigkeit, mehrmals musste er Riemenschneiders Drang nach vorn drosseln. Sie folgte einer Spur und hatte das Ziel fest im Visier. Lieber mit Weile eilen als unbedarft in eine Falle tappen, kalkulierte Haderlein.

Sie hatten bereits die dritte Mehrfachkreuzung passiert, als der Gang für einen kurzen Moment etwas anstieg und durch eine kleine Halle führte. Der Boden war mit großen Kalksteinplatten ausgelegt, nahe den Wänden standen alte, verrostete Maschinen. An der Decke konnte man noch die Keramikbuchsen für Stromleitungen erkennen, durch die Decke führten alte Kabel hinaus ins Irgendwo. Lagerfeld betätigte einen Lichtschalter, doch es tat sich nichts. In der Dunkelheit tanzten die Lichtkegel der Taschenlampen weiterhin suchend über die alten Produktionsstätten.

»Das hier stammt noch aus dem Ersten Weltkrieg«, erklärte Katastrophen-Müller, während seine Hände fast zärtlich über das verrostete Metall strichen. »Ganze Industrieanlagen wurden in dieser Zeit unter die Erde verlegt. Aber diese hier habe ich noch nie gesehen. Schau an, es gibt also doch noch weiße Flecken in den Bamberger Bergen.« Er lächelte versonnen, als Haderlein ihn anleuchtete.

»Ich will Ihre romantischen Verklärungen ja nicht unterbrechen, Müller, aber wir müssten dann weiter«, drängte Haderlein.

Herbert Müller schrak aus seinen Träumereien hoch, reihte sich aber wieder brav neben dem Ferkel ein. Die Taschenlampen richteten sich auf den Weg vor Riemenschneiders Rüssel, dann tauchten sie weiter in die unbekannten Tiefen der Bamberger Unterwelt ein.

Der Bärtige war wütend auf sich selbst. Er hätte seinem Instinkt folgen und zuallererst die Holztür näher inspizieren sollen, bevor er sich den Leichen widmete. Der Ärger übermannte ihn, während er mit wuchtigen Tritten die Tür in ihre Einzelteile zerlegte.

Die Knochenhaufen interessierten ihn einen Dreck. Interessanter war da schon die Eisenleiter hinten an der Wand. Mit großen Schritten durchquerte er das Knochengeröll und steckte sich, vor der Leiter stehend, seine Waffe hinten in den Hosenbund. Von oben konnte er leises Scharren hören. Sie konnten also nicht weit vor ihm sein. Als er, oben angekommen, vorsichtig den Kopf über die Kante streckte, sah er auf der anderen Seite Gerlinde Rosenbauers blondes Haar gerade noch verschwinden. Schnell kletterte er die Leiter hoch und spurtete zur anderen Seite des Gangs. Als er in das enge, dunkle Loch hineinhorchte, konnte er leise Stimmen hören. Sofort zog er seine Waffe und feuerte dreimal. Er hörte Schreie und feuerte daraufhin noch einmal nach. Dann wurde es still. Er legte sich auf den Boden und horchte wieder in das Loch. Nichts. Nur noch Totenstille. Mit der Waffe in der Hand begann er vorsichtig, seiner Beute zu folgen.

Gerlinde Rosenbauer war gerade am Boden angelangt und sah bereits Theresa und Gimli vor sich, als drei Schüsse schnell hintereinander von oben durch die enge Röhre peitschten. Zwei Kugeln verfehlten sie knapp. Die dritte durchschlug ihre Hose und riss ihr eine zentimeterlange Fleischwunde in den rechten Oberschenkel. Erschrocken schrie sie auf und ließ sich nach unten stürzen. Theresa und Gimli halfen ihr auf, während ihr der Schmerz die Tränen in die Augen trieb. Kurz darauf schlugen noch einmal Kugeln in den Sandsteinboden. Ihr Oberschenkel pochte, aber sie biss die Zähne zusammen und folgte dem davoneilenden Gimli in den niedriger werdenden Gang. Sie liefen, so schnell sie konnten. Gerlinde Rosenbauers Bein schmerzte höllisch, und sie schrie mehrmals leise auf, als ihr blutender Oberschenkel unsanft Bekanntschaft mit den Höhlenwänden machte. Noch konnten sie keine Schritte hinter sich hören, als sie wieder eine Kammer betraten. Normalerweise führte der Weg geradeaus weiter, aber jetzt war die Sandsteindecke der alten Katakombe eingebrochen, und es blieb ihnen nur noch eine schmale, enge Öffnung. Theresa und Gimli könnten sich gerade noch hindurchzwingen, für Gerlinde Rosenbauer jedoch ein völlig hoffnungsloses Vorhaben.

Der Zwerg blickte sie an und sagte: »Nicht gut. Mutter nicht gut.«

Gerlinde konnte seine Verzweiflung fast körperlich spüren. Ihr kam die brutale Einsicht, dass sie nun an das vorläufige Ende ihres gemeinsamen Weges gekommen waren.

Gimli zeigte hektisch nach oben. In Brusthöhe waren wieder Sprossen in den Stein eingelassen. Allerdings führten diese so weit nach oben, dass das Leiterende nicht zu sehen war.

Gimli deutete hinauf. »Gehen«, schnarrte er hektisch und fing an zu hüpfen, um mit seinen kurzen Armen die erste Sprosse der Leiter zu erhaschen. Doch der schwere Rucksack hinderte ihn daran. Er drehte sich um und wollte Gerlinde Rosenbauer bitten, ihn hochzuheben, doch die große blonde Frau mit dem schönen Gesicht hatte sich zu ihm niedergekniet und fasste ihn nun an den Schultern. Tränen liefen ihr über die Wangen.

»Nein, Gimli, ich werde da allein hinaufsteigen und versuchen einen anderen Weg zu finden. Du wirst mit Theresa den Gang dort weitergehen. Unser Verfolger wird euch dort hinein nicht folgen können, er wird ebenso die Leiter nehmen. Das verschafft euch einen Vorsprung.«

Sie nahm ihre ebenfalls weinende Tochter in die Arme und drückte sie fest an sich. »Du wirst jetzt ganz genau das machen, was Gimli dir sagt. Hast du verstanden, Theresa? Gimli passt auf dich auf. Ich muss euch jetzt verlassen, aber wir sehen uns draußen wieder, ja?« Zärtlich strich sie ihrer Tochter mit blutverschmierten Fingern über das Haar, dann nahm sie Gimlis Gesicht in ihre Hände und sagte so eindringlich sie nur konnte: »Ich vertraue dir hiermit meine Tochter an. Du bist jetzt für sie verantwortlich, Gimli. Du bist von nun an der Einzige, der sie noch beschützen kann.« Sie umarmte ihn und sagte leise: »Bitte bring meine Tochter lebend hier raus, Gimli, das musst du mir versprechen. Versprich es mir, Gimli.« Wieder liefen ihr die Tränen über das Gesicht.

Der Zwerg schaute sie zuerst regungslos an, dann glitt sein Blick zwischen Theresa und ihrer Mutter hin und her. »Gimli versprechen«, schnarrte er heiser. »Gimli achten Theresa. Gimli versprechen.« Er reichte Gerlinde die Grubenlampe und fügte noch hinzu, während er auf seine große Nase deutete: »Nicht brauchen, Gimli riechen.«

Dankbar nahm sie das rußende Licht und ihn noch einmal gerührt in den Arm. Dann schob sie beide zu dem engen Loch. »Jetzt geht, ihr habt keine Zeit zu verlieren«, sagte sie entschlossen, fasste selbst eine Leitersprosse mit der freien Hand, setzte das gesunde Bein auf das unterste Eisen und zog sich mit schmerzverzerrtem Gesicht hoch. Als sie das verletzte Bein nachzog, konnte sie gerade noch sehen, wie ihre Tochter durch die enge Sandsteinöffnung des verschütteten Tunnels verschwand.

Sie wollte weinen, schreien, toben, es zerriss ihr schier das Herz. Ihre Tochter befand sich nun allein mit Gimli in Todesgefahr, und sie konnte ihr nicht mehr helfen. Aber sie war ja selbst schuld an der Situation, sie ganz allein. Jetzt konnte sie nur noch versuchen, ihren unbarmherzigen Verfolger aufzuhalten. Mit größter Mühe verdrängte sie alle Gedanken an Theresa aus ihrem Bewusstsein und erklomm eine Sprosse nach der anderen. Sie war schon fast oben, als sie hörte, wie ihr von unten jemand folgte. Sie nahm den Tragebügel der Lampe zwischen ihre Zähne und griff nun mit beiden Händen zu. Sie hatte nicht die Absicht aufzugeben. Sie war jung, sie war sportlich, und die Wunde am Bein war nicht der Rede wert.

Nach unzähligen gemeisterten Trittstufen zog sie sich über den Rand und blieb schwer atmend sitzen. Sie konnte nicht mehr weiter. Der Schmerz im Bein war unerträglich. Sie kauerte sich mit dem Rücken an die Sandsteinwand und umschloss stöhnend ihren Holzprügel. Jetzt würde er endlich zum Einsatz kommen. Eine erbärmliche Waffe im Vergleich zu einer modernen Pistole, aber auch damit konnte man sich verteidigen.

Nach kurzer Zeit legte sich eine Männerhand auf den Rand des Ausstiegs. Gerlinde Rosenbauer nahm allen Mut zusammen und schlug zu, so fest sie konnte.

Gimli hatte seinen Rucksack durch die Öffnung geschoben und gehört, wie er auf der anderen Seite nach unten plumpste. Dann kroch er selbst hindurch und half Theresa, indem er sie an den Händen nachzog. Sie warteten einen Moment ab, denn von der Kammer her näherte sich ein heller Lichtschein. Für einen kurzen Moment erhellte der Strahl einer kräftigen Lampe das enge Loch, und Theresa konnte sehen, dass der Gang, in dem sie sich befanden, begehbar, aber ziemlich verfallen war. Der Boden war übersät mit Gesteinsbrocken jeglicher Größe. Dann erlosch das Licht wieder, und sie hörten, wie jemand ihrer Mutter die Eisenleiter hinauf folgte.

»Ich habe Angst, Gimli«, sagte Theresa leise und weinerlich. Ihre Hände irrten in der Dunkelheit umher und fanden schließlich die Schulter des Zwerges, der gebückt in seinem Rucksack wühlte.

»Nicht Angst«, beruhigte er sie leise. »Gimli wissen, Gimli achten. Gimli versprochen«, sagte er schnell hintereinander. Dann richtete er sich auf und band Theresa etwas um die Hüfte. Sie spürte, dass es sich um ein dünnes Seil handeln musste, bevor sie ein metallisches Klappern hörte. Der Zwerg hatte sich den Rucksack wieder auf seine Schultern gesetzt.

»Kennst du den Weg, Gimli?«, fragte Theresa besorgt. Das Bild des Ganges, das sich in ihr Gedächtnis eingebrannt hatte, war wenig vertrauenerweckend gewesen.

»Gimli wissen«, sagte der Zwerg. »Gimli kennen, Gimli klein.« Dann machte er eine kurze, nachdenkliche Pause. »Gimli klein wie Theresa. Gimli klein spielen. Gimli kennen.« Kurz zog er an dem Seil. »Gehen, Hand«, schnarrte er leise, und Theresa fühlte, wie seine kleine, aber breite Hand nach der ihren tastete. Sie spürte die raue Handinnenfläche des Zwerges, der sie im Dunkeln nach vorn zog. Sie konnte ihn nicht sehen, aber hören, wie er wieder vernehmlich die Luft einsog, um die Gerüche des Ganges vor ihnen in sich aufzunehmen. Stetig wackelte der Zwerg voran, immer in leichter Schlangenlinie um die Felsbrocken herum. Theresa hielt sich krampfhaft an der kompakten, muskulösen Hand Gimlis fest. Die Hand war jetzt alles, was sie hatte, und sie würde alles tun, um sie nie mehr loszulassen, bis sie auf der Erdoberfläche ankamen.

Der Bärtige hatte nur kurz überlegt, als er die Leiter über und das enge Loch vor sich sah. Er hatte schnell in die Öffnung geleuchtet, aber ihm war klar gewesen, dass eine erwachsene Frau hier niemals hindurchpassen würde. Dann hörte er über sich das unterdrückte Stöhnen. Als er in den Schacht hinaufsah, leuchtete ihm von oben das schwankende Licht einer Grubenlampe entgegen, und Blut tropfte ihm ins Gesicht. Sein wettergegerbtes Gesicht verzog sich zu einem hämischen Lächeln, seine Augen leuchteten kalt. Er hatte sie erwischt. Lange würde es also nicht mehr dauern, stellte er befriedigt fest, während er die Waffe in seinem Hosenbund hinter dem Rücken verstaute.

Er zog sich an der Leiter hoch und kletterte geschmeidig wie eine Raubkatze an den Eisenstufen nach oben. Mit einer Verletzten konnten ihm die drei unmöglich entkommen. Nur noch eine Sprosse. Er konnte schon sehen, wie die Grubenlampe den Raum über ihm erhellte, und auch ein leises unterdrücktes Stöhnen war zu hören. Vorsichtig zog er die Waffe hinter seinem Rücken hervor, während seine linke Hand den Bodenrand am Ende der Leiter umfasste. Gerade als er sich hochziehen wollte, traf etwas seine Hand, und ein glühender Schmerz durchfuhr seine Finger. Die Hand zuckte zurück, und er brüllte. Mit der anderen Hand wollte er sich an der Leiter hochziehen, was jedoch nicht so einfach war, weil er mit dieser gleichzeitig die Waffe hielt. Als er mühsam Halt gefunden hatte, tauchte über ihm der von langem blondem Haar umrahmte Kopf Gerlinde Rosenbauers auf, und das Licht der Grubenlampe stach ihm grell ins Gesicht.

»Hallo, Arschloch«, hörte er ihre entschlossene Stimme. Mit ihrer rechten Hand hob sie etwas nach oben. Im flackernden Licht konnte er so etwas Ähnliches wie einen sehr kurzen Knüppel erkennen. Verzweifelt versuchte er, die Pistole mit der gesunden Hand zu drehen. Er gab einen Schuss ab, doch die Kugel traf nur den Stein direkt vor ihm in der Wand. Sand spritzte in alle Himmelsrichtungen, und Sekundenbruchteile später traf ihn ein weiterer brutaler Schlag auf den Arm, mit dem er gerade noch den Schuss abgefeuert hatte. Der Schmerz war bei Weitem nicht so heftig wie beim ersten Mal, doch er reichte aus, um auch die letzte Verbindung der Hände mit der Leiter zu lösen. Sein Oberkörper kippte nach hinten, und der Bärtige fiel, rechts und links an die Wände schlagend, die Röhre wieder hinunter, die er vor ein paar Momenten noch hochgeklettert war. Nach seinem Aufschlag konnte Gerlinde Rosenbauer noch sein wütendes und schmerzerfülltes Gebrüll vernehmen.

Zufrieden machte sie sich humpelnd auf den Weg. Selbst wenn dieser Sadist es schaffen sollte, sich noch einmal die Leiter hochzuquälen, hatte sie sich auf jeden Fall erst einmal einen komfortablen Vorsprung erarbeitet. Mit der Grubenlampe leuchtete sie nach vorn. Der Gang verzweigte sich schon wieder. Der rechte Weg führte leicht ansteigend nach oben und war noch dazu relativ intakt, der linke führte relativ steil abwärts, war aber ziemlich verfallen und wesentlich niedriger. Nicht besonders einladend, aber

Theresa befand sich mit Gimli unter ihr, also würde sie diese Variante wählen. Sie musste ihre Tochter wiederfinden. Den Knüppel warf sie weg, der war nur noch unnötiger Ballast. Was sie jetzt brauchte, war Geschwindigkeit und eine gehörige Portion Glück. Mit den Gedanken an ihre Tochter verschwand sie humpelnd in der niedrigen Katakombe.

Riemenschneider zog unbeirrt und frei von irgendwelchen Zweifeln in eine Richtung, und alle folgten ihr kritiklos. Plötzlich weitete sich der Gang, und es empfing sie ein seltsames blaues Licht. Die Taschenlampen leuchteten in die Höhe, und allen blieb vor Staunen der Mund offen stehen.

Sie standen in einer für Höhlenverhältnisse riesigen Halle. Der Raum war zwar nur etwa zehn Meter breit, aber bestimmt zwanzig Meter hoch. In seiner Mitte ragten dünne, steinerne Säulen empor, die das Gewölbe zu stützen schienen. Die Decke glitzerte im Licht ihrer Lampen wie eine unterirdische Milchstraße. Ein unglaublicher Anblick.

»Was ist das?«, fragte Lagerfeld staunend.

»Die Minen von Moria, mein Freund«, sagte Haderlein ebenfalls ergriffen. Mit seiner Taschenlampe leuchtete er das ganze gewaltige Gewölbe entlang. »Und hier sehen wir das ›Mithril‹, das Silber der Zwerge, über uns glänzen.«

Selbst Herbert Müller hatte Derartiges in den Bamberger Katakomben noch nicht gesehen. »Solch große Räume dürfte es hier eigentlich gar nicht geben. Da hat jemand mit ziemlich viel Aufwand nachgeholfen«, meinte er.

Einzig Riemenschneider zeigte sich von dem herrlichen Schauspiel gänzlich unbeeindruckt. Sie wollte weiter ihre frische Spur verfolgen, doch plötzlich blieb auch sie stehen und schnupperte verwirrt in einen Seitenstollen, der rechtwinklig von links auf die Kammer traf. Sie schnüffelte erneut, ging in Habtachtstellung und knurrte. Alle drehten sich um und betrachteten sie erstaunt.

»Lampen aus!«, flüsterte Haderlein, der als Erster begriff. Als das Licht erlosch, war die unterirdische Kathedrale wieder in den fahlen blauen Schein der Bodenlampen getaucht, die lange Schatten an die Decke warfen. Haderlein zog Riemenschneider an sich heran und hielt ihr mit der Hand die Schnauze zu. Angespannt horchten sie in den Stollen hinein, und tatsächlich: Es war ein leises Schlurfen zu hören, das langsam näherkam.

Gimli folgte dem Gang ohne einen Plan und ohne Nachdenken. Sein Gefühl und sein Geruchssinn waren seine Orientierung. Er war den Weg vor längerer Zeit einmal gegangen, allerdings nicht im Dunkeln. Er hatte gewusst, dass das enge Loch kommen würde, in der Hektik aber nicht die richtigen Worte gefunden, um es anzukündigen. Jetzt war er allein für Theresa verantwortlich. Der Umstand machte ihn irgendwie stolz, trotzdem hatte er auch Angst. Was, wenn er versagen würde? Was, wenn Theresa etwas passierte? Sein Gehirn weigerte sich, die Gedanken weiterzuspinnen und die Folgen zu überdenken. Theresa hatte nichts zu passieren, dafür würde er schon sorgen.

»Wie lange ist es denn noch, Gimli?«, fragte das Mädchen nun schon zum wiederholten Mal, doch den Zwerg schien die Fragerei nicht zu stören.

Mit stoischer Ruhe antwortete er. »Bald. Bald da«, kam es monoton über seine Lippen. Er wusste, dass sie nach ein paar Momenten wieder fragen würde, aber das machte ihm nichts aus. Solange sie fragte, wusste er wenigstens, dass sie noch da war. Solange sie fragte, war Theresa am Leben.

Sie kamen an den Eisentürraum. Wofür er ursprünglich einmal gedient hatte, wusste Gimli nicht. Er hatte ihn so getauft, weil es zwei Eisentüren gab, die den Raum verschlossen. Zur einen Tür ging man hinein, durch die Tür gegenüber verließ man ihn wieder. Gimli durchquerte ihn mit Theresa im Schlepptau und näherte sich der letzten Kurve. An ihrem Ende begann sich die Dunkelheit aufzulösen und in ein blaues Licht zu verwandeln. Der Zwerg runzelte die Stirn. Warum war die Notbeleuchtung in Betrieb? Misstrauisch verlangsamte er seinen Schritt und verfiel in sein eigentümliches Schlurfen. Wieder legte er seinen Finger auf die dicken Lippen, und Theresa nickte, um zu zeigen, dass sie verstanden hatte. Dann gingen sie leise an der Wand entlang auf die Kathedrale zu. Von dort aus war es nicht mehr weit zum Ausgang SG, St. Getreu. Plötzlich erstarrte Gimli, und Theresa lief von hinten auf ihn auf.

Der Zwerg blähte die Nasenflügel. Theresa vernahm das leise

Pfeifen, das immer zu hören war, wenn Gimli die Luft einsog. Irgendetwas stimmte nicht. Er roch etwas. Etwas, das hier unten nicht hingehörte. Er stellte seinen Rucksack ab und drückte Theresa daneben auf den Boden.

»Theresa warten«, flüsterte er leise und löste das Seil, das sie so lange miteinander verbunden hatte. Während er es zurück in den Rucksack stopfte, musterte er die Umgebung. Es war nichts Verdächtiges zu bemerken. Langsam schlich er auf das blaue Licht der Notbeleuchtung zu und sog in einem fort die Luft ein. Da war er wieder, dieser fremde Geruch. Jetzt konnte er sich auch erinnern, woher er ihn kannte. Als er noch ein Kind gewesen war, hatte er ihn auf einem Bauernhof wahrgenommen. Kein besonders angenehmes Erlebnis für eine feine Nase wie seine, aber immerhin konnte er sich erinnern. Von der Kathedrale her roch es nach Schwein. Er war verwirrt, wusste nicht recht, was er mit dieser Erkenntnis anfangen sollte. Ein Schwein war nicht direkt gefährlich, aber wie sollte sich so ein Tier nach hier unten verirrt haben?

Noch bevor er weiter darüber nachdenken konnte, flammte das Licht einer sehr hellen Taschenlampe auf, und eine Männerstimme rief: »Stehen bleiben, Polizei. Hände hoch!«

Gerlinde Rosenbauer hatte sich durch die Trümmer der unbekannten unterirdischen Katakomben gekämpft und war mehrere Male auf Weggabelungen gestoßen. Zweimal war sie in einer Sackgasse gelandet und hatte umkehren müssen. Sie torkelte nur noch, das verletzte Bein wurde ausschließlich durch ihren eisernen Willen weiterbewegt. Sie hatte keine Ahnung, wo sie sich befand, und bald auch keine Kraft mehr. Vor Kurzem war auch noch die Lampe ausgegangen. Sie hatte sie einfach stehen lassen und war dem letzten Eindruck des Lichtscheins gefolgt. Fast wäre sie in ihrem apathischen Zustand an einem Nebengang vorbeigelaufen. Nur durch Zufall war ihr Kopf in diesem Moment herumgeschwenkt, und sie hatte in den abseitigen Tunnel geblickt. Da war er plötzlich gewesen, dieser schwache Lichtschein. Sie hatte die Augen kurz geschlossen, weil sie Angst hatte, sich alles nur einzubilden. Eine Fata Morgana der Finsternis. Aber als sie die Augen wieder öffnete, war das schwache Licht noch immer da. Mit letzter Kraft schleppte sie sich weiter, immer näher zum Licht. Dann versperrte ihr ein Schutthaufen den Weg. Mühsam kletterte sie hinauf, verlor oben aber wegen ihres gefühllosen Beines das Gleichgewicht, stürzte und rollte willenlos den Schuttberg auf der anderen Seite hinunter. Kraftlos blieb sie auf dem Rücken liegen und betrachtete die Decke über sich. Sie war aus Spritzbeton, und was sie gesehen hatte, war das blaue Licht der Notbeleuchtung gewesen. Sie musste sich kurz vor einem der Ausgänge befinden. Sie schloss die Augen und fing leise an zu lachen. Es war schön, endlich auch einmal ein bisschen Glück zu haben.

Als Gimli das Licht der Taschenlampe sah, wusste er, dass sie in eine Falle geraten waren. Noch nicht einmal seine Axt hatte er dabei. Theresa, schoss es ihm blitzartig durch den Kopf. Er wirbelte ohne nachzudenken herum und rannte in den Gang zurück. Kurz bevor er das Mädchen erreichte, hörte er hinter sich einen Schuss, und die Kugel flirrte nur Zentimeter über seinen Kopf hinweg. Wäre er ein normal gewachsener Mensch gewesen, sie hätte ihn getroffen.

Im Laufen riss er den Rucksack und Theresa an sich und rief: »Laufen, schnell!« Dann stellte er das Mädchen wieder auf die eigenen Füße, und beide flüchteten. Als sie den Eisentürraum durchquert hatten, folgte Gimli einer plötzlichen Eingebung. Er schlug die schwere Tür von außen zu und verriegelte sie.

»Warten!«, schnarrte er und verschwand in einem kleinen, engen Nebengang, der sich rechts von der Tür, sechs Treppenstufen höher, öffnete. Theresa schlotterten die Knie, als sie hörte, wie im Eisentürraum Männer gegen die Tür hämmerten, sie aber nicht öffnen konnten. Sie hatte fürchterliche Angst und wollte fortlaufen, aber Gimli hatte ihr befohlen zu warten, und sie würde auf jeden Fall tun, was der Zwerg sagte. Gimli kannte sich hier aus, und er würde sie beschützen. Das hatte er ihrer Mutter versprochen. Theresa würde hier warten, und wenn der Leibhaftige vor ihr aus der Erde stieg.

Das Schlurfen kam näher, und allmählich konnten sie eine kleine Gestalt erahnen, die sich vorsichtig am Tunnelausgang umsah. Plötzlich stand Haderlein auf und leuchtete mit seiner Taschenlampe dem Ankömmling ins Gesicht. Vor ihnen stand ein Zwerg, der aus einem Walt-Disney-Film entsprungen zu sein schien. Einfache Kleidung aus grünem Stoff, die kurzen Beine steckten in viel zu weiten Pluderhosen. Verdutzt schaute er die Beamten an, dann drehte er sich um und rannte mit überraschender Geschwindigkeit in den Tunnel zurück.

»Hinterher!«, rief Haderlein sofort, und alle setzten sich in Bewegung. Aber der Gnom war nicht einzuholen. Lagerfeld gab einen Warnschuss ab, doch Haderlein schüttelte heftig den Kopf.

»Der Zwerg weiß bestimmt, wo Theresa ist!«, rief er im Laufen. Sie hatten Gimli etwa hundert Meter verfolgt, als sie auf eine offene Eisentür stießen. Sie durchquerten den dahinterliegenden dunklen Raum und wollten zu der gegenüberliegenden Tür wieder hinaus, als sich diese plötzlich vor ihrer Nase schloss.

Lagerfeld konnte nicht mehr bremsen und krachte dagegen. Wütend suchte er nach einer Klinke, doch vergeblich. Offensichtlich ließ sie sich nur von außen öffnen. »Verdammter Dreck!«, rief Lagerfeld und trat erbost gegen sie.

»Das hat doch alles keinen Sinn«, warf Katastrophen-Müller ein. »Wir müssen zurück, einen anderen Weg suchen. Oft gibt es alternative Zugänge.«

Haderlein nickte und wollte sich bereits auf den Rückweg machen, als sie ein Geräusch an der offenen Tür hinter sich hörten, durch die sie hereingekommen waren. Als sie die Lichtkegel ihrer Taschenlampen synchron auf das Geräusch ausrichteten, sahen sie den Zwerg in der Tür stehen. Er hatte etwas in der Hand und warf es in den Raum. Dann schloss er auch diese Tür. Sie waren endgültig gefangen.

»Das darf doch alles nicht wahr sein!«, empörte sich Lagerfeld über die Ungerechtigkeit der Welt.

Nur Haderlein ahnte die unsichtbare Gefahr, die ihnen drohte. »Pst, seid doch einmal still! Hört ihr das auch?«

Sofort schwiegen sie und horchten. Alle konnten es wahrnehmen. Sogar Kriminalkommissar Bernd Schmitt. Von der Mitte des Raumes her war ein leises Zischen zu hören. Mit ihren Lampen konnten sie den Ursprung des Geräusches erkennen. Das Zischen entsprang einer kleinen schwarzen Blechdose, die einen undefinierbaren weißen Nebel verströmte.

Gerlinde Rosenbauer wollte sich gerade aufrichten, um sich auf die Suche nach Theresa zu machen, als sie eine Männerhand unsanft an den Haaren packte und nach oben zog. Sie versuchte, sich zu wehren, doch ihre Kräfte waren verbraucht. Der Mann hatte leichtes Spiel mit ihr und hielt sie von hinten an beiden Armen gepackt. Dann trat ein zweiter Mann in ihr Gesichtsfeld.

»Eichberg, du schmieriges Stück Scheiße«, brachte sie müde hervor.

»Verbinde unserer Juniorchefin doch erst einmal das freche Maul«, hörte sie den Mann hinter sich sagen, der sie brutal festhielt. Auch seine Stimme war ihr nicht unbekannt. Waldmüller, das passte ja. Das niederträchtige Duo. Aber wo kamen diese beiden Figuren auf einmal her? Sie wollte sich ihm entwinden, aber Peter Waldmüller verstärkte seinen Griff so brutal, dass Gerlinde Rosenbauer unwillkürlich einen lauten Schmerzensschrei ausstieß. Dann wurde ihr ein weißer Fetzen über ihren Mund und um ihren Kopf gelegt, den Eichberg aus seiner Laborkleidung gerissen hatte. Er verknotete den Knebel und band mit einem anderen Stück Stoff ihre Hände hinter dem Rücken zusammen. Dann drückte er sein wehrloses Opfer auf die Knie.

»Und jetzt? Was machen wir jetzt mit ihr?«, fragte Eichberg hektisch. Erregt und ungeniert glotzte er Gerlinde Rosenbauer auf das schweißnasse T-Shirt, unter dem sich ihre wohlgeformten Brüste abzeichneten.

»Ja, rate mal?«, meinte Waldmüller sarkastisch. »Du weißt schon, was. Wir müssen sie umlegen.« Ungeduldig blickte er Eichberg an, der nervös seine Brille nach oben schob und lüstern die wehrlose Frau zu seinen Füßen betrachtete.

»Eigentlich schade um die hübsche Schlampe«, meinte er, und seine zitternden Hände griffen gierig nach ihren Brüsten. Gerlinde Rosenbauer stöhnte auf.

»Jetzt mach schon«, zischte Waldmüller ungeduldig. »Wir haben nicht ewig Zeit.«

»Ja, aber wie denn?« Eichberg schaute ihn fast beleidigt an. »Wir haben keine Pistole, kein Messer, kein gar nichts. Soll ich sie erwürgen, oder wie?« Er wirkte etwas genervt. Natürlich würde er seine hochnäsige Exchefin gern ins Jenseits befördern, aber mit bloßen Händen? Das war selbst ihm zu vulgär.

»Greif mal in meine Jackentasche«, sagte Waldmüller gereizt. »Damit müsste es gehen. Jetzt mach schon.« Gerlinde Rosenbauers panischer Blick folgte den Händen Eichbergs, die hinter ihrem Rücken in Waldmüllers Kittel verschwanden. Kurz darauf kamen sie mit einer langen Paketschere wieder zum Vorschein. Eichberg lächelte, als er das Instrument betrachtete.

»Ja, in der Tat, damit müsste es gehen.« Er kniete sich vor sein Opfer auf den Boden, und seine Hände strichen noch einmal über die Brüste. Dann setzte er die lange Schere leicht versetzt unterhalb des Brustansatzes an. Sein schweißnasses Gesicht näherte sich mit zuckenden Mundwinkeln dem ihren.

»Nicht wehren, Süße«, flüsterte er der sich aufbäumenden Frau ins Ohr, doch Waldmüller hielt sie sowieso fest. Eichberg legte nun auch die zweite Hand an den Griff, dann verlagerte er sein Körpergewicht nach vorn. Langsam drückte er die Schere in ihre Brust.

Gerlinde Rosenbauer spürte einen kurzen Schmerz, als ihr der kalte Stahl langsam in den Körper drang. Während das zynisch grinsende Gesicht Eichbergs vor ihren Augen verschwamm, zog noch einmal die kurze Kindheit von Theresa in ihren Gedanken vorbei. Dann sah sie Gimli mit ihrer Tochter allein durch dunkle Höhlen laufen. Theresa, dachte sie verzweifelt und voller Bitterkeit, dann wurde ihr Herz von dem Eisen durchbohrt, und es hörte auf zu schlagen.

Gimli kam aus demselben Loch zurück, in dem er zuvor verschwunden war. Er war völlig unversehrt.

»Gehen«, stieß er etwas außer Atem hervor. »Weg frei.« Theresa konnte aus dem Inneren des Eisentürraumes laute Rufe vernehmen, doch der Zwerg schien sich nicht um sie zu kümmern. Er packte seinen Rucksack und ergriff Theresa wieder an der Hand. Zusammen stiegen sie die sechs Stufen zu der Öffnung hinauf, und Gimli führte sie sicher um den Eisentürraum herum. Auf der anderen Seite hatte er die Tür ebenfalls verschlossen, was Theresa am heftigen Klopfen der Gefangenen hören konnte. Nach kurzer Zeit war schon wieder das blaue Licht zu sehen, und plötzlich standen sie in einer breiten Katakombe, die mit ihrer blauen Notbeleuchtung unwirklich schien. Rechts war der Ausgang, aber von dort waren die Männer hergekommen. Womöglich gab es dort noch mehr von ihrer Sorte. Gimli wandte sich nach links. Es war sicherer, einen kleinen Umweg zu machen. Er ging, ohne zu zögern, los, und Theresa folgte ihm, ohne zu fragen.

Sie starrten die schwarze Dose an, bis irgendwer nach einer Schrecksekunde »Gas!« rief, woraufhin heftiger Tumult ausbrach. Alle diskutierten für einen Moment wild durcheinander, während der Nebel sich bereits am Boden ausbreitete.

Niemand bemerkte Riemenschneider, die, als sei es das Natürlichste der Welt, auf die Blechdose zulief. Als Lagerfeld sie entdeckte, war es schon zu spät. Das Schwein hatte den zischenden Todesbringer erreicht und beschnüffelte ihn vorsichtig von oben bis unten.

»Riemenschneider, nicht!«, rief Haderlein verzweifelt, aber das kleine Ferkel ließ sich nicht abhalten. Leicht versetzt stellte es sich neben die Dose und hob ein Bein. Ein silbriger Strahl aus der Blase traf den Kopf des gefährlichen Gerätes, und die warme Flüssigkeit drang in die einfache Elektronik ein. Es gab einen blauen Blitz, die Riemenschneiderin hüpfte auf die Seite, und das Zischen erstarb. Schwanzwedelnd trabte sie zu Haderlein zurück und blickte ihn mit einem ganz bestimmten Blick an. Der Hauptkommissar kannte den Ausdruck. Es war der »Verdammt, war ich wieder gut, da hab ich mir doch glatt einen Apfel verdient«-Blick. Wenn Haderlein hundert Äpfel gehabt hätte, er hätte ihr jetzt alle geben. Heute, und an jedem weiteren Tag, sogar das ganze nächste Jahr hindurch.

Waldmüller und Eichberg diskutierten gerade, was sie mit der Leiche machen sollten, als über den Schuttberg eine weitere Person gerollt kam. Der Mann richtete sich mit schmerzverzerrtem Gesicht auf, doch sie erkannten den Bärtigen nicht sofort. Sein linker Arm hing schlaff nach unten, sein Gesicht war blutverkrustet, und er hielt sich die Seite. Nur aus seinen Augen sprach noch immer der gleiche entschlossene kalte Blick. Als er die tote Gerlinde Rosenbauer auf dem Boden liegen sah, fixierte er Waldmüller und Eichberg.

»Wo sind das Mädchen und dieser Zwerg?«, fragte er drohend. Die Angesprochenen traten unwillkürlich einen Schritt zurück und runzelten verständnislos die Stirn. Wie immer war es Waldmüller, der antwortete.

»Gimli? Wir haben nur die Rosenbauer aus dem Gang kommen sehen. Die ist uns quasi direkt in die Arme gelaufen. Dieses Kapitel ist nun abgeschlossen.«

Eichberg lachte hysterisch auf, verstummte aber sofort, als ihn der Bärtige ansah.

»Räumt sie weg und helft anschließend beim Verladen«, knurrte er sie an. Dann machte er sich auf den Weg in Richtung Ausgang St. Getreu. Wenn er Gimli wäre, würde er diesen wählen. Er überprüfte seine Waffe und lud sie nach.

Gimli ging mit Theresa den beleuchteten Gang entlang, wobei er in kurzen Abständen immer wieder mit seiner Nase die Gerüche prüfte, die ihm entgegenkamen. Kurze Zeit später konnte er sich bereits auf seine Ohren verlassen. Auch Theresa hörte nun die lauten Diskussionen vor ihnen. Wieder hielten sie inne. Der Zwerg schlich sich nach vorn und spähte um die Ecke. Was er sah, ließ ihn zusammenzucken. Dann fing er sich wieder. Er hatte sich um Theresas Sicherheit zu kümmern, Zeit für Trauer würde später genug sein. An den Tatsachen konnte er sowieso nichts ändern. Zuerst einmal mussten sie lebend nach draußen kommen. Wieder versperrten Männer ihren Weg, doch diesmal war Gimli vorbereitet.

Mit Theresa ging er einige Meter zurück. Dort gab es ein kleines, zurückversetztes Sims, wo sie etwas Deckung hatte. Er öffnete den Rucksack und nahm zwei geschwungene Äxte mit langen Holzstielen heraus. Erschrocken bemerkte Theresa, dass die breiten Klingen blutverschmiert waren. Sie kauerte sich auf das Sims und schaute Gimli fragend an.

»Bleiben«, sagte der Zwerg in einem merkwürdig veränderten Ton.

»Was hast du vor, Gimli?«, fragte sie ihn voller Angst. Ihr Blick sprach Bände. Lass mich nicht allein!

»Theresa bleiben. Gimli spielen«, antwortete er schließlich kalt schnarrend, bevor er Theresa noch einmal anschaute. »Gimli traurig«, fügte er noch sanft hinzu, dann wackelte er davon, in jeder Hand eine blutige »Franziska«.

»Am besten, wir schmeißen das Weibsstück über den Schutthaufen zurück in den Gang, oder?«, meinte Eichberg, und auch Waldmüller hielt das für die praktikabelste Lösung.

Als sie wieder den Stollen betraten, stieß Eichberg den Mediziner in die Seite. Nur wenige Meter vor ihnen stand der Zwerg. Sein Blick war starr auf sie gerichtet, und in jeder Hand hatte er eine merkwürdig aussehende Axt, die bis zum Boden reichte.

Heinz Eichberg brach wieder in sein typisch hysterisches Gelächter aus. »Ja, was hat unser kleiner Gimli denn da in seinen Händen? Er wird doch nichts Böses im Schilde führen?«, wieherte er.

Auch Waldmüller schien nicht gerade verängstigt. Eher genervt. Sie hatten schließlich zu arbeiten. »Pass auf, dass du dir mit den Dingern nicht selbst wehtust, du hässlicher Gnom«, fuhr er den Zwerg an. »Und jetzt aus dem Weg, du Scheusal, wir haben zu tun.« Er ging auf ihn zu, um ihm die Äxte aus den Händen zu nehmen.

Er hatte Gimli fast erreicht, als dieser die »Franziskas« mit unglaublicher Geschwindigkeit herumwirbelte. Waldmüller zuckte erschrocken zurück und wollte dem Zwerg dann endgültig den Garaus machen, als er merkte, dass die Arme seinen Befehlen nicht mehr gehorchten. Indem er seinen Kopf nach rechts und links drehte, sah er, dass sie nur noch an letzten Hautfetzen an seinen Schultern hingen. Rotes Blut pulsierte aus den Stümpfen, und ein unglaublicher Schmerz bemächtigte sich seiner. Brüllend drehte er sich zu Eichberg um, dem fast die Augen aus dem Kopf fielen. Das Blut des Mediziners begann sich dampfend über dem Höhlenboden auszubreiten, bevor dessen verstümmelter Torso nach vorn kippte. Gimli änderte den Griff um seine Äxte und kam langsam auf Eichberg zu, der aschfahl wurde. Er war absolut unfähig, sich zu rühren.

Als Gimli endlich vor ihm stand, fiel er auf die Knie, faltete die Hände bittend und wimmerte irgendetwas Unverständliches. Ihre Gesichter befanden sich nun auf gleicher Höhe. Fast belustigt sagte Gimli: »Du laufen. Gimli spielen.« Er schubste Eichberg mit der Axt an, doch dieser rührte sich nicht, sondern jammerte weiter vor sich hin.

»Dann sterben«, teilte ihm der Zwerg ungerührt mit und hob eine Axt.

»Oh mein Gott!«, schrie Eichberg, als er die Ernsthaftigkeit der Drohung begriff. Er sprang auf und begann ungelenk davonzulaufen. Gimli ließ ihm circa zehn Meter Vorsprung, dann schickte seine rechte Hand eine »Franziska« auf ihre todbringende Reise. Die fränkische Wurfaxt überwand die Distanz zwischen Zwerg und Opfer mit wirbelnder Leichtigkeit. Ihre geschwungene Klinge traf Eichberg am Kopf und zerschnitt die Schädeldecke in zwei ungleiche Hälften. Der Körper rannte reflexartig noch einige Meter weiter, bevor er in sich zusammenfiel wie eine Marionette, der man die Fäden durchgeschnitten hatte. Gimli holte sich seine Axt wieder und wischte das Blut an Eichbergs Hemd ab. Die Überreste seiner Spielstunde zerrte er in einen Seitengang und warf ein paar alte Säcke darüber, die hier überall herumlagen. Dann ging er zu Theresa zurück. Das Mädchen hatte sich die Hände vor das Gesicht geschlagen und wagte nicht aufzuschauen. Das Gebrüll war fürchterlich gewesen! In ihrem ganzen Leben hatte sie sich noch nie so geängstigt wie gerade eben. Sie zuckte zusammen, als der Gnom ihr die Hand auf die bebende Schulter legte.

»Gehen«, sagte er, und Theresa schaute erleichtert auf.

»Gimli!«, rief sie schluchzend und warf sich an seinen Hals. Der Zwerg lächelte gequält und schob sie sanft von sich. Dann packte er seine Äxte in den Rucksack zurück und diesen auf seinen Rücken. »Gehen«, sagte er wieder und setzte sich wackelnd in Bewegung. Theresa suchte seine grobe Hand und folgte ihm gehorsam.

Lagerfeld hatte es fast geschafft. Mit der großen Schnalle seines Hosengürtels hatte er so viel von dem Sandstein herauskratzen und dann brechen können, dass das Eisen des Schlosses langsam zum Vorschein kam.

»Zurück!«, warnte er die anderen und zog seine Waffe. Laute Schüsse hallten durch den Eisentürraum, und kleine Bröckchen Sandstein flogen umher. Lagerfeld steckte seine Waffe wieder ein, dann trat er kurz und entschlossen gegen die eiserne Tür. Mit einem Knirschen gab das alte Schloss nach und flog klappernd nach draußen in den Stollen.

»Na dann, auf zu neuen Ufern«, knurrte Haderlein und ließ Riemenschneider freien Lauf.

Gimli durchquerte mit Theresa die Produktionsstätten der Fabrik, wo sich niemand mehr befand. Das blaue Licht beleuchtete nur noch eine von Menschen verlassene Anlage. Der Zwerg führte das Mädchen in den Gang zum Notstromaggregat, bog dann aber in eine Nebenkammer ab, wo sich wieder einmal eine Eisenleiter befand. Als sie diese hochgestiegen waren, mussten sie am oberen Ende eine Eisenklappe aufstoßen. Gimli half Theresa, aus der Röhre hinauszuklettern, dann sah sie, dass sie sich in einer Art Zuchtanlage befanden. Überall standen Käfige, in denen Ratten waren, die nun aufgeregt herumliefen.

Angeekelt drückte sich Theresa enger an den Zwerg. »Das ist ja ekelig. Was machen die ganzen Ratten hier, Gimli?«

»Enten essen«, antwortete dieser trocken, aber Theresa verstand nicht. Enten? Seit wann aßen denn Enten Ratten?

Fragend schaute sie ihn an. »Was denn für Enten, Gimli? Enten essen doch keine Ratten?« Zum ersten Mal an diesem Tag huschte ihr so etwas wie ein Lächeln über das Gesicht.

Gimli schaute sie erstaunt an, dann lächelte auch er und suchte nach anderen Begriffen. »Schnattermenschen essen. Essen Ratten. Schnattermenschen essen.«

Theresa fing an zu begreifen. Die Chinesen? Igitt! Sie verzog das Gesicht und folgte Gimli möglichst schnell aus dem Rattenstall hinaus. Sie liefen jetzt eine niedrige, aber saubere Katakombe entlang, die sich nach einiger Zeit verzweigte. Hier endete auch das blaue Licht der Notbeleuchtung. Gimli zog Theresa in den rechten Gang, der steil und dunkel nach oben führte. Wieder musste sie auf Gimlis Orientierungssinn und seine Nase vertrauen. Auf dem feuchten Untergrund rutschte Theresa mehrfach aus, dann flachte der Anstieg ab, und sie ließ sich auf den Boden sinken, um sich auszuruhen.

Leonhard Pechmann öffnete vorsichtig die alte Holztür und schob das Gerümpel, das sich davor befand, zur Seite. Er stieg durch den staubigen Sperrmüll, bis er sich am anderen Ende des ehemaligen Stalles befand. Wieder versperrte ihm eine schwere, alte Holztür mit halbrunder Kopfseite den Weg. Aber für sie besaß er einen Schlüssel. Ein großer alter Bartschlüssel, noch aus dem Dreißigjährigen Krieg. Er steckte ihn in das Schloss und drehte ihn nach links. Widerwillig zog sich der Riegel in seine eiserne Behausung zurück, und der Durchgang war frei. Pechmann stieß die Tür einen Spalt weit auf und lugte vorsichtig hinaus. Der große Platz war voller Touristen, aber das war nichts Besonderes. Alles war so, wie er es erwartet hatte. Vorsichtig schloss er die Tür wieder und drehte den Riegel zurück ins Schloss. Den Schlüssel ließ er stecken. Dann ging er durch die verstaubte Müllhalde zurück und winkte den anderen zu. Missbilligend schaute er auf das Chaos in dem alten Stall, während hinter ihm die Chinesen aus der Tür traten. Irgendeine Restaurationsfirma hatte wohl vor Kurzem hier ihren Restmüll entsorgt. Aber sie lagen gut in der Zeit. Da konnten sie es sich leisten, hier erst einmal ein wenig aufzuräumen.

Riemenschneiders Weg endete in einem Raum mit einer Eisenleiter, die nach oben führte. Katastrophen-Müller ging voraus und öffnete die Luke. Einer nach dem anderen kletterte die Leiter hoch und verzog bei dem Anblick, der sich ihm bot, erstaunt das Gesicht.

»Aha, daher also das Rattenblut«, meinte Lagerfeld. »A weng a Middachessen vielleicht? Hat jemand Hunger?«

Haderlein setzte eine angewiderte Miene auf. »Spar dir deine Witze, Bernd. So viel Bier könnte ich gar nicht trinken, dass mir die Viecher schmecken würden.« Er setzte Riemenschneider auf dem Boden ab und wollte eigentlich weiter die Spur verfolgen, aber Lagerfeld hielt ihn an der Schulter zurück.

»Möcherden haasd des«, belehrte er ihn. »Viecher schmeggn möcherden, bidde. Endweder oder gell.« Streng hob er den Zeigefinger.

Haderlein rollte mit den Augen. Das Letzte, wonach ihm gerade der Sinn stand, war ein Crashkurs in Fränkisch. »Auf geht's, Riemenschneider«, rief er und beendete die unleidliche Diskussion auf seine Weise. Das Ferkel war der gleichen Meinung und senkte seinen Rüssel wieder gen Boden.

»Gehen, schnell«, meinte Gimli und zog Theresa wieder auf die Beine. Er wollte nicht herumtrödeln. Es war nicht mehr weit, und sie durften kein unnötiges Risiko eingehen. Das Mädchen nahm wieder seine Hand, und der Zwerg ging mit kräftigen Schritten die schiefe Ebene hinauf. Bald musste der Abzweig zum Ausgang St. Getreu kommen. Sie hatten es beinahe geschafft. Plötzlich blieb er stehen und verschloss mit seiner zerfurchten Hand Theresas Mund. Hatte Gimli schon wieder etwas gerochen? Sie sah, dass er zitterte, dann drehte der Zwerg sie wortlos um und schob sie den Stollen wieder hinunter. Theresa bemerkte, wie Gimli hektisch die Stollenwand abtastete. Endlich schien er gefunden zu haben, was er suchte. Vorsichtig stellte er seinen Rucksack ab und holte eine der Äxte heraus. Dann war es endgültig vorbei mit der Stille. Wie ein Verrückter drosch der Zwerg mit der Axt auf die Wand ein. Schon bald schien er Erfolg zu haben. Theresa konnte hören, wie Ziegelsteine zerbrachen und einer nach dem anderen in einen hinter der Wand liegenden Hohlraum fiel. Aber obwohl der Zwerg seine Arbeit in einem unglaublichen Tempo verrichtete, war er nicht schnell genug. Er hatte die Ziegelmauer etwa zur Hälfte zertrümmert und ein etwa ein Meter großes Oval freigelegt, als von oben plötzlich eine Taschenlampe grell aufleuchtete.

Gimli fuhr herum und wechselte blitzschnell seine Griffhaltung an der »Franziska«. Doch bevor er sie erheben, geschweige denn werfen konnte, fiel ein Schuss. Der Zwerg wurde herumgerissen, und die Wurfaxt fiel scheppernd auf den steinernen Boden.

»Gimli!«, schrie Theresa gellend auf, unfähig, sich zu rühren. Stöhnend wälzte sich der Zwerg in dem Blut, das aus seinem grünen Wams tropfte. Verbissen hob er seinen Oberkörper und lehnte sich gegen die halb abgetragene Ziegelwand. Dann trat die große Gestalt mit der Taschenlampe auf Gimli zu und drückte ihm den kalten Lauf einer Pistole auf die breite Stirn.

»So, das war's jetzt, du kleiner Wichtigtuer. Deine Reise ist hier zu Ende«, sagte der Bärtige hasserfüllt. Sein linker Arm hing immer noch schlaff herunter, er schaffte es gerade so, die Taschenlampe zu halten. Der rechte Arm presste die Pistole gegen Gimlis Stirn, und die dazugehörige Hand würde in wenigen Sekunden abdrücken. Doch die Synapsen im Gehirn des Bärtigen sandten ihre Nachricht zu spät an die diensthabenden Nervenstränge. Ein glühender Schmerz durchzuckte seinen Körper. Wütend fuhr er herum und leuchtete auf seinen Fuß. Daneben saß weinend Theresa Rosenbauer mit Gimlis blutverschmierter Axt in der Hand. Direkt vor ihr lag die vordere Hälfte seines teuren Wildlederschuhs.

Der dazugehörige Teil des Fußes steckte ebenfalls noch darin, aus den gekappten Adern strömte hemmungslos das Blut.

»Du kleines, verdammtes Stück Scheiße!«, heulte der Bärtige auf und zielte mit der Waffe auf Theresas gesenkten Kopf. In diesem Moment spürte er, wie sich ein Messer von unten tief in seine Weichteile bohrte. Mit letzter Kraft hatte Gimli zugestochen. Das Gebrüll des Bärtigen steigerte sich ins Infernalische, während er breitbeinig gegen die rückwärtige Höhlenwand stolperte. Unter höllischen Schmerzen zog er das Messer aus sich heraus und warf es fort. Seine Augen loderten, seine Waffe ruckte nach oben, zielte genau auf Gimlis Kopf. Dann fiel ein Schuss.

Der Oberkörper des Bärtigen wurde nach hinten gerissen und um neunzig Grad gedreht. Mit ungläubigem Gesichtsausdruck blickte er in den Gang hinunter, in die Richtung, aus welcher der Schuss gekommen war, und versuchte erneut, seine Waffe zu heben. Wieder krachte es. Dann noch mal und noch mal. Die Waffenhand des Bärtigen fiel schlaff nach unten, und er begann zu schwanken. Er machte zwei unsichere Schritte in den Gang und fiel dann mit dem Gesicht nach vorn. Als er auf dem Sandsteinboden der Katakombe aufschlug, war er bereits tot.

Aus dem Dunkel des Ganges traten plötzlich mehrere Männer. Einer kniete sich hin, um die Leiche genauer zu studieren.

»Wer ist denn der nun wieder?«, fragte Lagerfeld, als er den Kopf des Toten anhob und sein Gesicht studierte.

»Den kenne ich von dem Foto«, sagte Haderlein nachdenklich. »Die Überwachung hat ihn auf St. Getreu abgelichtet. Der Beschreibung nach ist das der gleiche Kerl, der Brosst in der U-Haft ermordet hat.«

»Ein zäher Hund«, meinte Lagerfeld fast anerkennend. »Ich hab ihn vier Mal getroffen, bevor er umgefallen ist. Aber sag mal«, er blickte sich suchend um. »Hast du nicht noch irgendwas gerufen wie ›Achtung, da sind Kinder!‹? Ich kann hier aber niemanden entdecken.« Suchend irrte der Kegel seiner Taschenlampe umher, bis er an der aufgebrochenen Ziegelwand hängenblieb. Haderlein kniete sich davor und leuchtete in das ovale Loch hinein. Eine Blutspur führte in eine Art Betonbunker und endete an einer weißen Metalltür.

»Müller, kommen Sie mal her!«, rief er und winkte dem Experten. »Was ist das hier? Wo führt das hin?«, wollte Haderlein von ihm wissen, doch Katastrophen-Müller hatte keine Ahnung.

»Die Höhlen waren früher oft mit irgendwelchen Hauseingängen verbunden. Ich vermute mal, dass das der Keller von irgendeinem größeren Gebäude ist. Aber fragen Sie mich jetzt bitte nicht, von welchem.«

»Schaut mal, was der Bernd bei der Leiche gefunden hat«, rief Lagerfeld plötzlich und entfaltete einen Stollenplan mit genauen Angaben des unterirdischen Katakombensystems.

»Sehr gut, Bernd, aber jetzt steck den Plan erst einmal wieder weg und komm mit. Und Sie, Müller, Sie kümmern sich um die Riemenschneiderin und bilden vorsichtig die Nachhut, verstanden?« Seite an Seite mit Lagerfeld und der Waffe im Anschlag ging Haderlein bis zu der weißen Metalltür. Als er sie aufriss, leuchtete Lagerfeld hinein. Die Blutspur führte nach rechts um eine Ecke herum, und Lagerfeld konnte das verzweifelte Weinen eines Mädchens hören. Er winkte seinem Kollegen und ging vorsichtig in die Richtung, aus der das Geräusch kam.

Am Fuße einer Holztreppe lag der so lange verfolgte Zwerg blutend auf dem Rücken. Ein kleines Mädchen saß weinend daneben.

»Er stirbt«, sagte sie schluchzend. »Er stirbt.«

Lagerfeld und Haderlein steckten ihre Waffen weg und knieten sich zu ihr. »Wir sind von der Polizei, du brauchst keine Angst mehr zu haben. Bist du Theresa Rosenbauer?«

Das Mädchen nickte mit tränennassen Augen. »Sie müssen ihm helfen, er stirbt. Gimli stirbt!« Sie zerrte heftig an Franz Haderleins Ärmel. »Er stirbt«, wiederholte sie hilflos.

Haderlein sah sich den Zwerg an. Die Kugel hatte sein rechtes Schultergelenk zerschmettert, und er verlor ziemlich viel Blut. Gimli war zwar nur bewusstlos, trotzdem mussten sie sich beeilen. »Was ist da oben? Wollte Gimli da hochklettern?«, fragte er, und Theresa nickte.

Haderlein warf Lagerfeld einen Blick zu, und der junge Kommissar stieg sofort die Holztreppe hinauf. Er musste mehr Kraft aufwenden, als er gedacht hatte, doch dann flog die Bodenklappe auf. Lagerfeld stieg die Treppe nun vollends nach oben und schaute sich verblüfft um. Dann winkte er durch die Luke hinunter und rief: »Los, bring alle hier rauf, das wirst du nicht glauben, Franz!« Er richtete sich auf und schob mit dem Fuß erst einmal den dicken Teppich auf die Seite, der schwer auf der Luke gelegen hatte. »Hallo, Frau Kleinhenz«, sagte er zu der alten Dame, die auf ihrem Bett saß und verstört um sich blickte. »Ich bringe Ihr Schabeso. Wir müssen hier nur ganz schnell etwas hindurchtragen, dann komme ich sofort wieder.«

Die Angesprochene nickte konfus und ging schwerfällig zur Wand, um sich einen Besen zu nehmen, der dort lehnte. »Aber dann mach ich fei widder sauber«, strahlte sie Lagerfeld an.

»Ja klar, Frau Kleinhenz«, sagte Lagerfeld, während Haderlein mit Gimli auf dem Arm in der Bodenöffnung auftauchte.

Nachdem der Hauptkommissar den bewusstlosen Zwerg auf den Teppich abgelegt hatte, half er Theresa und Herbert Müller, der Riemenschneider trug, die letzten Stufen herauf, dann lief er zur Tür und hieb mit aller Gewalt dagegen. »Aufmachen, sofort, Kriminalpolizei!«

Sekunden später wurde die Tür geöffnet, und ein baffer Polizeiwachtmeister glotzte ihn an. Mit dem Hauptkommissar hatte er nicht gerechnet.

»Einen Arzt!«, schrie Haderlein der Krankenschwester in dem Glasrondell zu, woraufhin diese sofort hektisch zu telefonieren begann.

Nur der Polizist starrte den Kommissar noch immer an und konnte es nicht fassen. »Haderlein? Wie komme Sie denn in des Zimmer da nei? Sin Sie so a Ard Houdini, oder was?« Als er knapp an Haderlein vorbei in den Raum hinter ihm schaute, verfinsterte sich sein Blick. »Fei Obacht. Die Alde wird scho widder renidend.«

Haderlein drehte sich um und sah gerade noch, wie Hildegard Kleinhenz mit hoch erhobenem Besen auf den am Boden liegen den Gimli losgehen wollte. Lagerfeld konnte sie im letzten Moment davon abhalten.

Theresa, die bis jetzt nur Augen für den am Boden liegenden Zwerg gehabt hatte, drehte sich um, und ihre Augen wurden groß wie Tischtennisbälle. »Oma, nicht!«, rief sie und rannte ihr entgegen.

Lagerfeld schaute Haderlein entgeistert an, dem es aber nicht besser erging. Andererseits hatte er jetzt gerade überhaupt keine Zeit, sich mit unerwarteten Verwandtschaftsverhältnissen zu beschäftigen. Noch immer ging es um Leben und Tod und einen nicht abgeschlossenen Kriminalfall.

Dann kamen auch schon Ärzte und Schwestern angerannt, und Haderlein nahm sich den Polizisten auf die Seite. »Sie bringen das Mädchen umgehend zur Polizeipsychologin. Sie heißt Theresa, verstanden? Und ein bisschen einfühlsam, bitte, sie hat einiges mitgemacht.«

Dann winkte er Lagerfeld und Herbert Müller, und alle eilten in die Vorhalle des Klinikums St. Getreu.

Dort breitete Lagerfeld seinen Katakombenplan aus, und sie versuchten gemeinsam, die Kürzel zu entschlüsseln, die überall zu sehen waren. Von hinten näherte sich eine diensthabende Schwester mit einer unglaublichen Oberweite, um sie zurechtzuweisen. Als sie jedoch erkannte, wer da am Boden kniete, bremste sie ihre Schwungmasse so schnell es ihr möglich war ab und trat flugs den Rückzug an.

Katastrophen-Müller begriff als Erster. »Diese Kürzel hier sind die Eingänge in das Labyrinth«, erklärte er. »AB steht für Altenburg. BA für Bartosch und VR für Villa Rosenbauer. Sie sind alle drei durchgestrichen, weil die Ausgänge mit Sprengstoff versperrt wurden. Bleibt nur SG, das ist St. Getreu, und dieser Eingang hier: HH.« Er tippte mit dem Finger auf den Plan. »Hier werden sie versuchen, mit ›Yellowstone‹ abzuhauen, also müssen wir den Ausgang finden.«

»Super«, meinte Lagerfeld genervt. »Und was heißt HH, du Schlaumüller? Hafenhalle? Heinrichshemd? Herrgottshut? Das kriegen wir in der kurzen Zeit niemals heraus. Wir können doch nicht einfach alle Türen im Berggebiet bewachen lassen?« Der Kommissar war aufgebracht. Sie waren so kurz vor dem Ziel und doch so weit entfernt.

Haderlein dachte fieberhaft nach, kam aber auch nicht zu einer sinnvollen Lösung. Nur Katastrophen-Müller blieb weiterhin ruhig. »Ich denke, für dieses Kürzel gibt es nur eine sinnvolle Definition. Alles andere wäre ziemlicher Unsinn und unlogisch.« Haderlein und Lagerfeld schauten ihn gespannt an, und Herbert Müller fuhr fort. »Die Richtung, das Alter des Baus, die Lage, alles passt. HH kann meiner bescheidenen Meinung nach nur eines heißen, nämlich Hofhaltung.«

Haderlein war für einen Moment perplex. Natürlich! Gar kein so schlechter Einkauf, dieser Katastrophen-Müller! Wo sonst konnte man einen so alten Gang vermuten, zu dem man auch noch bequem mit einem Lastwagen hinfahren konnte. Die wollten über die Hofhaltung abhauen. Er nahm Riemenschneider wieder an die Leine.

»Auf geht's, Bernd. Unser nächster Einsatzort heißt Dom. Hoffentlich sind wir nicht zu spät.« Sie rannten zu dem draußen geparkten Landrover.

Das Licht der Wahrheit

Pechmann hatte mit seinen Chinesen den alten Stall frei geräumt. Jetzt stapelten sich in der Mitte des Raumes Plastiksäcke mit fast einer Tonne »Yellowstone«. Pechmann schaute bereits zum x-ten Mal auf seine Uhr. Der Lastwagen war bereits seit Minuten überfällig. Wo zum Teufel blieb er nur? Mit seinem Blick bohrte er erneut Löcher in das Zifferblatt, als er draußen endlich das Quietschen von Bremsen hörte. Fast aus dem Stand sprang er zur Tür und öffnete sie einige Zentimeter weit. Der Lastwagen war da.

Der Fahrer der Spedition war ausgestiegen. Er studierte seinen Auftrag und wahrscheinlich auch, ob dies tatsächlich die richtige Adresse war. Pechmann öffnete die Tür komplett. Als er durch sie hindurchging, musste er sich tief bücken. Mittelalterliche Bauten waren damals für kleinere Körpergrößen ausgelegt gewesen als für die eines Exbasketballprofis.

»Spedition Elflein?«, fragte er freudig erregt, und der Fahrer mit der Baseballkappe nickte.

»Hat a weng gedauerd mid dem ganza Verkehr heud. Ich soll da was abholn für nein Hafen. Wie viel isses?«, fragte er gelangweilt, bevor er erneut seinen Auftrag studierte.

»Eine knappe Tonne Medikamente in Plastiksäcken. Alles müsste jetzt zügig verladen werden«, versuchte Pechmann die Angelegenheit etwas voranzutreiben. Dieser Bamberger machte ihn mit seiner betulichen Art jetzt schon wahnsinnig.

»Aa Donna? Ja, ham Sie jemand zum Helfen, ich hab fei kaan Stabler dabei!«

»Natürlich habe ich Helfer«, drängelte Pechmann und pfiff kurz auf zwei Fingern. Sofort kamen die Chinesen der Reihe nach aus dem Stall, jeder mit einem Plastiksack auf dem Rücken.

»Ja, verreck«, freute sich der Speditionsfahrer bei dem Anblick. »So Hausgnome hätt ich fei aach gern, die mir mei Zeuch durch die Gechend schlebbn. Na, des is ja vielleicht bragdisch.« Er schien sich köstlich an der Vorstellung zu delektieren und grinste über das ganze Gesicht.

»Wenn Sie vielleicht jetzt hinten den Lastwagen öffnen könnten, wir haben's nämlich eilig«, zischte Pechmann genervt und scannte nervös den gepflasterten Platz der alten Hofhaltung.

Im Hintergrund erhob sich der Dom als mächtiger Mittelpunkt des gewaltigen architektonischen Schauspiels. Davor lief allerlei Touristenvolk durch die malerische Szenerie und betrachtete die imposante, mittelalterliche Kulisse. Unbeholfen nestelte der Fahrer an den Seilverschlüssen der Plane.

Pechmanns Geduldsfaden wurde immer kürzer. Sein Blick schoss von einer Ecke der Hofhaltung in die nächste. Wie lange brauchte dieser Prolet eigentlich noch? »Hören Sie, Meister«, fuhr er ihn an. »Ich gebe ihnen hundert Euro auf die Hand, wenn wir hier innerhalb von fünfzehn Minuten wegfahren, und noch einmal hundert, wenn alles im Hafen verladen ist. Einverstanden?« Er kramte seine Brieftasche heraus und hielt dem Mann einen Hunderter unter die Nase. Der schob verblüfft die Sonnenbrille nach unten und linste ihn schelmisch darüber hinweg an.

»Echt?«, fragte er sicherheitshalber nach.

»Ja, echt«, meinte Pechmann und wedelte mit dem Geldschein.

Daraufhin geschah eine wundersame Wendung im Arbeitsverhalten des Angestellten der Spedition. Er grabschte sich den Geldschein und legte von einer Minute auf die andere eine regelrechte Einpeitschermentalität an den Tag. »Auf geht's, ihr arbeidsscheues Gsindl. Zack, zack! A weng schneller, ihr Schlitzaugn. Mir ham fei ned ewich Zeid!« Und siehe da, innerhalb von nur sieben Minuten war alles verladen, und die Chinesen machten Anstalten, hinten auf die Ladefläche zu steigen. Offensichtlich wollten sie mitfahren.

»Heiheihei, fei obacht! Des ged fei ned! Des is fei kaa Reiseundernehmen da, gell!«, rief der Spediteur und wollte alle wieder vom Laster zerren. Aber bevor er rabiat werden konnte, wurde ihm von der Seite ein weiterer Hunderter unter die Nase gehalten. Der Fahrer grinste breit und nahm den Schein. »Oder so«, feixte er, dann schloss er immer noch lächelnd die Ladeklappe und ließ die Plane herunter.

»Entschuldigen Sie, ist das hier eine offizielle Grabungsstätte?«

Pechmann fuhr herum und starrte die in Lila gekleidete Dame wütend an, die mit freundlichem Lächeln und aufgeklapptem Stadtplan vor ihm stand. Am liebsten hätte er die Schnecke auf der Stelle erwürgt. »Nein, das ist keine Ausgrabungsstätte«, keuchte er mühsam beherrscht. »Wir haben hier gerade Entlausungsmittel abgeladen. Der ganze Platz ist nämlich von Läusen verseucht. So, und jetzt muss ich wieder an die Arbeit. Adieu, Madame.«

Die lilafarbene Dame aus Osnabrück, deren beste Tage schon lange hinter ihr lagen, stand noch immer konsterniert auf dem Pflaster, als Pechmann schon auf den Beifahrersitz gesprungen war und der Spediteur sich hinter das Lenkrad setzte. Aber statt loszufahren, kramte er umständlich einen großen, grünen Bogen heraus.

»Jetzt geben Sie schon Gas. Was ist denn noch, zum Kuckuck?«, regte sich Pechmann auf. Jetzt wurde es ihm wirklich zu bunt.

»Na, Sie müssn noch den Lieferschein da underschreibn. Des muss sei Ordnung ham, sonst darf ich ned fordfahrn«, meinte der Spediteur lakonisch und zwirbelte sich beiläufig seinen dünnen Haarzopf um einen Finger.

Pechmann riss ihm die Kladde mit dem grünen Schein aus der Hand und warf alles wütend nach vorn auf die Ablage hinter der Windschutzscheibe. »Jetzt los, verdammt noch mal!«, rief er mit puterrotem Gesicht.

»Is ja gud«, meinte der Fahrer und startete missmutig den Motor. Dann steuerte er den Laster im Halbkreis durch den Innenhof und fuhr unbehelligt zum Eingangstor der Hofhaltung hinaus.

Auf der Fahrt zum Hafen erzählte der Spediteur von Bamberg, seiner hier verbrachten Jugend, der untragbaren Verkehrssituation in der Weltkulturerbestadt und von den leidigen Touristen, die andauernd die Straßen verstopften.

Pechmann hörte nicht hin. Der Laster transportierte sein »Yellowstone«, alles andere interessierte ihn nicht. Im Hafengebiet lotste er den Laster zum Kai, an dem die »Carolin« auf sie wartete.

Schon von Weitem konnte er das Flussschiff aus Holland erkennen. Erregung stieg in ihm hoch. Gleich hatte er es geschafft. Sie bogen um die Ecke und fuhren auf den großen Kran zu, der neben dem Schiff in die Höhe ragte, als Pechmann kreidebleich wurde. Da vorn liefen Polizisten umher, und überall auf dem Gelände wimmelte es von Einsatzfahrzeugen mit Blaulicht.

»Drehen Sie um!«, schrie Pechmann in heller Panik. »Drehen

Sie sofort um, da sind ja lauter Bullen!« Heftig zerrte er am Ärmel des Fahrers, sein Gesicht war schweißgebadet. Doch der Angestellte der Spedition schaute nur mit zusammengekniffenen Augen nach vorn und meinte ungerührt, während er weiterfuhr: »Naa, des sin kaa Bullen, ganz bestimmt net. Ich erkenn die doch, wenn ich welche seh.« Der Lastwagen holperte ungebremst weiter Richtung Blaulichter, und sein Fahrer schmunzelte unmerklich.

»Dochdochdoch, das sind Bullen!«, kreischte Pechmann. »Ja, haben Sie denn keine Augen im Kopf, Sie hirnloser Idiot! Wir müssen hier verschwinden. Sofort!« Seine linke Hand krallte sich wie ein Schraubstock um den Arm des Fahrers, der nun endlich den Lastwagen zum Stehen brachte. Allerdings hatten die Beamten das Fahrzeug bereits bemerkt und kamen nun gemächlich und lächelnd darauf zu. Einer der Polizisten führte merkwürdigerweise ein kleines Schwein an der Leine mit sich. Pechmann wollte in die Jackentasche greifen, um seine Waffe zu ziehen, wurde aber von Lagerfelds Dienstwaffenmündung, in die er nun mit großen Augen schaute, daran gehindert.

Der Kommissar zog die Baseballkappe vom Kopf und lächelte grimmig. »Da haben Sie aber wirklich falschgelegen, großer Meister. Das da draußen ist der Zoll und nicht die Polizei. Die Bullen sind nur Beiwerk. Aber ich bin einer von ihnen.« Dann griff er sich die Kladde vom Armaturenbrett und hielt sie Pechmann vor die bleich gewordene Nase. »Unterschreiben«, knurrte er ihn an. »Ordnung muss sein, du Lackaffe.«

Haderlein sah, wie Pechmann mit hoch erhobenen Händen aus dem Laster stieg. Lagerfeld kam in seiner Speditionsverkleidung direkt hinterher.

Als Pechmann vor ihm stand, ergriff Haderlein dienstlich und offiziell das Wort. »Herr Pechmann, Sie sind verhaftet wegen Mordverdacht an Dr. Christian Rosenbauer. Und jetzt abführen!« Er wandte sich an die beiden Beamten der Gemeinsamen Ermittlungsgruppe Rauschgift. Die Männer legten Pechmann Handschellen an und wollten ihn gerade zu einem der bereitstehenden Kleinbusse bringen, als plötzlich laut Lagerfelds Stimme erschallte.

»Einen Moment noch, Herr Pechmann.« Haderlein drehte sich

fragend um. Lagerfeld hatte einen klasse Job gemacht, aber der war jetzt erledigt. Was wollte er also noch?

Sein Kollege ging auf Pechmann zu und legte dem verwirrten Zweimetermann freundschaftlich den Arm auf die Schulter. »Hör amal, du Gauner. Dei Roller da, der MP3, taugt der was? Ich mein, der geht ja ab wie Harry. Tätst du den vielleicht verkaufen? Du brauchst den ja jetzt eh nimmer die nächsten«, er überlegte kurz, »na, ich würd sagen, so die nächsten fünfundzwanzig Jahr.«

Pechmann schaute ihn an, als würde der Weihnachtsmann mit sechs Elchen vor ihm stehen.

»Jetzt sei halt net so bockich«, feilschte Lagerfeld weiter. »Ich geb dir auch zweihundert Euro. Hab ich grad frisch verdient. Damit kannst du dir im Knast fei einen Haufen Kondome kaufen, für alla Fäll.« Erwartungsvoll grinste Lagerfeld ihn an und wedelte mit den Scheinen vor seiner Nase herum.

Leonhard Pechmanns Augen flackerten unstet, und seine Beine zitterten merklich. Dann spuckte er vor Lagerfeld auf den Boden, und die Zollbeamten führten ihn ab.

»Das war wohl eher ein Nein«, meinte Haderlein lachend, während hinter ihnen Chinesen aller Größen und Altersklassen aus dem Lastwagen und dem Schiff geführt wurden. »Übrigens haben es die SEKler mit Verspätung auch geschafft, aus dem Tunnellabyrinth zu finden. Manche sind allerdings verletzt. Apropos Verspätung, schon Viertel vor sieben«, meinte er nachdenklich zu seinem Kollegen. »Wer macht wohl das Verhör mit Pechmann? Du oder ich?« Er grinste, weil er die Antwort darauf schon wusste, aber erst einmal würde er seine Manuela anrufen, um ihr den glücklichen Ausgang der heutigen Polizeiarbeit mitzuteilen.

Als Lagerfeld in die Dienststelle kam, standen alle auf und klatschten. Fidibus kam mit einer seiner Zigarren in der Hand strahlend auf den Kommissar zu.

»Herr Schmitt, darf ich Sie zu Ihrem tollen Erfolg beglückwünschen. Erzählen Sie doch, wie war Ihr Tag?«

»Unterirdisch«, meinte Lagerfeld trocken. »Äh, Chef, mir sin noch ned ganz ferdich. Der Franz verhörd den Bechmann, und ich hab midm Hubbndorfer und der Honibenni noch a paar Dagde zu blaudern.« Entschuldigend zuckte er mit den Schultern.

Fidibus weitete verständnisvoll seine Augen. »Aber natürlich, mein lieber Schmitt, lassen Sie sich nicht stören. Beenden Sie Ihr Tagwerk. Ich warte dann auf Ihren Bericht«, säuselte er bedeutungsvoll, drehte sich um und ging begeistert von seinen Beamten in sein Glasbüro zurück.

Lagerfeld setzte sich an seinen Schreibtisch, Huppendorfer und Honeypenny kamen mit diversen Notizen dazu.

»Noch irgendwelche Ergebnisse der ermittelten Art?«, fragte er in der Hoffnung, eine negative Antwort zu bekommen. Aber weit gefehlt: Die beiden hatten Erstaunliches zu berichten.

»Also«, fing Huppendorfer an. »Die Firma Bartosch hat tatsächlich dieses Kampfgas Phosgen im Ersten Weltkrieg für das deutsche Heer hergestellt und damals anscheinend ganz gut Kohle damit gemacht. An späteren Reparationszahlungen für Zwangsarbeiter hat sie sich aber natürlich nicht beteiligt, was für eine Überraschung.«

Lagerfeld hörte interessiert zu. Roger. Damit war auch die Herkunft dieser schwarzen Dosen geklärt.

»Aber das Beste kommt erst noch«, sprudelte Honeypenny los. »Der Chef hatte mich ja mit ein paar Rechercheaufgaben bezüglich dieser ganzen Rosenbauer-Sippschaft beauftragt. Und jetzt halt dich fest, Bernd.« Lagerfeld nahm die Sonnenbrille ab, griff sich ein Honigbrot und hörte gespannt zu. »Also, diese Firma Bartosch gehört bis zum heutigen Tag der alten Frau Bartosch senior. Ihr Mann, dieser Despot, ist bereits verstorben und der ganze Besitz durch das Testament auf sie übergegangen. Gerlinde, ihre Tochter, und deren Mann Dr. Christian Rosenbauer haben die Firma quasi nur treuhänderisch geführt.«

»Ja, und wo steckt die Bartosch senior? Die steuert das dann alles quasi von einem geheimen Versteck aus, oder wie? Die kann doch nicht so einfach verschwinden.« Lagerfeld sah die beiden kauend an, die ihn wiederum angrinsten.

»Jetzt kommt's«, meinte Huppendorfer und deutete auf Honeypenny.

»Ich habe in den Firmenunterlagen in der Villa Rosenbauer einen Befund von einem gewissen Dr. Waldmüller auf St. Getreu gefunden, der Frau Bartosch eine schwere Demenz bescheinigt und zu einer stationären Behandlung rät. Ich habe natürlich sofort nachgeforscht, aber auf St. Getreu gab und gibt es keine Frau Bartosch.«

Lagerfeld schaute Honeypenny fragend an. »Und? So weit waren wir doch schon, oder?«, murrte er unleidlich.

»Also habe ich mal im Bamberger Standesamt nachgefragt, und siehe da, ich habe sie gefunden.« Honeypenny strahlte Lagerfeld an, der sich nun gespannt in seinem Stuhl aufgesetzt hatte.

»Jetzt sag schon, Honeypenny, wo?«, wollte er ungeduldig wissen.

»Na, in St. Getreu natürlich«, antwortete ihm die gute Seele des Büros süffisant. »Allerdings heißt sie nicht mehr Bartosch. Irgendwann hat sie wieder ihren Mädchennamen angenommen: Kleinhenz. Sie heißt jetzt Hildegard Kleinhenz.«

Lagerfeld fiel die Kinnlade hinunter.

Huppendorfer übernahm es, laut die logische Schlussfolgerung zu ziehen. »Diese Frau Kleinhenz alias Bartosch steuert allerdings überhaupt nichts mehr, weder heimlich noch offiziell, die ist nicht mehr von dieser Welt. Dafür hat ihre missratene Nachkommenschaft in ihrem Namen eine schöne unterirdische Sauerei aufgezogen. Einzig beim Schwiegersohn, diesem Dr. Rosenbauer, hat sich irgendwann das schlechte Gewissen gemeldet, woraufhin ihn aber die eigene Frau erpresst hat. Sie wollte wohl den Familienbesitz retten, aber dann ist ihr die Geschichte über den Kopf gewachsen, weil sie sich mit den falschen Leuten eingelassen hat. Das ist alles.« Huppendorfer lehnte sich entspannt zurück, Lagerfeld schüttelte mit einem schiefen Grinsen den Kopf.

»Ach so, ja, das hier wollte Franz noch von mir haben, persönlich. Habe ich gerade frisch fertig gemacht. Kannst du es mitnehmen, wenn du zum Verhör gehst?« Honeypenny schaute Lagerfeld fragend an.

»Klar.« Lagerfeld nahm den braunen Umschlag an sich. »Dann werd ich unseren lieben Kriminalhauptkommissar mal auf den neuesten Stand bringen.«

Haderlein hatte sich die ganze Geschichte, die Pechmann bereitwillig erzählte, angehört. Deswegen hatte die kleine Theresa also »Oma« zu Hildegard Kleinhenz gesagt. Was für eine Tragik. Die eigene Tochter drehte krumme Dinger, und die demenzkranke Eigentümerin der Firma kriegte nichts mehr mit und wurde praktischerweise auch noch vom Komplizen Waldmüller abgeschoben. Sogar umgebracht hätte Gerlinde Rosenbauer die eigene Mutter. War wohl nicht sehr beliebt gewesen. Nur Glück beziehungsweise eine schwache Blase hatte das verhindert.

Der Bärtige war ausnahmsweise kein Mitglied der erlauchten Familie, sondern ein Jugendfreund von Leonhard Pechmann. Ein ehemaliger Ausbilder bei der GSG 9, als die noch bestand, später Leibwächter, unter anderem von prominenten Profisportlern. Pechmann hatte ihn für die unangenehmen Jobs engagiert, und der arme Daniel Brosst war nur ein williger Spielball für Gerlinde Rosenbauers billiges Ablenkungsmanöver gewesen.

Haderlein hatte genug gehört. Er ging zwei Türen weiter zu einem Raum, in dem Theresa mit der Psychologin plauderte. Das Mädchen wirkte erstaunlich ruhig.

»Wie geht es dir, Theresa?«, fragte er sie und strich ihr über den Kopf.

Sie schaute ihn traurig, aber gefasst an. »Ich möchte Gimli und meine Oma besuchen«, sagte sie dann selbstbewusst.

Haderlein schaute überrascht die Psychologin an, die nickte, aber sicherheitshalber mitkommen wollte.

»Na, dann wollen wir den Wunsch unserer tapferen, kleinen Heldin mal erfüllen«, sagte er lächelnd, und Theresa sprang auf, um die Hand des netten Kommissars zu nehmen. In diesem Moment betrat Lagerfeld das Büro.

»Du kannst uns eigentlich gleich begleiten, Bernd«, sagte Haderlein. »Der liebe Pechmann hat gerade geplappert wie ein Wasserfall. Ich habe einiges zu berichten.«

»Und ich erst!«, meinte Lagerfeld grinsend.

Der Zwerg lag im künstlichen Koma. Zahlreiche Schläuche und Apparaturen hingen an seinem gedrungenen Körper. Die vielen Narben zeugten von einem verletzungsreichen Leben. Die Ärzte meinten, dass er es schaffen würde, trotzdem würde er wohl eine längere Zeit auf der Intensivstation verbringen müssen, bevor er wiederhergestellt war.

Theresa verdrückte eine kleine Träne, dann ging sie zu Gimlis Bett und hauchte ihm einen schnellen Kuss auf die narbige Wange.

»Jetzt will ich zu Oma«, sagte sie leise und blickte Franz Haderlein mit traurigen Augen an.

Schweigend verließen die vier Gimlis Krankenzimmer.

»Oma!«, rief Theresa Rosenbauer laut und lief ihrer Großmutter in die Arme, die mit einem seligen Lächeln auf ihrem Bett saß und schwieg. Auch ihrer Enkelin war nicht nach Reden zumute, sie kuschelte sich lieber in den Schoß ihrer Großmutter. Haderlein bedeutete Lagerfeld, mit der Psychologin draußen zu warten. Eine Vorstellung, die diesem durchaus zu gefallen schien. Der Kriminalhauptkommissar entließ ihn lächelnd. Sein Kollege würde immer ein Tunichtgut bleiben, was Frauen anbelangte. Nachdenklich betrachtete Haderlein wieder das tapfere kleine Mädchen, das nun beide Elternteile verloren hatte. Irgendwann würde sie erfahren müssen, dass ihre Mutter in den Katakomben gestorben war, aber dafür war jetzt wirklich nicht die Zeit. Theresa brauchte erst einmal Trost, um das Erlebte der letzten Tage zu verarbeiten.

Hildegard Kleinhenz war in einer anderen Welt, wiegte ihre Enkelin aber weiterhin selig lächelnd hin und her. Manche Dinge spürt man wohl durch alle Krankheit hindurch, dachte sich der Kommissar. Er wollte das Glück der beiden nicht stören und beschloss, den Inhalt des braunen Briefumschlages durchzusehen, den ihm Lagerfeld von Honeypenny gegeben hatte. Es waren Fotos von dem toten Bärtigen, den Leichen Rosenbauers und seiner Frau sowie von Gimli im Zimmer von Frau Kleinhenz. Auch dabei war der Ausdruck einer Datei des Standesamtes der oberen Pfarre am Kaulberg und des ehemaligen Krankenhauses im Sand. Haderlein studierte die Dokumente, wurde aber nicht recht schlau aus ihnen. Er wurde aus seinen Gedanken gerissen, als Theresa ihre Hand auf sein Knie legte.

»Willst du gehen?«, fragte er sie sanft, und sie nickte. »Wo möchtest du jetzt hin, Theresa? Wir müssen uns vor allem darüber unterhalten, wo du in der nächsten Zeit schlafen und wohnen wirst.« Er sah, wie es in dem klugen Kopf mit dem langen blonden Zopf heftig arbeitete. Theresas Augen sandten eine eindeutige Botschaft: Wo ist meine Mutter? Wahrscheinlich vermutete sie schon, dass sie sie nicht mehr wiedersehen würde, wagte aber nicht, danach zu fragen.

Dann hatte sie einen Entschluss gefasst. »Ich möchte nach Hause«, sagte sie bestimmt. »Ich will in meinem Zimmer schlafen.« Dann nahm sie seine Hand und schaute ihn mit ernsten Augen an. »Kannst du erst einmal bei mir bleiben? Ich glaube, ich habe sonst Angst.« Theresa rührte Haderlein bis ins Herz.

»Ich werde sehen, was sich machen lässt, okay?«, meinte er vorsichtig. Sie schenkte ihm ein unsicheres Lächeln, und Haderlein reichte ihr seine Hand.

Im Garten sammelten sie Lagerfeld und die Psychologin auf, und Haderlein erzählte der Ärztin von Theresas Wunsch.

Richtig glücklich schien sie damit nicht zu sein. »Eigentlich wäre es am besten, wenn sie bei ihrer Oma bleiben könnte«, meinte sie seufzend. »Sie ist die einzige Verwandte und vertraute Bezugsperson, die sie noch hat. In der jetzigen traumatischen Situation wäre das meiner Meinung nach die bessere Variante.«

»Na, ich weiß nicht«, meinte Lagerfeld zweifelnd. »Ob man sich in so einem hohen Alter noch um einen kleinen Zwerg kümmern kann? Was meinst du, Franz, du bist doch auch bald ein Fall fürs Altenheim … Franz?« Lagerfeld wedelte mit seiner Hand vor Haderleins Gesicht umher.

»Was ist los? Hast du einen Stock verschluckt, einen Geist gesehen, den Lottozettel mit den sechs Richtigen wiedergefunden?« Ratlos schüttelte Lagerfeld den Kopf.

Franz Haderlein schrak auf wie aus einem tiefen Traum. Was hatte Lagerfeld da gerade gesagt? Um einen kleinen Zwerg kümmern? Dann begriff er. Er schaute durch seinen Kollegen hindurch, als wäre der aus Glas, und reichte dann dem Mädchen noch einmal die Hand. »Komm mal mit, Theresa, ich wollte dich noch etwas fragen, bevor du ins Auto steigst.«

Bereitwillig folgte das Mädchen dem Kriminalhauptkommissar bis in die Mitte des Gartens, wo die großen, runden Blumenbeete bunt bepflanzt waren. Dort setzten sie sich auf eine Bank in die Abendsonne. Lagerfeld und die Psychologin beobachteten, wie sich die beiden kurz, aber angeregt unterhielten, dann strich Haderlein dem Mädchen ein letztes Mal über den Kopf und kam ruhig und in sich versunken wieder zurück. »Dann bringt unsere Heldin mal zu Honeypenny. Sie soll ihr erst einmal etwas zu essen machen«, meinte er sanft.

Lagerfeld schaute ihn fragend an. Was war denn jetzt schon wieder in den Franz gefahren? »Und du kommst nicht mit? Der Fall ist doch abgeschlossen. Außerdem wird es Zeit, den eindeutigen Sieger unserer kleinen Wette zu küren.«

Haderlein lachte. »Nein, ich komme nicht mit, Bernd. Ich möchte noch ein bisschen spazieren gehen. Deine Siegeslorbeeren müssen warten. Hier!« Mit einem kurzen Schwung warf er ihm den kastigen Schlüsselchip des Freelanders zu. »Du wolltest doch sowieso eine Probefahrt mit dem edlen Teil machen, oder? Ich lass mich dann von einer Streife abholen.«

Haderlein schaute seinem Landrover noch eine Weile gedankenversunken hinterher, dann drehte er sich um und ging langsam wieder ins Klinikum zurück. Er hatte noch eine schwierige und wahrscheinlich eher einseitige Unterhaltung zu führen.

Er trat in Hildegard Kleinhenz' Zimmer. Die alte Frau saß auf ihrem Bett und summte friedlich eine Melodie vor sich hin, während Haderlein aus dem Fenster in den Garten blickte.

»Ich habe mit Theresa gesprochen«, sagte er laut. »Sie hat mir von ihrer Familie erzählt. Ihrem Papa, Mama und ihrer Oma.« Er drehte sich um, griff sich einen Stuhl, stellte ihn der alten Frau gegenüber und setzte sich. Er versuchte, ihr in die Augen zu schauen, aber der Blick der alten Dame war in eine Welt gerichtet, die sich Haderlein entzog. Er holte den braunen Briefumschlag aus seiner Jackentasche und legte den Inhalt der Reihe nach auf seine Knie.

»Das ist Ihr Schwiegersohn, Frau Kleinhenz«, sagte er und hielt ihr das Foto vom toten Doktor Rosenbauer vor die abwesend wirkenden Augen. Keine Reaktion. Dann hob er das Foto mit der Leiche von Gerlinde Rosenbauer in die Höhe. »Ihre Tochter, Frau Kleinhenz. Sie starb heute in den Katakomben Ihrer Firma. Sie wurde ermordet.« Er beobachtete sie genau. Zuckte da ein Gesichtsmuskel? Er legte das Bild zurück und hob das von Gimli in die Höhe. Wieder meinte er, eine undeutliche Reaktion erkennen zu können. Diesmal nahm er das Foto ohne jeglichen Kommentar herunter, dann faltete er den Papierausdruck Honeypenny auseinander und begann langsam vorzulesen.

»Eintrag Geburtenregister Stadt Bamberg aus dem Jahre 1943,
Klinikum im Sand.

Geburt eines Kindes am 21. September um 21 Uhr 57.
Geschlecht: männlich.
Name: Gisbert Bartosch.
Mutter: Hildegard Bartosch.«

Dann übersprang er ein paar Zeilen und fuhr weiter unten fort. »Die Entbindung schwierig, Probleme mit der Nabelschnur, Sauerstoffzufuhr unterbrochen. Das Kind kam mit eindeutigen Zeichen körperlicher Behinderungen auf die Welt.« Haderlein faltete den Zettel zusammen und schaute Hildegard Kleinhenz erneut an.

Ihre Augen glänzten feucht, die erste Träne rann ihr über das alte, faltige Gesicht. Ihr Blick war immer noch entrückt.

Haderlein hielt ihr wieder das Bild des bewusstlosen Gimli vor die Augen. »Das hier ist Ihr Sohn, Frau Bartosch. Ihr Sohn Gisbert, den Sie aus welchen Gründen auch immer verstoßen haben. Aber vielleicht irre ich mich auch. Vielleicht war ihm diese Welt voller Lieblosigkeit irgendwann so zuwider, dass er es aus eigenem Antrieb vorgezogen hat, allein ein Leben unter der Erde zu führen. Ein Leben ohne Verletzungen, weit weg von einer Mutter, die sich für ihn schämte.«

Die Lippen der alten Frau zitterten, eine weitere Träne folgte dem unerbittlichen Gesetz der Schwerkraft.

»Eine Mutter, die als angesehenes Mitglied der Bamberger Gesellschaft ein behindertes, kleinwüchsiges Kind zur Welt gebracht hatte. Vom Vater gehasst, von der Nachkriegsgesellschaft abgelehnt. Eine Mutter mit Schuldgefühlen, nicht das *richtige* Kind geboren zu haben.« Haderlein schüttelte den Kopf. »Was haben Sie getan, Frau Bartosch? Ihre viele Jahre später geborene Tochter Gerlinde hat wohl nie von der Existenz ihres älteren Bruders erfahren, oder?«

Wieder zitterten die Lippen der Frau, und sie musste sich mit den Händen auf der Bettkante abstützen.

Aber Haderlein war noch nicht fertig. »Viele Menschen sind in den letzten Tagen gestorben, Frau Bartosch. Auch Ihre Tochter.

Ihr Sohn aber lebt noch. Ihr Sohn, der seine kleine Nichte heldenhaft beschützt hat, ohne eine Ahnung zu haben, dass er ihr Onkel ist. Nur Ihrem Sohn Gisbert verdankt es Theresa, dass sie noch lebt. Und nun ringt er selbst mit dem Tod.«

Er stand wieder auf und ging durchs Zimmer. Ruhig sprach er weiter. »Ich kann mir denken, wie das alles damals gekommen ist, Frau Bartosch. Sie haben versucht, Ihre Firma vor dem Untergang zu retten, aber dann sind Ihnen gewisse Umstände über den Kopf gewachsen, die Geister, die Sie gerufen hatten, wurden Sie nicht wieder los. Irgendwann waren Sie nicht mehr die Chefin, sondern nur noch die Ausgebootete. Und bevor diese skrupellosen Verbrecher Sie als unnütz empfinden und mit dem Gedanken spielen würden, Sie auf die Seite zu schaffen, haben Sie als Selbstschutz beschlossen, dement zu werden, in der Hoffnung, dass die Herrschaften dann von Ihrer Exekution absehen würden. Leider haben sie es dann doch probiert und hätten es auch fast geschafft, aber sie hatten nicht damit gerechnet, dass Sie sich natürlich mit den Produkten auskennen, die Ihre Firma vor langer Zeit einmal selbst produziert hat.«

Er drehte sich zu ihr um und sagte jetzt leise und sanft: »Sie haben Ihre Rolle sehr gut gespielt, Frau Bartosch, aber es ist Zeit. Ich habe vorhin mit Theresa gesprochen. Sie haben ihr zwei Tage vor ihrer Entführung noch seitenweise Märchen vorgelesen. Eine reife Leistung für eine schwer Demenzkranke. Sie haben es Ihrer Enkelin verboten weiterzuerzählen. Gott sei Dank hat sie sich mir gegenüber nicht daran gehalten.« Haderlein setzte sich wieder auf den Stuhl. Er nahm den Beleg über die Geburt von Gisbert und zerriss ihn vor den Augen von Hildegard Bartosch.

Als ihr Kopf herumfuhr, traf ein klarer, hellwacher Blick Haderlein, auch wenn sie weiterhin nur still weinte und nicht reden wollte.

»Ich werde Folgendes tun«, sagte Haderlein nüchtern. »Wir haben unsere Schuldigen und den illegal produzierten Stoff. Sie haben Ihr Lebenswerk und Ihre Tochter verloren. Über die Schuldfrage, was das anbelangt, müssen Sie mit sich selbst ins Reine kommen. Aber«, Haderlein ließ eine bedeutungsschwangere Pause, »aber es gibt noch zwei Menschen auf dieser Welt, die ihre Mutter und ihre Großmutter brauchen. Die beiden sind alles, was Ihnen von Ihrer Familie noch geblieben ist. Nutzen Sie Ihre restlichen Lebensjahre und kümmern Sie sich um einen geschundenen Sohn und um eine liebenswerte Enkelin. Sie werden gebraucht, Frau Bartosch.«

Haderlein stand auf. Die Fotos ließ er auf dem Stuhl liegen, die zerrissene Bescheinigung verschwand in seiner Tasche. Dann ging er, ohne ein weiteres Wort zu verlieren, und schloss vorsichtig die Tür hinter sich.

Die „Franziska“

Du weißt nicht,
was du hattest,
bis du es verlierst.

Und du weißt nicht,
was du brauchtest,
bis du es fandest.
Hans Kruppa

Epilog 1

Nach der Bekanntgabe der Malariagefahr in den bundesweiten Medien und den tödlichen Komplikationen mit dem sich illegal im Umlauf befindlichen Medikament »Yellowstone« kam es europaweit zu erstaunlichen Ereignissen im professionellen Sportbetrieb.

Die gerade dem Ende zustrebende Tour de France verlor über Nacht zwei Drittel des Fahrerfeldes. Vor allem die auf vorderen Rängen platzierten Spitzenfahrer traten am nächsten Morgen nicht mehr an und ließen sich wegen plötzlicher Asthmaanfälle krank abmelden.

Das Sommertraining der russischen Skilanglauf-Nationalmannschaft der Frauen in Tunesien wurde in großer Eile abgebrochen und die Athletinnen in speziell abgedichteten Schiffscontainern provisorisch in Quarantäne verwahrt.

Der als Ausdauerwunder bekannt gewordene Aufbauspieler der Dallas Mavericks, Dennis Mellencamp, weigerte sich bei einem Freundschaftsspiel in Bamberg, die Spielerkabine zu verlassen, und wurde in einem luftdicht versiegelten Fahrzeug des Katastrophenschutzes zu seinem Privatjet gebracht.

Die österreichische Biathlon-Nationalmannschaft der Herren gab bekannt, dass ihr Wintertraining im finnischen Kuusamo von den ursprünglich angedachten zwei Wochen doch auf vier Monate ausgedehnt werden würde. Einige der alpenländischen Athleten beschlossen sogar, für immer nördlich des Polarkreises zu leben.

Bei der Leichtathletik-WM in Rom konnten die Sprintwettbewerbe wegen Teilnehmermangels nicht durchgeführt werden. Beim Hammerwerfen der Herren, das schließlich doch stattfand, nahmen nur zwei Athleten teil. Es gewann Sumo Sushi aus Japan mit knapp dreiundzwanzig Metern.

Die spanische Fußball-Nationalmannschaft gab ihre Auflösung bekannt.

Der Manager der Bamberger Brosst Baskets zog zusammen mit seiner Familie in eine Katakombe am Stephansberg und ließ die Eingangstür vom städtischen Angestellten Katastrophen-Müller mit einem doppelten Moskitonetz versehen.

Insgesamt gab es bundesweit noch sieben Todesfälle, die auf die Folgen der Malaria und des vorausgegangenen Konsums von »Yellowstone« zurückzuführen waren. Die Opfer waren ein Schwimmer, drei Börsenhändler, zwei Springpferde und ein alternder Pornodarsteller.

Erst im darauffolgenden November gaben die Wissenschaftler Entwarnung, als bei einer kurzen, heftigen Frostperiode alle Anophelesmücken nördlich der Alpen erfroren.

Noch über ein Jahr lang war man im Itzgrund und Coburg damit beschäftigt, die Folgen des Tornados zu beseitigen. Nicht wenige der zerstörten Häuser wurden nie wieder aufgebaut. Mürsbach wurde drei Kilometer flussaufwärts völlig neu errichtet, Bürgermeister Feiler nicht wiedergewählt.

Epilog 2

Am Airport Nürnberg hatten sich in der Zollkontrolle mehrere Menschen in Anzug, Krawatte oder edlen Kleidern versammelt. Unter ihnen Franz Haderlein und Kollege Lagerfeld samt weiblichen Anhängen, Dienststellenleiter Robert Suckfüll, SEK-Chef Motschenbacher mit eingegipstem Arm, Honeypenny in einer viel zu engen Abendgarderobe sowie die versammelten Ausbilder der Polizeihundeschule Neuendettelsau.

Während draußen die Passagiere des Fluges 307 aus Antalya auf ihr Urlaubsgepäck warteten, trottete ein kleines Ferkel mit einer gefälschten Rolex im Maul an der langen Reihe von geöffneten Koffern und Taschen vorbei und legte die täuschend echte Nachbildung des luxuriösen Zeiteisens auf den großen Haufen neben ihrem Hundeprüfer, der bewundernd das letzte von Riemenschneiders sichergestellten Teilen notierte. Die Aufstellung der zollrelevanten, illegal eingeführten Güter aus der Türkei belief sich auf insgesamt achtundsiebzig Stück.

Vollständigkeitshalber ging der Prüfer noch einmal die Liste durch:

- 7 Gramm schwarzer Afghane
- 21 Hosen mit gefälschtem Firmenaufdruck
- 10 gefälschte Uhren unterschiedlichster Marken
- 39 illegal kopierte sonstige Waren wie T-Shirts, Schuhe oder Schmuck
- 1 Heft mit in Deutschland unerlaubten bildlichen Darstellungen sexueller Handlungen mit Gemüse, Früchten und Haushaltsgeräten

Als Riemenschneider die gefakte Rolex auf dem Haufen abgelegt hatte, setzte sie sich auf ihre Hinterfüße, wedelte mit ihrem rosa Schwänzchen und gab ein paar undefinierte Laute von sich. Sie erinnerten stark an eine Art Schweingrippehusten.

»Ich glaube, sie hat gerade versucht zu bellen«, flüsterte Manuela Rast Franz Haderlein stolz ins Ohr. Aber diese enorme Leistung im ferkelfremdsprachlichen Bereich ging im aufbrandenden, begeisterten Applaus der Umstehenden völlig unter. Die Riemenschneiderin bekam ihre offizielle Spürhundeurkunde und von Honeypenny eine kleine, selbst gestrickte Decke mit der Aufschrift »RSS Riemenschneider Superschwein«. Und natürlich einen Apfel.

Epilog 3

Labor für Gentechnische Untersuchungen
Dr.-Laurenti-Str. 1–8, 10000 Berlin

Sehr geehrter Herr Siebenstädter!

Bezüglich Ihrer Anfrage der von Ihnen eingesandten Gewebeproben können wir Ihnen Folgendes mitteilen:
Die durchgeführten Analysen und die Auswertung der labortechnischen Ergebnisse haben einen eindeutigen Befund bezüglich der Erbgutveränderungen ergeben.
Es konnte eine ursächliche Korrelation von Genmais Mon 87 und der Veränderung des Erbgutes der von Ihnen mitgeschickten Gewebeproben eines Schweines festgestellt werden. Die abnormale Kleinwüchsigkeit des Tieres sowie die vermehrte Ausbildung von Geruchszellen können mit 97,6 Prozent Wahrscheinlichkeit auf die Fütterung des Tieres mit besagtem Genmais zurückgeführt werden. Die Veränderung in der DNA ist irreversibel. Das Tier wird im Wachstum gehemmt bleiben und mit hoher Wahrscheinlichkeit nicht mehr an Größe zulegen.
Wir hoffen, dass wir Ihnen dienlich sein konnten.

Mit freundlichem Gruß
Dr. Johann Süßbruch

Epilog 4

Der schwarze MP3 düste in halsbrecherischer Fahrt zur Altenburg hinauf. Ute von Heesen hielt sich krampfhaft an Lagerfelds mehrfach geflickter Jeansjacke fest und betete inzwischen das siebte Vaterunser. Lagerfeld legte sich mit seiner Neuerwerbung mit Höchstgeschwindigkeit in die Kurven, während sein dünner Zopf hinten aus dem Helm flatterte.

Im Innenhof der Altenburg kam der Piaggio schließlich zum Halt, Lagerfeld sprang ab und entledigte sich des Helms, während auch Ute von Heesen mit zitternden Beinen schnellstmöglich abstieg. Von unten leuchtete das Bamberger Lichtermeer durch eine sternenklare Nacht. Ein hochromantischer Anblick.

»Geile Aussicht, oder?«, schwärmte Lagerfeld, während er sich auf die Burgmauer setzte und Zigaretten auspackte.

Auch Ute von Heesen nahm jetzt den Helm ab und setzte sich neben ihren Kriminologen. Lagerfeld hatte recht. Der Blick auf die Bamberger Altstadt war wirklich gigantisch.

Er legte seinen Arm um sie und grinste.

»Was ist los, hast du wieder etwas zu beichten?«, fragte sie misstrauisch und musterte ihren Superknaben von der Seite. Doch Lagerfeld grinste nur noch breiter. Auf diese Frage hatte er schon den ganzen Tag sehnsüchtig gewartet.

»Erstens«, begann er eine offensichtlich länger andauernde Mitteilung, »bin ich dafür, dass wir morgen nicht das Haus verlassen, sondern den ganzen Tag im Bett verbringen.«

Ute von Heesen verzog nicht gerade begeistert das Gesicht. »Was? Bei diesem schönen Wetter? Was sollen wir denn die ganze Zeit machen, das wird doch langweilig!«

»Nein, wird es nicht«, meinte Lagerfeld selbstbewusst. »Wir könnten uns zum Beispiel ausschließlich mit uns selbst beschäftigen.« Sein Grinsen wurde noch breiter.

Jetzt musste auch Ute von Heesen lachen, sodass sie fast von der Mauer fiel. »Das meinst du doch nicht ernst? Ach, du liebe Zeit!« Sie hatte Mühe, während sie nach Luft japste, auch noch zu reden. »Bei aller Liebe, Bernd, aber wenn das so abläuft wie immer, dann wird es ein kurzer Spaß werden.« Sie wischte sich mit beiden Händen die Lachtränen aus dem Gesicht.

Lagerfeld ignorierte ihre abwertende Bemerkung und grinste weiterhin in die Nacht. »Das wird es natürlich nicht. Wie soll ich es sagen, ich habe an so einer Art Medikamententest teilgenommen«, führte er genüsslich aus. »Im Zuge des Konsums leistungssteigernder Mittel zu medizinischen Testzwecken bin ich noch für die nächsten Tage zu außerordentlichen körperlichen Leistungen fähig, wenn du verstehst, was ich meine.« Er hielt ihr kurz eine kleine gelbe Pille vor die Nase, bevor er sie sich in den Mund steckte und schluckte. »Das war die Letzte«, sagte er wehmütig. »Aber das sollten wir ausnutzen.«

Ute von Heesen betrachtete ihren Kommissar mit einem schiefen Grinsen. Entweder erzählte er ihr wieder einmal Müll, oder es stand ihr morgen ein durchaus kurzweiliger Sonntag bevor.

»Ach ja«, machte Lagerfeld weiter, während er sich eine Zigarette ansteckte, »und zweitens: Der MP3 da ist nicht geliehen, der ist jetzt unserer. Geil, gell?«

Ute von Heesen war sprachlos. Lagerfeld hatte doch so schon andauernd Finanzprobleme, wie konnte er sich dann dieses teure Teil zulegen? »Du hast sie ja wohl nicht alle, oder?«, regte sie sich auf. »Den kannst du dir doch gar nicht leisten. Und was ist mit unserem Urlaub? Weißt du überhaupt, wie lange ich bei der HUK dafür arbeiten muss?« Sie war echt sauer.

Das Grinsen Lagerfelds erreichte auf einer Skala von eins bis zehn die elf Komma neun. »Der Roller hat mich gar nichts gekostet, mein Schatz, er ist ein Geschenk. Der ehemalige Besitzer wollte kein Geld annehmen.« Er nuckelte betont lässig an seiner Zigarette, dann grinste er ihr wieder mitten ins Gesicht und zog ein zerknittertes Papier aus der Jacke.

Seine Lebensabschnittsgefährtin nahm den grünen Bogen und faltete ihn auseinander. Misstrauisch las sie die gedruckte Vereinbarung und prüfte die geleistete Unterschrift des angeblichen Verkäufers. »Eine Schenkungsurkunde? Irgendwie sieht das mehr aus wie ein Lieferschein«, meinte sie noch immer etwas verstimmt. Aber selbst als Chefin der Revisionsabteilung der HUK-Coburg konnte sie keinen formalen Mangel entdecken. Mit dem Dokument schien es wohl seine Richtigkeit zu haben. Sie reichte Lagerfeld das

Schriftstück zurück und lehnte ihren Kopf an seine Schulter. »Du bist schon ein verrückter Kerl«, sagte sie halblaut in die Nacht und kuschelte sich enger an ihn. Dann fiel ihr ein, was sie vorhin schon hatte fragen wollen. »Wie ist eigentlich eure Wette ausgegangen? Du sagtest doch, der Sieg sei dir sicher, weil Franz kein bisschen besser Fränkisch kann als vorher und du die ganze Zeit nicht geraucht hast?«

Kurz verdüsterte sich die Stimmung des Kommissars. »Fidibus hat mich wegen ›Yellowstone‹ disqualifiziert. Angeblich stand da in dem Kleingedruckten seiner Vereinbarung, dass medikamentöse Unterstützung zum Rauchentzug unzulässig ist. Ich soll also blechen.« Missbilligend betrachtete er seine glimmende Zigarette.

Doch seine Freundin ließ nicht locker. »Warum packst du die Gelegenheit nicht gleich beim Schopfe und hörst wirklich mit dem Rauchen auf, du Held?«

Darauf hatte Lagefeld schon den ganzen Abend gewartet. Aber er war gewappnet. Zuerst einmal gab er ihr als Antwort einen langen Kuss, dann meinte er: »Nun, mein Schatz, wie würde Fidibus auf diese ungebührliche Frage antworten? Man muss auch mal auf ein Opfer verzichten können.«

ENDE

Mein von Herzen kommender Dank!

Ohne die Hilfe folgender Menschen wäre dieses Buch so nicht möglich gewesen!

Dr. Thomas Neundorfer, Dipl. Geo-Physikerin Eva Brost, Dr. Peter Pechmann, Heinz Tautermann, Jürgen und Nadja, Dr. Dr. Uwe Greese, Prof. Dr. Dr. Marika Geldmacher von Mallinckrodt, Edgar Vorndran, Polizeihundeführer Franz Böhmer, Polizeihundeschule Neuendettelsau, Katastrophen-Müller, Bgm. a. D. Gerhard Jäger, Bgm. Josef Martin, Kommissar Christian Vogt, Stabsfeldwebel Roland Zschorn, Piaggio Deutschland, Landrover Deutschland, STEVENS Bikes Deutschland, MAGURA Bad Urach, HUK-Coburg, Josef Sanfillippo, »Gasthof zur Sonne« Mürsbach, Ina Rinder und Martin Ender, dem Emons Verlag, dem armen Lektorat in Köln und Fürth sowie meinen tapferen Probeleser/-innen Martina, Martin, Elke und Beate.

Besonderer Dank geht an:

Elke und Hannah, meine geistige und körperliche Abwesenheit so geduldig ertragen zu haben.

Meine Informanten aus der CSU und dem Leistungssport, die an dieser Stelle auf eine namentliche Nennung verzichten möchten.

Helmut Vorndran
DAS ALABASTERGRAB
Broschur, 368 Seiten
ISBN 978-3-89705-642-8

Helmut Vorndran liest:
DAS ALABASTERGRAB
Hörbuch, 5 CDs,
ca. 380 Minuten
ISBN 978-3-89705-804-0

Helmut Vorndran
BLUTFEUER
Broschur, 400 Seiten
ISBN 978-3-89705-728-9

Helmut Vorndran
DER COLIBRI-EFFEKT
Broschur, 320 Seiten
ISBN 978-3-89705-953-5

Helmut Vorndran
DREI EICHEN
Broschur, 336 Seiten
ISBN 978-3-95451-123-5

Helmut Vorndran
DAS FÜNFTE GLAS
Broschur, 304 Seiten
ISBN 978-3-95451-311-6